高职高专经济管理类"十四五"理论与实践结合型系列教材

商务沟通与礼仪

SHANGWU GOUTONG YU LIYI

主 编 陶 薇 孙艳平 孙道勇
副主编 朱 华

华中科技大学出版社
http://press.hust.edu.cn
中国·武汉

图书在版编目(CIP)数据

商务沟通与礼仪/陶薇,孙艳平,孙道勇主编. —武汉:华中科技大学出版社,2021.3(2025.1重印)
ISBN 978-7-5680-6902-1

Ⅰ.①商… Ⅱ.①陶… ②孙… ③孙… Ⅲ.①商业管理-公共关系学-教材 ②商务-礼仪-教材
Ⅳ.①F715②F718

中国版本图书馆 CIP 数据核字(2021)第 035684 号

商务沟通与礼仪
Shangwu Goutong yu Liyi

陶　薇　孙艳平　孙道勇　主编

策划编辑：聂亚文
责任编辑：李曜男
封面设计：孢　子
责任监印：朱　玢
出版发行：华中科技大学出版社(中国·武汉)　　电话：(027)81321913
　　　　　武汉市东湖新技术开发区华工科技园　　邮编：430223
录　　排：武汉创易图文工作室
印　　刷：武汉市洪林印务有限公司
开　　本：787mm×1092mm　1/16
印　　张：17.5
字　　数：467 千字
版　　次：2025 年 1 月第 1 版第 5 次印刷
定　　价：48.50 元

本书若有印装质量问题，请向出版社营销中心调换
全国免费服务热线：400-6679-118　竭诚为您服务
版权所有　侵权必究

目录
CONTENTS

项目一　认识商务沟通 ... 1
  任务一　沟通概述 ... 2
  任务二　沟通障碍 ... 9
  任务三　克服沟通障碍的途径 ... 14

项目二　倾听的技巧 ... 21
  任务一　倾听的重要性 ... 22
  任务二　倾听的障碍 ... 26
  任务三　有效地倾听 ... 30
  任务四　及时反馈 ... 34

项目三　语言沟通与非语言沟通 ... 41
  任务一　语言沟通的技巧 ... 42
  任务二　商务演讲的技巧 ... 47
  任务三　成功面试的技巧 ... 55
  任务四　非语言沟通的技巧 ... 64

项目四　书面商务沟通 ... 77
  任务一　书面沟通与商务文书概述 ... 78
  任务二　书面报告写作的一般过程 ... 82
  任务三　常用商务文书写作技巧 ... 85

项目五　网络沟通 ... 98
  任务一　网络沟通概述 ... 99
  任务二　电子邮件 ... 101
  任务三　视频会议 ... 105

项目六　走进商务礼仪 ... 111
  任务一　礼仪与修养 ... 112
  任务二　商务礼仪内涵与功能 ... 120

项目七　商务形象礼仪 ... 127
  任务一　仪容礼仪 ... 128
  任务二　仪表礼仪 ... 139
  任务三　体态礼仪 ... 152

项目八　商务交往礼仪 ... 163
  任务一　见面礼仪 ... 164

任务二　拜访礼仪 …………………………………………………………… 174
　　任务三　迎送接待礼仪 ……………………………………………………… 178
　　任务四　馈赠礼仪 …………………………………………………………… 184
项目九　商务宴会礼仪 …………………………………………………………… 191
　　任务一　宴请礼仪 …………………………………………………………… 192
　　任务二　中餐礼仪 …………………………………………………………… 203
　　任务三　西餐礼仪 …………………………………………………………… 212
项目十　商务活动礼仪 …………………………………………………………… 225
　　任务一　签字仪式 …………………………………………………………… 226
　　任务二　庆典仪式 …………………………………………………………… 229
　　任务三　剪彩仪式 …………………………………………………………… 233
　　任务四　新闻发布会 ………………………………………………………… 236
　　任务五　展览会 ……………………………………………………………… 240
项目十一　涉外礼仪 ……………………………………………………………… 251
　　任务一　涉外商务交往基本礼仪 …………………………………………… 252
　　任务二　世界各国商务往来的习俗与禁忌 ………………………………… 255
参考文献 …………………………………………………………………………… 274

项目一
认识商务沟通

SHANGWU GOUTONG YU LIY

知识目标

1. 理解沟通及商务沟通的概念。
2. 掌握沟通的过程及要素。
3. 了解商务沟通的内容及类型。
4. 深入分析沟通障碍产生的原因。
5. 掌握克服沟通障碍的方法。

能力目标

1. 能归纳出商务沟通的特点及要素。
2. 在实际生活中,能正确地分析与解决沟通障碍。

任务一 沟通概述

任务描述

我们需要在本任务中学习沟通的相关概念,了解沟通的过程及基本要素,理解商务沟通的概念,掌握商务沟通的内容及类型。

任务导入

我国古代春秋战国时期,有一位著名的医生叫扁鹊。有一次,扁鹊谒见蔡桓公,站了一会儿,他看看蔡桓公的脸色,然后说:"国君,你的皮肤有病,不治怕是要加重了。"蔡桓公笑着说:"我没有任何病。"扁鹊告辞后,蔡桓公对他的臣下说:"医生就喜欢给没病的人治病,以显示自己有本事。"

过了十几天,扁鹊又前来拜见蔡桓公,他仔细看看蔡桓公的脸色说:"国君,你的病已到了皮肉之间,不治会加重的。"蔡桓公见他尽说些不着边际的话,气得没有理他。扁鹊走后,蔡桓公还没有消气。

又过了十多天,扁鹊又来朝见蔡桓公,神色凝重地说:"国君,你的病已入肠胃,再不治就危险了。"蔡桓公气得叫人把他轰走了。

再过十几天,蔡桓公出宫巡视,扁鹊远远地望见蔡桓公,转身就走。蔡桓公很奇怪,派人去追问。扁鹊叹息说:"皮肤上的病,用药物敷贴就可以治好;皮肉之间的病,用针灸可以治好;在肠胃之间,服用汤药就可以治好;但是病入骨髓,那么生命已掌握在司命之神的手里了,医生是无能为力了。如今国君的病已深入骨髓,所以我不敢去谒见了。"蔡桓公听后仍不相信。

五天之后,蔡桓公遍身疼痛,连忙派人去请扁鹊,这时扁鹊已经逃往秦国躲起来了。不久,蔡桓公便病死了。

 思考题

1. 请从沟通角度分析扁鹊的失误。应该如何改进其沟通策略?

2. 蔡桓公为何没有把扁鹊的话当作一回事？
3. 站在医生的角度讨论沟通技巧的重要性。

知识点精讲

一、沟通的定义及过程

（一）沟通的定义

《大英百科全书》认为沟通是"用任何方法，彼此交换信息，即指一个人与另一个人之间以视觉、符号、电话、电报、收音机、电视或其他工具为媒介，所从事的交换信息的方法"。《韦氏大辞典》认为沟通就是"文字、文句和消息之交通，思想或意见之交换"。《新编汉语词典》关于沟通的解释为"使两方能连通"。

综合以上定义，沟通是为了特定目的，在活动过程中通过某种途径和方式，有意识或无意识地将一定的信息从发送者传递给接收者并获取理解的过程。沟通定义的内涵解释如下。

"有意识或无意识"说明沟通不仅包括在正式的组织或个人之间有计划地进行的沟通，还包括无计划的、非正式的沟通。

"通过某种途径和方式"则说明沟通必须借助某种媒介，包括话语、书面、仪表、仪态等各种因素。

"将一定的信息从发送者传递给接收者"则说明沟通的主体是信息的发送者和接收者。这里的信息可以是常规的通知、消息，也可以是某种观点、思想。

"获取理解"说明沟通是一种双向的行为，必须是发送者和接收者双方之间的互动，并且整个过程当中包括反馈这一环节。

（二）沟通的过程

沟通在本质上是信息的传递与理解的过程，如图1-1所示。沟通的基本要素包括发送者、信息、编码、通道、接收者、解码、噪声、反馈。

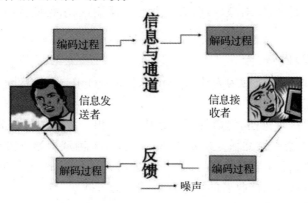

图1-1　沟通模型

（1）发送者。发送者也就是信息源，它决定了一个信息沟通过程何时开始、如何开始、传递给谁和传递的目的等。

（2）信息。信息是发送者试图传递给接收者的一些有意义的内容，如观念、意见、态度和情感等。

(3)编码。发送者在发送信息时要对信息进行编码,也就是将信息转换成某种接收者能理解的形式。

(4)通道。通道指信息传递的途径或方式。心理学家认为面对面的沟通是影响力最大的沟通方式。

(5)接收者。接收者是发送者发送信息的对象。接收者在接收信息的时候并不是完全被动的,需要利用自己的经验对信息进行理解和感知。

(6)解码。解码是接收者按照自己的经验和知识对信息进行理解的过程。

(7)噪声。噪声是指在沟通过程中的干扰因素,会影响沟通的质量和效果,可能存在于沟通过程的各个环节中。

(8)反馈。当信息从发送者传递到接收者时,接收者常常要将一个新的信息回传到发送者那里,这就是信息的反馈,它使沟通成为一个交互作用的过程,发送者和接收者的角色也随之发生转换。

二、商务沟通的定义、内容、类型

(一)商务沟通的定义

我国最早的商务活动起源于商朝,在周朝逐渐得到发展。据《周易·系辞》里面记载,商务活动是指"日中为市,致天下之民,聚天下之货,交易而退,各得其所"。《诗经·氓》里"氓之蚩蚩,抱布贸丝"中的"贸"就是指贸易和商务活动。春秋时期,根据《国语·齐语》的记载,商务是"负、任、担、荷,服牛、轺马,以周四方,以其所有,易其所无,市贱鬻贵"。在古代,人们早已将商贸者所从事的经营活动称为商务。在现代,对商务的定义是将具有使用价值与价值的劳动产品用于交换的商业活动,即商务活动是从事商品流通的活动。

商务沟通就是指商务组织为了顺利地经营并取得经营的成功,为求长期的生存发展,营造良好的经营环境,通过组织大量的商务活动,凭借一定的渠道(如媒体),将有关商务经营的各种信息发送给商务组织内外既定对象(接收者),并寻求反馈,以求得商务组织内外的相互理解、支持与合作的过程。

(二)商务沟通的内容

商务沟通的基本内容可概括为为什么(why)、何人(who)、何地(where)、何时(when)、何事(what)、如何(how)等内容。

为什么:为什么要进行沟通,沟通的原因是什么,指出了沟通的目标和目的。如果沟通的目标不明确,整个沟通就会南辕北辙。确定沟通目标首先要确定沟通各方的底线,包括沟通双方的态度、沟通理解能力、行动能力和意愿,进一步理解沟通的目的是告知、说服、影响、教育、劝导,还是启发,希望得到信息接收者的什么反应或行为方式。

何人:沟通的对象。沟通的对象可以是一个人、一个团队等。同时,需要考虑沟通对象的属性,即他们的性别、年龄、民族、受教育程度、身份地位、社会经历。

何地:活动发生的空间范围,包括地理区域、特定场所和场景布置等,即发送者的信息出现在何地,接收者是在什么地方收到信息内容。

何时:沟通的时间或时间段。不同时间段会影响人们对信息的理解,不同的时间观念、不同的作息时间以及沟通时间的长短在一定程度上会对沟通造成影响。

何事：沟通的主题，是商务沟通活动紧密围绕的核心问题或话题。它主要包括两部分，一个是信息发送者讲些什么内容，另一个是信息接收者需要了解什么内容。

如何：沟通产生的效果，即接收者在获得沟通信息后，发生了什么样的反应，产生了什么样的行为。

(三) 商务沟通的类型

1. 浅层沟通和深层沟通

根据沟通时信息涉及人的情感、态度、价值观领域的程度，沟通可分为浅层沟通和深层沟通。

1) 浅层沟通

浅层沟通是指在管理工作中必要的行为信息的传递与交换，如管理者将工作安排传达给部属，部属将工作建议告诉主管等。企业的上情下达和下情上传都属于浅层沟通。浅层沟通具有以下特点：

浅层沟通是企业内部信息传递工作的重要内容，如果缺乏浅层沟通，管理工作势必遇到很大的障碍；

浅层沟通的内容一般仅限于管理工作表面上的必要部分和基本部分，如果仅靠浅层沟通，管理者无法深知部属的情感、态度等；

浅层沟通一般较容易进行，因为它本身已成为工作内容的一部分。

2) 深层沟通

深层沟通是指管理者和部属为了有更深的相互了解，在个人情感、态度、价值观等方面较深入地相互交流。有目的的聊天或者交心、谈心都属于深层沟通，其作用主要是使管理者对部属有更多的认知和了解，以便依据适应性原则满足他们的需要，激发他们的积极性。深层沟通具有以下特点：

深层沟通不属于企业管理工作的必要内容，但它有助于管理者更加有效地管理好本部门或本企业的员工；

深层沟通一般不在企业员工的工作时间内进行，通常在两人的私人时间内进行；

与浅层沟通相比较，深层沟通更难以进行，因为深层沟通必然要占用沟通者和接收者的时间，也要求相互投入情感。

2. 单向沟通和双向沟通

根据沟通方向的可逆性与沟通时是否出现信息反馈，可以把沟通分为单向沟通和双向沟通。

1) 单向沟通

单向沟通是指没有反馈的信息沟通，例如电话通知、书面指示等。单向沟通仅朝着一个方向沟通，信息的发送者和接收者的角色不变。其优点是速度快、无干扰、秩序好，但是由于没有反馈，接收率较低，接收者容易产生抗拒、挫折和埋怨的心理。严格来说，当面沟通信息总是双向沟通，因为虽然沟通者有时没有听到接收者的语言反馈，但从接收者的面部表情、聆听态度等方面就可以获得部分反馈信息。

2) 双向沟通

双向沟通是指有反馈的信息沟通,如讨论、面谈等。在双向沟通中,沟通者可以检查接收者是如何理解信息的,也方便接收者明白其所理解的信息的正确性,并可要求沟通者进一步传递信息。双向沟通是信息流动方向可逆的来回反馈式沟通,信息发送者和接收者的角色不断变化。其优点是沟通气氛活跃、有反馈、接收率高,缺点是速度慢、信息发送者的心理压力较大。

3. 正式沟通和非正式沟通

根据程序是否经过组织事先安排,沟通可分为正式沟通和非正式沟通。

1) 正式沟通

正式沟通是指商务谈话、发言、产品演讲、商务信函、备忘录等沟通活动。正式沟通在组织中起到非常重要的作用,它对组织的内部活动及其对公众的外部形象或是公共关系均有着直接的影响。正式沟通的显著特征在于其严肃性和精确性。因此,正式沟通要求沟通者事先做好准备。

比如,用书面的形式进行正式沟通时,所写内容的结构、用词甚至于标点符号都会对正式沟通产生重要的影响。但正式沟通并不意味着一定要长篇大论,事实上正式沟通的关键之处在于它的正式性:对正式沟通中发出的每一则信息,发送者都要负全部责任,这才是正式沟通的本质所在。

2) 非正式沟通

非正式沟通和正式沟通不同,它的沟通对象、时间及内容等各方面都是未经计划和非正式的。其沟通途径是组织成员的关系,这种关系超越了部门、单位以及层次。

有人把非正式沟通称为内部传递,它几乎存在于组织的各个层面上。内部传递属于企业沟通的一部分。实际上,在所有的组织中,员工都希望了解那些与其个人需求有关的信息,但如果正式渠道不能满足他们的需求或是管理层对此没有做出任何反应,那么他们自然会把注意力集中到内部渠道上来。企业应该寻找适当的方式,充分发挥非正式沟通的正面作用,减少负面作用。

4. 语言沟通和非语言沟通

根据信息载体的异同,沟通可分为语言沟通和非语言沟通。

1) 语言沟通

语言沟通建立在语言文字的基础上,又可细分为口头沟通和书面沟通两种形式。

口头沟通是传递信息含义的最基本形式,它具有很多优点。首先,沟通者可以立即发问以澄清含糊之处,因此可以将误解发生的可能性降至最低。其次,它使沟通者能依据对方的面部表情来调整自己的语速、语调等,从而提高沟通的效果。此外,当需要许多人在一起进行协商时,口头沟通方式效率最高。最后,大多数人都喜欢面对面的人际沟通,因为这种方式轻松、活泼,令人感到自如、温暖,而且能增进友谊。口头沟通的不足之处在于它无法留下书面记录,有时还浪费时间甚至很不方便。

书面沟通包括了大多数沟通形式,文件、公告、备忘录、电子邮件、传真、信件、报告、建议、指导手册,均属于这一范畴。书面沟通也具有非常明显的优点。首先,书面沟通能保持长久的记录,对于现在日益增加的诉讼问题和广泛的政府管理问题来说,这是必需的。其次,采取书面而非口头的方式能够使沟通者仔细考虑、精心组织信息。另外,这种方式还很方便,书面信息可在沟通双方方便的时候构思和阅读,在需要的时候还可以再看一看。当然,书面形式也有缺点,它需要精心的准备,并对沟通信息的接收者、沟通可能出现的预期结果保持高度的敏感性。书面沟通的另外一个缺陷是准备起来比较麻烦,并且需要良好的写作技能。

2)非语言沟通

非语言沟通是指通过某些媒介而不是讲话或文字来传递信息。美国的伯德·惠斯特尔认为,在绝大多数情况下,语言交流仅仅表达了我们思想30%～35%的部分,而65%以上的信息是由非语言的形式传递的。另一位心理学家梅拉比认为"交流的总效果＝0.07言语＋0.38音调＋0.55脸部表情"。这是他在系列实验研究基础上得出的结论。不论这些研究的效度和信度怎样,它至少说明一点:非语言沟通是一种重要的交往方式。

一般来说,非语言沟通可以伴随语言沟通出现,也可以单独出现。非语言的信息主要是通过面部表情、身体姿势和外貌传递的,也可通过与交往范围内的其他人的空间安排来传递,如图1-2所示。伴随口头语言的非语言行为能够改变、扩展、否定或增进口头的信息。

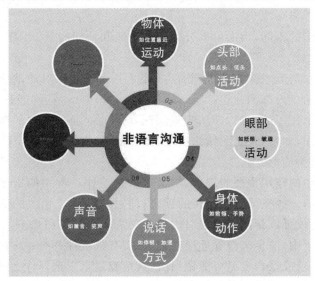

图1-2 非语言沟通的形式

各种形式的非语言沟通有四个共同特点:①很多非语言沟通对我们所隶属的文化或亚文化来说是独有的;②非语言信息和语言信息可能是相互矛盾的;③很多非语言沟通是在下意识中进行的,即我们通常没有意识到它;④非语言沟通展现出情感和态度。

5.个体沟通、群体沟通、组织沟通

根据沟通主体不同,沟通可以分为个体沟通、群体沟通和组织沟通。

1)个体沟通

个体沟通是指沟通的主体为不同的人。其中,自我沟通是个体沟通中最为独特的一种,是个体与自身的沟通。自我沟通是一个认识自我、提升自我和超越自我的过程。一个人对自我的知觉往往是在与别人进行对比中形成的。一般来说,一个人自我沟通的过程具有一定的内隐性,同时由于能独立地评价自我,所以也具有一定的可控性。自我沟通可以有效地认识自我,也可以通过有效的自我暗示方式来开脱和提升自我。自我沟通是人际沟通的基础。

另外,个体沟通还包括人际沟通。人际沟通是个体与他人之间的沟通,是人与人之间的情感、情绪、态度、兴趣、思想、人格等相互交流和相互感应的过程。通过人际沟通,个人展示关于自己的个性心理的某些特征,同时也可以收集到他人心理的、个性的特征,是一个双向的过程。

2)群体沟通

当沟通发生在具有特定关系的人群中时,就是群体沟通。群体沟通也是群体成员交流感情的方式。群体成员在共同工作、生活的过程中,可以利用沟通来表达各种情感,无论是成就感还是挫折感,无论是满意还是不满意,还有焦虑与压力,都会在沟通中表达出来,这样做一方面满足了他们社会交往的需要,另一方面,不良情绪的宣泄也可以缓解工作的压力。

3)组织沟通

组织沟通是涉及组织特质的各种类型的沟通,它不同于人际沟通,但包括组织内的人际沟通,是以人际沟通为基础的。一般来说,组织沟通又可以分为组织内部沟通和组织外部沟通。其中,组织内部沟通又可以细分为正式沟通和非正式沟通;组织外部沟通则可以细分为组织与其他外部个体以及群体(如社区、新闻媒体等)之间的沟通。

6. 内部沟通和外部沟通

根据沟通主体范围的不同,沟通可以分为内部沟通和外部沟通。

1)内部沟通

内部沟通主要是在沟通主体内部进行的沟通,商务人员如果对此缺乏了解,就很难做到在组织内进行有效的沟通。内部沟通包括下行沟通、上行沟通和平行沟通。

下行沟通是指由上往下的沟通,即从管理层到基层的沟通。在内部沟通的三种类型中,下行沟通起着主要的作用,如发布指令、做出决定、提出建议、发出通知等,下行沟通可以采用书面的形式,也可以采用口头的形式。

下行沟通在组织中的作用主要表现为:给员工下达工作过程中的指令;向员工说明公司所面临的实际状况并澄清一些在员工中流传的谣言;通过告知员工相关的信息,向员工征询必要的反馈,这些意见和建议可以帮助管理层对内部的决策进行调整和修正。

在下行沟通的过程中,信息来自管理层,因此总带有权威性并有一定的影响力。所以,管理层所发出的指令、备忘录或报告要尽可能做到清楚、精确。至于选择什么样的渠道,一般要根据情况而定。某些时候,面谈可能比其他的方法更有效,因为管理者可以从与下属的交流过程中了解更多的信息;而在其他的情况下,备忘录则是比较好的选择,因为它对既定的接收者来说会起到一种提醒的作用。因此,在下行沟通实施之前,管理者要根据实际情况为其选择恰当的渠道。

上行沟通是指由下往上的沟通过程,指信息从下一级往上一级甚至往最高层的传递过程。上行沟通可能因上司的要求而产生——管理层希望了解下属的汇报和下属的看法,也可能因员工主动向管理者提出意见和建议而产生。

上行沟通使管理层能够了解下级的看法,这对管理层来说是非常有益的,他们可以以此来检查其决策的正确性和合适性,以便日后提高其下行沟通的质量。然而,上行沟通要员工自觉自愿才有价值,对管理层来说,如果他们确实看重上行沟通所传递的信息,就应该制订一定的措施来对此加以鼓励,比如设立合理化建议奖。

平行沟通是指在企业内部的同一层面上的信息传递。平行沟通的特点是随意、亲密、迅捷。部门之间的交流是企业内部典型的平行沟通形式,企业的发展需要部门之间进行信息的交流。位于同一层面的员工也经常随意地相互交换信息、最近的新闻以及评价等,这样的沟通便捷可靠。

平行沟通有时因其所具有的非正式性而被管理层所忽略。事实上,平行沟通形式上虽然随意,但在内容上却是严肃的。平行沟通具有双重特征,如果适当引导,它在协调公司内部的想法和建立公司的企业文化方面可以起到积极的作用;反之,它亦可对处在特定层面的员工的士气产生消极的影响。

2)外部沟通

外部沟通是指沟通主体与环境中的其他主体之间的沟通过程。一个企业不可能不与其他企业或个人沟通而独立存在。为使其外部沟通更为出色,不少公司设立了公共关系部,其一般具备两个职能:一是尽其最大的努力让公众知道该公司的存在,出于这一目的,公关人员必须接触各种人群,从顾客、投资者、银行家到政府官员、媒体人士等;二是将公关人员从公众那里了解到的信息提供给管理层参考。

企业外部沟通的另一重要方面在于企业与个人的沟通,比如与消费者和股东之间的沟通。今天的个体消费者对服务的质量尤为挑剔,许多公司都把"顾客满意"作为企业努力的目标,所以很多公司的代表要定期走访客户,以了解他们的意见及对产品的需求。同样,与股东的沟通也非常重要,通过沟通可以让股东对公司的运作给予更多的支持,也可以给股东更多的回报。

7.同文化沟通和跨文化沟通

根据沟通主体的文化背景的不同,沟通可以分为同文化沟通和跨文化沟通。

不同文化背景的人在历史传统、思维方式、思想观念、生活环境、宗教信仰等方面存在明显的差异。跨文化沟通指的是发生在不同文化背景下的人们之间的信息和情感的相互传递过程,它是同文化沟通的变体。相对于同文化沟通而言,跨文化沟通要逾越更多的障碍。随着经济全球化的进程不断加深,商务组织的跨文化活动日益频繁。不同文化背景的商务人员了解相关的跨文化沟通的知识和技巧,掌握不同文化之间的差异,可以在沟通的过程中减少不必要的摩擦和麻烦,从而提高工作效率。

任务二 沟通障碍

任务描述

我们需要在本任务中了解沟通漏斗效应的原理、产生过程及解决办法,学会从发送者、接收者、沟通信息以及沟通渠道四个角度去分析沟通障碍产生的原因。

任务导入

1990年1月25日晚7点40分,阿维安卡52航班飞行在美国南新泽西海岸上方3.7万英尺的高空。飞机上的油量可维持近两个小时的航程,在正常情况下,飞机降落至纽约肯尼迪机场仅需不到半小时的时间,这一缓冲保护措施可以说十分安全。然而,此后发生了一系列耽搁。

首先,晚8点整,肯尼迪机场航空交通管理人员通知52航班的飞行员,由于严重的交通问题,他们必须在机场上空盘旋待命。8点45分,52航班的副驾驶员向肯尼迪机场报告他们的燃料快用完了。管理员收到了这一信息,但在晚9点14分之前,仍没有批准飞机降落。在此之后,阿维安卡机组成员再没有向肯尼迪机场传递任何情况十分危急的信息。9点14分,由于飞行高度太低以及能见度太差,飞机第一次试降失败。当机场指示飞机进行第二次试降时,机组成员再次提醒燃料将要用尽,但飞行员却告诉管理员新分配的跑道"可行"。9点31分,飞机的2个引擎失灵,1分钟后,另2个引擎也停止了工作,耗尽燃料的飞机于9点34分坠毁于长岛。

▶ 思考题

1. 导致这次飞机失事的主要原因是什么?
2. 为什么一个简单的信息既未被清楚地传递,又未被充分地接收呢?

▶ 知识点精讲

一、沟通中的漏斗效应

(一)沟通漏斗效应

沟通漏斗效应指的是信息在传递过程中会呈现一种由上而下的衰减趋势,如图1-3所示。假设一个人心里想的是100%的信息,在众人面前或在开会的场合用语言表达出来的往往只有80%,而进入别人的耳朵时可能只剩下了60%,真正能够被人理解、消化的信息大概只有40%,等到这些人遵照领悟的40%具体行动时,已经变成20%了,3个月后信息衰减,有可能只剩下5%。

图1-3 沟通漏斗效应

(二)漏斗效应的产生过程及解决办法

第一次漏掉20%(心里想的100%,嘴上说的80%)的原因:一是没有记住重点;二是不好意思讲。解决办法:写下要点;请别人代讲。

第二次漏掉20%(嘴上说的80%,别人听到的60%)的原因:一是自己在讲话时有干扰;二是他人在听话时有干扰;三是没有笔记。解决办法:避免干扰;记笔记。

第三次漏掉20%(别人听到的60%,别人听懂的40%)的原因:不懂装懂。解决办法:质问;问接收者有没有其他想法。

第四次漏掉20%(别人听懂的40%,别人行动的20%)的原因:一是没有办法;二是缺少监督。解决办法：提出具体措施；监督到位。

(三)避免沟通漏斗的注意事项

在解决沟通漏斗的问题上应认识到"沟通就是影响力"这个真理。对于有分歧的问题，及时进行沟通，大事小事，及时进行讨论，如有必要，还可以通过会议的形式解决。员工在完成任务的过程中，及时向任务下达者进行反馈，如有偏离，及时纠正。每项工作都应由专人负责，对该工作有充分的认识。如遇问题，及时与有关人员进行沟通。除此之外，管理者要消除沟通屏障，及时向员工提供他们需要的信息，保质保量地完成每一项任务。现实中多数管理者往往会犯以下几个错误：

(1)认为某事已经讲过了，就没有更多沟通的必要了，殊不知，多种形式的反复沟通，更利于统一认识，使指令及计划的相关重点深入团队成员内心。

(2)认为嘴上讲过了，就没有必要再以书面文件或邮件等形式沟通，殊不知，口头的沟通容易"左耳进右耳出"，并缺乏书面文件或邮件沟通形式的严肃性、法效感。

(3)认为大会上已经讲过了，单独沟通就没有必要了，殊不知，每位团队成员的理解力、知识面、技能、问题敏感意识，甚至是所面临的执行环境、执行条件都存在极大的差异，而这些差异正是造成执行力高低不同的重要原因。

(4)未给下属一定的讨论机会。有着丰富经验的人，心里面往往会装着"成见"，你跟他沟通的和他具体执行的就会因此存在偏差。面对这个问题的时候，我们可以给予他们适当讨论的机会，明确要点、阐明要求，以让他们按既定的方向、要求的速度、规定的标准行进在正确的执行道路上。

(5)未强化节点及关键点沟通。每一项执行计划及指令，都存在它的关键时间节点，以及影响执行成效及成败的关键绩效点，这是管理者需要强化管控的，其中非常重要的一点就是强化在这些节点及关键点上的沟通。比如，在一个时间节点快来临时，向团队成员强调重点，沟通进度，梳理困扰，答疑解惑并给予一定的相关支持；在关键点上，沟通执行过程及问题，掌握进度，强调标准与要求。

二、沟通中的障碍分析

沟通障碍是指信息在传递和交换过程中，由于信息意图受到干扰或误解，而导致沟通失真的现象。在人们沟通信息的过程中，常常会受到各种因素的影响和干扰，使沟通受到阻碍。沟通的障碍主要有发送者的障碍、接收者的障碍、沟通信息障碍以及沟通渠道障碍。

(一)发送者的障碍分析

发送者作为沟通信息的主体，在信息发送过程中，产生的关键障碍主要有语言障碍、表达障碍、文化障碍及心理障碍。

1.语言障碍

语言是交流思想的工具，但不是思想本身，人们用语言表达思想的能力千差万别，即使是说同样的语言，由于不同的教养、职业、身份，对语言的使用也有相当的差别，故用语言表达思想、交流信息时，难免出现误差。因此，在沟通过程中，一方面，信息发送者需要使用对方听得懂的语言进行沟通或使用书面语言交流；另一方面，信息发送者还要灵活应变，通过采用便于对方理解的表达方式或变换语速等方法让对方接收到易于理解的信息。

2.表达障碍

信息的发送者对沟通目的不明确、表达思路不清晰、选择传送信息的时机把握不准、沟通对象选择错误或表达的形式不当等都会使接收者无法了解发送者的真实意图。

发送者不清楚自己要说些什么,对自己将要传递的信息内容、交流的目的不明确,这是沟通过程中遇到的最大障碍,将导致沟通的其他环节无法正常进行。

无论是口头演讲还是书面报告,都要求思路清晰、条理分明,使人一目了然、心领神会。若发送者口齿不清、语无伦次、闪烁其词或者词不达意、文理不通、字迹模糊,都会造成传递失真,使接收者无法了解发送者所要传递的真实信息。

发送者对传送信息的时机把握也是影响沟通效果的一个非常重要的因素,缺乏审时度势的能力,会大大降低信息交流的价值。若信息沟通渠道选择失误,会导致信息传递受阻,或者延误传递的恰当时机。若沟通对象选择错误,无疑会造成对牛弹琴或自讨没趣的局面,直接影响信息交流的效果。

当沟通者使用语言(书面语言或口头语言)和非语言(肢体语言,如手势、表情、体态等)表达同样的信息时,一定要使二者相互协调,否则会使人摸不着头脑。

3.文化障碍

经济全球化时代,人们的社交活动日益便捷与畅通,跨文化交际现象也日益增多。但由于双方所处地域、民族、文化和历史背景的不同,沟通双方在习俗、语言、文化等方面存在的差异很容易导致沟通障碍。

民族优越感是影响跨文化沟通的重要因素之一。几乎所有的文化传统都标榜自己的价值,所有的民族都对本民族文化传统具有天然的优越感,主观盲目地认为自己民族的文化和信仰都是正确的并觉得自己民族的一切都优于其他民族。民族优越主义者固守自身文化方式,盲目排斥甚至压制其他文化,用批判性的眼光看待来自不同文化背景的人。因此,在进行跨文化沟通时,如果一方有意忽视与自己不同的文化与习俗,那么双方的沟通就会出现障碍。

固定思维模式和种族偏见是影响跨文化沟通顺利进行的主要思维定式。每一种文化都有自己的价值体系,不可能有一个社会都承认的、绝对的价值标准,更不能以自己群体的价值标准评价别的民族文化。在跨文化沟通中,人们的固定思维模式和种族偏见容易对其他文化产生否定反应。

4.心理障碍

心理调节不好也会给沟通造成障碍。具体地讲,很多人在沟通时都是站在自己的立场考虑问题,希望别人能够理解自己,却忽略了别人内心的想法。在管理实践中,信息沟通的成败主要取决于上级与下级之间是否进行全面有效的合作。这些合作往往会因下属的恐惧心理以及沟通双方的心理品质而形成障碍。

(二)接收者的障碍分析

接收者的障碍即沟通客体产生的障碍,主要包括兴趣障碍、情绪障碍、知识与经验障碍、偏见障碍、记忆障碍和信任障碍。

1.兴趣障碍

接收者对谈论的主题过分关心或毫不在乎,都会产生相当严重的沟通障碍。接收者对主题过分关心时,往往会急切地提出问题、发表评论,而不在乎发送者接下来要说什么;接收者对沟通的主题毫不在乎时,就会不关心发送者要表达的内容。

2. 情绪障碍

情绪障碍会直接导致接收者对信息处理的态度不同或对信息的理解有偏差。接收者的情绪低落时,对接收的信息可能表现出不在乎的态度或听不进信息内容,或者对信息的理解带有感情色彩,不能客观地对信息内容进行判断;接收者情绪兴奋时,可能对所有的信息不经过筛选就全盘接收,这同样会失去判断力。

3. 知识与经验障碍

知识与经验障碍是由于知识、经验水平的差距所导致的障碍。在信息沟通中,如果双方经验和知识水平差距过大,就会产生沟通障碍。在现实生活中,人们往往会凭经验办事,在与人沟通时,会不知不觉地用过去的经验过滤所收到的信息,其结果往往是接收者所获得的信息与发送者传递的信息的含义和意图大不相同,导致沟通无效。

4. 偏见障碍

如果接收者对某人或某事带有偏见,那么,沟通就无法达成共识,例如无法接受上司的能力比自己强,对女性的工作能力表示质疑等。

5. 记忆障碍

接收者个体记忆不佳也会造成沟通的障碍。在管理中,信息沟通往往是依据组织系统分层次传递的,在按层次传递同一条信息时往往会受到个体记忆的影响,个体记忆不佳会降低信息沟通的效率。

6. 信任障碍

有效的信息沟通要以相互信任为前提,才能使向上反映的情况得到重视,使向下传达的决策得到迅速实施。因此,沟通的信息必须是真实客观的,信息在传递的时候,要有非常高的可信度。

(三)沟通信息障碍分析

沟通信息的障碍主要来自两个方面。一方面是认知障碍。在沟通过程中,如果信息的内容是认知性的,比如知识类信息、思想类信息、情绪情感类信息和需要类信息,那么信息传播双方的受教育程度、生活背景和成长经历就不能相差太大,否则就会产生沟通障碍。人与人在交流时,都习惯性地倾向于根据自己的观点、意见对信息进行解释,这会影响信息的完整性和理解的准确性。另一方面是信息泛滥导致的沟通障碍。太多的信息导致无从判断,由于条件的限制无法有效筛选,从而无法有效沟通。因此,对信息的认知、识别和筛选尤为重要。

(四)沟通渠道障碍分析

沟通渠道的障碍,可以从时间压力障碍、空间距离障碍、组织结构障碍以及噪声、环境障碍几方面分析。

1. 时间压力障碍

时间压力障碍是一类常见的沟通障碍,指发送者或接收者的时间受到限制,在时间紧迫的压力下全盘接收,很容易产生仓促的决定。

2. 空间距离障碍

在不能与他人面对面沟通的情况下,距离也就成了阻隔沟通的主要障碍。如果需要进行口头沟通,那么距离的影响就会更大。如果信息发送者与接收者距离较远,就要考虑选择合适的沟通渠道。

3. 组织结构障碍

组织结构障碍是指不合理的组织结构导致的沟通障碍。在信息传播过程中,如果经历的层级过多,那么经过层层过滤,信息就容易失真,从而形成沟通障碍。

4. 噪声、环境障碍

一切对沟通形成干扰的声音都是噪声。沟通时,如果周围环境比较嘈杂,就会对沟通效果产生影响,因为噪声会让人心烦意乱,无法集中注意力倾听。安静的环境能让人排除各种杂念,身心放松,激发灵感和激情,有助于沟通的顺利进行。

任务三 克服沟通障碍的途径

任务描述

有效的沟通包含诸多要素和步骤。在每一个要素和每一个步骤中都可能存在各种障碍,它们直接影响沟通效能的发挥。在组织中,为了有效地克服沟通障碍,我们需要做到:提升员工沟通技能,提高员工个人沟通能力;协调员工个体差异,促进员工有效沟通;改善组织内部员工关系,构建和谐的人际氛围;选择合适的沟通渠道,健全组织内部沟通网络;以诚相见,塑造相互信任的沟通文化;沟通前认真准备并有明确的目的性;沟通语言要精练、清晰、有条理。

任务导入

2019年7月,小张研究生一年级课程结束,为丰富自身的社会实践和阅历,经由校园招聘,被录入当地区文化广播和新闻出版局进行为期两个月的学习实践。

初来乍到,根据自身专业性质和学历水平,小张被安排在政策法规和行政审批科学习实践,协助曹科长宣传政策法规、净化群众文化环境并负责网络与文化经营许可证的审批与换发。而目前小张跟着曹科长做得最多的就是整个区内网吧文化经营许可证的换发工作。

经过一段时间的学习和融合,小张渐渐地熟悉了网络文化许可证审批与发放的整个流程,曹科长也放心地把这部分的工作交给小张去做。为了响应市里将全市所有网吧纳入连锁经营的政策要求,全区126家网吧加入了连锁公司,以便统一管理,为此要对126家网吧的许可证进行换发。

一日,曹科长把小张叫过来说:"小张啊,有一个网吧的许可证在省厅那里打印出来了,你下午去把它领回来,我已经和省厅的小魏在QQ上联系过了,跟她说好了,你下午去了给她打个电话,找到她,把证领回来就行了。"小张连连点头,收拾东西就赶去了省厅。

等到了省厅,小张见到了小魏,待表明了身份,说明了来意,小魏说:"曹姐跟我说过了,不过刚我们王主任说过了,你需要给曹姐打个电话,让曹姐给市局的陈主任打个电话,让陈主任再给我们王主任打个电话,我们王主任说可以打证了我才可以把证给你打印出来。"小张照小魏说的给曹科长打了个电话说明了情况,曹科长:"我明白了,我给陈主任打电话。"过了一个小时,小魏说:"我们王主任在开会,等他过来了再说吧。"小张又耐心地等了一个多小时,王主任来到了办公室,对小张说:"你先回去吧,明天让陈主任过来一趟。"小张无奈地回去了。

第二天,曹科长对小张说:"我和市局陈主任已经联系过了,你今天去市局找陈主任,然后你们两个一起去省厅一趟,把证取回来。"小张点了下头,又收拾东西去了市局。到了市局,小张见了陈主任,陈主任对小张说:"你昨天去省厅取证怎么不先给我通个气啊?"小张说:"我们曹科长跟省厅那边联系好了,那个证的工商核名马上就到期了,所以让我抓紧去省厅取。"陈主任说:"不管怎样,你们也要先给市局这边打个招呼,现在我们都不好跟省厅交代。"小张唯唯诺诺地点头,然后两人一起去了省厅。

到了省厅,见了王主任,互相寒暄几句后,陈主任为昨天的事情表达了歉意,小张在一旁也很尴尬,无所适从。王主任倒也热情,笑了一下,坐到了电脑前亲自把那个证给打了出来,交给陈主任。陈主任转身把证交到小张的手里说:"我把证给你了,你回去交给曹科长,以后让她提前联系好,不要再出现这种情况了,我先回市局了。"

陈主任走后,王主任叫住小张说:"小张啊!你看看,本来是很简单的一件事情,让你们弄得这么复杂,你说你们曹科长也是,你们区里的怎么能直接来省厅拿证呢?就算你们跟小魏联系好了,她也没权给你们这个证啊。这个事情本来是该市局的人来做的,市局把证领走了你们再去那里领,不能跨过市局直接来拿,我想这个道理你们曹科长应该懂吧?你以后要在单位工作,这些道理你慢慢就懂了,你看你们离这里这么远,事先不联系好,一天天的,跑也是白跑,所以以后一定要注意,不要再出现这种情况了。"小张想说些什么,但想了一下还是没有说出口,点了点头就回去了。

> 思考题

1.原本一件很简单的事为什么变得这么复杂呢?是什么原因造成了这种结局呢?

> 知识点精讲

一、提升员工沟通技能,提高员工个人沟通能力

(一)积极地面对批评,避免情绪化

在沟通中一旦遇到被别人批评的情况,一定要避免情绪化。人的情绪不仅会左右接收和传送信息的方式,还会直接影响信息的接收和理解方式。古人云:"克己复礼。"克己就是遇事从容,能理智地控制好自己的情绪;与人为善,给身边疲倦的心灵以慰藉与鼓励。要学会控制自己的情绪,而不是进行争吵,将矛盾激化。对于别人的批评要进行科学分析,发现自己的缺点进而改正。另外,要学会宽容。如果对方不对,也不要贸然指责,而是要宽容,也应该换个角度去理解和原谅别人。

(二)积极倾听,了解真实情况

积极倾听对于沟通具有重要意义。在一个组织中,管理人员武断、不喜欢倾听组织成员的心声,那么他便不会知晓组织内部的真实情况,这样会影响他决策的精准性。这就要求管理人员在日常管理中"接地气",也就是说要深入基层,倾听广大员工的心声,了解他们的需求和意见,这样管理者的决策才能符合实际情况。

二、协调员工个体差异,促进员工有效沟通

(一)换位思考

在组织中,每个人的角色都是不同的,因此在沟通中组织成员要能够精准地给自己定位,确保在合理的范围内进行沟通。反过来,信息的接收者不能一味地从个体利益出发考虑问题,而是要能够站在对方的角度,结合组织的整体目标科学看待问题。

(二)及时反馈

员工间思维方式、经验以及专业的差异,很容易导致沟通中彼此间的误解或者不准确的理解。要想杜绝此类问题出现,就需要沟通双方及时化解误解。这就意味着反馈在沟通中有着重要的意义。

(三)实施轮岗制度

在企业中,轮岗对于沟通效果的提升有着一定的帮助作用。轮岗可以让员工更好地感受和理解不同工作岗位的职责,让今后的工作和沟通多一分理解,打破沟通的壁垒,促进企业内部的沟通。

三、改善组织内部员工关系,构建和谐的人际氛围

在组织中,人际氛围也关系着沟通的效果。不好的人际氛围会给组织内部沟通造成阻力,由此可见,人际氛围在组织内部沟通中发挥着重要的作用,创造良好的人际氛围尤显重要。研究发现,在组织内部,人际氛围障碍按照关系的不同可以分为两种类型:一是人际横向关系障碍;二是人际纵向关系障碍。前者指平级之间的人际关系障碍;后者指上下级别之间的关系障碍。针对不同类型的人际关系障碍,应该采取相应的措施,这样才能创造出融洽的人际关系氛围,为沟通奠定坚实的基础。

四、选择合适的沟通渠道,健全组织内部沟通网络

在组织内部沟通中,网络不顺畅也是影响沟通效果的一大屏障。这就需要构建完善且顺畅的沟通网络。沟通网络包含沟通的渠道、制度以及组织构造等。

要使信息充分传播,能当面沟通的,尽量不要用电话沟通;能用电话沟通的,就不要用短信、邮件等方式进行沟通。另外,如果用短信、邮件、QQ等方式沟通,还需辅以电话,给予必要的补充和强调。为了保证有必要的书面凭证,除了面对面或电话沟通外,还要辅以书面文件或邮件以作为重要的沟通证明。

表扬一般通过正式的沟通渠道进行,而批评一般通过非正式的沟通渠道进行,如私下单独沟通等。这些不同的渠道所产生的沟通效果不尽相同、各有长短,不可偏废。在正式沟通渠道中,有一些属于自上而下的沟通渠道,如各种会议、报告、通告、公司手册、公司刊物等。这些沟通渠道的作用是对有关工作做指示;给下属反馈工作绩效;向员工介绍企业发展的最新动态,阐明组织目标,增强其任务感和责任心。此外,这些沟通渠道还可以协调组织各层次之间的活动,进而增强各层次之间的联系。

但是,这些沟通渠道也存在一些缺点,如易于形成命令支配型的文化氛围,容易使接收方产生抵触,导致沟通效果减弱;逐级传递信息有曲解、误解和信息失真的现象,这种信息失真的现象会随着所涉及人数的增加而增加。消除这类沟通障碍的方法是:尽量减少传达的层次,避免信息失真;畅通由下而上的沟通渠道,让员工有向管理层发表意见和建议的机会并能及时得到管理层对这些意见和建议的反馈;重视对非正式渠道的引导。由于种种原因,有些人不愿意直接与上级进行面对面的交谈,故可以设置一些保密的双向沟通渠道,如 24 小时免费录音电话、电子邮箱等。

五、以诚相见,塑造相互信任的沟通文化

沟通的基础是诚实守信,尔虞我诈、钩心斗角是人际沟通的毒瘤。正常的沟通是为了达到意见的一致和感情的融洽,是为了解决人们的矛盾,而不是为了加深矛盾。沟通的双方在沟通的过程中都应该以诚相见,抛弃有意的防范和戒备的心理,应该站在对方的角度看问题,而不是持怀疑态度。沟通的双方不能用对方的不足来证实自己的正确,要了解对方、体谅对方、理解对方。沟通双方只有互相交心才会取得理想的效果,才会达到预期的目标。

企业与员工关系因素是构成组织内部沟通障碍的重要因素,会对组织内部的沟通产生重要的影响作用,改善企业与员工关系,也就显得非常重要。下面是几个改善企业与员工关系的方法。

(一)企业在招聘中要慎重

企业在招聘中,要对应聘者进行全面的考察,不要单纯地看重工作能力和以往的工作经验等方面,还要考察应聘者的职业素养尤其是他们的人生观和价值观,也就是说招聘时还要看重应聘者的职业道德和价值观。

(二)在企业内部明确利益共同体

管理者如果不能明确利益共同体,不能保证员工的利益,就会让他们丧失沟通的积极性。因此,明确利益共同体有助于企业内部沟通的实施。

六、沟通前认真准备并有明确的目的性

沟通者首先要对沟通的内容有正确、清晰的理解。进行重要的沟通前要先征求他人的意见。每次沟通要解决什么问题、达到什么目的,不仅沟通者自己要清楚,而且尽量使被沟通者也清楚。此外,在组织中,沟通不只是为了下达命令、宣布政策和规定,更是为了统一思想、协调行动。所以沟通之前,沟通者应对问题的背景、解决问题的方案及其依据、决策的理由和对组织成员的要求等做到心中有数。

七、沟通语言要精练、清晰、有条理

沟通者在说话前要做好语言准备,把想要表达的内容浓缩成几个要点,用简洁、精练的语言表达出来,少讲一些模棱两可的话,多讲一些语义明确的话。要言之有物、条理清楚、逻辑严谨,可以采用总述、分述等叙述方式,尽量措辞得当、不滥用辞藻、不讲空话或套话,在进行非专业沟通时,少用专业术语。

项目小结

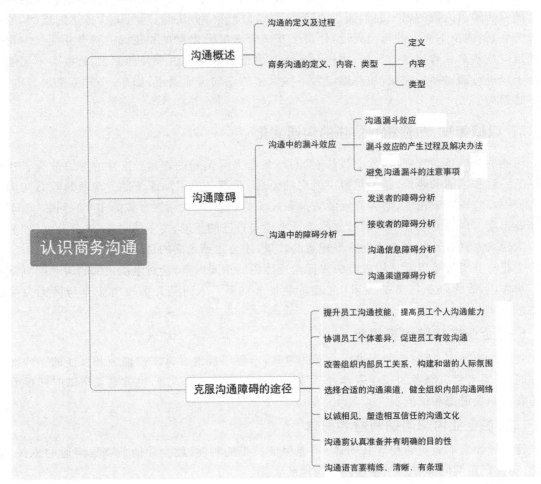

课后巩固

一、单选题

1.商务活动中经常出现沟通歧义而发生误解,从接收者的角度来看,由于自身因素引起的误解多发生在(　　)阶段。

　　A.解码　　　　B.编码　　　　C.传递　　　　D.反馈

2.当语言信息和非语言信息互相矛盾的时候,理解信息的真正含义就非常困难,在这些情况下,信息接收者更相信(　　)。

　　A.非语言信息　　B.语言信息　　C.自己的观点　　D.书面信息

3.点头、微笑属于(　　)方式。

　　A.口头沟通　　B.正式沟通　　C.非语言沟通　　D.上行沟通

4.管理学家彼得·德鲁克说:"很多高层管理人员自认为出色的口才能使其与他人相处融洽,不过他们没有认识到与人相处融洽的同时,要多听别人是怎么说的。"从这句话中我们可以明白成功的沟通还在于( )。
　　A.出色的口才　　B.良好的技能　　C.敏锐的目光　　D.耐心的倾听
5."你能尽快帮我将工作计划整理出来吗?"这句话的沟通语言表达是( )。
　　A.请求　　　　　B.说服　　　　　C.鼓励　　　　　D.命令

二、多选题

1.沟通的构成要素包括( )。
　　A.信息发送者　　B.信息接收者　　C.反馈　　　　　D.噪声及干扰因素
2.按照组织的结构特征进行划分,沟通可分为( )。
　　A.正式沟通　　　B.非正式沟通　　C.语言沟通　　　D.非语言沟通
3.按使用的信息载体和传递渠道进行划分,沟通可分为( )。
　　A.正式沟通　　　B.非正式沟通　　C.语言沟通　　　D.非语言沟通
4.按沟通方向进行划分,沟通可分为( )。
　　A.上行沟通　　　B.下行沟通　　　C.平行沟通　　　D.双面沟通
5.语言沟通形式可分为( )。
　　A.口头语言　　　B.书面语言　　　C.电子数据语言　D.身体语言
6.商务沟通在组织管理中的作用包括( )。
　　A.决策创新　　　B.激励强化　　　C.交流联系　　　D.内部协调

三、问答题

1.简述沟通的构成要素,并分析其含义。
2.商务沟通的基本内容包括哪些?
3.商务沟通是如何分类的?
4.简述商务沟通的流程。

四、综合实训

　　一位叫培洛的美国人,曾是IBM排名第一的推销员,创造过用17天完成全年销售任务的奇迹。
　　后来,培洛决定自己创业,公司叫作EDS。当公司发展到几万员工后,他把这个公司以30亿美元的价格卖给了美国通用汽车公司。公司卖出之前,美国通用汽车公司的总裁到了培洛的EDS总部,他看了之后很满意。这位总裁对培洛说:"你的公司管理得不错,我们应该有很多合作的空间和机会。"到了午餐时间,他问培洛:"贵公司主席用餐的餐厅在哪里?"培洛说:"我们公司没有啊。"总裁问:"那贵公司有没有高级主管用餐区?"培洛说:"对不起,总裁,我们公司没有。"总裁问:"那我们今天中午怎么吃饭啊?"培洛说:"就排队跟员工一起吃自助餐好了。"
　　美国通用汽车公司的总裁到了他即将收购的公司,连一个主管的餐厅都没有,还要排队吃自助餐,这位总裁觉得不可思议。排队取餐之后,他问培洛:"我们坐在哪里?"培洛说:"就跟员工一起坐。"于是那位总裁一边吃一边与员工聊天。吃到一半的时候,培洛说:"我们换一张桌子吧。"这位通用汽车的总裁觉得更不可思议了。吃完之后,通用汽车的总裁说:"培洛呀,虽然你这个公司没有什么高级主管餐厅,但你公司的菜是我吃过的自助餐里最好的。"原来培洛在企业里天天排队吃自助餐,是在监督厨房;而他每餐中间换一桌跟基层的员工聊天,是为了时刻了解公司的营业状况。

思考题：
1. 从不同角度分析案例中是什么类型的沟通方式。
2. 结合案例分析沟通的构成要素。

项目二
倾听的技巧

SHANGWU GOUTONG YU LIY

知识目标

1. 理解倾听在商务沟通中的重要性。
2. 深入分析倾听中障碍产生的原因。
3. 掌握有效倾听的方法。
4. 学会及时反馈。

能力目标

1. 在沟通中能及时排解倾听障碍。
2. 在实际生活中，能灵活地使用各种有效倾听的方法。

任务一 倾听的重要性

任务描述

在本任务中我们要深刻理解倾听的含义，学会辨别听与倾听，掌握倾听的五个层次。

任务导入

美国著名的主持人林克莱特在一期节目上访问了一位小朋友，问他："你长大了想当什么呀？"小朋友天真地回答："我要当飞机驾驶员！"林克莱特接着说："如果有一天你的飞机飞到太平洋上空时，飞机所有的引擎都熄火了，你会怎么办？"小朋友想了想："我先告诉飞机上所有的人绑好安全带，然后我系上降落伞，先跳下去。"

当现场的观众笑得东倒西歪时，林克莱特继续注视着孩子。没想到，孩子的两行热泪夺眶而出，于是林克莱特问他："为什么要这么做？"他的回答透露出一个孩子真挚的想法："我要去拿燃料，我还要回来！还要回来！"

1. 当听到孩子说"我先告诉飞机上所有的人绑好安全带，然后我系上降落伞，先跳下去"时，现场的观众是什么反应？你是怎么想的？
2. 这则小故事给你的启示是什么？

知识点精讲

一、倾听的定义和特点

（一）倾听的定义

苏格拉底曾经说过："自然赋予人类一张嘴、两只耳朵，也就是要我们多听少说。"倾听是接收口头信息和非语言信息，确定其含义并对此做出反应的过程。但是，仅仅用耳朵倾听是远远不够的,还需要全身上下积极配合,共同捕捉和解读对方传达的信息。通过听觉,人们不仅能听到对方所说的话语,而且能听到不同的重音、声调、音量、停顿等,这些都是人在倾听过程中不可忽视的因素。例如,说话人适当地停顿,会给听话人一种谨慎、仔细的印象;而停顿过多,则给人一种急躁不安、缺乏自信或不可靠的感觉。人们也能从说话的音量中区别出愤怒、吃惊、轻视和怀疑等说话人所要表达的感情。

概括地讲,倾听就是用耳朵听,用眼睛观察,用嘴提问,用脑思考,用心灵感受。换句话说,倾听是对信息进行积极主动搜寻的行为。

(二)听与倾听的区别

说到倾听,人们最先想到的就是耳朵,"洗耳恭听"就印证了这一点。对于多数人而言,倾听止于"听见了",其实这是一种错误的观点,倾听与听是两个互相联系而又有区别的概念。听是人体听觉器官对声音的接收和捕捉,是人对声音的生理反应,是人的本能,带有被动的特征。而倾听却是一种特殊形态的听,它必须以听为基础。第一,它是人主动参与的听。人必须对声音有所反应,或者更确切地说,在这过程中,人必须思考、接收、理解并做出必要的反馈。第二,它必须是有视觉器官参与的听。没有视觉的参与,即闭上眼睛的听、只有耳朵的听,不能称为倾听。在倾听的过程中,必须理解别人在语言之外的手势、面部表情,特别是眼神和感情的表达方式。

(三)倾听的特点

(1)接收的不仅是语言信息,还包括非语言信息。

在倾听的过程中,绝不能闭上眼睛仅仅听别人发声,还要注意别人的眼神、手势及面部表情等传递的非语言信息。非语言信息在沟通中有着重要作用,因为在与他人沟通时,很多信息都是以某种行为方式体现出来的,例如看到对方皱眉头,就知道他可能遇到麻烦了。

(2)对所接收的信息做出反应。

虽然倾听以听到声音为前提,但更重要的是倾听者对声音必须有所反应。倾听必须是人主动参与的过程,在这个过程中,人必须思考、接收、理解,并做出必要的反馈。

二、倾听在有效沟通中的重要性

倾听是沟通过程中一个重要的环节。最会说话的人,懂得在别人说话时给予最大的认同,而其中最有效的就是倾听。最会说话的人也是最会倾听的人。倾听是一种了解别人的方式,更是一种与人交往的智慧。对于自己来说,站在对方的角度看问题,避免主观臆断,懂得倾听是成熟的标志;对于别人来说,善于倾听的人给他人提供了一个缓解压力、获得宁静的港湾,更容易获得友谊。

1. 倾听有利于获取信息,做出正确的决策

沟通之道,贵于先学会少说话。多听少说,做一位好听众。通过倾听,可以了解对方要传达的消息,澄清不明之处,获取有用的信息。交谈中有很多有价值的信息,有时它们仅仅是说话人一时的灵感,甚至于他自己都没有意识到,但对听者来说却有启发。这些信息不认真倾听是抓不住的,所以听比说更重要。当倾听者掌握了尽可能多的信息之后,就可以更准确地采纳不同的意见,为下一步决策提供依据。有人说,一个随时都在认真倾听别人讲话的人,可在闲谈之中成为一个信息的富翁,这可以说是对古语"听君一席话,胜读十年书"的一种新解。

2. 倾听有利于发现问题、解决问题

在人际交往中，倾听是了解别人、达到心灵共鸣的重要方式。在人际沟通中，除了倾诉，还应该学会倾听。当他人高兴的时候，要倾听快乐的理由，分享快乐的心情；当他人悲伤的时候，要倾听其痛苦和失意的缘由，理解他人内心的苦处；当他人有工作矛盾、家庭矛盾和邻里矛盾时，要倾听矛盾的症结，帮助分析，为其分忧解难……通过倾听对方的讲话，推断对方的性格、工作经验、工作态度，在以后的工作中有针对性地进行接触。

解决问题有三层含义。第一，积极倾听可以减少失误，多听不同意见，可使管理者做出正确决策。第二，人们仔细地互听对方的讲话是解决异议和问题的最好办法。这并不意味着他们必须相互同意对方的观点，他们只需表明他们理解对方的观点。第三，仔细倾听也能为对方解决问题，很多人在生活中都会遇到不需要回答的问题，他需要的只是一个认真的倾听者，就能帮他完成艰难的选择，解决其难题。

3. 倾听有利于获得信任、改善关系

心理研究显示：人们喜欢善听者甚于善说者。实际上，人们都非常喜欢发表自己的意见，所以，如果你愿意给他们一个机会，让他们尽情地说出自己想说的话，他们会立即觉得你和蔼可亲、值得信赖。许多人不能给人留下良好的印象，不是因为他们表达得不够，而是由于他们不注意听别人讲话。别人讲话的时候，他们或是四处环顾、心不在焉，或是急欲表达自己的见解，这样的人不受欢迎。

做一个耐心的听众，是说话的一项重要条件。因为能静坐聆听别人意见的人，必定是一个富于思想和具有谦虚、柔和性格的人，这种人在人群中最初可能不大引人注意，但事后可能是最受人们尊重的。因为虚心，所以能为众人所喜爱；因为善于思考，所以能为众人所尊重。

4. 倾听可以防止主观误差，调动积极性

对别人的看法往往来自人们自己的主观判断，通过某一件事情，就断定这个人怎么样，或者这个人的说法是什么意思，这实际上带有很强的主观色彩。注意倾听别人说话，可以获得更多信息，使判断更为准确，所谓"兼听则明，偏信则暗"，就是这样的道理。

善于倾听的人能及时发现他人的长处并创造条件让其长处得以发挥作用。倾听本身也是一种鼓励方式，能提高对方的自信心和自尊心，加深彼此的感情，激发对方的工作热情和负责精神。更重要的是，倾听不仅满足了他人一吐为快的愿望，还能调动他们的积极性。

5. 倾听可以促进人与人之间的和谐沟通

人的耳朵非常灵敏，人的心灵也非常敏感，可以说无论人是不是在试图与他人交流，人的耳朵都从来没有闲暇过，很多时候人们不由自主地听着周围的声音。正是因为环境的影响，人与人之间的沟通总是一个永远也说不完的事情，人与人之间的沟通总会出现很多让人郁闷的事情。正因为这样，在沟通的过程中就更加需要耐心，耐心倾听可以让事情更加具体化，减少很多不愉快；耐心倾听可以让公道与清白了然于心；耐心倾听可以减少不必要的误会，促进和谐沟通。

"说者无心，听者有意"，误会是在所难免的。每个人都有对自己的行为负责的义务，每个人都有知道事实真相的权利。无论是亲人、朋友或是同事，都应该给别人一个解释的机会，只有这样并冷静思考，人们才能找到事实的真相。相信只要耐心地倾听，即使结果不能令人满意，也会有一个认识自己和别人的机会。相信只要养成耐心倾听的好习惯，很多时候还是会得到一个满意的答案的,也可以在倾听的过程中让自己更加冷静一些,更加理智地对待事情,总有一个合理的解决方法和改正的机会。

6.倾听可以促进合作效率的提高

"一个和尚挑水喝,两个和尚抬水喝,三个和尚没水喝"。一个和尚挑水喝是自食其力;两个和尚抬水喝是共同分担重量;三个和尚没水喝是因为一个一个坐着等水喝。这是一个关于合作的问题,合作好有水喝,合作不好没水喝,可见合作是非常重要的。特别是在公司里,一起工作的不只是三个"和尚",工作也很多、很复杂,这就更加需要团队的力量了。聪明的员工懂得与人合作,有技术无谋略的员工与有技术的员工合作,而有技术又有谋略的员工与管理者合作。聪明的管理者也是懂得与员工合作的,最有效的方法是倾听,最根本的前提无疑也是倾听。

倾听是一种非常重要的沟通方式,只有让人愿意并且快乐地说出自己的观点与特点,才能更好地赢得别人的信任。倾听让你了解别人,让你了解你的合作者的性格与特长,从而做到各尽其才;倾听让管理者了解员工的才能,从而做到善用其才。因此,倾听能够让人与人之间形成良好的沟通习惯,倾听能够有效地促进合作效率的提高。

三、倾听的五个层次

人际关系专家认为,要想成为一名高效率的倾听者,首先要认识自己的倾听行为。按照影响倾听效率的行为特征,倾听可以分为五个层次,如图2-1所示。一个人从第一层次的倾听者成为第五层次的倾听者的过程,就是其倾听能力、沟通效率不断提升的过程。

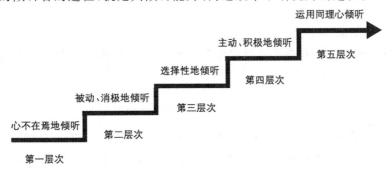

图2-1 倾听的五个层次

第一层次:心不在焉地倾听。

这个层次的倾听者主要具有如下特征:心不在焉,几乎不注意说话者所说的话,心里盘算或考虑着其他毫无关联或关联不大的事情,或心里只是想着如何辩驳对方。这种倾听者真正感兴趣的不是听,而是说,他们虽然表面上在听,心里却迫不及待地想要说话。这种层次上的倾听,往往会导致人际关系的破裂,是一种非常危险的倾听方式。

第二层次:被动、消极地倾听。

这个层次的倾听者只是被动、消极地听说话者所说的内容,常常忽视或错过说话者通过表情、眼神等肢体语言所表达的意思。这种层次上的倾听常常导致倾听者出现误解或错误的反馈,从而失去进一步交流的机会。另外,这个层次的倾听者经常通过点头示意来表示自己正在倾听,这往往会导致说话者误以为自己所说的话完全被听懂了。

第三层次:选择性地倾听。

这个层次的倾听者确实在倾听对方说话,也能够了解对方,但他们往往过分沉迷于自己喜欢的话题,只留心倾听自己感兴趣的部分,不合自己口味或与自己意思相左的内容一概过滤掉。

第四层次:主动、积极地倾听。

这个层次的倾听者主要具有如下特征:主动、积极地倾听对方所说的每一句话,很专心地注意对方的一举一动。这种层次上的倾听虽然能引起对方的注意,但是很难引起对方的心理共鸣。

第五层次:运用同理心倾听。

这个层次的倾听不是一般的倾听,而是用心去倾听。这个层次的倾听者主要具有如下特征:善于在说话者的信息中寻找自己感兴趣的部分,因为他们认为这是获取有用信息的契机;在倾听过程中不急于做出判断,而是理解对方的情感,并且能够设身处地地看待事物;善于分析和总结已经传递出的信息,质疑或者权衡听到的话;能够有意识地注意到很多非语言线索;善于向讲话者发出询问和反馈,而不是质疑讲话者。这个层次的倾听者是带着理解和尊重,积极、主动地倾听,这种有感情注入的倾听方式有利于引起讲话者的心理共鸣,在形成良好的人际关系方面起着极其重要的作用。

任务二　倾听的障碍

在本任务中我们要了解商务沟通中有效倾听的八大环节,能够辨别出商务沟通中倾听障碍的来源。

任务导入

ERA是一个日资企业中的日籍雇员,在制造部门担任经理。ERA一来中国,就对制造部门进行改造。ERA发现,现场的数据很难及时反馈上来,于是决定从生产报表上开始改造。ERA借鉴日本母公司的生产报表,设计了一份非常完美的生产报表,从报表中可以看到生产中的任何一个细节。每天早上,所有的生产数据都会及时地放在ERA的桌子上。ERA很高兴,认为自己拿到了生产的第一手数据。没过几天,出现了一次大的品质事故,但报表上根本就没有反映出来,ERA这才知道,报表的数据都是随意填写上去的。为了这件事情,ERA多次找工人开会,强调认真填写报表的重要性,但每次开会后,在开始几天可以起到一定的效果,过不了几天又返回到原来的状态。ERA怎么也想不通。

ERA的苦恼是很多企业中的经理人一个普遍的烦恼。现场的操作工人,很难理解ERA的目的,因为数据分析距离他们太遥远了。大多数工人只知道好好干活,拿工资养家糊口。不同的人,所站的高度不一样,单纯地强调、开会,效果是不明显的。

站在工人的角度去理解,虽然ERA不断强调认真填写生产报表,但这距离他们比较远,而且大多数工人认为这和他们没有多少关系。后来,ERA将生产报表与业绩奖金挂钩并要求干部经常检查,工人们才知道认真填写报表是与切身利益有关系的,才重视起来。

在沟通中,不要简单地认为所有人都和自己的认识、看法、高度是一致的,对待不同的人,要采取不同的模式,要用别人听得懂的"语言"与其沟通。

▶ 思考题

1. 在上述案例中,ERA 虽然多次找工人开会强调认真填写报表的重要性,但为什么没有效果呢?问题出在谁的身上呢?
2. 后来采取了什么方式让工人认真对待生产报表?

▶ 知识点精讲

一、商务沟通中有效倾听的环节

倾听是一门需要不断修炼的艺术。在商务活动中,有效倾听所发挥的作用绝不亚于陈述和提问,良好的倾听技巧可以帮助商务人员解决与客户沟通过程中的许多分歧问题。倾听如此重要,但大多数商务工作者的倾听能力都不尽如人意,常因没有很好地倾听,而产生矛盾和纠纷。在商务沟通中,要把握好以下环节。

1. 准备倾听

要想了解客户,就要让客户讲话;要想实现与客户良好的沟通,就必须重视客户,保持良好的精神状态,做好积极倾听的准备,如心理准备、身体准备、态度准备及情绪准备等。在交谈前,要停止手中的工作,关掉手机,表情放松,注视对方,用平和的心态专注地倾听对方讲话。恐慌的心理、疲惫的身体、黯然的神态及消极的情绪等都可能使倾听失败。

2. 发出倾听信号

在对方讲话前,要目光专注地注视着对方,表现出对客户的谈话感兴趣,并主动让对方谈谈他的想法。对方讲话时,要表情放松,注视对方,保持目光接触,专注地倾听。在倾听中,对对方的谈话不时地赞许性地点头,表示你能接受对方的想法并让对方继续他的谈话。倾听中要做到充分接收信息,正确倾听弦外之音。

3. 积极配合对方

在倾听中,要用眼神和对方交流并不时地点头表示在倾听。让对方完整地把话说完,不要中间插话打断对方的讲话,必要时,可以礼貌地打断,请对方再一次表明意思,再请对方继续谈话。有问题待对方讲完后再提出。在倾听时,不能表现出不耐烦,左顾右盼、东摇西晃、发出响声、频繁接打电话等举动都会影响对方的谈话。还要避免似听非听,假装附和,而实际却思想游离,并未真正注意倾听。

4. 充分接收信息

商务沟通中,达到有效性的关键在于双方充分地表达和接收信息。倾听就是为了很好地接收信息。商务工作人员在倾听过程中,要站在对方的角度,理解对方,听完整、听明白对方的话语,特别是有分歧的问题,不要急于争辩,先冷静分析、思考。

5. 理解对方的主要信息

在倾听过程中,要明确与对方沟通的目的,维护大局,边听边分析,进行思维重组,将对方谈话内容梳理、归纳、转换为自己理解的意思,同时,要仔细分辨对方谈话的语气、语速、语调及表情的变化,理解对方的真正意图。

6. 检查理解力

倾听中,要总结归纳对方主要阐明的观点,分析其思想用意,梳理要提出的关键问题。在表明自己的观点前,可以复述对方的谈话,讲清自己对对方谈话的理解,求得对方的确认,避免自己的理解发生偏差。

7. 适时、适度地提问

沟通就是要双方相互交流。听完对方的讲话,要做出一些反应,可以提出问题、建议、意见或看法,但一定要适时、适度。适时就是要等对方讲完;适度就是不要一下提出太多的问题,或一个问题纠缠不清。还要注意提问的语气,尽量保持平和的心态,一般情况下,不能把提问变成质问。特别是当看法和认识出现分歧时,要学会控制自己的情绪,放松心情,尽量抑制冲动,避免矛盾冲突。

8. 及时反馈

对方表明自己的观点后,要把自己一方的意思向对方表明。有异议要及时提出,双方共同协商解决。

二、商务沟通中倾听的障碍

在倾听的过程中,如果人们不能集中自己的注意力,真实地接收信息,主动地进行理解,就会产生倾听障碍。要完整而准确地理解对方的含义和意图并不容易,在沟通中,人们面临多种倾听的障碍,容易造成信息失真。一般而言,影响倾听效率的障碍来自环境、信息发送者和倾听者。

1. 环境障碍

倾听他人的谈话时,有可能遇到很多来自外部环境的噪声,如在闹市中进行沟通,周围可能传出各种噪声,打电话的声音、汽车喇叭声、聊天声等,都会使倾听的效果大打折扣。环境对人的听觉与心理活动有重要影响,环境中的声音、气味、光线以及色彩、布局,都会影响人的注意力与感知。布局杂乱、声音嘈杂的环境将会导致信息接收的缺损。环境障碍主要表现在两方面:一方面是干扰信息的传递过程,造成信息信号消减或歪曲;另一方面是影响倾听者的心境。有一个常见的现象:通常在会议上领导者不能真实地获取下属的意见和感受,但是在饭桌上,员工往往能畅所欲言,随心所欲地谈自己的想法和感受,因为饭桌上的环境更加舒适随意,而不像会议室给人逼迫、拘束的感觉。

2. 信息发送者障碍

信息发送者障碍主要是源于发送者本身传递的信息质量不高。双方在试图说服、影响对方时,并不一定总能发出有效信息,有时会有一些过激的言辞、过度的抱怨,甚至出现对抗性的态度。现实中管理者经常遇到满怀抱怨的顾客、心怀不满的员工、剑拔弩张的争论者,在这种场合,信息发送者受自身情绪的影响,很难发出有效的信息,从而影响倾听的效率。

来自发送者的障碍可以归纳为以下三个方面。一是发送者的表达能力不佳。发送者词不达意、口齿不清,使人难以理解。二是发送者过滤信息。发送者有意操纵信息,使信息显得对接收者更为有利,却使真正的信息无法传递给倾听者,如学生向家长汇报时,总是传达好消息,过滤坏消息。三是信息发送者缺乏表达的愿望,例如当人们面对比自己优越或地位高的人时,害怕言多必失以致留下坏印象,因此不愿意发表自己的意见,或尽量少说。

3.倾听者主观障碍

倾听者的理解能力和态度的不同,会对倾听行为产生障碍,主要表现为以下几方面。

1)个人偏见

即使是思想最无偏见的人也不免心存偏见。比如,有的人以貌取人,对自己不喜欢的人心存偏见,不信任对方,就不会认真倾听;有的人则会对不同性别、不同地区、不同人群心存偏见,对他们的能力、知识等产生怀疑。因此,沟通中的背景多样化时,倾听者的最大障碍就在于自己对信息传播者的偏见。

2)先入为主

先入为主在行为学中被称为"首因效应",它是指在进行社会知觉的过程中,对象最先给人留下的印象,对以后的社会知觉发生重大影响,也就是我们常说的第一印象,第一印象往往决定了将来。人们在倾听过程中,对对方最先提出的观点印象最深刻,如果对方最先提出的观点与倾听者的观点大相径庭,倾听者可能会产生抵触的情绪,而不愿意继续认真倾听下去。

3)以自我为中心

人们习惯于关注自我,总认为自己的观点、思想才是对的。在倾听过程中,过于注意自己的观点,喜欢听与自己观点一致或相近的意见,对不同的意见往往置若罔闻,这样无疑错过了聆听他人观点的机会。

4)情绪噪声

接收信息时,接收者的心情也会影响到他对信息的解码。不同的情绪感受会使个体对同一信息的解释截然不同。当接收者处于极端的情绪体验,如狂喜时,可能所有接收到的信息都会被解码为好消息或有利于自身的消息。这种状态下,接收者常常无法进行客观而理性的思维活动,往往做出情绪化的判断。

5)时间不足

一是安排的时间过短,对方不能在这么短的时间内把事情说清楚,他可能言简意赅,忽略了许多的细节,需要倾听者仔细去把握。对于倾听者来说,这么短的时间内既要听清楚对方所要表达的内容,还要明白并要做出回应,非常匆忙,容易产生失误。另一种情况是在工作过程中的倾听,倾听者根本就没有时间认真倾听对方所要表达的内容,比如下属临时有重要的事情向上级寻求帮助,事先并没有约定好时间,上级正忙着其他的事务,只是草草地听着对方的简单叙述。

6)急于表达自己的观点

人们都有喜欢发言的倾向。发言在商务场合被视为主动的行为,可以帮助人们树立强有力的形象,而倾听则是被动的。在这种思维习惯下,人们容易在他人还未说完的时候,就迫不及待地打断对方,或者心里早已不耐烦了,往往不能把对方的意思听懂、听全。

4.沟通双方的差异造成的障碍

1)双方经验的局限

发送者在信息编码时,通常在自己的经验知识范围内进行;同理,接收者在解码时,也在自己的经验范围内进行。如果沟通双方没有公共的经验知识范围,那么倾听者就会陷入困境,无法准确地解码,如电脑销售人员对顾客提到 CPU、内存等术语或习惯用语时,可能顾客与销售人员的经验知识没有交集,因此无法解码 CPU 等词汇,会对消费者造成困扰。

2)双方性别和文化等的差异

每个人不同的文化环境、背景、经历、性别形成了人们不同的价值取向和世界观。对于同一外界信息,各人都会运用自己的世界观与价值取向去判断和评价。例如,大多数女性认为"对不起"是为了表达对他人的理解和关心,而不一定是道歉。

任务三　有效地倾听

任务描述

积极倾听意味着向发言者表明自己正在认真聆听他(她)的发言。同时,积极倾听也需要在发言者和倾听者之间创造一种共同的认知体系。在本任务中我们需要了解倾听的四种方式,掌握商务沟通中有效倾听的技巧,避开倾听的障碍区。

任务导入

孙某与刘某同一年毕业于同一所大学,同时被聘为某公司的项目协调员。两人才力相当,业务水平难分高下,不同的是两人的处世态度。

每次讨论刘某设计的项目时,大伙只要提出点什么意见,他总是据理力争,说得别人无言以对。虽然大家都认为他言之有理,但总觉得他有点傲。领导有时极有风度地点拨其项目的某些缺陷,刘某便引经据典找依据,弄得理论水平不高的领导很难堪。

孙某的态度正好相反,对每个人的意见,都做认真的记录,一副洗耳恭听的姿态。特别是领导的指示,他十分重视,有不清楚的地方,便反复请教。参加孙某的项目讨论会,大家都有畅所欲言的机会,而且大家都乐意向他提出自己的宝贵意见。最后,经过修改的项目书,必定是博采众长、无可挑剔的。

结果呢,孙某每次做出的项目都获采用,而刘某做出的项目却极少被采用。业绩的不同拉开了他俩的差距,最近,孙某升任公司副总经理,而刘某早在两年前跳槽了,至今还是小职员。

思考题

1.为什么孙某每次做出的项目都获采用,而刘某做出的项目却极少被采用呢?
2.孙某与刘某的差别在哪里?

知识点精讲

一、倾听的四种方式

(一)侧重于人的情感的倾听方式

在沟通中,听众关心对方的情感,谈论有关人的情感问题。例如,对方倾诉有关情感的问题,听众寻找与对方的共同兴趣并对情感做出反应。

(二)侧重于具体行动的倾听方式

对方布置任务、介绍技巧、传授经验等,听者则要能准确无误地表述,并能够很好地应用、施以行动。

(三)侧重于实际内容的倾听方式

对方发布新闻、传递信息、讲授课程时,听者更喜欢复杂和充满挑战的信息。听者可能排除一切干扰因素,专心致志地去倾听。

(四)侧重于时间限制内的倾听方式

如上下级之间的交谈,这时听者更喜欢简短和快速地与人沟通,学术中的答辩等都属于在限定时间内的沟通。

每个人在沟通的过程中,由于环境的改变,也会不断变换自己的倾听方式。例如,一个行政管理人员在办公室可能用侧重于时间限制的倾听方式,当他回到家里以后对自己的孩子则用侧重于人的情感的倾听方式。

在工作或生活中,出现沟通问题时,你就希望对方是一位侧重于人的情感的倾听者,倾听自己的倾诉,你可能会得到非常满意的回应,他们可能是你的朋友和知己;同样的道理,如果你有一篇即将发表的文章需要征求意见,你就希望对方是一个侧重于内容的倾听者,比如你的老师,你的同行,他们通过你的讲述,会对你的文章提出有价值的意见,对你有所帮助。因此,如果你根据不同的情景寻找不同种类的倾听者,你的沟通就会得到较为满意的效果。

二、有效倾听的技巧

大量事实证明,人际沟通失败的原因,很多时候不在于你说错了什么,或是应该说什么,而是因为你听得太少,或者不会听。倾听有技巧问题,有注意力的稳定、分配和转移问题。有些不良习惯降低了大多数人的倾听水平,比如听旁人说话时注意力不集中或者这只耳朵进、那只耳朵出,那么此时,听到的别人谈话的内容肯定是时断时续的,丢掉了别人说话的详细内容;再比如听人说话时,常常为先入为主的固定看法所影响,或者由于忠言逆耳,有一种情绪会阻止你继续听下去,甚至将你的注意力转移到进行反击的思想上去;还有,人听他人讲话时,常常是一边听一边翻报纸、听广播或者看电视,一心二用,往往听的内容不连贯,看的内容不全面,甚至什么都没有留下;至于听人讲话时,将注意力集中在诉说者的外貌和举止上,那么对讲的内容就更加不知所云了。

1. 消除外在与内在的干扰

外在和内在的干扰,通常是妨碍倾听的主要因素,因此消除干扰是提高倾听技巧的首要方法。你必须把注意力完全放在对方的身上,这样才能明白对方说了什么、没说什么,才能通过观察对方更好地掌握对方的肢体语言,以及对方的话的真正含义。

2. 鼓励对方先开口

善于倾听是一种修养,只有经过长期的练习才能形成。善于倾听的人给人的印象是谦虚好学、专心稳重、诚实可靠。善于倾听的人能够给别人充分的空间诉说自己的想法,避免误解。

鼓励对方先开口可以降低谈话中的竞争意味,倾听可以营造开放的气氛,有助于彼此交换意见。说话的人由于不必担心竞争的压力,也可以专心把握重点,不必忙着为自己的矛盾之处寻找遁词。

对方先提出他的看法,你就有机会在表达自己的意见之前掌握双方意见的一致之处。倾听可以使对方更加愿意接纳你的意见,让你更容易说服对方。善于倾听的人,常常会有意想不到的收获。

3. 使用肢体语言,注意非语言性的暗示

当我们在和人谈话的时候,即使我们还没来得及开口,我们的内心感觉就已经透过肢体语言清清楚楚地表现出来了。如果你的态度表现得比较封闭或冷淡,说话者很自然地就会特别在意自己的一举一动,也就会有一种防范意识,比较不愿意敞开心胸;如果你表现得很感兴趣,那就表示你愿意接纳对方,很想了解对方的想法,说话的人就会受到鼓舞。表现出感兴趣的肢体语言包括自然的微笑,没有交叉双臂,手没有放在脸上,身体稍微前倾,常常看对方的眼睛、点头。

4. 避免打断他人的谈话

一个优秀的倾听者应该在确定知道别人完整的意见后再做出反应,别人停下来并不一定表示他们已经说完想说的话,让人把话说完整并且不插话,表明你很看重沟通的内容。人们总是把打断别人说话解释为对自己思想的尊重,但这却是对对方的不尊重。

经常打断别人说话的人,是一个不善于听人说话、个性偏激、礼貌不周、很难和人沟通的人。善于听别人说话的人,不会因为自己想强调一些细枝末节,想突然转变话题,想修正对方话中一些无关紧要的部分,或者是想继续说完一句刚刚没说完的话,就随便打断对方的谈话。

虽然说打断别人的话是一种不礼貌的行为,但是"乒乓效应"则是例外。"乒乓效应"是指听人说话的一方要适时地提出许多切中要点的问题或发表一些意见、感想,来响应对方的说法。还有,一旦听漏了一些地方,或者是不懂的时候,要在对方的话暂时告一段落时,迅速地提出疑问。

5. 听取关键词

关键词指的是对方所描述出来的具体事实的字眼,这些字眼透露出某些信息,同时也显示出对方的兴趣和情绪。透过一些关键词,你可以看出对方喜欢哪些话题,以及说话者对人的信任度。

同时,通过找出对方谈话中的关键词,你可以决定如何响应对方的说法。在提出自己的问题或感想时,加入对方所说过的一些关键内容,对方就可以感觉到你对他所说的话很感兴趣或者很关心。

6. 抓住对方谈话的重点

在听的过程中,要找出谈话者的重点并把注意力集中在重点上,这样比较容易从对方的观点了解整个问题。不专注于各种细枝末节,就不会因为没听到对方话中的重点或是错过主要内容而浪费彼此的宝贵时间,或者产生一些错误的理解。

7. 反应式倾听非常重要

反应式倾听指的是重述刚刚听到的话,这也是一种很重要的沟通技巧。倾听者的一些表现及反应可以让对方知道他一直在听对方说话,而且也听懂了对方所说的话。但是反应式倾听不是像鹦鹉学舌一样,对方说什么你就直接说什么,而是应该用自己的话简要述说对方的重点。反应式倾听的好处主要是让对方觉得自己很重要,能够掌握对方谈话的重点,让对话不至于中断。

在倾听的过程中偶尔说"是"、"我了解"或"是这样吗?",告诉说话的人你在听,你是有兴趣的。在日本,两个人交谈时的答话称为"aizuchi",这个字由"ai"(一起做事)以及"zuchi"(铁锤)所组成,代表两个人讲话时会不时互相交换答话,所以听起来像是两个铸剑师傅在敲打剑刃。

8.尊重说话者的观点

如果在整个听的过程中都无法接受说话者的观点，那可能会错过很多机会，而且无法和对方建立融洽的关系。就算说话的人对事情的看法与感受甚至所得到的结论都和你不同，他们还是可以坚持自己的看法、感受和结论。尊重说话者的观点，就是让对方了解，你一直在听，而且也听懂了他所说的话，虽然不一定同意他的观点，但你还是很尊重他的想法。

9.及时回顾与总结

和人谈话的时候，用几秒钟的时间在心里回顾一下对方的话，整理出其中的重点。我们必须删去无关紧要的细节，把注意力集中在对方想说的重点和对方主要的想法上，在心中熟记这些重点和想法，并在适当的情形下给对方清晰的反馈。如果你能指出对方在有些地方只说到一半或者有些不详的话，那么说话的人就知道，你一直都在听他讲话。如果你不太确定对方比较重视哪些重点或想法，可以利用询问的方式让他知道你对谈话的内容有所注意。

10.不让自己的情绪影响判断

人是情绪化的，在倾听的时候要注意避免由于自己附带的个人情绪而影响自己的理性判断。语言不光能传达理性的声音，大多数时候还带有浓厚的情绪，如果有些话题对倾听者有特别的意义，当说话者聊到这类话题时，倾听者就会比较容易陷入自己的情绪中。感性是理智的大敌，如果有个人情绪的掺入，理智就会出局，你就难以公平公正地了解或评断事实。你应该找出哪些内容容易触动你的情绪，然后练习自我控制能力，只有控制住情绪，才可能听到别人在说什么。尤其是听到批评时，你会觉得生气、挫折、沮丧，就算说话者给予你的是建设性的建议，可能也会被你忽略。所以带有强烈个人情绪的人通常容易对别人的语言理解错误，使沟通变得没有意义。

11.保持必要的沉默

俗话说"沉默是金"。沉默就像乐谱上的休止符，运用得当，含义无穷，真正达到以无声胜有声之效。但一定要运用得体，不可不分场合、故作高深而滥用沉默。而且，沉默一定要与语言相辅相成，不能截然分开。沉默绝不意味着严肃和冷漠。只有在倾听当中适时、恰当地运用沉默，才可获得最佳的效果。在倾听当中适时地运用沉默，可获得如下效果：

（1）沉默能松弛彼此紧张的情绪。若对方情绪化地说了些刻薄之词，事后往往会内疚、自省，但若你当场质问或反驳，犹如火上浇油。这时若利用沉默战术，有利于平复双方情绪，也给对方自省的时间，继而改变态度，甚至聆听我们的话。

（2）沉默能促进思考。适时创造沉默的空间，有利于引导对方反思或进一步思考，在对方说谎时，此举能引起他的恐慌，促使他改变态度。此外，沉默片刻能给双方真正思考的时间和心灵沟通的机会。

（3）沉默可控制自我情绪。在自己心生怒火的时候，开口极容易失言，影响谈话气氛和自身形象，保持沉默可渐渐克制自己激动的情绪，保持自己的良好形象和状态。

三、避开倾听的障碍

倾听者本人在整个交流过程中具有举足轻重的作用。倾听者理解信息的能力和态度都直接影响交流的效果。因此，在适宜的环境条件下，倾听者要以最好的态度和精神状态面对说话者。倾听者要克服倾听的主观障碍，就要信任和尊重说话者，保持公正的态度，去除个人情绪和偏见,并去除如下不善倾听的常见表现。

(1)爱走神,思绪常常飘忽不定,特别是在别人说话很慢时。这是因为人思考的速度比讲话快得多,讲话速度是每分钟20～160个字,可是思考的速度则是每分钟400～600个字。解决办法是要有耐心,强迫自己集中注意力。对思绪不集中的人讲话时,要多用短句子,多问些问题,尽量使讲话富有吸引力。

(2)只关注视觉刺激,过分受视觉的影响,如面部表情、手势、服饰及姿态等,而听不进实际的信息。解决办法是把注意力集中到语言上,暂时将其他信息忽略,和别人讲话时,应尽量保证自己的形象生动且富于专业化,还应使用形象化的语言,如说"详细描述一下"或"我明白你的意思"等。

(3)有畏惧心理,有时觉得所听信息太难或过于专业化而干脆不听了。解决办法是告诉自己你可以理解信息内容,然后把注意力集中在信息上而不是老想着困难。

(4)只顾自己夸夸其谈。有些人只热衷于自己说话而不顾别人是否有话要说,这是典型的不听别人讲话的人。解决办法是树立轮流说话的意识。人人都应该有讲话的机会,而且倾听别人讲话能从中得到启发,并使自己讲得更好。

(5)专爱挑刺,怀着批判的态度听别人讲话,为的是从中挑毛病,从对方的话语中搜集信息只是为了反驳讲话。这是律师在法庭上的"拿手戏",可是在其他场合,则要考验人们的耐心。解决办法是尽量找出与别人的共同点,可以问"您为什么这么说?"等。

(6)迟钝,经常找不到合适的词语表达自己的意思,而且很少能透过词句理解含义,会被词语的表面意义所迷惑。解决办法是提高自己的阐释能力和对文字语言的理解力。

任务四 及时反馈

反馈,简单来说就是对工作执行、落实进程的闭合,是执行力中的一个重要因素。在本任务中我们要了解在沟通中及时反馈的重要性,从给予者和接收者两个角度掌握及时反馈的技巧。

案例一:为什么不告诉我一声

某公司的总经理在北京进修,已经开始上课了,仍不停地拨电话,终于拨通了,大家就听见他问:"昨天那个合同给对方发过去了吗?"

对方说:"发过去了。"

总经理接着问:"合同签了吗?"

对方说:"签了。"

总经理又问:"他们对合同有没有什么改动?"

对方说:"没有改动。"

总经理长出一口气说:"谢天谢地,为什么昨晚不告诉我一声?害我昨晚一宿没睡好觉。"

案例二：你们的资料什么时候才能发过来

有家机械设备公司，研制了一套新型设备。先前，公司最大的一家客户明确表示有意向购买他们的这套新型设备，也曾经多次打电话催要这套新型设备的报价和性能介绍资料。他们知道自己的定价有些高，但公司销售人员还是将报价等资料传真给了对方。

结果对方一连三天都没有音信，这下可急坏了经理，于是召集各部门经理开会讨论应对方案：如果对方嫌我们的报价太高了我们怎么办；如果竞争对手也给了他们同类产品的报价我们怎么办；如果对方老总生气了怎么办；如果出现其他什么情况我们怎么办。结果在第四天，客户终于打来电话了，问："你们的资料什么时候才能发过来？"原来发过去的传真他们没收到。

案例三：我都做好了

我交代给下属分管主管一件事情：通知其部门员工第二天下午开临时会议（我是用微信发的）。我记得是下午三点多钟安排的，中途我看了几次微信，都没有收到回信。一直到晚上八点多钟，我实在受不了，就给这个分管的主管打了一个电话。

我：我发的微信你看到了吗？

回答：我看到了啊。

我：那通知发了吗？

回答：发了。

我：那调班、工作安排什么的协调好了吗？

回答：严总，您请放心，我都做好了。

我：那你怎么不给我回个微信反馈一下？

回答：……

思考题

1．以上案例说明了什么问题？
2．如果你分别是案例一、三中的下属和案例二中的经理，你会怎么做？

知识点精讲

一、反馈的重要性

反馈就是在沟通过程中，信息的接收者向信息的发送者做出回应的行为。一个完整的沟通过程既包括信息发送者的表达和信息接收者的倾听，也包括信息接收者对信息发送者的反馈，如图 2-2 所示。及时的反馈能体现一个人的工作态度，可以增进沟通，使双方信息对称，在工作过程中减少不必要的曲折延误，从而大大提高执行的效率。

不做反馈是沟通中常见的问题。许多经理人误认为沟通就是"我说他听"或"他说我听"，常常忽视沟通中的反馈环节。不反馈往往直接导致两种恶果。一是发送信息的一方（表达者）不了解接收信息的一方（倾听方）是否准确地接收到了信息，例如在沟通时，常常遇到一言不发的"闷葫芦"，你表达的信息往往"泥牛入海"，毫无消息。二是信息接收方无法澄清和确认是否准确地接收了信息。

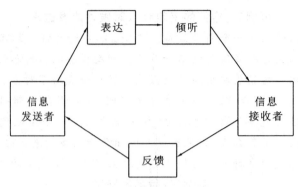

图 2-2　完整的沟通过程

二、给予反馈的技巧

1. 针对对方的需求

反馈要站在对方的立场和角度上，针对对方最需要的方面给予反馈，例如试用期考核是由人力资源部和其他用人部门双重实施的，用人部门给人力资源部反馈新进人员的试用期表现时，仅仅反馈该员工的表现是不妥的。因为从人力资源部的角度来看，期望了解两个方面：一是该员工的表现，二是用人部门的意见。如果没有第二方面，人力资源部难以采取下一步措施。所以，如果仅仅反馈第一方面就是没有很好地了解对方需求，导致反馈效率低或反馈失败。

2. 给予具体、明确的反馈

以销售部肖经理对于人力资源部的工作的反馈为例。错误的反馈："任经理，你们就不能给我们招些合适的人才？"这种表述不具体，只是表明了不满、抱怨情绪，无助于解决问题，而且容易伤和气。正确的反馈："我们这一周面试了33个人，通过了9个人，其中有4个人嫌薪酬低，3个人认为这份工作对他们的职业发展没有太大益处，另外2个人还要再考虑考虑。"这种表述说明了问题的具体情况，大家可以围绕问题发生的原因进行分析讨论。

错误的反馈："小李，你的工作真是很重要啊！"评述：这种表述方式很空洞，对方也不知道为什么自己的工作就重要了，从而不能给对方留下深刻的印象。正确的反馈："客户非常注重我们报告的外观，外商常常通过报告的装帧来判断我们工作的品质和效率，他们要用我们这份东西去争取外国公司的巨额投资。小李，你的工作很重要。"评述：这种对下属的反馈就不是干巴巴的说教，而能起到事半功倍的效果。

3. 给予正面、具有建设性的建议

全盘否定的批评不仅是向对方泼冷水，而且容易被遗忘，下属很可能对批评的意见不屑一顾，理由是无法同严厉的上级进行有效的沟通。相反，赞扬下属工作中积极的一面并对需要改进的地方提出建设性的建议更容易使下属心悦诚服地接受。对于大多数人来讲，赞扬和肯定比批评更有力量，例如销售部经理说："小王，你的工作很有成绩。我有个建议，不知道对你是否有帮助。"

4. 对事不对人

反馈是就事实本身提出的，不能针对个人。针对人们所做的事、所说的话进行反馈，通过反馈，不仅使自己，更重要的是使对方清楚你的看法，有助于使人们的行为有所改变或者加强。

5.将问题集中在对方可以改变的方面

把反馈的焦点集中在对方可以改进的地方。例如,有关人才招聘的问题,任经理反馈的信息应该能够使肖经理有改进的余地。既然任经理认为肖经理对人才的要求过高了,那么,他所给的反馈就应该集中于这一方面,即能不能降低要求,降低要求对销售部的工作的影响程度有多大。把问题集中在对方可以改变的方面,可以不给对方造成更大的压力,使他感到在自己的能力范围内,能够进行改进。

三、接收反馈的技巧

1.倾听,不打断

反馈的接收者必须培养倾听的习惯,使反馈者能够尽可能地展示他自己的性格、想法,便于你尽可能多地了解情况。在这个过程中,如果急于打断对方的话,一是打断了对方的思路,二是由于你的表述,对方意识到他的一些话可能会冒犯你或触及你的利益,所以对方会把想说的话隐藏起来并有足够的时间进行伪装,对方就不会坦诚地、开放地进行交流,你也就不能知道对方的真实反应是什么。

2.避免自卫

沟通不是在打反击战。"对方只要一说话,肯定就是对我的攻击,作为保护,我必须自卫。"抱着这样的想法,打断对方的话并试图将注意力转移到己方的目的或兴趣上会激起对方这样的反应:"他根本就不想听我说话"。这样对方也就不会认真地对待你。应有意识地接受建设性的批评。

3.提出问题,澄清事实

倾听绝不能是被动的,而应辨明对方的问题,沿着对方的思路而不是指导对方的思路,传递出礼貌和赞赏的信号。另外,提问也是为了获得某种信息,在倾听总目标的控制之下,把讲话引入自己需要的信息范围之内。

4.总结接收到的反馈信息并确认理解

在对方结束反馈之后,你可以重复一下对方反馈中的主要内容、观点,询问对方你总结的要点是否完整、准确,保证你正确地理解对方要传递的信息。

5.理解对方的目的

当你倾听老板或下属的讲话时,如果不把你的目标暂时放在一边,不把焦点集中到他们想实现的目标上,就不会完全理解他们。要仔细分析是不是包含着其他微妙的目的。

6.向对方表明你的态度和行动

同上司的沟通结束之后,你有必要谈谈行动方案。同下属的沟通,不一定要谈行动方案,但要表明态度,给下属一个"定心丸",使对方产生信任感。今后,他们有问题还会找到你进行坦诚的交流。

反馈是沟通中一个重要的环节。反馈包括给予反馈和接收反馈两个方面,只有同时注意这两个方面的技巧,才能保证反馈信息的完整和明确。

项目小结

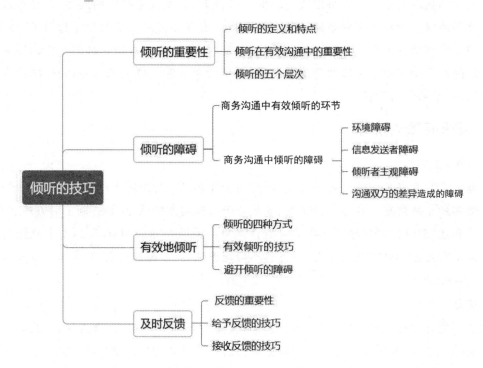

课后巩固

一、单选题

1. 关于倾听,下面说法正确的是( )。

   A. 用耳朵去听就是倾听　　　　　　　　B. 听见了就是倾听

   C. 对信息进行积极主动搜寻才是倾听　　D. "洗耳恭听"就是倾听

2. 倾听具备的特点有( )。

   A. 接收的是语言信息

   B. 接收语言和非语言信息,还要对接收信息做出反馈

   C. 接收的是非语言信息

   D. 对接收信息做出反馈

3. 沟通中最重要的一个环节是( )。

   A. 倾听　　　　B. 说　　　　C. 肢体语言　　　　D. 反馈

4. 从沟通的角度,"听君一席话,胜读十年书"所表达的意思是( )。

   A. 做一个好听众　　　　　　　　B. 认真倾听,获取有用信息

   C. 听别人的话胜过读十年书　　　D. 认真倾听,不要开小差

5. 倾听中,声音、气味、光线以及色彩、布局等方面的障碍属于( )。

A. 环境障碍　　　　　　　　　　B. 信息障碍

C. 发送者障碍　　　　　　　　　D. 接收者障碍

二、多选题

1. 积极倾听是指(　　　)。

A. 一边听一边与自己的观点进行比较和评论

B. 边听边想自己的事情

C. 设身处地地倾听

D. 选择性地倾听

2. 反馈是指(　　　)。

A. 关于他人之言行的正面或负面意见

B. 关于他人之言行的解释

C. 在别人做得不足的地方,给他一个建议

D. 对将来的建议或指示

3. 沟通中,倾听的主要作用是(　　　)。

A. 体现对别人的尊重　　　　　　B. 充分地获取信息

C. 有助于反馈信息　　　　　　　D. 反驳对手

4. 一般而言,影响倾听效率的障碍包括(　　　)。

A. 环境障碍　　　　　　　　　　B. 信息发送者障碍

C. 倾听者主观障碍　　　　　　　D. 心理障碍

5. 在倾听对方谈话时(　　　)是不恰当的非语言倾听的行为。

A. 盯着自己的手机　　　　　　　B. 总是面无表情

C. 一直盯着对方的眼睛　　　　　D. 无论什么样说话风格的人都能沟通

三、问答题

1. 如何有效地提高倾听的效果?

2. 简述听与倾听的区别。

3. 分析倾听的五个层次。

4. 简述倾听障碍的来源。

5. 沟通中反馈的技巧有哪些?

四、综合实训

　　那是一个圣诞节,一个美国男人为了和家人团聚,兴冲冲地从异地乘飞机往家赶,一路幻想着团聚的喜悦情景。恰恰老天变脸,这架飞机在空中遭遇猛烈的暴风雨,飞机脱离航线,上下左右颠簸,随时有坠机的可能。空姐也脸色煞白,惊恐万状地吩咐乘客写好遗嘱,放进一个特制的口袋。这时,机上所有的人都在祈祷。也就在这万分危急的时刻,飞机在驾驶员的冷静驾驶下终于平安着陆。

　　这个美国男人回到家后异常兴奋,不停地向妻子描述在飞机上遇到的险情,并且满屋子转

着、叫着、喊着。然而,他的妻子正和孩子兴致勃勃地分享着节日的愉悦,对他经历的惊险没有丝毫兴趣。男人叫喊一阵子,却发现没有人听他倾诉,他死里逃生的巨大喜悦与被冷落的心情形成强烈的反差。在妻子去准备蛋糕的时候,这个美国男人却爬到阁楼,用上吊的古老方式结束了从险情中捡回的宝贵生命。

思考题:

一个在飞机上遇险而大难不死的美国男人回家却自杀了,原因何在?

项目三
语言沟通与非语言沟通

SHANGWU GOUTONG YU LIY

知识目标

1. 理解语言沟通与非语言沟通在交往中的重要性。
2. 掌握商务演讲的技巧。
3. 了解面试的过程以及注意事项。
4. 学会使用非语言沟通。

能力目标

1. 能在公开场合进行商务演讲。
2. 能够在面试前、面试中、面试后熟练地运用语言与非语言技巧。

任务一　语言沟通的技巧

任务描述

语言沟通是人类特有的以语言符号为媒介交流信息的沟通行为和沟通方式。本任务中,我们需要掌握口头语言沟通与书面语言沟通优缺点的比较,能在不同的场合中灵活运用语言沟通的技巧。

任务导入

有个人为了庆祝自己的四十岁生日,特别邀请了四个朋友,在家中吃饭庆祝。三个人准时到达了,只剩一个人,不知何故,迟迟没有来。这人有些着急,不禁脱口而出:"该来的怎么还没来呢?"其中有一人听了之后很不高兴,对主人说:"你说该来的还没来,意思就是我们是不该来的? 那我告辞了,再见!"说完就气冲冲地走了。

一人没来,另一人又走了,这人急得又冒出一句:"真是的,不该走的却走了。"剩下的两个人里,有一个人生气地说:"照你这么讲,该走的是我们了? 好,我走。"说完,掉头就走了。又把一个人气走了,主人急得如火上的蚂蚁,不知所措。最后剩下的这一个朋友交情较深,就劝主人说:"朋友都被你气走了,你说话应该留意一下。"

这人很无奈地说:"他们全都误会我了,我根本不是说他们。"最后这朋友听了,再也按捺不住,脸色大变道:"什么! 你不是说他们,那就是说我啦? 莫名其妙,有什么了不起。"说完,铁青着脸走了。

思考题

1. 在人际交往中,这个过生日的人犯了什么错误?
2. 如何才能实现高效的沟通?

> 知识点精讲

一、语言沟通概述

(一)语言沟通的概念及类型

语言沟通是人类特有的以语言符号为媒介交流信息的沟通行为和沟通方式,包括口头语言沟通和书面语言沟通。

口头语言沟通是指人们运用口语或有声语言进行的信息沟通。最常见的口头语言沟通方式就是人与人之间的交谈,此外还有演讲、开会讨论、通电话、闲谈和口头消息传播等诸多形式。

书面语言沟通是指人们运用无声的书面语或以书面文字为载体进行的信息沟通,它有发通知、写备忘录、写信件、发电子邮件和传真等多种方式。

语言沟通的作用是用判断性语言表示说话人的情感和态度,用命令性语言指示和影响他人的行为,用承诺或推测性语言表明理解或信仰,用慰问或挑战性语言维持某种人际关系,用争辩或让步性语言界定沟通者的行为规范等。

(二)口头语言沟通与书面语言沟通的比较

口头沟通是传递信息含义的最基本形式,它具有很多优点。首先,沟通者可以立即发问以澄清含糊之处,因此可以将误解发生的可能性降至最低。其次,它使沟通者能依据对方的面部表情来调整自己的语速、语调等,从而提高沟通的效果。此外,当需要许多人在一起进行协商时,口头沟通方式效率最高。最后,大多数人都喜欢面对面的人际沟通,因为这种方式轻松、活泼,令人感到自如、温暖,而且能增进友谊。口头沟通的不足之处在于它无法留下书面记录,有时还浪费时间甚至于很不方便。

书面沟通包括了大多数沟通形式,文件、公告、备忘录、电子邮件、传真、信件、报告、建议、指导手册,均属于这一范畴。书面沟通也具有非常明显的优点。首先,书面沟通能保持长久的记录,对于现在日益增加的诉讼问题和广泛的政府管理问题来说,这是必需的。其次,采取书面而非口头的方式能够使沟通者仔细考虑、精心组织信息。另外,这种方式还很方便,书面信息可在沟通双方方便的时候构思和阅读,在需要的时候还可以再看一看。当然,书面形式也有缺点,它需要做精心的准备,并对沟通信息的接收者、沟通可能出现的预期结果保持高度的敏感性。书面沟通的另外一个缺陷是准备起来比较麻烦并且需要良好的写作技能。

口头沟通与书面沟通的比较如图 3-1 所示。

二、语言沟通的原则

1. 针对性

人们在商务活动中所进行的语言沟通都具有强烈的目的性,会谈、谈判等都是通过语言沟通来达到沟通感情、改善双方关系或完成某项任务的目的的。尤其是在服务性强的领域,要使用易于被不同服务对象所接受和适合不同服务情境的语言。

在沟通过程中,对方的心理状态对于信息的接收有极大的制约。因此,言语、行为必须适应语言对象的性格、处境和心境,有一定的针对性。

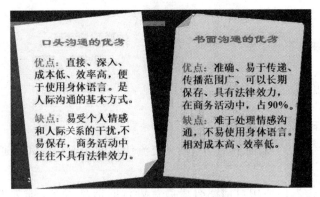

图 3-1　口头沟通与书面沟通的比较

2. 正确性

语言使用必须符合语法规范,任何语言都应是在遵守语言规范的前提下无误地传达信息、为听者所接收的,否则就会造成语言沟通障碍。

3. 礼貌性

人们在工作中应使用礼貌用语,遵守职业道德,语言婉转、用词文雅,力求做到谦虚、恭敬、高雅。

三、语言沟通的技巧

1. 使用规范化语言

语言是信息的第一载体。在商务活动中,要想准确地传递信息,就要注意语言的规范性及科学性,其主要表现在以下几个方面:

(1)语音。语音要清晰。人们说话的目的是让对方听清楚、听明白,以起到交流信息、沟通感情的作用。因此,面对来自国内不同地区的沟通对象,必须用普通话与之交流,以减少交谈中的障碍,避免因语言不通影响交流甚至发生误会。

(2)词汇。词汇的使用要规范,包括异形词、同音词和同义词的规范,新词语的规范,文言词语的规范,方言词语的规范,网络词语的规范和外来词语的规范等。语言的基本功能在于表达人们思维活动的内容。表达者语言要清楚准确、简单明了。如在谈判或辩论时,要尽量使用通俗易懂的语汇,尽量少用晦涩难懂的专业术语,不用现代时髦词汇。

(3)语法。语言要符合语法规范,具有系统性和逻辑性。解释问题时,应该把事情发生的时间、地点、过程、变化和因果关系等叙述清楚,同时要注意使语言简洁精练,避免口头禅。商务文件的写作要符合规范。

(4)语言风格。在书面语言沟通中,应根据不同需要使用不同的语言风格。根据阅读者对信息的接收态度,可以将书面文件分为正面文件、中性文件、负面文件和说服性文件四种。正面文件是指阅读者愿意阅读和接收的文件,写这类文件时要注意采用积极、愉快的语气和词汇;中性文件是指阅读者以中立的态度来阅读的文件,写这类文件时要注意采用中性的语言、准确的词汇;负面文件是指阅读者不希望接收的文件,写这类文件时要注意采用委婉的语气、令人愉快的词汇;说服性文件是指当阅读者的态度不明了时,写作者努力说服其接受己方观点或建议的文件,写说服性文件一定要把握住对方的心理、想法和利益所在,以具有煽动性、感染力的语言加以铺陈。

2.恰当使用赞美

渴望赞美是每个人心中的一种基本愿望,在进行语言沟通时要注意赞美的恰当使用。

(1)真诚热情。赞美他人、他事时态度要热情,所称赞的事情要尽可能具体些,实事求是、措辞恰当、讲究分寸,合理地把握赞美语言的度。

(2)不直接赞美。以第三人的口吻来赞美显得更可信。有时,有必要采取一些迂回的方法进行赞美,例如可以称赞他所从事的职业及这个职业在生活中的地位、作用等。

(3)频率适当。在一定时间内对他人赞美的次数越多,赞美的激励作用就越小。所以要把握赞美的频率,最大限度地发挥它的作用。

3.有技巧地批评

如果在沟通过程中迫不得已需要批评他人的话,应注意以下技巧。

(1)批评方式应因人而异。对不同性格的人应采取不同的批评方式,批评者应尊重对方的自尊心,最好在私下里批评。

(2)批评是为了帮助他人进步,要对事不对人。尤其是在上级批评下级的时候,批评的是下级做错的事,而不是个人,不能因此否定个人的成绩。

(3)批评的结果是在明确自己的立场和批评的原因之后,给对方指出怎么做才是正确的,并拿出根据,以理服人,而不是一味地抱怨、发泄。胡乱批评会令对方充满敌意和尴尬,最后徒劳无益。

4.采用不同的说服方式

在沟通过程中,根据不同的语境采用不同的说服方式会起到意想不到的效果。

(1)调节气氛。说服者态度和蔼地用提问的方式代替命令,给人维护自尊和荣誉的机会,营造出友好的气氛容易使说服成功。

(2)争取同情。说服比自己强大的对手时可采用此方法,博得对方的同情,以弱克强,达到目的。

(3)好心威胁。说服者善意的威胁会使对方产生恐惧感,从而达到说服的目的。但在使用时要慎重,口头语言沟通中的威胁态度要友善,书面语言沟通中的用词要温和,同时讲清后果,说明道理,威胁程度要适当。

(4)消除防范。如果发现对方充满戒备或敌意,说服者就应采取措施,如嘘寒问暖,在话语或书面语中反复暗示对方自己是对方的朋友而不是敌人。这种暗示可以消除对方的防范心理和恐惧意识。

(5)换位思考。说服者要在了解对方的基础上,站在对方的角度考虑问题,使说服更有力。

5.使用幽默

幽默是一种巧妙的语言沟通方法,是一种艺术性的语言。诙谐幽默的语言能使交谈气氛轻松融洽,摆脱交流困境,增进双方友谊,易于互相沟通。幽默并非低级趣味,真正的幽默滑稽而不粗俗,内容健康,格调高雅。

四、提升语言沟通的能力

良好的语言沟通能力不单是指"口上之才",而是一个人各方面的素质、修养和能力的综合性体现。提高自己的语言沟通技巧,也就是提高自己的素质,改善自己的人生。

(一)博览群书,忌浅薄无知

语言是口才的基础,怎样才能使语言表达得心应手呢?其方法就是多读书。在这个世界上,全新的事物真是太少了,每个时代的每一个人都得自愿或不自愿地捡起前人的衣钵,即使是伟大的演说家,也要借助阅读的灵感。

(二)话如其人,忌夸夸其谈

朴实无华的语言是真挚心灵的表达,是美好情感的展现。因而,语言的朴素美来自相应的办事态度,话如其人,言为心声,平时为人处世质朴真诚,说话也就自然不会扭捏做作。古语说"其行也正,其言也质",正是说以真诚的态度为人,永远是语言朴素美的前提。语言的朴素美贵在保持个性,该怎么表达就怎么表达,或严肃,或幽默,或直率,或调侃,或委婉,要发自内心,保持本色。

有的人开口"当然",闭口"绝对",武断得惊人。这样,别人就无话可说了。有人说,武断是交谈的毒药,这话一点不错。谁也不愿和这样的人多谈几句。即使同一个词,修饰后也有程度的差别,如"一切""根本""多数""一些""凡是",要根据实际来选择,万万不能掉以轻心。把"部分"说成"一切",把"可能"说成"肯定",就会使自己陷入被动,实际上是一种"虚张声势",说了是会碰钉子的。

当然,强调语言的朴实无华不等于反对含蓄。说话的含蓄是一种艺术,即把重要的、该说的部分故意隐藏起来,或说得不显露,却又能让人家明白自己的意思,这就是所谓的"只可意会,不可言传"。

之所以说含蓄是说话的艺术,是因为它体现了说话者驾驭语言的技巧,而且也表现了对听众想象力和理解力的信任。如果说话者不相信听众丰富的想象力,把所有意思全盘托出,这种词意浅陋、平淡无味的语言会使话语逊色,甚至使人生畏。

(三)远离假话,摒除大话

中国人民历来赞颂说真话的美德。在《韩非子·外储说左上》中有关于曾子杀猪教子的故事,一直盛传不衰。曾子把妻子的玩笑话付诸行动,将猪杀了,让孩子相信母亲的诺言。曾子的妻子未必是有意欺骗孩子,然而曾子却还是坚持了最可贵的精神,不让妻子说假话,不跟孩子说假话。

大话又称废话,与假话的性质接近。两个珠光宝气的女人在炫耀自己家庭的富有。"您知道吗?我们家里的厨师换得可勤了,家里人吃同一厨师的饭菜,最多不过三天,就不爱吃了。""谁说不是呢!为了换厨师方便,我们家的厨房门口装了一个旋转门。"像这种大话除了能博得我们一笑之外,没有任何意义。说大话在口才表达上不但不能给你的话题增辉,反而令你的话题和观点黯然失色。墨子曾对他的学生说,话说得太多,就像池塘里的青蛙,整夜整日地叫,弄得口干舌燥,却没有人注意它;但是鸡棚里的雄鸡,只在天亮时啼,却可以一鸣惊人。说话何尝不是如此,与其说一大堆废话,不如简明直接讲几句。现代人时间观念增强了,说废话空耗别人宝贵的时间,对人对己都是一种极大的浪费。

(四)不说空话,避免套话

大多数孩子都喜欢吹肥皂泡,被吹出来的肥皂泡在阳光下闪耀着艳丽的光泽,非常美妙。随着五彩泡泡不断升高,它们一个接一个破碎。所以人们常把说空话喻为吹肥皂泡,这真是再恰当不过了。一些充满各种动听、虚幻、诱人的词句,细细咀嚼却没有任何实在内容的话,迟早是会像肥皂泡一样破灭的。

说话的目的是交流思想、传达感情,因此,总得让人家知道你心中要表达的是什么。只要开口,不管是洋洋万言,还是三言两语,不管话题是海阔天空,还是一问一答,都应使人一听就懂。

一些人惯于用一些现成的套话来代替自己的语言,三句话不离套词,颠来倒去那么几句,既没有思想性,更没有艺术性,令人听后味同嚼蜡。

(五)选择对象,因人而异

通常,交谈的对象是社会上的各种人,年龄、性别、性格、脾气、思想认识等各不相同。由于各人所处的地位不同,对同一事物的理解也是有差异的,说话的分寸也就要根据各种人的地位、身份、文化程度、语言习惯来做不同的处理。例如在日常生活中,对同辈人与对长辈(或上级)、对陌生人与对知己、对不同性别的人说话都应讲究分寸,考虑听者的接受程度。比如有这样两个句子:"这事你错了,该找人赔礼道歉去。""这事咱们也有不对,最好还是去向人说清楚。"两句话其实是同一个意思,但前一句说得较直率,有劝诫的口吻,较适用于前辈对后辈(如老师对学生)或者知己之间。第二句话婉转多了,如对人称的处理就很巧妙,对对方不直称"你",而用"咱们",其实说话者不一定介入了这件事,只是为了把话说得婉转或表示自己与对方更贴心。另外把"赔礼道歉"说成"说清楚",也是为了避免使用刺激性的字眼,使对方更容易接受。可见,后一种也是劝,但不是劝诫,更多的是请求,比较适合后辈对前辈、关系不太密切的人或者对一些自尊心特别强的人说。

任务二　商务演讲的技巧

在现代商业社会里,在很多场合,我们需要在公众面前展开专业和精彩的陈述、展示和演讲。在本任务中,我们需要了解演讲的要素、特点及作用;理解商务演讲的定义,能从准备、开场、呈现、控场、退场等方面全面掌握商务演讲的技巧。

一年一度的毕业季,各高校都要举行毕业典礼。而毕业典礼上的压轴大戏——校长演讲,在公众的关注和期待下,变得更加"接地气""赶时髦""戳心窝",成为毕业生享用一生的心灵鸡汤。

校长演讲有的以幽默风趣的语言谈及学生最关心的生活问题,如苏州大学校长熊思东用一组小数据"调侃"学生:"你们每人、每年平均消耗了150千克粮食,体重却只增加了0.3千克,这是否从侧面反映了各位在苏大只长知识而不长肉呢?"有的以热播剧、网络用语为例,启发学生要在时代洪流中不忘初心、不断前行,如原武汉大学校长李晓红结合电视剧《欢乐颂》寄语学生:"谁的青春没有过迷茫?如何找到一条通往成功的路径?这就需要你们在时代洪流中找准人生的坐标与前行的方向,倾心打磨自己,精心雕刻自己,做自己人生的'工匠'。"有的以满怀深情的金句嘱咐学生牢记使命,用实际行动服务社会,如东南大学校长张广军引用美国电影《肖申克的救赎》中的经典台词"生命可以归结为一种简单的选择,或忙于真正的生活,或一步一步走向死亡"叮嘱毕业生:真正的生活一定是经过反思、有价值的生活,一定是与时代、与国家的命运紧紧相连的生活。

校长们幽默风趣、富有智慧、充满情怀的毕业典礼演讲,是毕业生顺利开启人生新阶段的第一课。他们的"段子"中的大智慧盘点,也在朋友圈里不断刷屏,让人们深受教育和启发。

思考题

1. 为什么大学校长们的毕业典礼演讲能打动毕业生并引起人们的共鸣?
2. 演讲对我们的现实人生有怎样的影响?
3. 如何提高语言表达能力,使演讲成为自己的亮点和光环,拥有更精彩的人生呢?

知识点精讲

一、演讲的概述

演讲作为一种以语言为工具进行宣传教育的社会活动形式,既古老又年轻。说它古老是因为演讲活动源远流长,伴随着人类文明的发展而发展;说它年轻是因为演讲活动在当今社会仍然具有强大的生命力。古今中外,凡是在历史发展的重要关头,每当社会激烈变革之时,演讲的特殊功能就表现得更加突出。

(一)演讲的含义

演讲是一种最高级、最完善、最典雅、最有审美价值、最有欣赏价值、最有使用价值的语言表现形式,更是一种呼唤爱、赞美爱、传递爱、弘扬爱的最有效方式。对于什么是演讲,《说文解字》解释为:"演,水长流也。讲,和解也。"演讲引申为表演、阐述、论说等义。《现代汉语词典》解释为"演说;讲演"。演讲属于语言行为,是演讲者在特定的时空环境中,凭借有声语言(为主)和相应的态势语言(为辅),向听众发表见解主张,抒发感情,从而达到感召听众、说服听众、教育听众并促使其行动的一种艺术化的语言交际形式。

(二)演讲的要素

演讲是人类的一种社会实践活动,除了应具备演讲的内容或演讲信息以外,还必须具备演讲的主体、演讲的受体、演讲的媒介、演讲的时空四个要素,缺一不可。

1. 演讲的主体

演讲的主体即演讲者,是演讲活动的承担者和执行者。演讲者的素质、能力和演讲水平不仅影响演讲者在听众中的形象,而且还直接影响演讲效果,甚至影响到演讲的成败。一个优秀的演讲者必须具备良好的素质与较强的综合能力。

1)高尚的道德情操

"德"是一个人的灵魂所在,决定了一个人的言论立场,是评价演讲优劣的关键所在。演讲者只有具有良好的职业道德、社会公德、伦理道德等,才能成为一个和谐发展的人,进而有效发挥演讲的宣传、鼓动作用。

2)先进的科学思想

演讲者演讲的目的是教育人、启迪人,提高听众的思想认识、文化水平。演讲者应该成为有识之士,迅速掌握各种新思想、新科学,"识前人所未识,讲前人所未讲",更好地服务听众。

3)渊博的知识

古今中外的演讲家无一不是以博览群书、知识丰厚、学识渊博而著称的。演讲者的魅力深深扎根于知识的土壤中。要想获得演讲的成功,就必须掌握社会人文、自然科学、专业理论等知识利器。常言道:"工欲善其事,必先利其器。"渊博的知识是演讲成功的基本条件。

4)较强的综合能力

多种才能的有机结合才能孕育出一个出色的演讲家。演讲是一个人综合能力的反映,主要包括敏锐的观察能力、科学的思辨能力、丰富的想象能力、较强的记忆能力、良好的表达能力、灵敏的应变能力等。演讲者的综合能力越强,演讲成功的概率就越大。

英国哲学家培根说:"知识就是力量。"现代理论家认为"德、识、才、学"是演讲者必备的四要素。对于好的演讲者,知识是基础,道德是灵魂,思想是方向,能力是核心。

2.演讲的受体

演讲的受体即参加演讲活动的听众。听众是演讲活动不可缺少的有机组成部分。演讲者既要使演讲成为听众的一部分,也要使听众成为自己演讲的一部分,了解和掌握听众的心理特点。虽然听众的构成是多元的,其在演讲实践中的心理活动和心理需求也是不尽相同的,但是在知识需求和审美需求这两个方面却具有许多相通之处。

1)知识需求

在演讲活动中,绝大多数听众是想通过参加演讲活动来增长自己的见识,获得某些新的信息,以增加知识、拓宽视野并从中得到一定的启迪。1920年,英国新实在论哲学家罗素应我国讲学社和北京大学联合邀请来华访问。访问期间,罗素在上海、北京、南京等地做了多场演讲,受到了青年学生的热烈欢迎。据罗素自己回忆:"青年听众的求知欲非常强烈,他们聆听演说时就像饥饿者面对盛宴一样。"

2)审美需求

从某种意义上说,演讲活动也是一种审美活动。听众根据一定的审美标准,对照审美主体,在受到教育和启迪的同时,满足愉悦耳目、滋养心灵的需要。当然,不同的听众由于文化素养、认知水平、审美趣味的不同,在听同一场演讲时会存在不同的审美体验,也会对演讲做出不同的审美判断和审美评价。

3.演讲的媒介

演讲者要想发表自己的意见,陈述自己的观点和主张,从而达到影响、说服、感染他人的目的,就必须借助与其内容相一致的传达手段。有声语言、态势语言和主体形象是演讲活动中传情达意的主要媒介。

1)有声语言

有声语言是演讲活动中传递信息、表达思想最主要的媒介和物质表达手段。有声语言由语言和声音两个要素构成,以流动的方式"运载"着演讲者的主张、见解、态度和感情,从而产生说服力、感召力,使听众受到教育和鼓舞。演讲者的语言要准确、简洁、通俗、生动,声音要清亮、甜美,语气、语调要富于变化,做到科学性与艺术性的完美结合。

2) 态势语言

态势语言是演讲过程中不可缺少的一个媒介，指演讲者运用身姿、手势、眼神、表情等流动的形体动作，作用于听众的视觉器官，辅助有声语言传情达意，以增强表达效果。演讲者运用态势语言时，要注意准确、自然、得体和协调，具有表现力和说服力，能够使听众的听觉与视觉产生同步的效应。

3) 主体形象

在演讲过程中，演讲者以整体形象（包括形体、仪表、举止和神态等）直接作用于听众的视觉器官。而整个主体形象的美与丑、好与差，不仅直接影响着演讲者思想感情的表达，而且也直接影响着听众的心理情绪和审美感受，这就要求演讲者在自然美的基础上，讲究一定的艺术美。

4. 演讲的时空

演讲活动是在特定的时间和空间进行的，演讲者要审时度势，因人而异，随境而发，相机行事，根据演讲的场合和对象决定演讲内容，做到"到什么山上唱什么歌，见什么人说什么话"，以适应演讲场合，满足听众的需要。

（三）演讲的特点

任何一种蕴含艺术性的活动都有其独特的物质传达手段，形成自己的特殊规律，揭示活动自身的本质特点，演讲活动也不例外。

1. 现实性

演讲是演讲者通过对社会现实的判断和评价，直接向广大听众公开陈述自己的主张和看法的现实活动，时代色彩十分强烈。一般来说，演讲者要以时代提出的任务、形势发展的要求和人们的迫切愿望作为自己的基本主题，义不容辞地去促进社会的发展和进步。

现实性是演讲的生命力所在，如古希腊的演说家亚里士多德、德摩西尼，我国先秦时期的演说家盘庚和诸子百家的学者，自然科学家伽利略、居里夫人、爱因斯坦，他们流传于世的演讲稿都极具现实性。

2. 广泛性

演讲是一种工具，任何人都可以利用演讲这一工具来传授知识、交流思想、表达感情。从演讲者来看，不论什么阶层、什么行业、什么身份、什么性别和什么年龄层次的人，都有可能成为演讲者。鲁迅既是文学家，也是演讲家。闻一多既是诗人、学者，也是演讲家。林肯是美国总统，丘吉尔是英国首相，同时，他们又都是杰出的演讲家。当今时代，演讲已深入人类社会生活的方方面面，成为人们生活乃至生命的组成部分。

3. 针对性

演讲是一种社会实践活动，社会发展日新月异，演讲内容也要紧跟时代步伐，与时俱进。演讲者的观点要源于对现实社会生活的归纳和提炼，只有这样，演讲才有说服力、感召力，才能引人深思、发人深省。

4. 艺术性

演讲的艺术性是指现实活动的艺术，它既具有文学艺术特征、朗诵艺术色彩和富有感召力的体态语言所形成的和谐统一的美感，还具备戏剧、曲艺、舞蹈、雕塑等艺术门类的某些特点。演讲为了达到启迪心智、感人肺腑的目的，需要借助一些艺术的表现手法来制造艺术感染力。

5.鼓动性

演讲活动是进行宣传教育、鼓舞人心的有力武器。鼓动性是检验演讲成功与否的一个重要标志。没有鼓动性的演讲,不是成功的演讲,甚至不能称为演讲。演讲者洪亮的声音、自然的态势语言、真挚的情感能够把听众的心抓住,"使糊涂的人清醒过来、怯懦的人勇敢起来、疲倦的人振作起来、而反对派则战栗地倒下去"(社会学家费孝通教授赞闻一多)。

6.直观性

演讲现场是一个演讲者与听众互为直观的时空环境。演讲者必须全力追求演讲的现场直观性效果,以儒雅大方的主体形象、洪亮优美的有声语言、大方得体的态势语言,使自己在与听众零距离接触的过程中取得演讲的最大成功。

(四)演讲的作用

演讲是一种武器,运用它可以赢得竞争优势;演讲是一条途径,通过它可以扩大发展空间;演讲是一种智慧,应用它可以获得人脉。演讲可以使自己成为最有才干的人,最能指导别人的人,见解最深刻的人。

(1)真理的启迪。演讲重在以理服人,对听众产生启迪作用。真理的启迪是一种理性的教育,它可以帮助人们认识社会现实和历史状况,辨别客观事物的美丑和善恶,用真理取代谬误,陶冶性格情操,净化思想感情,规范道德行为。

(2)情感的激发。成功的演讲不仅能以理服人,还能以情感人。列宁曾指出:"没有人的情感,就从来没有也不可能有人对真理的追求。"演讲者借助声音、语调、姿势、动作、表情等直观地表情达意,引导听众进入激动欢呼、愤愤不平、热泪盈眶、沉痛哀叹等不同的情感状态。

(3)艺术的感染。演讲是一种实用艺术,具有直观性的艺术感染力,能够使听众在精神上产生一种愉悦、激动和满足的感觉。爱国主义、国际主义、集体主义和革命英雄主义情感都能通过演讲者的演讲深入人心。

(4)行动的导发。真理的启迪、情感的激发、艺术的感染会形成一种合力,对听众施加影响,最终鼓动听众产生符合演讲目的的行动。这是演讲的终极目标,也是演讲优越于其他欣赏艺术之所在。演讲的导发作用不只作用于一代人,而是几代人;不只在一定区域内产生影响,而是会超越民族和国家的界限,作用于全人类。

演讲的四个主要作用统一体现在一场具体的演讲活动中,我们不能只就某一方面做孤立的分析。刘勰说:"人禀七情,应物斯感,感物吟志,莫非自然。"演讲就是综合调动演讲要素,激发人们从心底生发的自然而然的向善向美之情。

二、商务演讲的技巧

在现代商业社会里,在很多场合,我们需要在公众面前展开专业和精彩的陈述、展示和演讲,如会议竞聘演说、产品发布会、企业宣讲会、产品营销展示、企业内训、述职报告、主题演讲、技术交流、竞标演示、融资路演等,就算有再好的商业模式、产品或能力,如果无法对外界有效传达,也很难发挥优势。公众演说被越来越多的人用于商业活动中,正日益成为职业人士必备的核心素质之一。

古今中外的各界人士都不乏演说的高手,中国近代女革命家秋瑾对演说的评论是:"要想改变人的思想和观念,非演讲不可"。而在中国古代文化中,《周易·系辞上》这本书中这样描述演说的重要性:"鼓天下之动者,存乎辞。"也就是说,要推动社会进步和国家前进,都需要依靠演说的力量。这些都说明了演说的重要意义。

然而,由于缺少表达与演讲呈现能力的训练,并不是每个人都能做很棒的商务演讲与呈现,对于一些没有练习过这方面技巧的人来说,演讲是很头疼的经历。

(一)商务演讲的定义

商务演讲是一门综合性的语言艺术,是指在公众场所,以有声语言为主要手段,以体态语言为辅助手段,针对某个具体问题,鲜明、完整地发表自己的见解和主张,阐明事理或抒发情感,进行宣传鼓动的一种语言交际活动。在公众面前发言清楚、说服有力,是商务人员迈向成功最重要的技能之一。成功的商务演讲可以帮助商务人员在各种商业场合应对自如,抓住每一次演讲的机会,实现自身与企业价值的提升。

(二)成功高效的商务演讲具备的特点

(1)演讲内容与呈现符合听众需求。
(2)内容结构紧凑,思路清晰地表达观点,具有很强的沟通力。
(3)通俗易懂、动之以情、引起共鸣,让听众感到乐趣,具有很强的传播力。
(4)形象化表达,生动化演绎,自信大气地展现自我和企业形象,具有很强的呈现力。
(5)有理有据地论证观点,达成演讲目的,使听众行动起来,具有很强的说服力。
(6)使用非语言的技巧,熟练巧妙地运用PPT等演示工具,使商务演讲完美呈现。

(三)商务演讲的基本原则

(1)明确的目标目的、受众导向的原则。
(2)KISS 原则:keep it simple and stupid。
(3)热情、自信、专业、准确、简洁、互动。
(4)以"讲"为主:用有声语言向听众传达你的主张。
(5)以"演"为辅:有一定的艺术性,具有感染力,各要素如语言、声音、形态、环境要形成相互协调的美感。

(四)商务演讲的技巧

下面从准备、开场、呈现、控场、退场五个方面来阐述商务演讲的一些技巧。

1. 准备技巧

80%的准备,20%的演讲,好演讲是设计出来的,是准备出来的。

1)明确目标及主题

根据演讲目的进行演讲目标设定与主题选择,明确演讲的类型与功能,确定演讲中心思想,总结归纳演讲要点。

2)定位听众

了解有多少人以及听众的经验背景、期望、需求、心态、能力、观点。了解听众知道什么、接受什么、改变什么,确定你的目标。了解听众的心理过程:吸引注意、引发兴趣、制造欲望、激励行动。

3)演讲内容逻辑设计

凤头——主题鲜明;猪肚——内容丰富;豹尾——结尾有力。

深入思考,提炼主题句。根据主题和限定时间,排列演讲要点、拟出提纲。

思路展开技巧:

(1)why——背景、意义、价值、目标(目的)。

(2)what——定义、标准、关键内容。

(3)how——行动步骤、难题排除。

(4)金字塔结构:从背景、冲突、疑问回答引入,设核心观点,下设支持论点,按照递进逻辑顺序搭建,纵向深入、横向归纳、完全穷尽、相互独立。

(5)事实(问题)原因、结论或解决方案。

(6)为内容服务的资料收集:注意资料的范围、合适的深度。善于举例子、摆事实,避免过度使用专业术语。使用支持性数据、技术参数、图示、照片、影像,让数据变得对听众有意义。

4)PPT设计与运用技巧

逻辑化、结构化、观点化、图表化。

观点重点化,简短易懂,标题及内容字体字号、条目数量适当;图表使用问题答案作为标题并直接传递有价值的信息,即标题表达的是观点而非描述,观点用完整的陈述句;使用的图表要呼应主题,同一版面尽量不出现三种以上颜色;标题与图文界限清晰;区别必须演示及可以省略的部分;善用PPT备注提醒。

内容图形化技巧:

(1)用图表展示组成(组织、流程);

(2)数量比较(总量、相互比较、时间变化);

(3)展示变化及如何变化、各项分布、各项相关性。

选择合适的图表样式:

(1)引用非数字论据时,用流程图、矩阵图;

(2)引用数字论据时,用表格、柱状图。

5)熟悉演讲环境

准备演讲材料、工具设备,了解演讲现场的布置细节、时间安排及工作流程,制作演讲策划清单。尽量减少现场杂物,保证现场光线充足,避免技术故障。

6)反复演练完善

统计演练时间,调整演讲内容的顺序及范围。练习音量、语调、感情、表情、姿态、手势、眼神。

2. 开场技巧

在最初几分钟里的目标是:让听众绽开一丝笑容,愿意承接你的问题,让听众感到自在、舒服,激起听众的热情和兴趣,或告知演讲的目的、价值、内容预览。

(1)幽默式开场白,讲与主题相关的笑话。

(2)提问式开场,提出与主题相关的问题。

(3)故事式,以简短完整的故事开场。

(4)引用名言式,引用名言佳句。

(5)利益相关式,讲听众想要的、想听的。

(6)设置悬念式,从一开始抓住听众注意力。

(7)引用数据法,让数据说话,使用令人好奇的统计数字。

(8)开门见山式,直接切入主题,适合正规、庄重的场合。

3. 呈现技巧

呈现应服从内容表达、情绪表达的需要及美的需要。

1)声音语言技巧

(1)响亮,声音响亮的演讲更有说服力。

(2)语调,加入变化、抑扬顿挫、停顿、重音增强表现力。

(3)语速,快语速用来鼓动和激发,慢语速用来强调和惊叹。

(4)清晰,吐字清晰,减少口头禅。

(5)情感,添加描绘感情色彩的词语,富有亲和力。

(6)简练,使用简单的词句,如果需要,就停下来思考。

(7)强调,通过减速、停顿、提高声音进行强调。

(8)表达,多用排比,多用问句代替陈述句,多用比喻,多讲故事,多归纳总结,多用对比式表达。

2)身体语言技巧

自然协调,个性鲜明,以加强有声语言的感染力和表现力。

舒展的手势:彻底伸展,大臂用力,腰部以上多用手掌,忌用手指,手自然下垂,略贴往两侧。

站姿与仪态:挺直腰板演讲,适当变化位置,三至五步后,站立片刻,动作自然。

眼神运用:

(1)专注有力、炯炯有神、微笑有情、缓慢、平均与听众接触。

(2)回答听众问题时,与观众对视交流。每次对视交流的时间为3~5秒钟,开口讲话前,将目光锁定在一位观众的脸上,讲完一句完整的话后再换另一位观众,在将目光转向下一位观众时,停顿一下并吸口气,注视每个人,避免扫视。

3)说服技巧

寻找一个双方认同的共同立场,获得听众认同,达成新的一致。强调所说的或所宣传的事物的优点,把复杂的问题答案转换为运用实例,试着用简单的比喻来阐述观点。

思路展开技巧:

(1)FAB——特性、优势、收益;

(2)SWOT——优势、劣势、机会、挑战;

(3)PRSB——问题、原因、方案、受益。

(4)先行认可、探寻查明、确认要点、设置缓冲、巧妙作答、把握扣题。

4. 控场技巧

1)一般控制技巧

一般控制技巧包括目光控制、静音控制;提问控制、话题转移;内容控制;时间控制;微笑控制。

2)互动技巧(演讲的最高境界是互动)

互动技巧包括用问答让听众参与演讲、互动游戏、举手、跟读、化句号为问号、下半句接龙、问继续、问认同(对不对、好不好、要不要等)。提问技巧包括整体式提问、特定式提问、开放式提问、封闭式提问、修饰式提问;应答技巧包括重复式应答、界定式应答、喻证式应答、延迟式应答、反问式应答。

5.退场技巧

退场技巧包括主要观点回顾、重述主题、首尾呼应,使演讲完整而统一,使听众感悟内容的真正含义、情绪再次高涨。

(1)倡导号召法,提出建议、具体行动计划。

(2)赞美祝福法,赞美祝福听众,催人奋进。

(3)讲故事法,用故事总结升华主题。

(4)引用名言佳句法,言简意赅,意味深长。

(5)归纳总结法,对演讲内容进行总结、概括、提升。

(6)幽默收尾法,快乐收场,余音绕梁。

(7)首尾呼应法,前后搭配,统一和谐。

任务三　成功面试的技巧

任务描述

面试的核心是沟通。本任务中,我们要准确地理解面试的内涵,掌握面试前、面试中以及面试后三个环节中沟通的技巧以及方法。

任务导入

有一个相貌平平的女孩子去应聘,顺利地通过了初试和复试,在决定能否聘用的面试中,招聘方总经理当面告诉她她不能被聘用,理由是她的形象不适合所应聘的公关业务。女孩觉得很伤自尊、很憋气,本来那扇门已经关闭了,她却头脑一热,突然转回身又打开了门,对主持面试的老板说道:"主动权掌握在您的手里,说起来我没有讨价还价的资格。本来,您不需要理由就可以决定我是否被聘用,但您给了,而且给我的理由恰恰是一个不能被我接受的理由。我可以用一分钟换一套衣服,花三十分钟换一种发型,但我的学识和内涵才是真正可贵的,我头脑冷静、会随机应变的特质是公关职位真正需要的东西,而这是我多年磨炼的结果,是无法用服装、发型、形象这类因素改变的。"

本来她这样做只是想出一口气,不料恰恰用这种方式展现了自己的过人之处,第二天,公司和女孩联系,告诉她她被录用了。

后来,她总结这次应聘经历时说:"如果把人和鸟儿放在一起做一个比较,人有那么发达的大脑,自然比鸟儿聪明得多,但人有一点比不上头脑简单的鸟儿,鸟儿可以把自己生命中最可贵的东西——美丽的羽毛,在最短时间内展示出来,引起异性的注意,通过求偶的'面试',但人却不能。生活的节奏越来越快,竞争也越来越激烈,这个时代已经很难给人一种机会,能像泡功夫茶一样让一个人的优秀特质慢慢地显露出来。为了能够在竞争中更好地生存,人应该学一学鸟儿,学会在最短的时间内展示自己最优秀的一面。"

1.一个相貌平平的女孩子原本不适合所应聘的公关业务,后来为什么会面试成功呢?

2.你认为在短时间的面试中如何能更好地展示自己呢?

知识点精讲

一、面试的内涵

面试是测查和评价人员能力素质的一种考试活动。具体地说,面试是一种经过组织者精心设计,在特定场景下,以考官对考生的面对面交谈与观察为主要手段,由表及里测评考生的知识、能力、经验等有关素质的一种考试活动。

"在特定场景下"使面试与日常的观察、考察等测评方式相区别。日常的观察、考察,虽然也少不了面对面的观察与交谈,但那是在自然场景下进行的。"精心设计"使面试与一般性的交谈、面谈、谈话相区别。面谈与交谈,强调的只是面对面的直接接触形式与情感沟通的效果,它并非经过精心设计。"面对面交谈与观察"等双向沟通方式,不但突出了面试"问""听""察""析""判"的综合性特色,而且使面试与一般的口试、笔试、操作演示、背景调查等人员素质测评的形式也区别开来了。口试强调的只是口头语言的测评方式及特点,而面试还包括对非口头语言的行为的综合分析、推理与判断。

二、面试的特点

1.主要通过观察考生的外部行为来评价其素质

一个人的能力、气质、性格往往是通过外部行为特征表现出来的。也就是说,人的心理特征是看不见、摸不着的东西,但我们可以通过个体的外部行为表现去推断其内在的心理特征。比如我们经常看到某个人爱说爱笑、好交朋友,我们可以推断这个人的性格比较开朗或外向。在面试中,考官正是通过观察应考者的语言行为和非语言行为来推测和判断应考者的能力和个性品质的。同时,用应考者当时的行为来预测其未来的行为,也是面试的一个重要特点。

2.直观性

面试是用人单位与应考者直接接触的一项活动,通过面试,用人单位会对应考者形成一个直观的印象,这种直观的印象对用人单位的最终聘用决策具有很重要的影响。这就像买房子,房地产老板把房子描绘得再好,如果你没有亲临现场考察房子,了解其所在的位置、周边的环境、房子的设计和布局等具体情况,你是不可能拍板买下房子的。由此可见,面试的这种直观性为用人决策提供了可靠的依据。在公务员招考中,一位应考者的条件再好,笔试成绩再高,在面试中表现不好的话,也很可能被淘汰出局。

3.灵活性

面试是一种很灵活的测评方法,面试的方式和内容具有较大的变通性。一方面,由于不同的职位对人有不同的要求,面试可以根据不同职位的特点,灵活地采用不同的方式去考察应考者。另一方面,尽管面试的问题可以是事先设计好的,但在面试实施中并不是对所有应考者都一定要按同样的内容来进行考察,考官可以针对应考者的具体情况,根据所获得的信息是否足够来决定面试问题的多少。如果应考者的回答已经充分地显示了某方面的信息,那么面试过程可以缩短;如果应考者的回答不足以显示某方面的信息,或者考官觉得对应考者的有关情况还把握不清,那么就可以多追问应考者一些相关的问题。这样,面试的时间就可长可短,不过一般不会少于20分钟,也不会多于1个小时。

4. 着重测评整体素质

笔试完全以答案为依据评定考生的成绩,只要考生的答案与标准答案一致,不论考生是真的解答对了还是猜对的,也不论考生的解答方法是否巧妙、熟练,花费的时间是多是少,都得给分。面试则是依据考生现场的全部表现,对其素质状况做出评定。它不仅分析考生的回答是否正确,更重要的是看考生回答问题的灵活性、逻辑性、应变性。考生面试结果的评定,不把观点正确与否作为第一位的指标,而是看考生的整体素质,其中主要包括以下内容:应考者的口语表达能力,主要考察应考者表达是否清晰、明确、简洁,是否有逻辑;应考者的应变能力,主要考察应考者在有压力的情景中反应是否灵活、敏捷、快速;应考者的分析综合能力,主要考察应考者的逻辑思维是否有条理,是否善于分析、判断和概括问题;应考者的仪表、风度、举止,主要考察应考者的言行举止是否端庄、稳重、得体,是否有充沛的精力;应考者的实际工作能力,主要考察应考者是否具备与工作相关的能力;应考者的个性特征,主要考察应考者是否具备与工作相关的个性特征。

5. 互动性

面试是主考官和应试者之间的一种双向沟通过程。在面试过程中,应试者并不是完全处于被动状态。主考官可以通过观察和谈话来评价应试者,应试者也可以通过主考官的行为来判断主考官的价值判断标准、态度偏好、对自己面试表现的满意度等,来调节自己在面试中的行为表现。同时,应试者也可借此机会了解自己应聘的单位、职位情况等,以此决定自己是否可以接受这一工作等。所以说,面试不仅是主考官对应试者的一种考察,也是主客体之间的一种沟通、情感交流和能力的较量。主考官应通过面试,从应试者身上获取尽可能多的有价值信息。应试者也应抓住面试机会,获取那些关于应聘单位及职位等的自己关心的信息。

6. 主观性

面试的评价往往带有较强的主观性,不像笔试那样有明确的客观标准。正因为这样,面试考官的评价往往受到个人主观印象、情感和知识经验等许多因素的影响,不同考官对同一位应考者的评价往往会有差异,而且可能各有各的评价依据。所以,面试评价的主观性似乎是面试的一大弱点。但另一方面,人的素质评价是一项非常复杂的工作,考官可以把自己长期积累的经验运用到面试评价中,从这个角度来说,面试的这种主观性也是有其独特价值的。

7. 面试对象的单一性

面试的形式有单独面试和集体面试两种。在集体面试中多位应试者可以同时位于考场之中,但主考官不是同时面向所有的应试者,而一般是逐个提问、逐个测评,即使在面试中引入辩论、讨论,评委们也是逐个观察应试者表现的。这是因为面试的问题一般要因人而异,测评的内容主要应侧重个别特征,同时进行会相互干扰。

8. 面试时间的持续性

面试与笔试的一个显著区别是面试不是在同一时间展开,而是逐个地持续进行。首先,面试是因人而异的,主考官提出问题,应试者针对问题进行回答,考察内容不像笔试那么单一,既要考察应试者的专业知识、工作能力和实践经验,又要考察其仪态仪表、反应力、应变力等,因此只能因人而异、逐个进行。其次,面试一般由用人部门主持,各部门、各岗位的工作性质、工作内容和任职资格条件等不同,面试差异大,无法在同一时间进行。最后,每一位应试者的面试时间不能做硬性规定,而应视其面试表现而定,如果应试者对所提问题对答如流、阐述清楚,主考官很满意,在约定时间甚至不到约定时间即可结束面试;如果应试者对某些问题回答不清楚,需进一步追问,或需要进一步了解应试者的某些情况,则可适当延长面试时间。

三、面试过程的沟通技巧

面试的内核是沟通,关键在于处理好三方面的关系,即与人、与事、与己的关系。从沟通的角度出发,是否具备面试沟通技能将导致两种截然不同的面试结果:缺乏面试沟通技能的求职者,在求职之路上注定举步维艰;掌握了面试沟通技能的求职者,在求职之路上自我沟通舒畅,与人沟通和睦,与事沟通顺利,一切都变得一帆风顺。

(一)面试前的准备工作

"台上一分钟,台下十年功"。面试前的准备是面试成功的一个基本条件。面试前的准备主要包括面试前的物质准备、心理准备、信息准备和仪表准备。

1. 面试前的物质准备

1)个人资料的准备

面试前要多准备几份能证明自己能力的推荐信、个人简历、业绩资料,然后准备好自己的毕业证书、学位证书、专业资格任职证书、获奖证书、发表的论文、著作、身份证原件及复印件等材料。

2)公文包的准备

面试时的细小行为最能说明一个人的真实情况,因此,面试前应把所有资料有条不紊地放在一个公文包内,这样会使你看上去办事得体有方,值得信赖。另外,面试前总有一段时间在等候,会使人心情烦躁,打乱你早已准备好的步骤,因此,可以准备一本娱乐身心的书或杂志,因为看书可以让人安静镇定。最后,要检查笔和求职记录本是否放在包里,以便记录最新情况。

3)饮食的准备

面试前应准备一顿高蛋白、高碳水化合物的早餐,特别是要添加蔬菜和水果,如香蕉、马铃薯等,这样的早餐可以使你精力充沛。要注意面试前的饮食卫生,不要饮用碳酸饮料和乳酸饮料,更不要喝酒。

2. 面试前的心理准备

面对严峻的就业形势和众多的竞争对手,要想获得择业的成功,没有充分的心理准备、没有良好的竞技状态是不行的。面试前,我们要经历一个复杂的心理变化过程,紧张、焦虑、莫名的兴奋、自卑等是主要的心理障碍。这时候,不必刻意去消除它们,因为正常人难免有适度的紧张、焦虑。况且,适度的紧张、焦虑往往是发挥自己水平的必要前提。如果你感觉紧张、焦虑已令你难以承受了,可以采取放松身体、开怀大笑、深呼吸缓解压力、听音乐等方法让自己平静。

3. 面试前的信息准备

1)收集招聘单位的信息

一个对招聘单位一无所知的求职者,面试时无疑会遭受失败。面试前应尽可能了解清楚企业的背景、历史、发展战略、文化、规模、主要产品或服务项目以及最近公司的主要活动等重要信息。

2)收集考官的有关信息

只有对考官的情况了如指掌,才能在面试中易守、易攻,自始至终立于不败之地。首先,尽可能了解用人部门的领导是一些什么样的人,并且要能正确地说出他们的姓名。其次,要尽可能了解他们的为人、兴趣、爱好,在近期生活中有什么重大变故。最后,还可以调查一下他们需要或喜欢录用什么类型的人员等。

4. 面试前的仪表准备

给别人的第一印象是见面后的 20 秒,而这 20 秒的印象很大程度上是由你的仪表决定的。面对考官挑剔的目光,应试者要怎样准备自己的仪表呢?

总体来说,得体是最重要的。要根据自己的求职定位,把休闲装换成职业装。具体怎样转换,则要将自己的风格、习惯与企业文化、企业对员工的要求结合起来考虑。女士要穿套装,最好是套裙,颜色不要太艳丽,避免无袖、露背、迷你裙等装束。男士应穿西装、衬衫,打领带,不能过于随意。

(二)面试中的语言沟通技巧

1. 面试中自我介绍的技巧

自我介绍是面试中非常关键的一步,是一种说服的手段与艺术。自我介绍是你所有工作成绩与为人处世的总结,也是你接下来面试的基调,考官将基于你的介绍进行提问。3～5分钟的自我介绍既是打动面试考官的"敲门砖",也是推销自己的极好方法,因此一定要好好把握。

1)自我介绍的原则

(1)实事求是,不可夸张。自我介绍要实事求是,不要言过其实、夸夸其谈。应试者要特别注意自我介绍要与个人简历、报名材料上的有关内容相一致,不要有出入,更不要有意夸大或制造事实上并不存在的优点。

(2)简洁明了,思路清晰。"每个人都要向孔雀学习,用 2 分钟让整个世界记住自己的美。"自我介绍也是一样,要在最短的时间内,将自己最美好的一面毫无保留地表现出来,给对方留下深刻的印象。同样,自我介绍要符合逻辑、思路清晰。介绍时应层次分明、重点突出,把最有价值的信息传递给考官,使自己的优势很自然地逐步显露,不要急于罗列自己的优点。重要的不是告诉考官你是多么优秀的人,而是要告诉考官你有多适合这个工作岗位。

(3)发音标准,吐字清晰。自我介绍时普通话应力求标准,不要讲方言。同时,声音要沉稳、自然、洪亮,语速要适中,吐字清晰,声调要开朗响亮,这样才能给考官愉悦的听觉享受。应使用灵活的口头语言,切忌以背诵、朗读的口吻介绍自己。

(4)态度自然,注意礼貌。自我介绍时,整体上讲求落落大方、彬彬有礼。表情要尽量放松,态度要自然、友善、亲切、随和,最好能略带微笑。可以面对镜子找出自己最具亲和力的笑容,学会用目光表达友善。

2)自我介绍的内容

(1)问候语。自我介绍要从开场的问候语开始,它将决定整个面试的基调。当轮到你面试时,应轻轻敲两下门,得到许可后方可进入。进门后应轻轻地转过身关上门,然后要主动与主考官打招呼,例如"各位考官上午好""各位领导好""各位老师好"等。声音要足够洪亮,底气要足,语速自然。若考官没有主动与你握手,你就不要主动与考官握手。等考官告诉你"请坐"时方可坐下。

(2)核心介绍。首先,应先向对方点头致意,得到回应后再向对方介绍一下自己的情况,包括姓名、年龄、毕业学校、学历及曾经的工作单位、职务等。

其次,简单地介绍一下自己的学习或工作情况、取得的成绩、兴趣、爱好等个人基本情况。这部分的陈述务必简明扼要、抓住要点,例如介绍自己的学习情况,一般只介绍本、专科以上的学习情况。工作情况则要选几个有代表性的或者你认为重要的进行介绍,而且这些内容一定要和面试及应考职位有关系。

再次,充分展示个人能力。通过一两个自己学习期间或工作期间圆满完成的任务,来具体形象地展示自己的经验和能力,包括:在学校期间担任学生干部时成功组织的活动;投入社会实践中,利用自己的专长为社会公众服务;自己在工作上取得的重要成绩或出色的学术成就等。与此同时,可呈上一些有关的毕业设计、参赛作品、纪录等,让他们了解你的实力,增加印象分。

最后,要结合你的职业理想重点说明你应聘这个职位的原因并表明希望得到这个机会。你可以谈你对应考单位或职务的认识了解,说明你选择这个单位或职务的理由。有工作单位的应试者应解释清楚自己放弃原来的工作而做出新的职业选择的原因。你还可以谈一下如果你被录取,你将怎样尽职尽责地工作并不断根据需要完善和发展自己。

(3)结束语。自我介绍后,考官可能就其中某一点向你提出问题,也可能过渡一下,继续下面已经安排好的问题。这时考官会说"我们十分欣赏你的能力……"或"你的自我介绍很精彩"等,这意味着自我介绍的结束。这时,一定要站起来对考官表示感谢,说声"谢谢"。

2.面试中回答问题的技巧

1)回答问题的原则

(1)观点正确,要点准确。观点是回答问题的灵魂,观点的正确是问答的基础。要使自己的观点正确,就必须加强对党的路线、方针、政策及时事政治的学习。同时,回答问题前应厘清观点,明确从几个方面来说,要点要准确,做到直截了当、重点突出。

(2)全面辩证,条理清晰。很多面试题的回答要辩证地分析,思想要开阔,忌绝对化,大多应采用辩证的观点去评析,防止回答片面性、简单化。同时,面试要测试的能力中有一条是逻辑思维能力,在听到面试题后的思考准备中,首先要注重思维的逻辑性,然后是陈述的逻辑性,这种逻辑性就是层次清晰、条理分明、前后衔接紧密、表述前后呼应。

(3)见解独特,认识深刻。面试官每天要接待若干名应试者,相同的问题要问若干遍,类似的回答也要听若干遍,面试官会有乏味、枯燥之感。因此,只有具有独到的个人见解和个人特色的回答,才会引起对方的兴趣和注意。应试者可以提出自己独特的看法、另类的视角,甚至是批评、推翻前人的看法、观点,只要能言之有理、自圆其说即可。但千万要注意,不要生搬硬套书上、前人既定的观点思想,没有自己思想的应聘者很容易直接出局。

(4)知之为知之,不知为不知。面试中遇到自己不知、不懂、不会的问题时,不应不懂装懂或回避闪烁、牵强附会,应诚恳坦率地承认自己的不足之处,这样反倒会赢得面试官的信任和好感。

2)面试中常见问题的回答技巧

(1)动机类问题的回答技巧。

出题原因:这通常是面试官最先问到的问题,求职动机类问题能够考察应聘者的求职动机与拟任职位的匹配性,内容会涉及应考者的价值取向和生活态度等多个方面,意在从你的回答来评估新工作是否适合你。

常见问法:"你为什么选择我们公司?"或"你为何想离开原工作单位,到我们公司来呢?"

答题思路:建议从行业、企业和岗位这三个角度来回答。对于社会新人,由于之前没有工作经验,所以建议你可以坦诚地说出自己的动机,不过用语还是要思考一下。应聘者必须比较充分地了解这个部门、这家企业是干什么的,提供的职位应达到的工作目标是什么,这样才能有针对性地回答求职动机和志愿,即把个人的人生追求与用人单位及职务联系起来。应多谈积极性的求职动机,比如"我喜欢有挑战性的工作""可以更好地锻炼自己,实现人生进取的目标""我本人不喜欢轻闲的工作,越是带创意的事业我越爱干""我十分看好贵公司所在的行业,我认为贵公司十分重视人才,而且这项工作很适合我,相信自己一定能做好"。少谈、不谈消极性的求职动机,比如"我来求职是因为在家里待着没意思""失业了,没个事干,让人家瞧不起"。

(2)个人爱好、特长类问题的回答技巧。

出题原因:业余爱好和特长在一定程度上能反映应聘者的性格、观念、心态。

常见问法:"你有什么业余爱好?"或"你有什么特长吗?"

答题思路:不要说自己没有业余爱好或特长,不要说自己有那些庸俗的、令人感觉不好的爱好和特长,也不要说自己仅有读书、听音乐、上网等爱好,否则可能令面试官怀疑应聘者性格孤僻;最好能有一些户外的业余爱好,如爬山、游泳等。要尽量突出自己的长处,但也要注意适可而止,不要给对方浮夸、吹嘘的印象。答问的重心仍要放在对你应聘的新职位有利的特点、长处上,否则面试官不会对你感兴趣,最好以事实为证。

(3)实践经验性问题的回答技巧。

出题原因:如果招聘单位对应届毕业生提出这个问题,说明招聘单位并不真正在乎经验,关键看应聘者怎样回答。

常见问法:"你是应届毕业生,缺乏经验,如何能胜任这项工作?"或"请谈谈你的工作经验。"

答题思路:对这类问题的回答要体现出应聘者的诚恳、机智、果敢。要注意,关于工作经验问题的回答是不能编造的,必须据实汇报,否则会给对方不诚实的印象。语气既要肯定又要谦虚。应尽量渲染以前的经验如何对这份工作有利,如"作为应届毕业生,在工作经验方面的确会有所欠缺,因此,在读书期间我一直利用各种机会在这个行业里做兼职。我也发现,实际工作远比书本知识丰富、复杂。但我有较强的责任心、适应能力和学习能力,而且比较勤奋,所以在兼职中均能圆满完成各项工作,从中获取的经验也令我受益匪浅。请贵公司放心,学校所学及兼职的工作经验使我一定能胜任这个职位。"

(4)知识性问题的回答技巧。

出题原因:知识性问题能考察应聘者对所要从事的工作必须具备的一般性和专业性知识的了解和掌握程度。

常见问法:知识性问题包括一些常识性的知识和专业性的知识。常识性的知识是指从事该工作的人都应具有的一些常识,例如一个文秘人员应了解一些必要的秘书实务;一个人事工作者应了解必要的劳动人事制度和法规。专业知识指专业领域的专门知识,例如对网络维护人员的面试,就可能会提出下列专业问题:什么是计算机病毒?如何更好地预防计算机病毒入侵?

答题思路:此类问题的回答并没有什么窍门,只有靠应聘者自己平时的积累和扎实的基础。

(5)智力性问题的回答技巧。

出题原因:智力性问题能够考察应聘者的反应能力、逻辑分析能力、判断能力等。

常见问法:选择一些智力题考察应试者的综合分析能力。在微软的面试中,曾有这样一道面试题:假如你在飞机上遇到一位高尔夫球的生产商,向你询问中国每年消耗的高尔夫球数量,你怎样回答?

答题思路:这类问题一般不是要应试者发表专业性的观点,也不是对观点本身正确与否做评价,而主要是看应试者是否能言之有理。怎样回答,对于在现实生活中见都没见过高尔夫球的人来说无疑是一头雾水。其实,对于这种不可能回答的问题,我们只要找到它的解决办法就可以了,因为连面试官自己也不知道问题的答案。我们可以这样回答:"首先,统计中国高尔夫球场的数目。然后,统计平均每天有多少位客人。再次,统计每位客人平均每天消耗的高尔夫球的数量。最后,我们把三个数相乘,再乘以一年的营业天数,就可以知道中国每年消耗的高尔夫球的数量。"

(6)情境性问题的回答技巧。

出题原因:此类试题能够考察应聘者的应变、计划、组织、协调能力和情绪稳定性等,是目前面试中广泛使用的一种提问方式。

常见问法:设计一种假设性的情境,考察应聘者将会怎么做。此类试题的基本假设是,一个人说他会做什么,与他在类似的情境中将会做什么是有联系的,如"你的客户很明显在刁难你的时候,你如何应付?"

答题思路:对于此类试题,应聘者首先要理解自己的角色,把自己放到情境中去,然后提出比较全面的行为对策,如"首先要以公司的利益为重,尽可能让客户明白,公司的宗旨是全心全意地服务于客户。很多时候我相信客户对我的刁难也是出于对我公司办事能力的一种考验,我一定会竭尽全力使客户相信公司、相信我。不过,如果客户提出一些很过分甚至违背人性的要求,我不会妥协。我相信公司也一定不会让员工在外受到人格上的侮辱。"

(三)面试后的沟通技巧

面试前准备得热火朝天,面试之后就如同刚下竞技场的选手,是成是败就听天由命了,这样的做法是不对的。面试结束并不意味着求职过程的结束,求职者在面试后不应该袖手以待聘用结果的公示,因为面试之后,只要通知还未下达,那么公司对求职者的考察就并未结束,面试后进行进一步沟通亦能加深别人对求职者的印象,甚至会左右最终的面试结果。

1. 及时反馈

不懂得面试后要主动、及时反馈这个问题,在很多求职者身上都能看到。一部分人是因为不知道要怎么做到主动、及时反馈,对什么时候该反馈、什么时候不需要反馈、应该怎么反馈没有把握,生怕反馈越多,错误越多;另一部分人甚至没有意识到主动、及时反馈的重要性,在他们的观念中,面试结束就意味着求职过程的结束。事实上,主动、有效的及时反馈对求职者而言是有加分效应的。

1)及时表达感谢

面试后表达感谢是十分重要的,因为这不仅是礼貌之举,也会使面试官在做最后的决定时考虑到这位求职者。求职者如果没有忽略这个环节,则显得鹤立鸡群、格外突出,说不定会使对方改变初衷。很多求职者认为面试后致谢用人单位是一种溜须拍马的行为,但是,人力资源部门负责招聘的工作人员往往把它看成一种礼貌,并从中考察求职者对面试的自我评价。

2)打听面试结果

(1)切忌心急。面试后及时表达感谢是很可行的,但对面试结果却不能过早打听,打听面试结果要掌握好时机,把握好分寸。在一般情况下,面试官们每天面试结束后,都要进行讨论和投票,之后把面试结果送到人事部门进行汇总,最后确定录用人选,这个过程一般需要3至5天的时间,求职者在这段时间内一定要耐心等待消息,切忌过早打听面试结果。

(2)保持联系。面试结束后,结果出来前,求职者最好每天都至少查询一次与招聘相关的网页,电话也要保证随时畅通。在第一时间知晓面试结果,能为后续的事宜赢得更多时间。

然而,如果在面试10天后还没有任何消息,而且招聘单位没有给出具体的跟进时间,求职者主动联系,询问结果是自然而然的事情,也是必需的。求职者最好发一封电子邮件或直接致电招聘单位人事部门,询问进展,同时再把面试时一些重要的观点和意见重复一下。如果面试时发挥不好,没有表现出本人的真实水平,那么求职者一定要趁机修补,证明自己的能力符合对方的要求。这就好比推销一样商品,卖方不能只会问顾客"您买不买",而要重复商品的好处,强调商品为何适合顾客的要求。

2. 自我总结

面试后的自我总结,本身就是一种提升,同时会带来更长远的提升。面试结束不意味着求职的所有事情都已完成。正式进入工作场所后,会遇到更多、更难的考验,此时,持续的总结和提升显得更重要。

面试结束后,无论面试成功抑或面试失败,都应该进行自我总结。面试成功也好,面试失败也罢,求职者都应该总结自己的亮点和自己的缺陷。

1)面试后需要总结的内容

面试后,不管面试结果如何,都有必要进行面试总结。面试后的总结可从多方面入手,也应该进行全方位总结,包括礼仪、举止、专业知识、应变能力等各个方面。

2)面试成功需要自我总结

面试通过的应聘者,也是有必要进行自我总结的,这样做可以把面试经历巧妙地变成自己的经验,而这些经验不仅对面试有益,也可以让自己从各个方面进行提升、从各个角度进行完善。面试成功的应聘者,既要总结自己成功的经验,也要总结自己还可能存在的不足。此外,刚进入公司/单位工作后,可以找机会与当时面试自己的面试官进行交流,获取他们对自己更真实的评价。很多知识都是相通的,面试积累的经验不仅仅能为之后的面试服务,也可以为工作、生活或学习的很多环节服务。

3)面试失败更需要自我总结

在求职大军中,有些求职者可能还没有找到自己心仪的工作,也有些求职者可能在经过屡次面试失败后,自信心受挫。其实面试失败是在所难免的,"失败是成功之母"这个道理每个人都知道。面试失败,求职者不应该一蹶不振,而是要总结经验,寻求打造更好的自己的方法。那么面试失败后具体该怎么办?首先,认真回顾整个面试过程,检查有没有什么问题是面试官提问,而自己回答起来不太顺畅的;检查面试官的提问有没有自己完全没有准备的;回顾自己是否在面试中太过夸夸其谈或太过不自信。以上任何一点,都会影响面试结果。检查出的问题,有必要一一记录总结,并根据自身的状况准备好下一次应对的方法。

其次,要迅速调整心态。心态在面试中尤为重要。一个良好的、张弛有度的面试状态,可能在面试开场的前3秒就让求职者赢得面试官的信任。面试后无回音,总会让人胡思乱想,而且这种负面思绪会有惯性地延续到之后求职的各个环节中。其实用人单位决定是否录用一个人,有很多因素要考虑,这是一个综合的结果,而不简单是优秀与否、学校好不好、学位高不高的问题。把每一次面试都当作对职场、对工作的了解过程,用积极的心态去面对,不自负也不气馁,把握好状态,离面试成功就不会太远。

任务四　非语言沟通的技巧

任务描述

非语言沟通是人们经常应用并且不被人们注意的沟通表达方式,它比语言交流更常见,也更富有表达力。在本任务中,我们要理解非语言沟通的重要性,掌握肢体语言、面部表情、姿态语言等非语言沟通的技巧。

任务导入

小王是新上任的经理助理,平时工作主动积极,且效率高,很受上司的器重。那天早晨小王刚上班,电话铃就响了。为了抓紧时间,她边接电话,边整理有关文件。这时,有位姓李的员工来找小王,他看见小王正忙着,就站在桌前等着。只见小王一个电话接着一个电话,最后,老李终于等到可以与小王说话了。小王头也不抬地问他有什么事并且一脸严肃。然而,当老李正要回答时,小王又突然想到什么事,与同室的小张交代了几句……这时的老李已是忍无可忍了,他发怒道:"难道你们这些领导就是这样对待下属的吗?"说完,他愤然离去……

思考题

1. 这一案例中,问题主要出在谁的身上?为什么?
2. 如何改进其非语言沟通技巧?
3. 假如你是小王,你会怎样做?

知识点精讲

非语言沟通是人们经常应用并且不被人们注意的沟通表达方式,它比语言交流更常见,也更富有表达力。关于非语言沟通在人际沟通中的重要性,有人总结过这样一个公式:交际双方的相互理解=语调(占38%)+表情(占55%)+语言(占7%)。因此,研究非语言沟通的作用很有必要。

一、非语言沟通的定义、特点及功能

(一)非语言沟通的定义

非语言沟通(nonverbal communication)指的是使用除语言符号以外的各种符号系统,包括形体语言、副语言、空间利用以及沟通环境等进行的沟通。在沟通中,信息的内容部分往往通过语言来表达,而非语言则作为提供解释内容的框架,来表达信息的相关部分。因此非语言沟通常被错误地认为是辅助性或支持性角色。1965年,美国心理学家佐治·米拉经过研究后发现,沟通的效果来自语言的不过占7%,来自声音的占38%,而来自视觉的占55%,如图3-2所示。

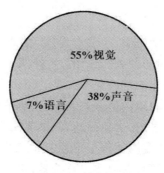

图 3-2　3V 信息分布图

(二)非语言沟通的特点

1. 普遍性

在人类沟通过程中,几乎每个人从小就自觉、不自觉地学会了非语言沟通的能力。据考证,这种沟通能力的获得是人类有史以来就有的一种本能。人类产生以后,就开始了人与自然界及人与人之间的沟通活动,这种非语言沟通在语言符号产生之前就已是最重要的沟通形式了。随着人们的实践活动的发展、社会的进步和人际交往范围的扩大,人们的非语言沟通能力也不断得到丰富和发展。这种非语言沟通能力不仅中国人有,外国人也有。不过,由于各国文化的不同,这种非语言的表达方式也有所不同,但就一般意义上来讲,与各国、各民族所用的语言比较起来,非语言沟通的信息共享更强一些,比如国际音乐节邀请了许多国家的歌唱家一起同台演出。有时并不需要说同样的语言,但人们却可以跨越语言障碍进行人与人之间的非语言沟通与交流。

2. 无意识性

正如弗洛伊德所说,没有人可以隐藏秘密,假如他的嘴唇不说话,则他会用指尖说话。一个人的非语言行为更多的是一种对外界刺激的直接反应,基本都是无意识的反应,例如与自己不喜欢的人站在一起时,保持的距离比与自己喜欢的人站在一起时要远些;有心事,不自觉地就给人忧心忡忡的感觉。

3. 情境性

与语言沟通一样,非语言沟通也展开于特定的语境中,情境左右着非语言符号的含义。相同的非语言符号,在不同的情境中,会有不同的意义。同样是拍桌子,可能是"拍案而起",表示怒不可遏;也可能是"拍案叫绝",表示赞赏至极。

4. 可信性

英国心理学家阿盖依尔等人的研究指出,语言信号与非语言信号所代表的意义不一样时,人们相信的是非语言信号所代表的意义。这是因为语言信息受理性意识的控制,容易作假,而人体语言则不同,人体语言大都发自内心深处,极难压抑和掩盖。当某人说他毫不畏惧的时候,他的手却在发抖,那么我们更相信他是在害怕。

5. 个性化

一个人的肢体语言,同说话人的性格、气质是紧密相关的,爽朗敏捷的人同内向稳重的人的手势和表情肯定是有明显差异的。每个人都有自己独特的肢体语言,它体现了个性特征,人们时常从一个人的形体表现来解读他的个性。

(三)非语言沟通的功能

人们在日常生活、工作、交流、学习中,往往会发现,在某一时候,非语言沟通这种交流方式可以起到普通语言文字所无法达到的效果和作用。一个人的动作、表情、语调、眼神等都可以起到说话或传情达意的作用,所以说非语言沟通不仅是利用语言及文字进行信息交流沟通的一种补充形式,也是一种人与人之间的心理沟通方式,更是人类情绪和情感的表达。总体来讲,非语言沟通的作用就是传递信息、沟通思想、交流感情,归纳起来为以下几个方面。

(1)重复或加深印象:使用非语言沟通符号可重复语言所表达的意思或加深印象。人们使用非语言沟通时,附带有相应的表情和其他非语言符号,比如我们在称赞某人的同时,点头或露出赞许的目光以示肯定;在完成提问后,我们往往会停顿下来并使用询问的表情进行暗示。

(2)替代语言:有时候,某一方即使没有说话,也可以从其非语言符号(比如面部表情)上看出他的意思,这时候,非语言符号起到代替语言符号表达意思的作用。

(3)辅助语言工具:又称为"伴随语言",可以使语言表达得更准确、有力、生动、具体。这种情况,在跨语言沟通时表现得非常具体,在无法用对方的语言表述某些事物时,用肢体语言进行辅助表达。

(4)调整和控制语言:借助非语言符号来表示交流沟通中不同阶段的意向,传递自己的意向变化的信息。

(5)表达超语言意义:在许多场合,非语言要比语言更具有雄辩力。高兴的时候开怀大笑,悲伤的时候失声痛哭,认同对方时深深点头,都要比语言沟通更能表达当事人的心情。

二、非语言沟通的技巧

在沟通过程中,掌握非语言沟通的技巧,不仅能够帮助自己更充分地表达观点,没有障碍地与对方交流思想、情感,还能够洞察对方的心理活动,捕捉对方的内心世界。在进行沟通的过程中,人体语言总是伴随着有声语言出现,它包括肢体语言、面部表情、姿态语言、肢体接触等形式。

(一)肢体语言

肢体语言又称身体语言,是指身体的各种动作,可代替语言达到表情达意的沟通目的。

达·芬奇曾说过,精神应该通过姿势和四肢的运动来表现。同样,人们的一举一动,都能体现特定的态度,表达特定的含义。如果你在交谈时想给对方一个良好的印象,那么你首先应该重视与对方见面时的姿态表现,如果你和人见面时耷拉着脑袋、无精打采,对方就会猜想也许自己不受欢迎。我国传统中,很重视在交往中的姿态,认为这是一个人是否有教养的表现,因此素有大丈夫要"站如松,坐如钟,行如风"之说。

1.手势

说话时可以适当地配合手势的运用,加强内容表达和感染力,不过要注意,手势运用宜自然,不要太夸张。作为一种非语言沟通手段,手势运用在不同国家有所不同。下面是一些需要注意的手势:北美人用大拇指和食指做手势表示"OK",在丹麦人看来这是一种侮辱人的手势;用一个手指指人,中国人认为这是粗鲁的。法国人握手表示热情,英国人觉得这样做有些过分。手势是人们常用的一种肢体语言,在社交、工作中有着重要的作用,它可以加重语气,增强感染力。大方、恰当的手势可以给人肯定、明确的影响和优美文雅的美感。常用的手势有横摆式、前摆式、双臂横摆式、斜摆式和直臂式五种。在做手势时,要讲究柔美、流畅,做到欲上先下、欲左先右,避免僵硬死板、缺乏韵味,同时要配合眼神、表情和其他姿态,使手势更显协调大方。

1)手指

当我们把拇指和食指做成一个圆形时,它的意思是"好",如图 3-3 所示;拇指与食指、中指相擒,则是一种"谈钱"的手势;我们分开食指和中指做成 V 字形并将手掌朝向他人时,意味着"胜利"(这个手势原来是被英国前首相温斯顿·丘吉尔先生所用的,但它很快传遍了全球);把食指垂直放在嘴边意味着"嘘"(别出声),如图 3-4 所示;食指伸出,其余手指紧握,呈指点状,这种手势表示教训、镇压,带有很大威胁性。双手相握或不断玩弄手指,会使对方感到你缺乏信心或拘谨;十指指尖相触,撑起呈塔尖式,表示自信或耐心,如图 3-5 所示,若再伴之以身体后仰,则显得高傲;十指交叉表示控制沮丧心情的外露,有时这种手势表示敌对和紧张情绪;双手合十表示诚意;以手捋发表示对某事感到棘手,或以此掩饰内心的不安;握拳表示愤怒或激动。

图 3-3　"OK"手势

图 3-4　表示安静的手势

2)大拇指

大拇指显示的是一种积极的动作语言,用来表示当事者的"超人能力"。大拇指朝上,表示对他人的赞赏,如图 3-6 所示;若在谈话中将大拇指指向他人,立即成为嘲弄和藐视的信号;双手插在上衣或裤子口袋里,伸出两根大拇指,是显示高傲态度的手势;将双臂交叉于胸前,两根

图 3-5 塔尖式手势

大拇指翘向上方,这是另一种大拇指显示,既显示防卫和敌对情绪(双臂交叉),又显示十足的优越感(双拇指上翘),这种人极难接近。

图 3-6 大拇指朝上的手势

3)手掌

判断一个人是否诚实的有效途径之一就是观察他讲话时手掌的活动。人们一般认为,敞开手掌象征着坦率、真挚和诚恳。小孩子撒谎时,手掌藏在背后;成人撒谎,往往将双手插在兜内,或是双臂交叉,不露手掌。常见的掌语有两种:掌心向上和掌心向下,如图 3-7 所示。前者表示诚实、谦逊和屈从,不带任何威胁性;后者则是压制、指示的表示,带有强制性,容易使人们产生抵触情绪。比如,会议进行得很激烈时,有人为了使大家情绪稳定下来,做出两手掌心向下按的动作,意思是说"镇静下来,不要为这一点小事争执了"。

4)搓手

冬天搓手掌,是防冷御寒;平时搓手掌,正如成语"摩拳擦掌"所形容的是跃跃欲试的心态,表示人们对某一事情结局的一种急切期待的心情;运动员起跑前搓手掌,表示期待胜利;在商务谈判中这种手势可以告诉对手你在期待着什么。

5)背手

手握手的背手,代表一种至高无上、自信甚至狂妄的态度,如图 3-8 所示;在一个人极度紧张、不安时,常常背手,以缓和这种紧张情绪,如学生背书时,双手往后一背,的确能缓和紧张情

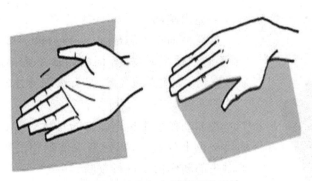

图 3-7　手心向上和向下的手势

绪。背手时,如果伴以俯视、踱步,则表示沉思。若是一手握另一手的腕、肘、臂的背手,则成为一种表示沮丧不安并竭力自行控制的动作语言,暗示了当事者心绪不宁的被动状态,而且握的部位越高,沮丧的程度也越高。

图 3-8　手握手的背手

6)双手搂头

将双手交叉,十指合拢,搂在脑后,这是那种有权威、有优越感或对某事抱有信心的人经常使用的一种典型的高傲动作。这也是一种暗示所有权的手势,表明当事者对某地、某物的所有权。若是单手或双手抱头并俯视,则表示沉思、沮丧或懊恼。如若双手(或单手)支撑着脑袋,或是双手握拳支撑在太阳穴部位,双眼凝视,这是惯有的一种有助于思考的手势。

7)手臂

双臂交叉于胸前暗示一种戒备、敌意和防御的态度,如图 3-9 所示;双臂展开表示热情和友好;双手插裤袋表示冷淡或孤傲自居;招手表示友好。

8）亮出腕部

男性挽袖亮出腕部，是一种力量的夸张，显示积极的态度。"耍手腕""铁腕人物"等词语印证了腕部的力量。女性的腕部肌肤光滑，女性露腕亮掌，具有吸引异性的意图。

2. 头部动作

头部动作也是运用较多的身体语言，而且头部动作所表示的含义也十分细腻，需根据头部动作的程度，结合具体的条件来对头部动作信息进行判断。

1）点头

图3-9　双臂交叉于胸前

点头这一动作可以表示多种含义，有表示赞成、肯定的意思；有表示理解的意思；有表示承认的意思；还有表示事先约定好的特定暗号的意思等。在某些场合，点头还表示礼貌、问候，是一种优雅的社交动作语言。

2）摇头

摇头一般表示拒绝、否定的意思。在一些特定背景条件下，轻微地摇头还有沉思的含义和不可以、不行的暗示。

3）歪头

在倾听的时候，歪头表示认真；在听到悲伤的消息时，看着对方，歪着头表示同情别人的遭遇。

3. 肩部动作

耸肩膀这一动作外国人使用较普遍。由于受到惊吓，一个人会紧张得耸肩膀，这是一种生理上的动作。另外，耸肩膀还有"随你便""无可奈何""放弃""不理解"等含义。

（二）面部表情

1. 表情

谈话时要轻松自然，合适的话，记得要微笑。微笑表示友善、礼貌，皱眉表示怀疑和不满意。

2. 眼神

谈话时要诚恳而沉稳地看着对方。和一个人谈话时，维持五到十五秒的目光接触。假如你是面对一个团体谈话，眼睛要轮流和每个人的目光接触，每一次约五秒钟。不要让你的眼睛转来转去，也不要刻意放缓速度地眨眼睛。为了避免紧盯着对方，我们可以将视线放在对方的眉宇间，这样不会太尴尬。

3. 微笑

微笑能给人一种容易接近和交流的印象。微笑能使沟通在一个轻松的氛围中展开，可以消除由于陌生、紧张带来的障碍。同时，微笑也显示出你的自信心，表示你希望能够通过良好的沟通达成预定的目标。居住在英国的伊琳娜是个脸上永远挂着微笑的中国女士。有一次，她在纽约机场换登机牌，为她换牌的是一位快乐的黑人小姐，那小姐的脸上也带着抑制不住的幸福的笑容。她们热情地交谈着，伊琳娜由衷地欣赏那位小姐灿烂的笑容："你有多么迷人的笑容，我相信我此程一定非常幸运。"黑人小姐也笑着说："你的笑容也让我们相信你是幸运的。"她们在愉快的气氛中完成了换牌手续，上飞机后，伊琳娜才发现自己的普通舱座位被换成了宽松、舒适的商务舱。可见，微笑让生活充满了喜悦和幸运。

4. 眉语

眉目在交流的过程中也扮演着重要的角色,如果你眯起双眼,眉毛稍稍向下,可能表示你陷入沉思之中;当你眉目扬起时,看上去可能是一种怀疑的表情,也可能是心情兴奋。

(三) 姿态语言

1. 站姿

站姿是人的一种本能。常言说"站如松",就是说,站立应该像松树那样端正挺拔。站姿是静力造型动作,显现的是静态美。站姿又是训练其他优美体态的基础,是表现不同姿态美的起点。规范的站姿要求:头正、肩平、臂垂、挺躯、腿并。这种规范的礼仪站姿,不同于部队战士的站姿,多了些自然、亲近和柔美。

2. 坐姿

坐是一种静态的造型,是非常重要的仪态。在日常工作、社交活动以及生活中,端庄优美的坐姿,会给人文雅、稳重、大方的美感。女子的优美坐姿有很多,要对这些姿势了如指掌,要大方得体。男子的优美坐姿跟女子的差不多,但是整体上看要有力,显示出一种霸气。不同坐姿反映着不同的心理状态,我们应根据对方的性别、熟悉程度、场合等,合理运用猛坐与轻坐、深坐与浅坐、张腿坐与并腿坐等姿态,充分反映自身的修养。

三、环境语言沟通的技巧

(一) 空间距离

1. 亲密距离

在亲密距离范围内,人们相距不超过 0.45 m,可以有意识地、频繁地相互接触。适用对象为父母、夫妻或亲密朋友等。母亲和婴儿在一起时,她或者抱着他、抚摸他、亲吻他,或者把他放在腿上。亲密距离存在于我们感到可以随意触摸对方或交流重要信息的时候。

无权进入亲密距离的人进入这个范围时,我们会感到不安。如果在拥挤的公共汽车、地铁或电梯上,人们挤在一起,他们处在我们的亲密距离内,我们通过忽视对方的存在或不与对方进行目光接触来应付这种情况。用这种方式,我们即使不能在身体上保护自己的亲密距离,也能在心理上保护自己的亲密距离。

2. 人际距离

在人际距离范围内,人们相距 0.45～1.2 m,这是我们在进行非正式的个人交谈时最经常保持的距离。这个距离能保证人们与朋友或熟人随意谈话。如果把距离移到 1.2 m 之外,就有交谈会被外人无意听到的感觉,进行交谈将会很困难。

3. 社会距离

对别人不很熟悉时,最有可能保持一种社会距离,即 1.2～3.5 m 的距离。它适用于面试、社交性聚会和访谈等非个人事件,而不适用于分享个人的东西。

每当我们利用社会距离时,相互影响都变得更为正规。你曾经注意过重要人物的办公桌的大小吗?它大到足以使来访者保持恰当的社会距离。在一个有许多工作人员的大办公室里,办公桌是按社会距离分开摆放的,这种距离使每个人都有可能把精力集中在自己的工作上,以及可以在使用电话时不干扰同一办公室的同事。有时,人们前移或后移,从社会距离移动到人际距离,例如两个同事的办公桌可能相距 3 m,当他们要私下讨论某件事时,他们移动到人际距离之内。

4. 公共距离

公共距离即一种超过 3.5 m 的距离,通常被用在公共演讲中。在这种情况下,人们说话声音更大,手势更夸张。这种距离上的沟通更正式,同时人们互相影响的机会极少。

研究不同距离的意义在于距离的不同表达了不同的意思。例如,如果你将人际距离变为亲密距离,你很可能会使对方感到不自在甚至误解,因为你没有传递任何距离变化的信息。如果你将亲密距离变为人际距离,对方会立刻感到你在疏远(或是拒绝)他/她。你可能从未这样想过,但是,你选择何种距离以及你在此之后所做的任何变化都会传递某种信息。

(二)环境布置

环境的布置不仅影响人们的心情,从而影响沟通的效率及效果,还能够传达出非常重要的信息。在商务沟通中,环境设置主要包括场所的设计、座位的设置、朝向的设置。

1. 场所的设计

场所的设计包括房间的格局、房间颜色搭配、房间内的陈设等。

2. 座位的设置

古往今来,人们在社交场合对座位座次的安排是颇为讲究的,长幼尊卑在座次安排上一目了然。在室内的座次,最尊的是坐西面东,其次是坐北面南,再次是坐南面北,最卑的是坐东面西。

在现代沟通理念中,左边的位置比右边的位置显得更有控制力,是政治家在会面时的"兵家必争之地"。布什在与其他国家元首的会面中就经常成功抢占左边的"风水宝地"。

3. 朝向的设置

交流双方的位置朝向也透露一定的信息。常见的朝向有如下几种。

(1)面对面:这种朝向是商务沟通中常见的朝向,表示希望得到全面充分沟通的愿望,同时也显示了沟通双方或亲密或严肃或敌对的关系。人们在协商问题、讨论合作或者争吵时都常用这种朝向。

(2)背对背:这种朝向要么是完全没有沟通的意愿,要么是非常亲密的人背靠背坐着聊天,"一起慢慢变老"。

(3)肩并肩:非常亲密,同时也是非常不正式的交流,常见于非正式沟通场合。

(4)V 形:双方在面对可能会引发冲突的问题时,采取这种朝向,可以淡化敌对的情绪并给双方调整自己情绪的空间。上级对下级进行绩效辅导时经常采用这种朝向。

四、副语言沟通的技巧

心理学家称非语词的声音信号为副语言。副语言沟通是通过非语词的声音,如重音、声调的变化,以及哭、笑、停顿等非言语内容来实现的沟通。副语言在沟通过程中起着十分重要的作用。一句话的含义不仅取决于其字面意思,还取决于它的弦外之音。语音表达方式的变化,尤其是语调的变化,可以使字面相同的一句话具有完全不同的含义。

人们在进行语言交际活动时产生的语音现象和发音特点,分别对应了副语言中的三个要素。第一要素是个人的音高和语速,由于这是个人生理结构所影响的,所以它是非文化性的发音特征。它是个体的差异性,而不是语言社区整体的语言现象。第二要素是语调、音量和节奏,这属于文化性发音特征,现代汉语受中国传统文化影响,相比受欧美开放自由的文化影响的英语,整体语调偏平稳。第三要素是停顿、沉默,属于特殊语言的范畴。

项目小结

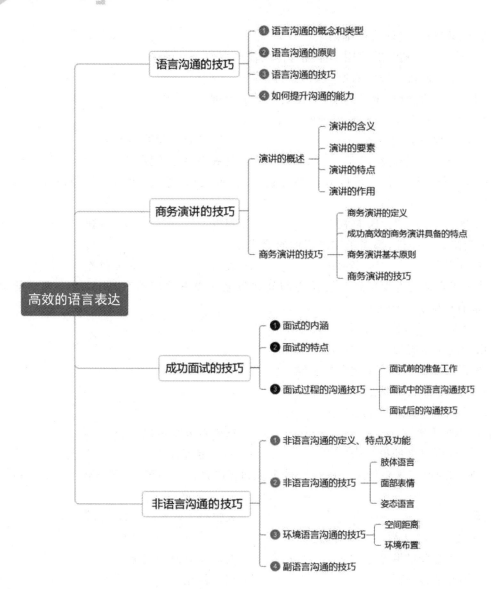

课后巩固

一、单选题

1. 人们交流中最有用的形式是（　　）。
   A. 语言　　　　B. 仪表　　　　C. 服饰　　　　D. 微笑

2. 人与人的沟通中，目光是最清楚、最正确的信号，注视部位不同，意义亦不同。如社交型注视，使人产生恰当，有礼貌的感觉。（　　）是社交型注视的部位。
   A. 双眼　　　　B. 额头　　　　C. 眼部至唇部　　　　D. 眼部至胸部

3. 在公共场合中，每个人的行为举止，都关系到自己的形象，下列选项中，（　　）是不可取的。
   A. 在公共场所，交谈低声细语
   B. 若身体不适，随时随地用手抓挠身体的任何部位
   C. 不当众人面边走边穿衣服、系扣子、拉裤子
   D. 别人私下交谈时，未经邀请，不可贸然过去干扰

4. 爱的情感表达，（　　）是正确的。
   A. 气短声促—紧迫感
   B. 气提声凝—紧缩感
   C. 气徐声柔—温和感
   D. 气满声高—跳跃感

5. 在社交场合注视他人可以有多种方式，如表示认真、尊重，适用于各种情况，应选用（　　）方式。
   A. 盯视　　　　B. 扫视　　　　C. 睨视　　　　D. 直视

6. 下列除（　　）外，都属于非语言沟通形式。
   A. 肢体语言　　　　B. 书面语　　　　C. 表情　　　　D. 目光

7. 处于青春期的青少年经常会认为与其父母之间没有共同语言，从社会心理学的角度来看，以下最有可能的原因是（　　）。
   A. 有些家长不够关心孩子
   B. 由于地位障碍导致的沟通障碍
   C. 孩子与家长所处的文化背景不同
   D. 这些孩子个性有缺陷

8. 心理学观点认为，人际沟通（　　）。
   A. 无规律可言
   B. 只要有人就可以进行
   C. 有时也可以借助报刊来实现
   D. 不一定有目的

9. 人际沟通的实现要借助于语言符号系统和非语言符号系统，下列不属于非语言符号系统的是（　　）。
   A. 动作　　　　B. 书信　　　　C. 表情　　　　D. 音乐

10. 社会心理学认为，人际沟通是（　　）。
    A. 人与人之间的联系过程
    B. 人们面对面的交流
    C. 人际关系的表现形式
    D. 双向沟通

二、判断题

1. 人际沟通就是指两个主体之间相互传递信息的过程。（　　）

2. 人际沟通可以通过动作、空间距离来实现,所以不一定要借助符号系统。(　　)
3. 人际沟通是人与人之间信息传递、思想沟通、情感交流的过程。(　　)
4. 作为交流的人际沟通不需要特定的目的或内容。(　　)
5. 不同阶层的个体也可以进行沟通,这说明地位障碍并不会成为人际沟通的障碍。(　　)
6. 沟通中存在着多种障碍,种族歧视有时也会成为人际沟通的障碍之一。(　　)
7. 争吵中双方可能会说一些很激动的话,这会影响到二者之间的感情,说明人际沟通也有破坏作用。(　　)
8. "同行是冤家",所以他们之间进行沟通的可能性极小。(　　)
9. "仁者见仁,智者见智",这说明同样的信息在不同的人眼中有着不同的含义。(　　)
10. 比起正式沟通,非正式沟通自由灵活,但信息的可靠性稍差。(　　)

三、综合实训

德国最愚蠢的银行

经综合媒体报道,拥有158年历史的美国第四大投资银行——雷曼兄弟公司很可能破产的消息可以说路人皆知。雷曼兄弟公司于9月15日10:00向法院提交破产申请,这一消息转瞬间通过电视、广播和网络传遍地球的各个角落。令人匪夷所思的是,在如此明朗的情况下,德国国家发展银行居然在10:10按照外汇掉期协议的交易,通过计算机自动付款系统,向雷曼兄弟公司即将被冻结的银行账户转入了3亿欧元。毫无疑问,3亿欧元将"有去无回"。

转账风波曝光后,德国社会各界大为震惊,德国销量最大的《图片报》在9月18日头版的标题中,指责德国国家发展银行是迄今"德国最愚蠢的银行"。

从10:00到10:10的短短十分钟内,银行内部到底发生了什么,从而导致如此愚蠢的低级错误?一家法律事务所受财政部委托,带着这个问题进驻德国国家发展银行进行调查。

首席执行官乌尔里奇·施罗德:"我知道今天要按照协议中预先的约定转账,至于是否撤销这笔巨额交易,应该让董事会开会讨论决定。"

董事长保卢斯:"我们还没有得到风险评估报告,无法及时做出正确的决策。"

董事会秘书史里芬:"我打电话给国际业务部催要风险评估报告,可那里总是占线,我想还是隔一会儿再打吧。"

国际业务部经理克鲁克:"星期五晚上我准备带上全家人去听音乐会,我得提前打电话预订门票。"

国际业务部副经理伊梅尔曼:忙于其他事情,没有时间去关心雷曼兄弟公司的消息。

负责处理与雷曼兄弟公司业务的高级经理希特霍芬:"我让文员上网浏览新闻,一旦有雷曼兄弟公司的消息就立即报告,现在我要去休息室喝杯咖啡了。"

文员施特鲁克:"10:03,我在网上看到了雷曼兄弟公司向法院申请破产保护的新闻,马上就跑到希特霍芬的办公室,可是他不在,我就写了张便条放在办公桌上,他回来后会看到的。"

结算部经理德尔布吕克:"今天是协议规定的交易日子,我没有接到停止交易的指令,那就按照原计划转账吧。"

结算部自动付款系统操作员曼斯坦因:"德尔布吕克让我执行转账操作,我什么也没问就做了。"

信贷部经理莫德尔:"我在走廊里碰到了施特鲁克,他告诉我雷曼兄弟公司的破产消息,但是我相信希特霍芬和其他职员的专业素养,一定不会犯低级错误,因此也没必要提醒他们。"

公关部经理贝克:"雷曼兄弟公司破产是板上钉钉的事,我想跟乌尔里奇·施罗德谈谈这件事,但上午要会见几个克罗地亚客人,等下午再找他也不迟,反正不差这几个小时。"

……

10:10,德国国家发展银行便发生了这件天下奇闻。德国经济评论家哈恩说:"在这家银行,上到董事长,下到操作员,没有一个人是愚蠢的,可悲的是,几乎在同一时间,每个人都开了点小差,加在一起就创造出了'德国最愚蠢的银行'。"实际上,只要当中有一个人认真负责一点,这场悲剧就不会发生。

演绎一场悲剧,短短十分钟就已足够。

思考题:

1.什么原因导致德国国家发展银行成了"德国最愚蠢的银行"?

2.德国国家发展银行在沟通方面出现了什么问题?

项目四
书面商务沟通

SHANGWU GOUTONG YU LIY

知识目标

1. 了解书面沟通在商务交往中的重要性。
2. 熟悉书面报告写作的一般过程和基本要领。
3. 掌握商务上行文书、商务平行文书、商务下行文书以及一些其他常见商务文书的写作规范。

能力目标

1. 能熟练地掌握请示、调查报告、协议书、商务信函、会议纪要、工作方案、工作计划、工作安排等常用商务文书的写作技巧。
2. 提升书面表达能力。

任务一 书面沟通与商务文书概述

任务描述

书面沟通无论对组织还是对个人来说，都是非常重要的。从个人角度来看，具有较强书面沟通能力的人能够更好地展示自己的想法和业绩，从而具备较强的说服力和表现力，未来获得的晋升机会也会更多。从组织角度来看，有效的书面沟通有助于和客户建立良好的关系，有助于树立企业良好的形象，从而有利于实现组织的目标。本任务中，我们要能认识到书面沟通的重要性，掌握书面沟通的优缺点，了解商务文书的主要类型。

任务导入

2019年3月的某一天，某公司外派维修的售后服务工程师陈某打电话要求工厂售后服务部门为其在安徽芜湖的维修现场发送配件一个。按规定要求，陈某应当书面传真配件具体的规格型号然后再要求发货，以保证准确性。

结果陈某声称自己是老员工了，对配件很了解，要节省传真费用，且客户很急，就打电话口头报告型号。售后服务部人员鉴于这种情况，就相信了陈某，按陈某说的型号发去了配件，结果发到现场后，型号错误，又要重发，造成时间的浪费和运输费用等的增加，更重要的是影响客户生产。

事后处理此事时，陈某一口咬定自己当初报告的就是第二次发的正确型号；而售后服务人员则坚持陈某当初报告的就是第一次错误的型号。

思考题

1. 在上述案例中，到底该相信谁？
2. 口头沟通能否成为书面沟通的替代品？为什么？

> 知识点精讲

一、书面沟通的必要性和重要性

书面沟通是指以书面或电子媒介作为载体，运用文字、图示进行的信息传递和交流形式。与口头沟通、非语言沟通相比，人类使用书面语言的时间是非常短的，但书面语言在现代人类生活中的重要性则比前两者要大得多，这是与书面语言的优势密切相关的。书面沟通形式虽然使用频率不如口头沟通高，但它传播的信息量较大。国际传播协会的调查研究表明，通过书面形式的信息通道所传递的信息量高于面对面的交流和电话交流。

从个人的角度来看，书面沟通技能是非常重要的。如果你的总结报告写得很出色，给客户复函时表现出很强的说服力，你就会有更多的提升机会和更好的绩效。对组织而言，有效的书面沟通还有助于与客户或顾客建立良好的关系，有助于树立企业的良好形象和声誉，从而有利于组织实现其战略目标。

换句话讲，无论是企业的内部部门之间互相协调、支持、沟通，还是企业和供应商、客户等外部部门之间互相协调、支持、沟通，都应当有书面沟通函件。

二、书面沟通方式的优缺点

（一）书面沟通的优点

1. 具有稳定性、权威性

与口头语言相比，书面语言的稳定性较强。口头语言中的很多词汇都具有一定的流行性，流行性的一个突出特点就是具有阶段性和地域性。不同时期有不同的流行语，不同地区也有不同的流行语，因此流行语能反映出时代和区域的特征。相比之下，书面语言则要稳定得多，如几百年以前的文献现代人也能够看得懂，来自不同地区的报告材料的差异性也很小。这种稳定性的文字信息便于不同时代、不同区域之间进行信息的交流。

此外，由于书面语言具有唯一性和比较强的稳定性，因此无论在法律上还是在其他领域都具有比较强的权威性。所以在商务活动中，与外部的各种契约合同和内部管理的各种材料大多采取书面的形式。

2. 具有严格的规范性

规范性是书面语言的一个重要特征。很多书面文字尤其是商务文书都有特定的写作内容和形式要求，目的是提高办事效率、加强工作的标准化和严谨性。书面语言的规范性有效地保证了沟通的顺利进行，可以有效避免分歧。因此，一些困难或复杂的信息适合采用书面的形式来表达。例如，在商务活动中，合同的有效执行是以双方对合同的共同理解为前提的，如果双方的理解存在差异，则必然会导致合同纠纷。因此，合同的设计会严格按照一套标准化的语言和形式规范进行，既充分反映合同双方的真实意愿，又可以有效避免歧义。

3. 书面沟通讲究逻辑性和严密性，说理性更强

写书面文字就像盖房子，不能想到哪就盖到哪，而是应该先画好设计图，按照一定的逻辑顺序将要表达的内容呈现给读者，这样才能帮助读者更好地把握作者的思路。尤其是一些比较复杂的商务文书,通常都要按照一定的逻辑展开,如一些商业分析报告,通常会采用的逻辑是"提出问题—分析问题—解决问题"。只有上下文的内容环环相扣,才能避免出现逻辑上的漏洞,说理性才更强。

4.书面沟通的内容易于复制和保存,有利于大规模传播

书面沟通的载体形式多种多样,包括信件、报告、电子邮件、传真、通知等。广泛的载体形式使书面语言可以不受时空限制,从一地转到另一地。特别是随着互联网、计算机等技术的发展,书面文字可以以极低的成本被复制、保存以及传播,这样就大大方便了以书面文字为载体的沟通方式,为商务领域的沟通交流创造了更多可能。

(二)书面沟通的缺点

1.进行书面沟通需要具备一定的文字沟通技能

由于书面沟通有较强的规范性和逻辑性的要求,因此同样一件事情用口头方式说出来比较容易,一旦用规范的书面语言表达就会比较困难。因此,很多职场人士都要进行专门的学习和训练才能具备一定的书面沟通能力,包括文字表达的技巧、方法,不同书面材料的写作规范和要求等,这也是从一名普通员工到高级管理者必经的过程。

2.书面沟通耗费时间较长

同样的内容,在相同的时间内,口头沟通传递的信息要比书面沟通传递的信息多得多。之所以如此,是因为口头沟通不需要花费过多的时间进行构思和修改,语言也比较简洁,即使出现一些不规范的省略句、半截子话等也并不影响听众的理解;而书面沟通则不同,它需要花费大量的时间和精力对文章结构、内容和逻辑顺序进行构思和修改,并要花费大量的时间做到语法规范、用词准确、语言流畅、条理清晰。可以说,有时花在构思和修改上的时间要比实际的沟通时间多得多。

3.信息反馈速度较慢

口头沟通尤其是面对面沟通,能够使接收者对其所听到的东西及时提出自己的看法,如果有不明白的地方可以及时提出疑问,反馈速度较快。而书面沟通缺乏快速的反馈机制,无法确保所发出的信息能被读者及时接收和反馈。有时,发送者往往要花费很长的时间来确认信息是否已经被接收并被正确理解,对接收者的反馈速度也很难把握,这种反馈的滞后性有时会造成时间拖延,甚至贻误时机。因此,当出现紧急情况的时候,为了确保对方及时反馈,通常会先采用口头沟通的方式来获得对方的承诺,再通过书面沟通进行确认。

4.无法运用情境和非语言信息

口头表达往往是在一定的情境下进行的,双方通过捕捉彼此的表情、举止、动作以及语气等非语言信息可以获得讲话者故意掩盖或逃避的信息。而书面沟通却没有这种情境性,在口头沟通中极容易理解的话语,在书面沟通中要想达到同样的效果,则需要花费大量的笔墨去做背景交代。对于有些"只可意会,不可言传"的内容,即使传递者绞尽脑汁,恐怕也很难把它解释清楚。

三、书面沟通的注意事项

(一)主题要明确,防止跑题

主题是一份书面文字的灵魂,即作者想要表达的核心思想。一般来说,书面文字的主题只

能有一个,文件中所有的信息都要围绕这一个主题展开。沟通通常都具有很强的目的性,这种目的性会在书面文字的主题中表现出来,因此书面文字要做到主题明确、重点突出。主题越明确,给读者的印象就越深刻。

(二)材料要真实、完整

由于书面沟通的信息是可以进行留存的,因此写好书面文字首先要保证材料真实、完整,观点正确无误,语言恰如其分。在书写文字材料时要遵循"广收集、严选择、善使用"的原则。事前应广泛收集材料,必要的时候还要深入实地进行调研,获取一手信息,这样才能确保材料的真实性。

(三)内容表达做到简洁、具体

采用书面沟通方式传递信息时,应力求简洁,这样不仅可以节省阅读者的时间,而且可以提高沟通效率。"简洁"与"完整"似乎是矛盾的,这其实是一个度的把握问题。"完整"是将所有与主题相关的要点都表达出来,但并不意味着要把所有的事实、观点都罗列在纸上。作者可以通过排序的方法,把不太重要的事项删除,也可以进行总结,把琐碎的、没有太大价值的文字精简掉,使得文章言简意赅。

此外,在职场中使用的文书要尽可能务实、具体化,避免一些大而空的内容和过于模糊的语言。要尽量将重点事项描述清楚,能使用数据的地方尽量使用数据。

(四)结构条理清晰

合理的结构、清晰的条理有助于突出主题,帮助读者迅速把握文字材料的意图。如果说主题是一份文字材料的灵魂,那么结构就是它的骨架。文字材料的结构如果思路清晰、逻辑严密,则读者读起来会很轻松,信息沟通效率也会很高。

四、商务文书的类型

商务文书是书面沟通在商务领域的应用,是人们在商务工作中为实现处理经济事务、交流商务信息等目的所使用的应用文体的统称,具体形式包括商务往来所需的商务报告、信函、公文、合同等。

在当今市场经济时代,商务活动是一项重要的社会活动,其类型广泛,而与之对应的商务文书的种类也多种多样,大体可以分为以下几种。

(1)公务信息类:包括通知、通告、会议纪要、会议记录。
(2)内部沟通类:包括请示、工作报告、公函、批复等。
(3)规章制度类:包括企业各类管理规章制度、决定、命令、任命书等。
(4)分析总结类:包括调查报告、市场分析报告、投资风险分析报告、工作总结等。
(5)策划方案类:包括广告创意策划书、商业计划书、文化主题策划文案等。
(6)对外宣传类:包括领导演讲稿、商务邀请函、产品说明书、新产品宣传手册等。
(7)外部沟通类:包括商务合同、委托授权书、报价函、催款函等。
(8)其他:包括电子邮件、便条、单据类等。

任务二 书面报告写作的一般过程

任务描述

书面报告的形式有很多,但基本的撰写要求是相似的。本任务主要介绍书面报告写作的一般过程和基本要领。

任务导入

二〇一六年三月某日,我给新来的总经理助理曹小姐布置了一个任务,要求她向各个部门下发岗位职责空白表格并要求各个部门在当天下午两点之前上交总经办。我问曹小姐是否明白我的意思,她说完全明白,于是就去执行。

结果到了下午,事情出来了:到了规定的时间,技术部没有按时上交。我问曹小姐:"你怎么向技术部传达的?"曹小姐说:"完全按正确的意思传达的。"我又问为什么技术部没上交,曹小姐说技术部就是没上交,不知道为什么。

我把曹小姐和技术部都召集到总经办会议室,问这个事情。技术部负责人回答说,当时他没有听到曹小姐传达关于上交时间的要求。而曹小姐说,自己确实传达了,不知道为什么公司十二个部门就技术部没听清楚。技术部负责人说,确实没有听到。

思考题

1. 到底是曹小姐没传达,还是技术部负责人没听到?
2. 问题出在哪?如何解决?

知识点精讲

一、明确问题

在选题上应该选择那些真切、具体和重要的问题。一篇优秀报告反映的问题应该是来自现实的问题,如现实与计划脱节的问题或是亟待解决的问题。如果写报告是你工作的一部分内容,你的公司或组织会为你选定主题,你要善于展开主题,如你可以展开针对公司报告的主题,包括目前你所在公司所面临的市场问题、员工忠诚度的问题、地方经济发展对公司的影响问题等。要多看新闻报道,多关注周边的热点动态。

判断报告所考察问题优劣的标准如下:

(1)问题应该是具体而真切的、重要且值得解决的、富有挑战性的。

(2)报告的读者应该是明确的、能够将建议付诸行动的。

(3)数据、材料以及事实应该足以说明问题的严重性,足以证明建议解决方案的可行性,可以获得并且可以理解。

二、收集和研究资料

因为涉及收集资料和数据,撰写报告经常会成为一项很费精力和时间的工作。数据可以来自个人发现、实验、书籍、问卷调查、采访、财务记录等。

对于经常写报告的人而言,材料准备是必须掌握的一项基本功。材料准备主要包括以下两个方面。一是平时注意建立自己的信息库。我们要写出内容充实、论证充分、方案可行的报告,就要在平时养成良好的信息收集的习惯,要有专门的数据库,把平时积累的信息分门别类地放在信息库里,这样,当需要的时候就可以比较方便地查找和使用。二是在写报告之初,先听取领导的想法,再针对性地去收集、补充信息。总之,材料准备的技巧可以用"平时积累、及时归库、分类整理"来概括。

三、组织材料

报告有信息类报告、可行性类报告以及论证类报告三种形式。报告的形式不同,组织材料的要求是有区别的。

(一)信息类报告

信息类报告是概括已经完成的工作或者未形成行动或意见的研究。信息类报告的要素包括以下几个。

(1)介绍:概括问题、计划的成功点。

(2)历史陈述:问题如何被发现、采取了哪些行动以及结果如何。

(3)结论:为后续行动提供意见。在这类报告中,建议的提出建立在事实根据的基础上。

(二)可行性类报告

可行性类报告对两种或更多方案进行评估并推荐其中的一种。可行性报告通常在开头部分就解释要做出的决策,列举所有可能的方案并说明选择的标准。在报告主体部分,写作者将会利用对比方法,根据所列标准对每一项可行性方案进行评估。当其中某一项的可能性明显优于其他各项时,或当标准存在交互作用时,抑或各种可能性之间密不可分时,最好分别讨论每种可能。

至于建议部分应放在报告开头还是结尾,完全取决于读者的要求或组织的文化特征。大多数读者喜欢开门见山,但如果读者在接受建议上有一定的困难,则应该把建议放至结尾处,在陈述完所有证据后再进行说明。

(三)论证类报告

论证类报告推荐并论证某一购买、投资、聘用或政策调整行为的合理性,如果报告的标题和材料可以自行选择,那么,我们可以采用以下写作格式。

(1)说明所需要的是什么以及为什么需要它。

(2)简单陈述问题或其背景。

(3)解释每种可能的方案,列出每个方案的成本、优势以及劣势。

(4)总结实施建议所要采取的行动。如果涉及的人数众多,应说明每个人的分工以及每个步骤所需的时间。

(5)恳请对方采取你所希望的行动。

如果读者在同意建议方面十分勉强,则可以换用问题到方案的形式。

(1)描述组织存在的问题,使用具体的例子证明问题的严重程度。

(2)说明为什么现有的方式、方法无法解决上述问题。

(3)将建议以非个人化的方式展示出来。

(4)证明建议的优势远远大于其劣势。

(5)总结实施建议所要采取的行动。如果涉及的人数众多,应说明每个人的分工以及每个步骤所需的时间。

(6)恳请对方采取你所希望的行动。

论证类报告论述的详细程度取决于读者对建议和公司问题的了解程度。有的公司要求论证类报告简明扼要,1~2页即可。有的问题可能需要长篇报告,详细说明预算情况,彻底讨论问题和各种解决方案等。

四、写作报告初稿

报告的初稿一般包括内容简介、报告正文、结尾三个部分。

(一)内容简介

内容简介部分包括:说明主题,强调它的重要性或者引起读者兴趣的其他重要特征;指出报告的目的,必要的话,需解释背景情况;简要总结结果或事实、结论和建议;描述你的调查方法;说明报告的实施计划(对于短报告没有必要)。

(二)报告正文

报告正文包括:解释你所遵从的程序;分析、阐述结果,指出从中做出的判断。

(三)结尾部分

结尾部分包括:对论述进行总结,引出报告的主要观点并做出慎重的判断;以你的论述和结论为基础提出一些建议,不要再引入新的材料或新的观点。结尾时把重点放在你希望留给读者的印象上。

五、修改报告

初稿完成后放上一段时间,然后再进行大胆的修改。如果是十分重要的报告,在修改之后最好听听领导或同事的意见。

修改报告的步骤包括:从整体上看你的初稿;考虑标题、目录、简介和结论以及它们之间的关系;检查正文;检查你的视觉辅助材料等内容;找一些有经验的人给你提出一些建设性的批评和修改意见。

六、制作报告

要记得在提交报告之前留出较为充足的时间进行校对、修改、打印、复制和装订工作。根据经验来看,给打印、编辑和校对的时间是永远不够的。此外,在对你的报告进行最后的加工时,要特别注意整体视觉效果和页面布局。重要的报告要选择高质量的打印材料和专业的人员进行制作。

任务三　常用商务文书写作技巧

由于商务文书类型比较丰富,每种类型在写作方面有着各自不同的要求,因此本任务中,我们要掌握商务上行文书、商务平行文书、商务下行文书以及一些其他常见商务文书的写作规范。

请　　示

因工作需要,我县急需购买小轿车一辆,请批准调拨经费××元。另:我县尚缺专业对口技术人员××名,请在制订明年人员编制时一并考虑。上述意见与要求如无不妥,请批复。

此致

敬礼!

××县人民政府
××县财政局
2019 年 6 月

建筑工程承包合同

甲方:西丽化工厂

乙方:华西建筑公司

为建筑西丽化工厂西厂房,经双方协商,订立本合同。

一、化工厂委托承建方在甲方工厂左侧建造西厂房壹座,由华西建筑公司按照甲方提供的规格、图样(附件一)建造。

二、全部工程造价(包工包料)为人民币玖拾贰万柒仟元正。

三、甲方在订立合同后尽快付给乙方全部建造费的百分之六十,其余百分之四十在西厂房竣工并验收合格后抓紧结清。

……

七、乙方建造的厂房如不符合附件一图样及国家有关标准规定,由乙方负责返修,返修费由乙方承担。如工程不能按时完成,由乙方按全部建造费的千分之一赔偿甲方的损失。甲方必须按双方协商日期交付建造费,若违约,由甲方按全部建造费的千分之一赔偿乙方。

八、本合同一式叁份,甲乙双方及公证机关各执壹份。本合同自签订之日起执行。

西丽化工厂
华西建筑公司
2015 年 10 月 5 日

思考题

1. 请问上面的"请示"和"合同"的撰写是否符合商务文书撰写的要求?如果不符合,你能改写为一份正确的公文吗?

知识点精讲

一、商务上行文书的写作

上行文书是指下级部门向其上级部门发送的文书，通常这种文书以陈述型为主，如请示、报告等。

（一）请示

请示是下级部门向其直接上级部门请求对某项工作、问题做出指示，对政策界限给予确认，对某事予以审核批准时使用的一种请求性公文。它是应用写作实践中的一种常用文体。

请示具有以下几个特点。一是请示事项一般时间性较强。请示的事项一般都是急需明确和解决的，否则会影响正常工作，因此时间性强。二是一事一请示。因为"一文多事"牵涉的单位较多，涉及的规章制度也多，任何一个上级部门都很难答复。三是一般主送一个部门，不多头主送。如需同时送其他部门，应当用抄送形式，但不得在请示的同时又抄送下级部门。四是应按隶属关系逐级请示。一般情况不得越级请示，如确需越级请示，应同时抄报直接主管部门。请示的内容和写作要求如下。

（1）标题。请示的标题有两种形式：一种是由发文部门名称、请示事项和文种构成的，如"××公司市场营销部关于××的请示"；另一种是由请示事项和文种构成的，如"关于增设地下消防栓需要资金的请示"。

（2）主送部门。请示的主送部门是指负责受理和答复该文件的部门。每个请示只能写一个主送部门，且一般不要主送上级部门的某个领导。需要同时转送其他部门的，应采用抄送的形式。

（3）正文。正文一般由请示的依据、请示的事项和结束语等部分组成。

①请示的依据。在该部分要写清楚申办事项的重要性和必要性，也要讲清楚申办事项已具备的条件和可能性。只有原因讲得客观、具体，理由讲得充分，上级领导才好及时决断，予以有针对性的批复。

②请示的事项。这是请示的中心部分，在该部分应写清楚向上级部门的具体请求，如请求资金要写清楚数额，请求物资要具体到品名、规格、数量。如请求某项工作的指示，要写明申请人自己的初步意见或解决方案，而不能只提问题，让上级给出具体措施。

③结束语。结束语语气很重要，要体现谦虚、低调。常见结束语有"当否，请批示""妥否，请批复""以上请示，请予审批""以上请示如无不妥，请批转各地区、各部门执行"等。

（4）落款。落款一般包括署名和成文时间两个项目内容。署名要写出机关全称，标题写明发文部门的，这里可不再署名，但需加盖单位公章。成文时间一般为发文日期，在发文部门下方标明，应具体到年、月、日，如××年××月××日。

（二）调查报告

调查报告是为解决某些问题而调查分析实际情况和研究其对策，然后向有关部门和上级领导所做的报告。它一般有以下两种形式。一是主动报告。某项工作进展得如何，以及一个企业、一个部门发生了什么事件，需要有关部门了解、掌握，都需要及时写出情况报告。二是被动报告。组织因工作需要，安排人员就某个方面、某个问题进行调查研究，事后提交的报告即为被动报告。调查报告的意义在于总结经验,发现、研究和解决问题。

调查报告的标题一般有两种写法:一种是一般文章标题式写法,如"××公司发展之路";另一种是公文标题式写法,如"××产品市场状况调查分析"。调查报告的正文一般包括4个方面的内容,即前言、事实、分析、意见(对策或建议)。

(1)前言。前言部分要简要地说明调查目的、调查时间、调查范围以及所要研究和报告的主要内容等。有的调查报告中还包括调查方法及调查的整体思路等。

(2)事实。事实部分即阐述调查得来的主要内容或主要问题。这部分是调查报告的主体,容量较大,所以要进行归纳,或以自然情况为序,或以内容的逻辑关系为序,分条列项地进行书写。每一大条都要有一个中心,或用序码标明,或用标题的方式来概括,以使眉目清楚。其具体内容的写法主要是叙述,多用事实和数据说明,做到材料和观点相统一;表达上则要灵活一些,提出论点并以充分的论据证明,或以调查材料归纳出论点。

(3)分析。分析是调查报告的研究部分,通过分析,人们可以指出问题的性质,或找出产生问题的原因。分析可以是理论分析,也可以是实践例证,但不管如何分析,都必须基于事实和数据,要具有针对性,揭示实质,不能凭主观想象,更不能主观臆断。

(4)对策和建议。调查研究的主要目的在于发现问题、分析问题,最终解决问题。因此,在调查分析的基础上,还必须提出解决问题的对策和建议。所提对策和建议可以是原则性的或带有方向性的,也可以是具体的、可操作的。如果调查报告容量较大,而且要对事物进行全面的分析、研究,从而提高人们的认识并指导实际工作,那么,这就要求写作时不仅要具有科学的世界观和方法论,而且要深入实际,掌握第一手资料,同时还要具有驾驭题材、组织材料的能力。

(三)述职报告

述职报告是报告人向上级组织和领导,以及所属部门所做的,对自己在一定时期内的任职情况进行自我评述性质的报告。

述职报告的写作格式如下。

(1)标题有4种写法。一是只写"述职报告"4个字;二是"××年任××职务期间的工作汇报"式的公文写法;三是"××(姓名)××(职务)会议上的汇报(或报告)"式的写法;四是新闻标题式的写法。

(2)正文包括3个部分的内容。①任职概况和评估。该部分包括述职范围、任职时间、工作变动情况、岗位职责、目标及对个人工作的自我评估。②尽职情况。这是述职报告的主体,主要写工作业绩、经验和问题。对于核心内容,多数是按工作性质不同分成几个方面来写,每个方面可先写业绩后写认识和做法,也可先写认识和做法,再写业绩。但不管怎么写,都要体现个人的工作能力和理论水平,尤其是在处理敏感和棘手问题以及应对突发事件和重大事件方面,要写出表现自身素质、才能和领导水平的内容。③今后的设想和信心。要从实际出发,对今后工作应在科学分析的基础上做出战略性规划,以表明尽职的态度。

(3)署名及日期。署名和日期可以写在标题下,也可以写在正文后。

由于述职报告的目的在于向人们汇报自己在职期间取得的业绩和存在的问题,因此,在书写时必须紧紧围绕自己的工作来进行。写作时应注意以下问题。

第一,思路清晰。述职报告是讲给别人听的,除了题目和称呼外,基本有一个较固定的"四部曲"。一是介绍自己的职务和职责,以简短的话语拉开述职的序幕。二是有条理地叙述自己在职期间所做的工作及所取得的业绩。这是述职的重点部分,要有理有据、有血有肉地详细介绍。三是指出工作中存在的不足和一些具体问题。四是针对存在的问题,提出自己今后努力的方向和改进的措施。

第二,以职责为中心,突出典型业绩。述职报告有很强的自我性,即"述"工作时要以自己的职责为中心;谈业绩时绝不贪他人之功,而且应选择那些有影响的、人们认可的典型业绩;谈存在的问题时,则要诚恳地讲出自身的不足。

第三,问题要具体。述职报告除了讲述自己的业绩外,还必须找出工作中存在的不足。讲问题时应该实事求是地讲出具体存在哪些不足,而不是用模糊性语言说一句"当然,工作中还有很多不足之处"来搪塞。不管有多大的问题,都要向接收者具体讲出来,这样才能树立自己的形象,赢得人们的认可。

二、商务平行文书的写作

平行文书是指平级单位或无隶属关系的部门之间商洽工作、询问和答复问题时使用的公文。它主要包括协议书、商务信函、会议纪要等。

(一)协议书

协议书是社会组织或个人之间对某一问题或事项经过协商,取得一致意见后,共同订立的明确相互权利、义务关系的契约性文书。它是当事人双方(或多方)为了解决或预防纠纷,或确立某种法律关系,为实现一定的共同利益、愿望,经过双方共同协商达成一致意见后,签署的具有法律效力的记录性应用文。协议书一般由标题、立约当事人、正文、生效标识四个部分组成。

(1)标题。一般只需要在"协议书"之前写明该协议书的性质即可,如"委托协议书""技术转让协议书"等。

(2)立约当事人。在标题下方写明协议各方当事人的单位名称或个人姓名。如果是单位,可在单位名称后注明法定代表人的姓名、地址、邮编、电话号码等内容;如果是个人,可在姓名后注明性别、年龄、职务等内容。注明的项目可视协议书的性质而定。在立约各方当事人名称或姓名的前面或后面,一般应注明"甲方""乙方"等,以使协议书正文的行文简洁方便;"甲方""乙方"放在立约当事人名称或姓名前面时应在其后加冒号,放在后面时可加括号。

(3)正文。正文一般由立约依据及双方约定的内容两部分组成。立约依据和立约原因是正文的开头,其作用主要是引出下文。正文是协议书的主体部分,一般用条款分条列项地写出双方协商确定的具体内容。不同性质的协议书所包括的条款不同,具体应写哪些条款要视协议书的性质和双方协商的结果而定。

(4)生效标识。协议书正文结束后,署上立约各方当事人的单位名称或个人姓名。如果是单位,应同时署上法定代表人的姓名,然后署上协议书的签订日期并加盖单位印章或个人印章。如果协议书有中间人或公证人的,也应署名、盖章。重要的协议书可请公证处公证,由公证人员签署公证意见、公证单位名称、公证人姓名、公证日期并加盖公证机关印章。

(二)商务信函

信函是部门之间或者组织之间商洽工作、询问和答复问题时使用的一种公文。在商务活动中,信函是人们应用最多也最为普遍的沟通工具。信函具有以下几个特点。一是多向性。信函虽然属于平行文书,但不受行文限制,它除了平行行文外,还可以向上行文或向下行文。信函的格式灵活,可以按照公文的格式及行文要求撰写。它可以有文头,也可以没有文头,不编发文字号,甚至可以不拟标题。二是特别简短。信函的主体内容应该具备单一性的特点,一份信函只宜写一件事情。商洽的内容有时比较简单,几句话就可以说清楚,无须华丽的辞藻。三是类型多样,用途广泛。商务场合使用的信函种类较多,如按性质分,可以分为公函和便函两种。公函用于单位正式的公务活动往来。便函则用于日常事务性工作的处理。便函不属于正式公文,没有公文格式要求,甚至可以不要标题,不用发文字号,只需要在尾部署上机关单位名称,成文时加盖公章。另外,从内容和用途上分,可以分为询价函、答复函、催款函、订购函、理赔函等。

商务信函的写作格式和内容表述虽然有一定的灵活性,但主要由以下几部分构成。

(1)开头。"良好的开端是成功的一半",商务信函写作也不例外,因为开头的好坏决定了能否吸引读者阅读、能否满足读者需求、能否实现信函的目的。开头应遵循以下几个原则。①符合信函的目的和读者的需求。在肯定性的信函中应以主题和好消息开始;在负面性的信函中应以主题缓冲的表述开始;在劝说性的信函中应以主题和容易激发兴趣的陈述开始。②给人周到、礼貌、简洁明了的感觉。一般开头段比较短,应多用积极的口吻和礼貌的、谈话式的语言,避免不必要的重复。③检查信函的完整性。必须从复函日期及事宜的准确性上,从句子的结构、段落本身的逻辑性上来检查开头段是否完整。

(2)中间。中间段是在开头所提及的主要内容的基础上,对信函中涵盖的资料、数据进行富有逻辑性的、简要而清晰的描述,例如在销产品的益处、支付程度等。此外,也可以提供表格或图片以支持有关表述。

(3)结尾。除了对整篇信函做全面归纳之外,结尾的主要作用是简明扼要地从"5W"和"1H"出发,阐明撰写者希望读者采取的行动,即何时(when)、何处(where)、由谁做(who)、做什么(what)、为何做(why)、如何做(how)。应鼓励读者付诸行动,如支付有关款项、订购某种产品、接受某项服务或满足加薪的要求等。强调采取行动的要求一般出现在信函结尾处以达到加深印象的效果。最后应表示真诚的赞扬并以友善的口吻结束。

(4)信封。信封有一定的格式,一般应按规定格式写。信封地址要写清楚。字迹潦草模糊、涂涂改改,不仅影响信件的投递,对于收信人来说也是不礼貌的。书写信封一般应写明收信人的详细地址,收信人的姓名或公司企业、团体的全名,寄信人的详细地址和姓名。

(三)会议纪要

会议纪要是用于记载、传达会议情况和议定事项的公文。会议纪要与会议记录是两个不同的概念,二者的区别十分明显。从应用写作和文字处理的角度来探析,二者截然不同。会议纪要是一种法定的公务文书,其撰写与制作属于应用写作和公文处理的范畴。它必须遵循应用写作的一般规律,严格按照公文制发处理程序办事。而会议记录只是办公部门的一项业务工作,属于管理服务范畴,它只需忠实地记载会议实况,保证记录的原始性、完整性和准确性,其记录活动同严格意义上的公文写作完全是两码事。

会议纪要具有以下特点。一是纪实性。会议纪要必须是会议宗旨、基本精神和所议定事项的概要纪实,不能随意增减和更改内容,要实事求是。二是概括性。会议纪要必须精其髓、概其要,以极为简洁精练的文字高度概括会议的内容和结论。有的会议纪要,还要有一定的分析说理。三是条理性。会议纪要要对会议精神和议定事项分类别、分层次地予以归纳、概括,使之眉目清晰、条理清楚,以极简的文字概括会议的内容和结论。会议纪要主要由以下几部分构成。

(1)标题。标题有两种格式。一是会议名称加纪要,也就是在"纪要"两个字前写上会议名称,如《××公司人事工作会议纪要》。会议名称可以写简称,也可以用开会地点作为会议名称,如《北京投资规划座谈会纪要》。二是把会议的主要内容在标题里揭示出来,类似于文件标题式的写法,如《关于建设一级现代物流园区相关工作会议纪要》。

(2)文号、制文时间。文号写在标题的正下方,由年份、序号组成,用阿拉伯数字全称标出并用"[ ]"括入,如[2017]67号。办公会议纪要对文号一般不做必须的要求,但是在办公例会的会议纪要中一般要有文号,如"第××期""第××次",写在标题的正下方。

(3)开头。在开头部分简要介绍会议概况,包括会议召开的形势和背景;会议的指导思想和目的要求;会议的名称、时间、地点、与会人员、主持者;会议的主要议题或需解决的问题;对会议的评价。

(4)正文。会议纪要的正文部分是对会议主要内容以及基本结论等进行具体的阐述。根据会议议题的不同,大致可以有以下三种写法。

①集中叙述法,多用于小型会议。这种写法是把会议的基本情况、研究讨论的主要问题、与会人员的认识、解决问题的措施以及要求用概括性的方法进行整体的阐述和说明。

②分项叙述法,多用于大中型会议。该写法一般要求采用分项叙述的办法,常常包括对目的、意义、现状的分析,以及目标、任务、政策、措施等的阐述,即把会议的主要内容分成几个大的方面,然后加上标号或标题,分开来写。

③三部曲法,适用于专题会议。该写法将会议的主要内容分为提出问题、分析问题、解决问题三个部分来写。

(5)结尾。会议纪要的结尾一般有两种写法:一种是正文写完之后就结束;另一种是提出希望和号召。后者要根据会议的内容和纪要的要求来提,有的是以会议名义向本地区或本系统发出号召;有的是突出强调贯彻落实会议精神的关键问题,指出其核心问题;有的是对会议做出评价并提出希望和要求。

三、商务下行文书的写作

下行文书是指上级领导对所属下级部门下发的一种行文,它包括工作规划、工作方案、工作计划、工作安排、简报等。

(一)工作规划

工作规划具有以下特点:①时间一般都要在5年以上;②范围大都是全局性工作或涉及面较广的重要工作项目;③在内容和写法上比较笼统。规划是为了对全局或长远工作做出统筹部署,相对其他计划类文书而言,规划带有方向性、战略性、指导性的意味,因而其内容往往要更具有严肃性、科学性和可行性。这就要求写作者必须首先进行深入调查和周密测算,在掌握大量的可靠资料的基础上,确定组织的发展远景和目标并经过多种方案的比较、研究和选择,最终确定规划的各项指标和措施。

规划的具体写法:格式由"标题+正文"两部分组成,一般不必再落款,也不用写成文时间。规划的标题采用"四要素"写法:主体名称+期限+内容+规划,如"××公司2015—2020年战略发展规划"。规划的正文内容如下:

(1)前言。前言即背景资料,也就是制订规划的起因。写作者应把诸多背景资料认真地加以综合分析,而不能简单地罗列事实,这样才会使人相信规划目标是可靠的和言之有据的。

(2)指导思想和目标要求。这属于规划的纲领和原则,是在前言的基础上提出的,因此要用精练的语言进行阐述,使人读起来觉得坚定有力、受鼓舞。

(3)具体任务和政策、措施。这是规划的核心部分,是解决"做什么"和"怎么做"的问题,因此任务要明确,措施要具体。

(4)结尾。结尾即远景、展望、号召,这部分要写得简短、有力、富有号召性。

(二)工作方案

方案是计划类文书中内容最为复杂的一种。由于一些具有某种职能的具体工作比较复杂,不做全面部署不足以说明问题,因而文书内容的构成要烦琐一些,一般有指导思想、主要目标、工作重点、实施步骤、政策、措施、具体要求等项目。

方案的具体写法:方案的内容是上级对下级的要求或涉及面比较大的工作,一般都用带"文件头"的形式下发,因而不用落款,只有标题、成文时间和正文3个部分内容。

(1)方案的标题有两种写法:一个是"三要素"写法,即由发文机关、计划内容和文种3个部分组成,如"××公司五年发展规划总体方案";另一个是"两要素"写法,即省略发文机关,但这个发文机关必须在领头的"批示性通知"的标题中体现出来。为郑重起见,方案的成文时间一般不省略,而且要注在标题下。

(2)方案的正文一般有以下两种写法。一是常规写法,即按指导方针、主要目标、实施步骤、政策、措施及要求几个部分来写,这个较固定的程序适合于一般常规性的单项工作。二是变项写法,即根据实际需要加项或减项的写法,适合于特殊性的单项工作。但不管哪种写法,主要目标、实施步骤、政策、措施这几项是必不可少的。实际写作时的称呼可以不同,如把"主要目标"称为"目标和任务"或"目标和对策"等,把"政策、措施"称为"实施办法"或"组织措施"等。在主要目标一项中,一般还要分总体目标和具体目标;实施步骤一般还要分基本步骤、阶段步骤和关键步骤,关键步骤里还有重点工作项目;政策、措施的内容里一般还要分政策保证、组织保证和具体措施等。

(三)工作计划

这里的计划指狭义的计划,计划期限一般是1年或半年,且大多是以一个企业的工作为内容,只在单位内执行。计划一般不以文件形式下发,因而除标题和正文外,往往还要在标题下或文后标明"××年××月××日制订"的字样,以示郑重。计划的标题也采用"四要素"写法。计划的内容一般包括以下几个方面。

(1)开头。开头要通过概述情况来阐述计划的依据,应写得简明,明确表达目的。

(2)主体。主体即计划的核心内容,包括阐述"做什么"(目标和任务)、"做到什么程度"(要求)和"怎么做"(措施和办法)三项内容。

(3)结尾。结尾主要是突出重点,或强调有关事项,或提出简短号召。

(四)工作安排

工作安排是计划类文书中最为具体的一种格式。由于某些工作比较确切、单一,不做具体安排就不能达到目的,因而其内容要写得详细一些,这样使人容易把握。工作安排的具体写法如下。

(1)发文方式。由于安排的内容涉及范围较小的工作或单位内部的工作,因而一般有两种发文方式：一种是上级对下级安排工作，尽管涉及面较小，要用"文件头"形式下发，格式是标题和正文两部分；另一种是单位内部的工作安排，格式由标题、正文、落款及时间4个部分组成。但不管哪种形式，安排本身都不该有受文单位，如果必须有，则以"文件头"形式下发，或者以"关于……安排的通知"名义下发。

(2)安排的标题可以是"三要素"写法，也可以是"两要素"写法(省略主体名称)。

(3)安排的正文一般由开头、主体和结尾3个部分组成，也可以省略结尾，主体结束，正文也随之结束。开头同工作计划的开头差不多，或阐述依据，或简明扼要地概述。主体是正文的核心，一般包括任务、要求、步骤、措施4个方面内容。在结构上，安排可按这四个方面内容分项来写；也可把任务和要求合在一起，把步骤和措施合在一起来写；还可以先写总任务，然后按时间先后顺序一项一项地写具体任务，每一项有每一项的要求及措施，要依据工作性质及具体内容来定。但不管是怎样的结构，其任务都要具体，其要求都要明确，其措施都要得当。

总之，写好计划类文书可能是公文写作中较难的事。因为，这不仅仅是文字表达上的事，它还涉及具体工作及业务的组织和安排问题，需要有眼光和领导魄力，这种写作是一个人综合能力的表现。

(五)简报

简报是用于传递某方面信息、交流工作经验、指导工作的一种内部交流书面材料。它具有汇报性、交流性和指导性等特点。简报不属于正式公文，因此不能公开出版，只能在内部发行。日常工作中所见的通信、动态、情况反映、信息通报等都属于简报的范畴。

简报主要有以下特点。一是真实性。简报中所反映的材料必须真实、可靠，对事物的分析解释必须坚持实事求是的科学态度，所有相关的事件、材料、数据都需认真核实。二是简明性。篇幅简短是简报区别于其他报刊的最显著的特点。一期简报甚至可能只登一篇文章、几段信息，或一期几篇文章，总共一两千字，长的也不过三五千字，读者可以用很短的时间把它读完，适应现代快节奏工作的需要。简报的语言必须简明精练。三是及时性。简报一般来说都是描述最新发生的事件，因此要写得快、发得快，以便有关人员能在第一时间掌握动态，制订决策。重要的情况要一日一报，甚至可以一日数报。简报一般分为报头、报核和结尾三个部分。

1. 报头

①简报名称。在简报首页上部，约占首页1/3的版面，用间隔红线与正文部分隔开，中间有几个醒目的大字，是简报名称："××简报"。简报名称一般用套红印刷的大号字体。如有特殊内容而又不必另出一期简报时，就在名称或期数下面注明"增刊"或"××专刊"字样。秘密等级写在左上角，也有的写"内部文件"或"内部资料，注意保存"等字样。

②期号。期号可写在名称下一行，用括号括上。

③编印单位。编印单位一般排在横隔线的左上方，要使用全称，如"××会议秘书处"。

④印发日期。日期写在与编印单位平行的右侧。在日期下面，用一道横线将报头与报核隔开。

⑤密级。密级包括"机密""绝密""内部刊物"等，排在简报左侧上方位置。

2. 报核

报核主要包括标题、导语和主体部分。

①简报的标题十分重要，好的标题能够简要、准确地概括全文内容。一般来说，简报的标题

可以采用正副标题的写法,正标题提示全文的思想、意义,副标题写明事件与范围。

②导语通常用简明的一句话或一段话概括全义的主旨或主要内容,给读者一个总体印象。导语的写法多种多样,有提问式、结论式、描写式、叙述式等。导语一般要交代清楚谁(某人或某单位)、什么时间、干什么(事件)、结果怎样等内容。

③主体部分通常采用以下几种写法:一是按照时间顺序写,即按照事件开始、发展、结束的顺序来描述一个完整的事件;二是按照空间变换的顺序写,这种写法适合报道一个事件几个方面的情况;三是按照逻辑方法分类、归纳,即把所有材料归纳为几个部分,按照序号或小标题展开叙述;四是采用夹叙夹议的写法,一边叙述,一边评述,这种方法适合于带有某种倾向性的简报;五是对比法,即在对比中展开叙述。

3. 报尾

报尾的写法有两种:一种是把主体叙述的情况用一句话或一段话总结一下;另一种是叙述完事实之后干净利落地结束全文。报尾在简报最后一页下部,用一横线与报核隔开,横线下左边写明发送范围,在与之平行的右侧写明印刷份数。

四、其他公文的写作

(一)工作总结

工作总结是组织、部门或个人对过去一个时期内的工作活动做出系统地回顾、归纳、分析与评价并从中得出规律性认识,用以指导今后工作的事务性文书。工作总结的基本写法如下:

(1)标题。标题通常有以下3种类型。①文件性标题,一般由单位名称、时限、内容、文种名称构成,如"××公司2019年度新产品开发的工作总结"。②文章式标题,通常以单行标题概括主要内容或基本观点,而不出现"总结"字样,如某企业的专题总结"技术改造是振兴企业之路"和某高校的专题总结"我们是如何实行教学与科研相结合的"。③双行式标题,例如"优质服务树形象,抢抓机遇谋发展——××公司2019年工作总结"。

(2)正文。正文包括以下四个部分。①前言。前言一般介绍工作背景、基本概况等,也可总结主旨并对工作做出基本评价。前言书写要力求简洁,开宗明义。②主体。主体包括主要工作内容和成绩、工作目标及任务的完成情况、经验和体会、问题或教训等内容。这些内容是总结的核心部分,可按纵式或横式结构撰写。纵式结构是指按主体内容从所做工作、方法、成绩、经验、教训等方面逐层展开;横式结构是指按材料的逻辑关系将其分成若干部分,各部分加小标题,逐一来写。③结尾。结束语可以归纳、呼应主题,指出努力方向,提出改进意见,也可表示对今后工作的决心、信心;结束语要求简短、利索。④落款。一般在正文右下方署名。

(二)商业策划书

商业策划书又叫商业计划书,是指为一个商业发展计划而做的书面文件。它是用以描述与拟创办企业相关的内、外部环境条件和要素特点,为业务的发展提供指示图和衡量业务进展情况的标准。其主要用途是递交给投资者和一切对创业者的项目感兴趣的人,以便他们能对企业或项目做出评判,从而使企业获得融资。商业策划书提交的对象一般包括公司筹办合伙人、潜在投资者及融资公司、潜在雇员、合作伙伴及顾问、客户及供应商等。

虽然企业的商业计划不一定需要一个固定的模式,但其编写格式还是相对标准化的,这些格式涵盖了一个商业计划最需要回答的问题,得到了众多专家和实践者的一致认同。一个企业自身的商业计划和一个给潜在投资者递交的商业计划可能在形式上或诉求重点上都略有差异,但其实质和根本应该是完全一致的。大致而言,就是任何一个商业计划都必须仔细审视并分析和描述企业的目标、所处的产业和市场、所能够提供的产品和服务、会遇到什么样的竞争、对手的管理和其他资源、如何满足顾客的要求、长期优势,以及企业的基本财务状况和财务预测。至于如此重要的商业计划究竟该让谁来编制完成,主要视企业规模大小而定,但一般都是采用企业核心成员研讨的形式,必要时,还可以外聘专业顾问来进行协助。一份完整的商业计划书应包括以下内容。

1. 封面和目录

商业计划封面看起来要既专业又可提供联系信息。如果递交给投资人,计划书最好美观漂亮并附上保密说明。准确的目录索引能够让读者迅速找到他们想看的内容。

2. 计划摘要

计划摘要列在创业计划书的最前面,它是浓缩了的创业计划书的精华。计划摘要涵盖了计划的要点,一目了然,以便读者能在最短的时间内评审计划,做出判断。创业计划书中的计划摘要十分重要,它必须能让读者有兴趣并渴望得到更多的信息,能给读者留下长久的印象。

计划摘要是创业者所写的最后一部分内容,但却是出资者首先要看的内容,它将从计划中摘录出与筹集资金联系最紧密的细节。计划摘要一般包括以下内容:公司介绍、主要产品和业务范围、市场概貌、营销策略、销售计划、生产管理计划、管理者及其组织、财务计划、资金需求状况等。摘要要尽量简明、生动,特别要详细说明自身企业与其他企业的不同之处以及企业获取成功的市场因素。

3. 企业描述

企业描述的目的不是描述整个计划,也不是提供另外一个概要,而是对企业的历史、起源及组织形式做出介绍并重点说明企业未来的主要目标(包括长期和短期)、企业所供产品和服务的知识产权及可行性、这些产品和服务所针对的市场以及当前的销售额、企业当前的资金投入和准备进军的市场领域及管理团队与资源。

4. 市场分析

在市场分析中,企业应该正确评价所选市场的基本特点、竞争状况以及未来的发展趋势等内容。其分析的主要问题有潜在客户和准客户的类型与特点、市场的规模、预期增长速度、市场对产品和服务的接受模式和程度、估计目标市场份额和销售额等。

5. 竞争分析

要了解竞争者,讨论本企业相对于每个竞争者所具有的竞争优势;要向投资者展示顾客偏爱本企业的原因是什么。明确指出与企业竞争的同类产品和服务,分析竞争态势和确认竞争者信息,包括竞争者的身份、来源和所占市场份额及他们的优点和弱点,最近的市场变化趋势等;同时,认真比较本企业与竞争对手的产品和服务在价格、质量、功能等方面有何不同,解释企业为什么能够赢得竞争。

6. 产品和服务

在进行投资项目评估时,投资人最关心的问题之一就是风险企业的产品、服务能否解决以及在多大程度上解决现实生活中的问题,或者风险企业的产品(服务)能否帮助顾客节约开支,增加收入。该部分需要列举企业当前所提供的产品和服务的类型,以及将来的产品和服务计划;陈述产品和服务的独到之处(包括成本、质量、功能、可靠性和价格等);指出产品所处生命周期或开发进展。如果本企业的产品和服务有独特竞争优势,应该指出保护性措施和策略。

7. 人员及组织结构

企业管理的好坏,直接决定了企业经营风险的大小。而高素质的管理人员和良好的组织结构则是管理好企业的重要保证。因此,风险投资家会特别注重对管理队伍的评估。

商业计划书,应首先描述整个管理队伍及其相应职责,然后再分别介绍每位管理人员的特殊才能、特点和造诣,细致描述每个管理者未来对公司所做的贡献,即企业"都有什么事,需要什么人;都有什么人,在做什么事"。另外,商业计划书中还应明确管理目标以及组织机构图。

8. 财务计划

财务计划一般要包括以下内容:创业计划书的条件假设;预计的资产负债表;预计的损益表;现金收支分析;资金的来源和使用。其中,重点是现金流量表、资产负债表以及损益表的制备。流动资金是企业的生命线,因此,企业在初创或扩张时,对流动资金需要有周详的计划和进行过程中的严格控制;损益表反映的是企业的盈利状况,它是企业在一段时间运作后的经营结果;资产负债表则反映某一时刻的企业状况,投资者可以用从资产负债表中的数据得到的比率指标来衡量企业的经营状况以及可能的投资回报率。

9. 风险与风险管理

写作者要在商业计划书中说明项目可能存在的风险,并且要对风险大小和防范措施加以说明。如果对风险的估计不那么准确,则应该估计出误差范围有多大。如果可能的话,最好对关键性参数做好最好和最坏的设定。风险主要有以下几个方面。

①技术风险和防范:技术创新性和成熟度技术更新、R&D的后续能力。

②市场风险和防范:目标市场的实际需求、价格变动与需求变化、竞争对手的能力和市场竞争态势、产品更新换代或替代品出现。

③政策风险和防范:国家经济政策(税收政策、货币政策、产业政策)的变化对投资效益的影响。

④投资风险和防范:价格、成本、销售量等关键因素变动的幅度导致投资效益(PBP、NPV、IRR、BEP等)的变化程度。

10. 撤出机制

撤出机制是风险投资公司对风险企业或项目进行金融和非金融投资循环的关键,也是实现资本保值增值的重要保障,因此写作者要在计划书中有所说明。

11. 附录

这部分应附以下几个方面的文件材料:一是技术文件,如成果鉴定、专利相关文件、查新报告、测试报告、应用证明等;二是市场调查相关文件,如市场调查问卷、调研报告、其他数据资源等;三是财务报表,如收入表、费用表(年度)、损益、现金流量、资产负债(季度)等;四是其他文件,如授权书、投资意向书、团队成员简介及分工情况等。

项目小结

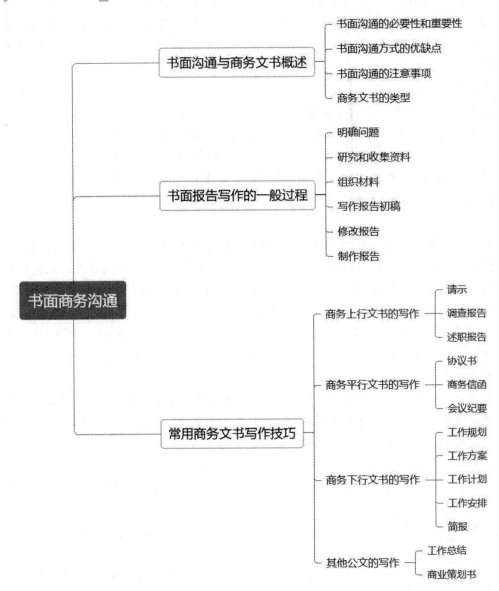

课后巩固

一、单选题

1.商务文书写作在主旨方面,应遵循的原则不包括(　　)。

　　A.简单　　　　　　B.正确　　　　　　C.集中　　　　　　D.鲜明

2.以下属于非正式的商务文书的是(　　)。

　　A 带抬头的信件　　B.宣传册　　　　　C.政府公文　　　　D.便签

3.希望自己所发出的商务文书在目标读者那里能够被第一时间阅读,从而使自己的沟通目的能够尽快达成,必须(　　)。
　　A. 增加商务文书的时间任意性　　　　B. 增加商务文书的时间紧迫性
　　C. 增加商务文书的时间有效性　　　　D. 增加商务文书的时间漫长性
4. 以下属于礼仪性的商务文书的是(　　)。
　　A. 备忘录　　　B. 请示、批复　　C. 通知、会议纪要　　D. 贺信、贺电
5. 商务文书的首要特点是(　　)。
　　A. 独特　　　　B. 简明　　　　　C. 详细　　　　　　D. 全面
6. 在日常工作中,适用于分析问题的商业文书的是(　　)。
　　A. 指示及命令　B. 总结　　　　　C. 事故调查报告　　D. 工程报告
7. 提出相应问题及其建议的同时,最大限度地给予目标读者体贴温暖的感觉的是(　　)。
　　A. 正面反馈　　B. 修正性反馈　　C. 负面反馈　　　　D. 没有反馈
8. 商务文书中,下列表述正确的是(　　)。
　　A. 03 年　　　 B. 民国 92 年　　 C. 二〇〇六年　　　D. 腊月 15

二、问答题

1. 试分析说明书面沟通的书写原则。
2. 工作方案和调查报告的写作有哪些规范和要求?
3. 结合自身体会,谈谈如何高效地阅读一篇书面材料。

三、综合实训

根据提供的材料,拟写请示。

福建省外资局拟于××年 12 月 10 日派团(局长××等 5 人)到德国柏林××设备公司检验引进设备,此事需向××政府请示。该局曾与对方签订过引进设备合同,最近对方又来电邀请前去考察。在德考察时间需 20 天,所需外汇由该局自行解决。各项费用预算,可列详表。

[写作思路:背景(何时签约+合同中有赴德检验条款)、赴德目的、派什么样的团、时间、外汇解决、要求。]

　　附件应包括:合同、来电、代表团成员简况、经费预算。

项目五

网络沟通

SHANGWU GOUTONG YU LIYI

知识目标

1. 了解网络沟通的优劣势。
2. 掌握使用电子邮件进行沟通的技巧。
3. 熟练使用视频会议。

能力目标

1. 培养使用现代交流工具和沟通方式的能力。
2. 能在互联网上熟练操作。

任务一 网络沟通概述

任务描述

随着互联网的发展,商务沟通已经进入了网络时代,电子邮件、视频会议、即时沟通等已成为网络沟通的主要方式。本节的任务就是了解这些沟通方式与传统沟通方式的区别,在使用这些网络沟通手段的时候的注意事项等。

任务导入

如今,对于北京的"吃货"们来说,如果不知道"黄太吉"就真的"OUT"了。谁是"黄太吉"?它不是一个人名,而是一家面积只有十几平方米,却在微博上有 3 万多粉丝、被风投估价值 4000 万的煎饼店。"黄太吉"为何如此之火?它的煎饼安全卫生是肯定的,但要说味道有何独到之处却也未必,在大众点评网上就有网友这样写道:"实话说,味道一般。"还有网友对其服务做出了评价:"店面很小,环境较差,空调不凉。"既然如此,"黄太吉"为何走红?网友"紫色羽扇豆"一语道破:"老板的营销宣传很厉害。"大家之所以接受"黄太吉"以及它的营销方式,关键一点还是老板本身也是年轻人,了解年轻人的需求,知道年轻人喜欢用什么样的方式进行沟通并熟练运用了在年轻人中流行的"社会化媒体"进行推广和营销,这是他们能够迅速在社会化媒体上走红的根本原因。

思考题

1. 网络沟通是互联网迅速发展的产物,也是现代年轻人喜爱采用的沟通方式,请你谈谈对网络沟通的看法。

知识点精讲

严格意义上讲,网络沟通分为三个层次:企业内部网络、企业外部网络和互联网。本书侧重介绍的是基于互联网的沟通形式。

一、什么是网络沟通

网络沟通是指通过计算机网络来实现的信息沟通活动。它与传统沟通方式最大的区别就在于沟通媒介的不同。网络沟通主要有以下几种形式：电子邮件、即时通信、网络传真、网络新闻等。

近年来，随着互联网的快速发展，网络已经成了人们不可或缺的沟通工具之一。我们已经习惯于借助互联网与客户、伙伴、家人交流信息、增进感情，也习惯于通过互联网存储、获取重要的信息。互联网的发展改变了我们的工作、生活方式，也对人们的沟通行为产生了深刻影响。

二、网络沟通的优势与问题

1. 网络沟通的优势

1) 网络沟通可以有效降低企业沟通成本

传统的沟通方式中，面谈效果最佳，但成本往往也最高，沟通双方为了见面要花费大量的时间、金钱。网络沟通则具有传播范围广、速度快、无地域限制、无时间约束、内容详尽、多媒体传送、形象生动、双向交流、反馈迅速等特点，可以有效降低企业信息传播的成本。借助互联网，即使是远隔千里，我们也可以以低廉的价格，快速、方便地与人交流。

2) 信息传递效率高，有助于企业商务推广

由于互联网沟通具有信息传递效率高的特点，越来越多的企业开始借助网络、通信和数字媒体技术进行商务推广活动，E-mail 营销、博客与微博营销、网络广告营销、视频营销等一些新的营销手段也在互联网上迅速蔓延。这也为企业发展带来了新的机遇与挑战。

3) 网络沟通具有交互性和纵深性

网络沟通不同于传统媒体的信息单向传播，而是信息互动传播。通过相应的网站或软件，用户只需简单的操作，就可以从厂商的相关站点中得到更多、更详尽的信息。另外，用户可以通过广告位直接填写并提交在线表单信息，厂商可以随时得到宝贵的用户反馈信息，进一步缩短了用户和企业之间的距离。

2. 网络沟通的问题

1) 沟通信息量大

随着互联网的发展，尤其是大数据时代的到来，数据的数量单位已经从以往的 GB 级别跃升至 TB 级别，信息以前所未有的规模和速度在互联网上传播。这种现象的直接结果就是我们收到的信息量远远超过了我们能吸收和处理的能力。信息的泛滥也导致大量有价值的信息被更多的垃圾信息和虚假信息掩盖，有时，人们在互联网面前显得无所适从。因此，在互联网时代更加需要"优质流量"来提升我们的沟通品质。

2) 传统沟通方式受到冲击，沟通质量下降

进入互联网时代，口头沟通、书面沟通、电话沟通这些传统的沟通方式受到了极大的抑制，人们更加青睐电子邮件、网络视频、微信、微博等新兴的互联网沟通工具。尽管互联网沟通有着传统沟通方式无法比拟的优势，但由于沟通时双方不能谋面，因此很难将双方的表情、动作、语气甚至是沟通的场景原汁原味地传递出去，这也导致沟通中会产生信息的衰减或扭曲，沟通质量下降等问题。

3) 网络安全导致信息泄露

互联网具有很强的开放性，这种开放性既方便我们沟通交流也给我们带来了一定的安全隐

患。人们在互联网上沟通时,其信息和敏感数据很容易受到危险分子的篡改和窃取,这就对企业和个人的信息及财产安全产生了严重的威胁。可以说,网络安全问题已经成为制约互联网发展的重要因素。如何提高网络安全性,净化我们的网络沟通环境,成了互联网发展的重要课题。

任务二 电子邮件

电子邮件是通过计算机、互联网传递文件和信息的沟通方式。电子邮件具有便利、迅速、成本低的特点,因此,它在现代企业中的应用十分广泛。但许多电子邮件行文草率,人们只是简单地写了自己的想法,有时会带有一定个人情绪,未经认真考虑就把邮件发送出去,发送人也可能选择错误,这反而给我们的工作带来了许多不必要的麻烦和困扰。在本节中,主要的任务就是掌握一定的电子邮件写作和使用技巧。

中国互联网络信息中心(CNNIC)2018年1月份发布的第41次《中国互联网络发展状况统计报告》的数据显示(如表5-1所示),截至2017年12月末,即时通信用户规模达7.20亿,较2016年底增长5395万,占网民总数的93.3%。根据腾讯公司的数据显示,其微信用户规模超过10亿。显然,包括腾讯QQ、微信、TIM等在内的即时通信工具已经成为公司内部日常沟通和外部商务沟通的重要形式,对于传统电子邮件的沟通有一定的替代效应。

当然,电子邮件由于其长期保存等特点,有即时通信工具不具备的优势,尤其是在一些较为正式或者重要的沟通场景中,电子邮件的沟通效力要比即时通信强。因此,电子邮件仍然是非常重要的沟通工具。第41次《中国互联网络发展状况统计报告》的数据显示(如表5-1所示),2017年底,电子邮件用户规模达2.842亿,同比增长14.5%,电子邮件的网民使用率从2016年末的33.9%上升到36.8%。其中,2017年底,手机邮件的用户规模达2.328亿,同比增长18.1%,高于电子邮件的总体增长率。手机邮件用户占电子邮件用户的比为81.9%,比2016年的79.4%提高2.5个百分点。数据表明,电子邮件,尤其是手机邮件的使用仍然保持一定的增长,仍然是重要的沟通工具。

表5-1 2016年12月—2017年12月中国网民各类互联网应用的使用情况

应用	2017年12月		2016年12月		年增长率
	用户规模/万	占网民总数	用户规模/万	占网民总数	
即时通信	72 023	93.3%	66 628	91.1%	8.1%
搜索引擎	63 956	82.8%	60 238	82.4%	6.2%
网络新闻	64 689	83.8%	61 390	84.0%	5.4%
网络视频	57 892	75.0%	54 455	74.5%	6.3%
网络音乐	54 809	71.0%	50 313	68.8%	8.9%

续表

应用	2017年12月 用户规模/万	2017年12月 占网民总数	2016年12月 用户规模/万	2016年12月 占网民总数	年增长率
网上支付	53 110	68.8%	47 450	64.9%	11.9%
网络购物	53 332	69.1%	46 670	63.8%	14.3%
网络游戏	44 161	57.2%	41 704	57.0%	5.9%
网上银行	39 911	51.7%	36 552	50.0%	9.2%
网络文字	37 774	48.9%	33 319	45.6%	13.4%
旅行预订	37 578	48.7%	29 922	40.9%	25.6%
电子邮件	28 422	36.8%	24 815	33.9%	14.5%
手机网络文学	34 352	45.6%	30 377	43.7%	13.1%
手机旅行预订	33 961	45.1%	26 179	37.7%	29.7%
手机邮件	23 276	30.9%	19 713	28.4%	18.1%

一年一度的大学毕业生马上就要到各自选定的公司报到入职了，一般来说，入职第一周都会安排常规的了解公司的环节。对于各个公司而言，给刚踏入工作岗位的应届生们安排什么样的入职培训，是一个细致活。根据过往接触到的一些案例，笔者认为，在如今大学应届生普遍习惯采用即时通信类社交工具进行沟通的情况下，如何在工作场景中使用电子邮件，写一份合格的电子邮件，是一个普遍性的问题。

对此，一些有心积极准备的应届生，会通过网络去查找这方面的资料，迅速地补齐这个短板，但大部分还是需要直接上级口头教一教，或者公司入职培训环节安排这样的课程。结合这个情况，同时结合在个人日常工作和对外商务中出现的一些与电子邮件相关的案例内容，下面从容易让人产生反感的电子邮件的细节方面给有需要的读者做一下介绍。

思考题

1. 根据以上材料，请你谈谈电子邮件在现代沟通中的地位。
2. 在撰写电子邮件时，有哪些技巧和注意事项呢？

知识点精讲

一、电子邮件的写作要点

（一）主题明确，突出重点

一般来说，公务交往的电子邮件都要有明确的主题，该主题既要引起读者的注意，又要提纲挈领。使用有意义的主题，这样可以让收件人迅速了解邮件内容并判断其重要性。不要使用空白标题，这样是不礼貌的。回复对方邮件时，可以根据回复内容的需要更改标题。

一般来说，商务电子邮件的主题分为以下几种：表达感谢、答复消息、表达歉意、通知、提醒、确认信息、提出要求、询问原因、提出建议等。每种主题都会有相应的句型可供参考，如表达感谢可以用"感谢您的盛情邀请"；询问原因时，可以用"可否告知不能参会的原因"；通知可以用"销售会议改在周五下午 2 点举行"；文件提醒可以用"王浩的年度总结报告"。

（二）每封邮件只包含一个主题

你要将每封邮件都看作是一个主题一致的信息包，用以提出问题、表达观点、报告情况等。如果你有好几件事情要告诉收件人，那就为每条主题都发送一封邮件并且使用独立的标题。

只包含一个主题的邮件有两个好处：一是由于只有一个主题，收件人更容易提炼信息并做出回应；二是如果收件人需把你的邮件转发给他人，那么其他信息也不会和这封邮件混为一谈。我们可以看看下面的邮件内容。

主题：销售会议改至周三下午两点。

李乐：因为刘昌出差未归，我们不得已将会议改期，请把这条信息转发给你们部门的其他同事。

还有一件事，我接受了你的建议，将李雯的工作职责转移一部分给张华。她的分析能力的确跟不上项目进度了，谢谢你的建议。

你能想象这封包含多条信息的电子邮件在公司内部其他员工之间传阅的情况吗？写作人当然不会有意将他对李雯的意见与他人分享，但当人们看到这封邮件时，往往会不加处理地单击"转发"键将邮件中的信息泄露出去。

（三）篇幅适中，信息很长时使用附件

电子邮件的正文要简洁，正文篇幅以不移动滚动条就可以阅读为宜。内容一定要排版整齐，有条有理，与主题有相关性，简单明了。最高的境界就是让别人看到你的邮件之后花最少的时间就知道你想要干什么。为了让正文显得有条理，可以使用诸如 1、2、3、4 之类的样式，使正文清晰明确，我们还可以用颜色标示或粗体等方式提示正文中的重要信息。

商务邮件不需要过多的寒暄，恰当的称呼和问候之后就可直接进入主题。第一句说明邮件的目的，例如"我想和你讨论一下这次会议的安排"，表明邮件的目的是商讨会议准备，接下去再展开具体内容。商务邮件也不宜过长，阐述清楚即可，不需要过多修饰。

如果篇幅过长，可以使用附件并在正文中说明，如"详见附件"。电子邮件的一大特点就是可以使用附件，通过附件可以将文字文件、数据图表、图片等以快捷的方式传送出去。另外，我们还可以在正文中对附件的情况进行简要说明，如下例所示。

主题：客户调查报告。

附件：调查报告。

刘雯：附件是我写的关于客户调查报告的第一稿，由于时间比较仓促，有些数据还需要进一步补充，请你阅读后告诉我你的意见。

（四）认真修改，避免出现错误

许多人觉得 E-mail 是一种比较随便的方式，所以可以忽略语法、拼写和打字的错误，这种想法是错的。写作质量永远都是重要的，一条信息，无论是什么样的书写或发送方式，都能反映出你的工作质量如何。因此，在邮件发送之前要反复检查邮件中的文字错误，尤其是一些重要的信息不能出现错误。如果有必要，可以先将邮件打印出来，在纸上进行校对，或

者使用邮箱的拼写检查器,如果你的 E-mail 没有这个功能,可以复制 E-mail 然后粘贴到 Word 程序中检查。

二、收发电子邮件的技巧

(一)定期查看邮箱,及时回复

为了保证工作效率,要养成定期查看邮箱的习惯。一般来说,一天要查看一到两次邮箱,如果看到紧急的或重要的邮件要及时回复。有些讲究效率的商务人士还会在手机上设置邮箱来件提醒功能,这样可以大大提高邮件的回复效率。一般来说,一封邮件的回复时间不要超过 24 小时,否则容易产生变数。

(二)慎用自动回复功能

有些人为了方便发件人确认邮件已经收到,还在邮箱中设置自动回复功能,这种做法其实值得商榷。众所周知,自动回复功能只能说明邮件已被对方接收,但不代表对方已读取这封邮件。而发件人真正在乎的,是对方有没有在看完这封邮件之后采取相应的行动。因此,常规性自动回复对于商务人士而言,不是一个实用的功能,还会对发件人造成不必要的邮件干扰。假如一家公司的员工集体使用常规性自动回复,那么他们的邮箱服务器很快就会崩溃。所以,一般建议在出差或休假期间,才设定自动回复功能,这样就会避免因长久不回复带来的误解。

(三)确认收件人地址

邮件发送之前要确认收件人是否正确。在互联网中,电子邮件地址的格式是用户名@域名。用户名可以使用字母、字码等。就像打电话容易拨错号码,在现实生活中经常会出现用户名或邮箱域名输入错误的情况,这就会产生不必要的误会,甚至会泄露公司的机密。所以,在输入收件人地址后一定要认真确认是否有误。一些常用的联系人要存入邮箱的地址簿,这样,在输入收件人首字母的时候,邮箱会自动跳出相应的收件人地址。对于十分紧急和重要的 E-mail 邮件,除了发送邮件之外,最好再打电话告诉对方,以免耽误工作进度。

如果一封邮件要同时发送给多个收件人,在填写收件人时就应按照一定的规则排序,一般是按照职位的高低进行排序,此外,尽管电子邮件的发送成本基本可以忽略,但为了提高工作效率,我们只给需要信息的人发送邮件,慎用群发之类的功能,以免占用他人资源。

(四)区分收件人(TO)、抄送人(CC)、暗送人(BCC)

收件人即邮件的主要阅读人,他需要受理并对邮件内容做出响应;抄送人即需要了解邮件内容的相关人员,他需要被告知邮件内容,但没有义务回复,可以发表意见;暗送人即在收件人不知道的情况下,收到邮件的人。例如,你需要与本部门的同事一起协商讨论一项工作,在讨论过程中可以将邮件内容以暗送的方式抄送给你的部门领导,这样既可以方便领导掌握你们的工作进度,又能避免同事因抄送而产生的误解。

(五)小心互联网病毒侵袭

电子邮件是基于互联网建立的沟通媒介,所以当你的计算机处于某个网络中的时候要小心病毒的侵袭,因为它可能影响到整个部门甚至整个公司的信息安全。2017 年,一种名为"想哭"(wanna cry)的病毒,就利用微软 Windows 操作系统漏洞导致全球 150 个国家的 20 多万家机构的计算机中毒。试想,如果是你打开了带病毒的 E-mail,然后散布到整个网络,将会给公司和合作伙伴带来多么大的伤害。所以,一方面,我们要及时更新计算机的杀毒软件系统,另一方面,当我们的邮箱出现来历不明的邮件时,一定不要轻易打开。

任务三 视频会议

任务描述

视频会议也是网络时代的产物,由于其具有使用方便、使用成本低、扩展性好、时间灵活等特点,已经被越来越多的企事业单位所使用。本节任务就是了解如何召开视频会议。

任务导入

市场竞争日益加剧,行业分工更加细化,企业间异地协作项目越来越多,降低企业运营成本也是每个管理者所要考虑的重要因素,因此,视频通信产品在我国有着巨大的市场潜力。目前,视频会议系统已经在政府行政会议、商业领域、银行系统、远程医疗、远程教育、保安系统等行业和领域广泛应用。

从电信发展的趋势看,电信的基本业务已经趋于饱和。数据业务量已经超过固定电话业务量,增值业务已经成为各大运营商抢占市场的新亮点并成为在电信网络上的主流业务。从通信方式上看,单一的语音业务已经不能满足人们对通信的需求,而将语音、图像结合的通信方式将成为未来的主要方式。而且,视频会议系统廉价的使用费、低廉的成本让固定电话乃至IP电话都相形见绌。

视频会议的应用很多,可以说能用到各行各业的方方面面,但从大的发展趋势来说,随着各行业技术壁垒的打破和互联性的要求越来越高,它将在政府级行政会议、商务应用、远程教育、远程医疗和个人应用等领域发挥重要作用,成为发展的新起点。

1. 政府级行政会议

由于政府部门通常会议繁多,差旅费用往往成为令人头疼的开支。视频会议技术的应用不仅使得政府部门节省了高额的差旅费用,而且大大节省了政府人员不得不在旅行中消耗的时间,从而提高了办公效率。

2. 远程商务

商务会谈将成视频会议更广泛和普遍的应用。视频会议主要是使用于大型集团公司,外资企业在商务活动猛增的情况下,主要是利用视频会议系统来进行商务谈判、业务管理以及产品展示等,如图5-1所示。

3. 远程教育

视频会议中的流媒体技术非常适宜于远程教学。全球普遍存在教育资源分布不均乃至相对短缺的问题,应用视频会议不但可以大大增加各地学生接受平等教育的机会,其实时的双向交互式教学也使远程教育变得如亲临课堂般生动、高效。而传统校园式的教育模式因其课堂面授性质和成本结构特点,需要投入大量高水平教师和巨额资金,限制了传统教育在短期内大规

图 5-1　视频会议

模发展的可能性,也使传统校园的面授式教育难以大范围地在职业成人继续教育和终身教育中实施。因此,全球正在大力发展现代远程教育。

4.远程医疗

对于较偏远和医疗事业不很发达的地区,如何向患者提供快速、便捷的专家级服务,是世界各国的难题。视频会议正是实现这一服务的最佳手段。专业的远程医疗设备,使各地的专家通过多媒体视频会议的方式在一起研讨病情、指导治疗成了可能。远程医疗已经在欧美等发达地区得到应用。

5.个人应用

每个人都可以在家庭、办公室、宾馆,方便地利用个人视频会议系统或者公用视频会议系统,与远在万里之遥的朋友进行面对面的交流。正是由于市场的驱动,会议电视正从面向企业、社会走向个人、家庭,使低带宽的多媒体通信系统成为发展热点。

思考题

1.阅读以上材料,思考视频会议在现代社会沟通中的重要性。

知识点精讲

一、视频会议概述

视频会议是指位于两个或多个地点的人们,通过通信设备和网络,进行面对面交谈的会议。根据参会地点数目不同,视频会议可分为点对点会议和多点会议。一般在企业进行的商务视频会议,因为要求有稳定安全的网络、可靠的会议质量、正式的会议环境等条件,所以需要使用专业的视频会议设备,组建专门的视频会议系统。由于这样的视频会议系统都要用到电视屏幕来显示,也被称为电视会议、视讯会议。

使用视频会议系统,参会者可以听到其他会场的声音,看到其他参会人的形象、动作和表情,还可以发送电子演示内容,使与会者有身临其境的感觉。

二、视频会议注意事项

(一)明确会议目的、与会人员和时间

会前,与会各方应首先通过邮件或电话确认会议的目的。会议目的是确定会议主旨和进行会议的前提和基础,它是会议进程的"指挥棒",明确了会议目的就知道需要哪些人员参加此次会议,继而确认会议的时间。

召开视频会议对时间准确性的要求很高,参会者必须同时出现在视频中。如果是跨时区的会议,在确定会议时间的时候还要考虑日期和时差的因素。例如,根据季节不同,北京时间就比美国东部时间早12或13小时。

(二)检查网络联机质量

视频会议非常讲求实时互动的影音传输,若网络联机质量不佳,视频会议的协作效率将大受影响。在会议之前,务必先检查当前的网络联机速率,尽量维持高度稳定的联机速率与较高的带宽支持,能够拥有较佳的会议体验。

(三)提前调试系统,检测视频会议设备运作状况

视频会议会使用到摄像机、投影仪、麦克风等大量的设备。在会前,要确保视频系统的正常运作,如确认视频会议镜头保持正常对焦与自动补光的运作状态,所有会议参与者的影音画面均可正常传输并能够顺利连入指定的会议以及邀请所有会议参与者进入会议。

(四)会议环境检视

在连入视频会议前,必须确保环境整洁,光线充足,除确认预计参与会议的人员均已到达现场外,更重要的是避免有关企业内部的机密资料和与会议内容无关的素材,暴露于会议室当中或者放置于分享数据传输画面主持人的计算机桌面中,否则将造成企业内部的信息泄露,导致会议参与者注意力分散,降低会议效率,而且导致高阶主管负面观感产生。

(五)准时加入视频会议

由于目前越来越多视频会议不仅跨企业还跨越多个时区,因而一定要预先确认会议时间,应避免迟到或错过重要会议的状况发生,造成其他会议参与者的困扰,让其他参与者对自身所代表的企业产生负面评价。

(六)注意衣着

衣着的颜色经摄像机拍摄后的成像效果是有差异的。在参加视频会议的时候应避免穿亮色、全白或全黑的衣服,这样会显得肤色过亮或过暗;也尽量不穿格子或条纹衣服,以免在屏幕上显得眼花缭乱。另外,那些容易反光的配饰也要摘掉,因为它们会分散人们的注意力。通常建议与会者穿浅灰或浅蓝色上装。

(七)行为举止得体

在视频会议中,由于摄像机对着与会者,这样可能会放大人们的行为举止。因此,在参加视

频会议时要避免一些随意的动作,如玩手机、搔头发等。在会议过程中要避免在镜头前走动。参会前还要确认手机关机或调至静音状态,以免干扰到信号的传输。

若非发言人,要关闭面前的麦克风,当需要发言的时候再打开,避免杂音影响到其他与会人员讨论。需要发言时,要一个接一个发言,不要争抢麦克风。因为争抢会造成所有人的声音混合,远端的声音会非常嘈杂,不仅影响会议的质量,更被视为一种不尊重会议的表现。

(八)发言时轻松自然

发言时要对着摄像机,很多人在面对面交流的时候表现得很自然,但当面对摄像机的时候就变得很不舒服,甚至说话结结巴巴。如果要经常参加视频会议,就要训练一下自己的镜头感,要习惯对着摄像机表达自己的想法。这样会让屏幕前的与会者感觉到目光的接触,有助于双方之间的互动,否则会让人觉得你是在跟其他人讲话,自己就像毫不相干的观众。另外,发言时不必手持麦克风,嘴巴离麦克风 0.5 米以内为佳。讲话过程中尽量不要移动、拍打麦克风,或者使纸张在麦克风附近发出声响。用正常的语调讲话,不必刻意大声喊叫,讲话时身体放松,举止自然。

▶ 项目小结

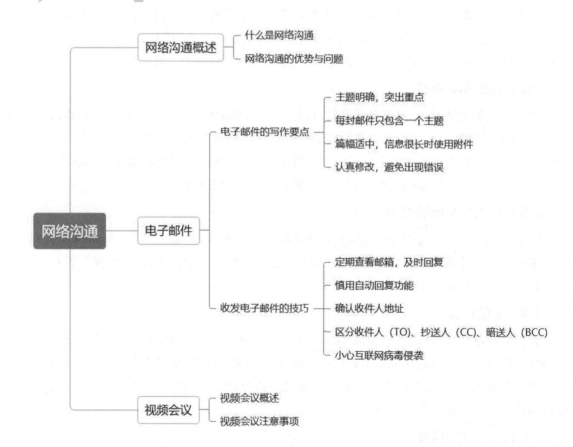

> 课后巩固

一、问答题

1. 网络沟通主要有哪些形式？
2. 网络沟通的优势和不足分别是什么？
3. 编辑和发送电子邮件时应该注意哪些问题？
4. 如何召开视频会议？

二、综合实训

EMC 的邮件门事件

2006年4月7日晚，EMC大中华区总裁陆纯初回办公室取东西，到门口才发现自己没带钥匙。此时他的私人秘书瑞贝卡已经下班。陆试图联系后者未果。数小时后，陆纯初还是难抑怒火，于是在凌晨1时13分通过内部电子邮件系统给瑞贝卡发了一封措辞严厉且语气生硬的"谴责信"。

陆纯初在这封英文邮件中说："瑞贝卡，我曾告诉过你，想东西、做事情不要想当然。结果今天晚上你就把我锁在门外，我要取的东西都还在办公室里。问题在于你自以为是地认为我随身带了钥匙。从现在起，无论是午餐时段还是晚上下班后，你要跟你服务的每一名经理都确认无事后才能离开办公室，明白了吗？"（事实上，英文原信的口气比上述译文要激烈得多。）陆在发送这封邮件的时候，同时传给了公司几位高管。

面对大中华区总裁的责备，两天后瑞贝卡在她在邮件中回复说："第一，我做这件事是完全正确的，我锁门是从安全角度上考虑的，如果一旦丢了东西，我无法承担这个责任。第二，你有钥匙，你自己忘了带，还要说别人不对。造成这件事的主要原因都是你自己，不要把自己的错误转移到别人的身上。第三，你无权干涉和控制我的私人时间，我一天就8小时工作时间，请你记住，中午和晚上下班的时间都是我的私人时间。第四，从到EMC的第一天到现在为止，我工作尽职尽责，也加过很多次班，我也没有任何怨言，但是如果你们要求我加班是为了工作以外的事情，我无法做到。第五，虽然咱们是上下级的关系，也请你注意一下你说话的语气 这是做人最基本的礼貌问题。第六，我要在这强调一下，我并没有猜想或者假定什么，因为我没有这个时间也没有这个必要。"

本来，这封咄咄逼人的回信已经够令人吃惊了，但是瑞贝卡选择了更加过火的做法。她回信的对象选择了"EMC（北京）、EMC（成都）、EMC（广州）、EMC（上海）"。这样一来，EMC中国公司的所有人都收到了这封邮件。

就在瑞贝卡回邮件后不久，这封"女秘书PK老板"的火爆邮件就被她的同事在全国外企中广泛转发。

一周内，该邮件被数千外企白领接收和转发，几乎每个人都不止一次收到过邮件，很多人还在邮件上留下诸如"真牛""解气""骂得好"之类的点评。其中，流传最广的版本居然署名超过1000个，而这只是无数转发邮件中的一个而已。

"邮件门"事件的直接后果,是瑞贝卡很快辞职。然而在事件的后续跟踪中,网络有传言,陆纯初也由于此事件,很快就被EMC调离原职。

思考题:

1.陆纯初在此次"邮件门"事件中犯了哪些错误?

2.如果你是陆纯初,你会采取什么方式与瑞贝卡进行沟通?

项目六
走进商务礼仪

SHANGWU GOUTONG YU LIY

知识目标

1. 理解礼仪的内涵和外延。
2. 了解我国礼仪的起源与发展。
3. 掌握商务礼仪的内涵。
4. 理解礼仪在现代商务交往中的重要作用。

能力目标

1. 树立"知礼、懂礼、用礼"的意识。
2. 能够厘清礼仪与个人修养的关系。
3. 能应用商务礼仪的原则来修炼自身的礼仪素养。

任务一 礼仪与修养

任务描述

礼仪是人际交往过程中的外在表现的形式与规则的总和。它作为在人类历史发展中逐渐形成并积淀下来的一种文化，始终以其某种精神的约束力支配着每一个人的行为。在本任务中，需要理解礼仪的深刻内涵和外延，了解我国礼仪的起源与发展，掌握礼仪的特征，能够厘清礼仪与个人修养的关系。

任务导入

张同学大学毕业后的求职意向首选是国际四大会计师事务所。经过层层筛选，他如愿以偿地进入了普华永道和安永华明的最后一轮面试，也就是要去见事务所的合伙人。能在数千求职大军中坚持到见合伙人实属不易。然而，由于他过于紧张，在见普华永道的合伙人时，他叫错了对方的名字，并且临走时把包忘在了对方的办公室里；在见安永华明的合伙人时，由于是英文面试，他重复一个英文单词数遍，唯恐对方听不清楚，直至那位合伙人打断并说明已经明白了张同学的意思，他才明白该适可而止。结果两家国际一流的会计公司都在最后一轮面试中将他拒之门外。

李同学在中信集团总部面试时，面试官问他对"中信"了解多少。他想了半分钟，然后说道："我接到面试通知后还没来得及查看'中信'的资料，所以不太了解。"面试官对他说："我们招人自然希望他能了解'中信'，你还是回去再多了解了解吧。"

赵同学到中国人民银行面试时，面试官问他为什么想来中国人民银行。赵同学心想：还不是因为中国人民银行权力大。但是，碍于不方便直白地说这样的话，他一时没了主意。于是，在吞吞吐吐中，他和中国人民银行"说了再见"。

1. 分析以上几位同学面试失败的原因。
2. 商务活动过程中必须遵循哪些原则？
3. 商务礼仪的作用有哪些？

知识点精讲

礼仪是人际交往过程中的外在表现的形式与规则的总和。它作为在人类历史发展中逐渐形成并积淀下来的一种文化,始终以其某种精神的约束力支配着每一个人的行为。礼仪是人类文明进步的重要标志,是适应时代发展、促进个人进步和成功的重要途径。礼仪、法律与道德被称为人生幸福的三位守护神。而礼仪却不像法律那样威严,不像道德那样肃然。礼仪始终是一个会心的微笑、一种温和的声音、一种怡情悦心的需要。

一、礼仪的内涵与外延

(一)礼仪的内涵

礼仪的内涵是什么呢?换句话说,礼仪讲究什么?

礼仪讲究自谦而敬人,反对骄傲自满。《曲礼》曰:"夫礼者,自卑而尊人。"《曲礼》曰:"毋不敬,俨若思,安定辞。安民哉!"又曰:"敖不可长,欲不可从,志不可满,乐不可极。"就是自谦而敬人的意思。

礼仪讲究孝亲而敬长,反对没大没小。子曰:"弟子入则孝,出则悌。"《曲礼》曰:"年长以倍,则父事之;十年以长,则兄事之;五年以长,则肩随之。群居五人,则长者必异席。"这就是百姓常讲的为人处事要"有老有少,知大知小",不能"没大没小"。

礼仪讲究尊老而敬贤,现在称为尊重知识,尊重人才。《曲礼》曰:"贤者狎而敬之,畏而爱之。"在社交场合,"从于先生,不越路而与人言。遭先生于道,趋而进,正立拱手"。古人这些讲究,都是教后人尊敬贤者,也就是今天说的尊重知识,尊重人才。

礼仪讲究文明,反对粗野。人类是从野兽群体中分离出来的一个讲文明、懂礼仪的特殊群体,而且是越来越文明,越来越讲礼的群体。礼仪,是人类在与自然相处,与不同的人群、不同的个人相处过程中,不断寻找、不断创造、不断完善的最理想的行为规范,也是最理想的生活方式。《曲礼》曰:"鹦鹉能言,不离飞鸟,猩猩能言,不离禽兽。今人而无礼,虽能言,不亦禽兽之心乎?"故曰:"礼者,不可不学也。"

礼仪承认差别,尊重等级。社会科学界都说原始公社没有差别,恐怕未必如此。猴群也有猴王,蜜蜂还有蜂王呢,原始人群当然会有头领。这个问题我们暂且不讨论。奴隶社会有差别,封建社会有差别,资本主义社会有差别,社会主义社会实际上也有差别,现在大家都认同了。科长要服从处长的领导,团长见了师长要敬礼。这就是差别,这就是等级。

礼仪讲究"治",讲究"和",反对"乱"。《礼记·中庸》曰:"大哉圣人之道!洋洋乎!发育万物,峻极于天。优优大哉!礼仪三百,威仪三千。待其人然后行。故曰:'苟不至德,至道不凝焉。'故君子尊德性而道问学,致广大而尽精微,极高明而道中庸。温故而知新,敦厚以崇礼。是故居上不骄,为下不倍。国有道,其言足以兴;国无道,其默足以容。《诗》曰:'既明且哲,以保其身。'其此之谓与。"无论哪一个阶级执政,都希望自己的政权稳定,无产阶级也不例外。这是毋庸讳言的。社会主义照样需要稳定,希望国家大治,而反对动乱。我们不但需要依法治国,而且需要以德治国,更加需要以礼治国。

综上所述,礼仪就是人类社会发展到一定阶段而产生、随着社会的发展而发展的社会道德准则和全体社会成员共同认可并且自觉遵守的行为规范,以及体现此准则和规范的各种礼法、礼数、礼节、礼貌和各种仪式的综合体系。

(二)礼仪的外延

礼仪包括礼节、礼貌、礼数、礼法、礼制、礼物、仪式、典礼以及各种待人接物的礼貌行为、礼貌语言的规范。

礼节在古代指的是行礼的分寸和等级。例如《荀子·非十二子》云:"遇友则修礼节辞让之义。"又如《淮南子·修务》云:"长无兄弟,少无父母,目未尝见礼节,耳未尝闻先古。"我们今天把礼节定义为实践礼仪的各种细节及其具体形式。在阶级社会,由于不同阶级的人在利益上的根本冲突,礼节多流于形式。在现代社会中,由于人与人之间地位平等,礼节从形式到内容都体现出人与人之间相互平等、相互尊重和相互关心。现代礼节主要包括介绍的礼节、握手的礼节、打招呼的礼节、鞠躬的礼节、拥抱的礼节、亲吻的礼节、举手的礼节、脱帽的礼节、致意的礼节、作揖的礼节、使用名片的礼节、使用电话的礼节、约会的礼节、聚会的礼节、舞会的礼节、宴会的礼节等。当今世界是一个多元化的世界,不同国家、不同民族、不同地区的人们在各自生存环境中形成了各自不同的价值观、世界观和风俗习惯,其礼节从形式到内容都不尽相同。

礼貌是从思想感情到言语动作表现出的对人的恭敬有礼的仪容。例如《孟子·告子》载:"虽未行其言也,迎之致敬以有礼,则就之。礼貌衰,则去之。"注:"礼者,接之以礼也;貌者,颜色和顺,有乐贤之容。"礼貌主要包括口头语言的礼貌、书面语言的礼貌、态度和行为举止的礼貌。礼貌是人的道德品质修养的最简单、最直接的体现,也是人类文明行为的最基本的要求。在现代社会,使用礼貌用语、对他人态度和蔼、举止适度、彬彬有礼、尊重他人已成为日常的行为规范。

礼数在古代指的是礼仪的等级。例如《左传·庄公十八年》载:"王命诸侯,名位不同,礼亦异数。"在今天,"礼数"一词主要也是指人们在生活中处理高低、上下、亲疏、远近等关系时的礼仪分寸。比如,子女要孝敬父母,学生应该尊敬老师,下级应该服从上级,这就属于礼数,而不仅仅是礼节。"礼数"和"礼节"这两个概念的内涵相近,但是并不相同。

礼法就是礼仪法度。《荀子·修身》云:"故学也者,礼法也。夫师,以身为正仪而贵自安者也。"注:"效师之礼法,以为正仪。"所以,礼法就是礼仪的法度,礼仪的原则,也就是规范的礼仪。例如《世说新语·简傲》云:"高坐道人于丞相(王导)坐,恒偃卧其侧,见卞令(望之)肃然改容,曰:'彼是礼法人。'"

中华之礼,源远流长,自成体系,演化成制度,所以就称为礼制。《礼记·乐记》云:"天高地下,万物散殊,而礼制行矣。"《汉书·明帝纪》也说:"圣王明礼制以序尊卑,异车服以章有德。"《汉语大辞典》说"礼制"就是"礼仪制度,国家规定的礼法"。这个注解很好,简单明确。说礼仪时侧重仪式,说礼制时侧重制度。礼制这个东西,无处不存在,无时不讲究,尽管有的民族、有的时代并不一定有文字记载,但它却是一种人人都要遵守的无形的制度。

其他如礼服、礼帽、礼金、礼花、礼炮、礼兵、礼拜、礼堂等事物,都是礼仪的组成部分。

二、我国礼仪的起源与发展

中国自古就以礼仪之邦著称于世,其漫长的礼仪发展史大致可以分为礼仪的萌芽时期、礼仪的初创时期、礼仪的形成时期、礼仪的发展和变革时期、礼仪的强化时期、礼仪的衰落时期、现代礼仪时期和当代礼仪时期八个时期。礼仪的形成和发展,经历了一个从无到有,从低级到高级,从零散到完整的渐进过程。

1)礼仪的萌芽时期(公元前5万年—公元前1万年)

礼仪起源于原始社会时期,在长达100多万年的原始社会历史中,人类逐渐开化。在原始社会中、晚期(约旧石器时代)出现了早期礼仪的萌芽。例如生活在距今约1.8万年前的北京周口店的山顶洞人,就已经知道打扮自己。他们用穿孔的兽齿、石珠作为装饰品,挂在脖子上。他们在去世的族人身旁撒放赤铁矿粉,举行原始宗教仪式是迄今为止在中国发现的最早的葬仪。

2)礼仪的初创时期(公元前1万年—公元前22世纪)

公元前1万年左右,人类进入新石器时代,人类不仅能制作精细的磨光石器,而且开始从事农耕和畜牧。在其后数千年岁月里,原始礼仪渐具雏形。例如在今西安附近的半坡遗址中,发现了生活距今约五千年的半坡人的公共墓地。墓地中坑位排列有序,死者的身份有所区别,有带殉葬品的仰身葬,还有无殉葬品的俯身葬等。此外,仰韶文化时期的其他遗址及有关资料表明,当时人们已经注意尊卑有序、男女有别。长辈坐上席,晚辈坐下席;男子坐左边,女子坐右边等礼仪日趋明确。

3)礼仪的形成时期(公元前21世纪—公元前771年)

公元前21世纪至公元前771年,中国由金石并用时代进入青铜时代。金属器的使用,使农业、畜牧业、手工业生产跃上一个新台阶。随着生活水平的提高,社会财富除消费外有了剩余并逐渐集中在少数人手里,因而出现阶级对立,原始社会由此解体。

公元前21世纪至公元前15世纪的夏朝,开始从中国原始社会末期向早期奴隶社会过渡。在此期间,尊神活动升温。

在原始社会,由于缺乏科学知识,人们不理解一些自然现象。他们猜想,照耀大地的太阳是神,风有风神,河有河神……因此,他们敬畏"天神",祭祀"天神"。从某种意义上说,早期礼仪包含原始社会人类生活的若干准则,又是原始社会宗教信仰的产物。礼的繁体字"禮",左边代表神,右边是向神进贡的祭物。因此,汉代学者许慎说:"礼,履也,所以事神致福也。"(《说文解字》)

以殷墟为中心展开活动的殷人,在公元前14世纪至公元前11世纪活跃在华夏大地。他们建造了中国第一个古都——地处现河南安阳的殷都,而他们在婚礼习俗上的建树,被其尊神、信鬼的狂热所掩盖。

殷王朝和取而代之的周朝对礼仪建树颇多。特别是周武王的兄弟、辅佐周成王的周公,对周代礼制的确立起了重要作用。他制作礼乐,将人们的行为举止、心理情操等统统纳入一个尊卑有序的模式之中。全面介绍周朝制度的《周礼》是中国流传至今的第一部礼仪专著。《周礼》(又名《周官》)本为一官职表,后经整理,成为讲述周朝典章制度的书。《周礼》原有六篇,详细介绍了六类官名及其职权,现存五篇,第六篇用《考工记》弥补。六官分别为天官、地官、春官、夏官、秋官、冬官。其中,天官主管宫事、财货等;地官主管教育、市政等;春官主管五礼、乐舞等;夏官主管军旅、边防等;秋官主管刑法、外交等;冬官主管土木建筑等。春官主管的五礼即吉礼、凶礼、宾礼、军礼、嘉礼,是周朝礼仪制度的重要方面。吉礼指祭祀的典礼;凶礼主要指丧葬礼仪;宾礼指诸侯对天子的朝觐及诸侯之间的会盟等礼节;军礼主要包括阅兵、出师等仪式;嘉礼包括冠礼、婚礼、乡饮酒礼等。由此可见,许多基本礼仪在商末周初已基本形成。此外,成书于商周之际的《易经》和在周朝大体定型的《诗经》,也有一些涉及礼仪的内容。

在西周,青铜礼器是个人身份的表征。礼器的多寡代表身份地位高低,形制的大小显示权力等级。当时,贵族佩带成组饰玉为风气。而相见礼和婚礼(包括纳采、问名、纳吉、纳徵、请期、亲迎等"六礼")成为定式,流行民间。此外,尊老爱幼等礼仪,也已明显确立。

4)礼仪的发展和变革时期(公元前770年—公元前221年,东周时期)

西周末期,王室衰微,诸侯纷起争霸。公元前770年,周平王东迁洛邑,史称东周。承继西周的东周王朝已无力全面恪守传统礼制,出现了所谓"礼崩乐坏"的局面。

春秋战国时期是我国奴隶社会向封建社会转型的时期。在此期间,相继涌现出孔子、孟子、荀子等思想巨人,发展和革新了礼仪理论。

孔子(公元前551年—公元前479年)是中国古代大思想家、大教育家,他首开私人讲学之风,打破贵族垄断教育的局面。他删《诗》《书》,定《礼》《乐》,赞《周易》,修《春秋》,为历史文化的整理和保存做出了重要贡献。他编订的《仪礼》详细记录了战国以前贵族生活的各种礼节仪式。《仪礼》《周礼》和孔门后学编的《礼记》合称"三礼",是中国古代最早、最重要的礼仪著作。孔子认为"不学礼,无以立"(《论语·季氏篇》)、"质胜文则野,文胜质则史。文质彬彬,然后君子"(《论语·雍也》)。他要求人们用道德规范约束自己的行为,要做到"非礼勿视,非礼勿听,非礼勿言,非礼勿动"(《论语·颜渊》)。他倡导"仁者爱人",强调人与人之间要有同情心,要互相关心,彼此尊重。总之,孔子较系统地阐述了礼及礼仪的本质与功能,把礼仪理论提高到一个新的高度。

孟子(约公元前372年—公元前289年)是战国时期儒家主要代表人物。在政治思想上,孟子把孔子的"仁学"思想加以发展,提出了"王道""仁政"的学说和民贵君轻说,主张"以德服人";在道德修养方面,他主张"舍生而取义"(《孟子·告子上》),讲究"修身"和培养"浩然之气"等。

荀子(约公元前313—公元前238年)是战国末期的大思想家。他主张"隆礼""重法",提倡礼法并重。他说:"礼者,贵贱有等,长幼有差,贫富轻重皆有称者也。"(《荀子·富国》)荀子指出:"礼之于正国家也,如权衡之于轻重也,如绳墨之于曲直也。故人无礼不生,事无礼不成,国家无礼不宁。"(《荀子·大略》)荀子还提出,不仅要有礼治,还要有法治。只有尊崇礼,法制完备,国家才能安宁。荀子重视客观环境对人性的影响,倡导学而至善。

5)礼仪的强化时期(公元前221年—公元1796年)

公元前221年,秦王嬴政最终吞并六国,统一中国,建立起中国历史上第一个中央集权的封建王朝,秦始皇在全国推行"书同文""车同轨""行同伦"。秦朝制定的集权制度,成为后来延续两千余年的封建体制的基础。西汉初期,叔孙通协助汉高帝刘邦制定了朝礼之仪,突出发展了礼的仪式和礼节。而西汉思想家董仲舒(公元前179年—公元前104年),把封建专制制度的理论系统化,提出"唯天子受命于天,天下受命于天子"的"天人感应"之说。(《汉书·董仲舒传》)他把儒家礼仪具体概括为"三纲五常"。"三纲"即"君为臣纲,父为子纲,夫为妻纲"。"五常"即仁、义、礼、智、信。汉武帝刘彻采纳董仲舒"罢黜百家,独尊儒术"的建议,使儒家礼教成为定制。

汉代时,孔门后学编撰的《礼记》问世。《礼记》共计49篇,包罗宏富。其中,有讲述古代风俗的《曲礼》(第1篇);有谈论古代饮食居住进化概况的《礼运》(第9篇);有记录家庭礼仪的《内则》(第12篇);有记载服饰制度的《玉藻》(第13篇);有论述师生关系的《学记》(第18篇);还有教导人们道德修养的途径和方法,即"修身、齐家、治国、平天下"的《大学》(第42篇)等。总之,《礼记》堪称集上古礼仪之大成,是上承奴隶社会、下启封建社会的礼仪汇集,是封建时代礼仪的主要源泉。

盛唐时期,《礼记》由"记"上升为"经",成为"礼经"三书之一(另外两本为《周礼》和《仪礼》)。

宋代时,出现了以儒家思想为基础,兼容道学、佛学思想的理学,程颐兄弟和朱熹为其主要代表。"二程"认为,"父子君臣,天下之定理,无所逃于天地之间"(《二程遗书》卷五)、"礼即是理也"(《二程遗书》卷二十五)。朱熹进一步指出"仁莫大于父子,义莫大于君臣,是谓三纲之要,五常之本。人伦天理之至,无所逃于天地之间"(《朱子文集·未垂拱奏礼·二》)。朱熹的论述使"二程"的"天理说"更加严密、精致。

家庭礼仪研究硕果累累,是宋代礼仪发展的另一个特点。在大量家庭礼仪著作中,以撰《资治通鉴》而名垂青史的北宋史学家司马光(公元1019年—1086年)的《涑水家仪》和以《四书集注》名扬天下的南宋理学家朱熹(公元1130年—1200年)的《朱子家礼》最著名。

明代时,交友之礼更加完善,而忠、孝、节、义等礼仪日趋繁多。

6)礼仪的衰落时期(公元1796年—1911年)

满族入关后,逐渐接受了汉族的礼制并且使其复杂化,导致一些礼仪显得虚浮、烦琐。例如清代的品官相见礼,当品级低者向品级高者行拜礼时,动辄一跪三叩,重则三跪九叩。(《大清会典》)。清代后期,清王朝政权腐败,民不聊生,古代礼仪盛极而衰。而伴随着西学东渐,一些西方礼仪传入中国,北洋新军时期的陆军便采用西方军队的举手礼等,以代替不合时宜的打千礼等。

7)现代礼仪时期(公元1911年—1949年,民国时期)

1911年末,清王朝土崩瓦解,当时远在美国的孙中山先生(公元1866年—1925年)火速赶回祖国,于1912年1月1日在南京就任中华民国临时大总统。孙中山先生和战友们破旧立新,用民权代替君权,用自由、平等取代宗法等级制;普及教育,废除祭孔读经;改易陋俗,包括剪辫子、禁缠足等。正式拉开现代礼仪的帷幕。(中山装)

辛亥革命以后,受西方资产阶级"自由、平等、民主、博爱"等思想的影响,中国的传统礼仪规范、制度受到强烈冲击。五四新文化运动对腐朽、落后的礼教进行了清算,符合时代要求的礼仪被继承、完善、流传,那些繁文缛节逐渐被抛弃,同时接受了一些国际上通用的礼仪形式。新的礼仪标准、价值观念得到传播。

8)当代礼仪时期(1949年—至今)

新中国成立后,逐渐确立以平等相处、友好往来、相互帮助、团结友爱为主要原则的具有中国特色的新型社会关系和人际关系。改革开放以来,随着中国与世界的交往日趋频繁,西方一些先进的礼仪、礼节陆续传入我国,同我国的传统礼仪一道融入社会生活的各个方面,构成了社会主义礼仪的基本框架。这个时期,礼仪的发展大致可以分为以下三个阶段。

(1)礼仪革新阶段(1949年—1966年)。1949年—1966年是中国当代礼仪发展史上的革新阶段。在此期间,摒弃了昔日束缚人们的"神权天命""愚忠愚孝"以及严重束缚妇女的"三从四德"等封建礼教,确立了同志式的合作互助关系和男女平等的新型社会关系,尊老爱幼、讲究信义、以诚待人、先人后己、礼尚往来等中国传统礼仪中的精华,得到了继承和发扬。

(2)礼仪退化阶段(1966年—1976年)。1966年—1976年,许多优良的传统礼仪被抛弃。礼仪受到摧残,社会风气逆转。

(3)礼仪复兴阶段(1976年至今)。1978年党的十一届三中全会以来,改革开放的春风吹遍了祖国大地,中国的礼仪建设进入新的全面复兴时期。从推行文明礼貌用语到积极树立行业新风,从开展"18岁成人仪式教育活动"到制定市民文明公约,各行各业的礼仪规范纷纷出台,岗位培训,礼仪教育日趋红火,讲文明、重礼貌蔚然成风。《公共关系报》《现代交际》等一批涉及礼仪的报刊应运而生,《中国应用礼仪大全》《称谓大辞典》《外国习俗与礼仪》等介绍、研究礼仪的图书不断问世。广阔的华夏大地上再度兴起礼仪文化热,具有优良文化传统的中华民族又掀起了精神文明建设的新高潮。

三、礼仪的特征

特征是某一事物区别于其他事物的显著标志。正确地掌握礼仪的特征,对于提高学习礼仪这门学科的针对性和有效性,吸收和发扬世界优秀的礼仪规范和礼仪内涵,有十分重要的意义。纵观古今中外的礼仪,可以概括出以下几个特征。

1)规范性

礼仪属于非法律规范,是约定俗成的或由社会成员的代表们共同商讨和制定的。它以一定的道德基础为前提，用来协调人际关系、提高自身修养、促进社会安定、稳定社会发展。礼仪这种规范虽不像法律那样具有强制性，但它却是人们在一切交际场合语言和行为方面的准则，是衡量一个人道德水平和文化修养的重要尺度，因此，任何人要想在交际场合表现得彬彬有礼，建立良好的人际关系，都必须无条件地遵守礼仪这种规范。

2）地域性

礼仪尽管具有一定的普遍性，但是在不同的民族、不同的国家、不同的地区，由于宗教信仰、风俗习惯、地理位置、文化背景的不同，礼仪有着明显的差异。正所谓"五里不同风，十里不同俗"。例如，中国人崇拜龙，在原始社会，龙是我们汉民族崇拜的图腾；进入封建社会，龙又成了帝王"真龙天子"的化身；现在龙是喜庆吉祥的代名词。但是，在英国以至整个西方世界，龙是凶残阴险的标志，人人惧怕，人人厌恶，而且在很多关于龙的故事中它总是落得被宰杀的下场。因此，春节给中国人送龙的贺卡，就很适合中国人的口味，若圣诞节对英国人也如此，则大大失礼了。

3）可行性

切实有效、实用可行、规范简明、易学易会、便于操作是礼仪的一大特征。"礼者，敬人也"是礼仪的精髓。该怎么样，不该怎么样，就看能不能敬人，敬大多数人，不能为造作而礼仪，为礼仪而礼仪。礼仪不仅有它的原则和规范，更有一系列具体细节上的方式方法，要对礼仪的规范和原则加以贯彻和执行，使之落到实处，"言之有物""行之有礼"。因此礼仪应该是易记易行、简明扼要、易于掌握、便于操作的。

4）继承性

礼仪的形成要经过较长的演变过程，一种礼仪形成以后，就会在人们之间形成共识，被人们认同并且被一代一代地继承下去。只有在社会发生重大变革，人们的观念发生重大革新时，旧的礼仪才会逐渐以缓慢的速度消失。礼仪的继承性、延续性特点非常突出。任何国家、任何民族的礼仪都是在传统礼仪的基础上继承发扬来的，离开了对本国、本民族既往礼仪成果的继承、发扬，就不可能有现代礼仪。传统礼仪不乏优秀的内容，也不乏陈腐落后、封建愚昧的糟粕。因此，对既往礼仪遗产的正确态度是既不能食古不化，全盘沿用，也不能全盘否定，而应当是有扬弃，有继承，更要有发展。

5）时代性

礼仪虽然具有很强的继承性，但并不意味着礼仪是一成不变的。政治的变革、朝代的更迭、经济的发展、科技的进步导致文化形态发生相应的变化，从而使礼仪也发生变化。况且，国家间、民族间经济文化的频繁交流，相互吸取，相互借鉴，也势必影响到各民族的礼仪不断地发生或大或小的变化，从而使礼仪显示出一定的时代性或阶段性。了解了礼仪的时代性，就不会把它看成一成不变的东西，而能够更好地以发展、变化的眼光去看待它，也不会对礼仪搞"教条主义"，使之僵化不变，脱离生活和时代。

6）普遍性

礼仪是一种社会规范，是调整社会成员在社会生活中相互关系的行为准则，是全人类所共同需要的上层建筑，所以礼仪被人们普遍地运用于各种场合，可以说礼仪无处不在。大至政治、经济、文化、外交领域，小至个人衣食住行，不论城市乡村、哪种行业，不论干部群众、集体个人，不论单位家庭、繁简事务，不分国家、民族、地域、性别、年龄，不分大小场合、人数多少，只要存在交往，礼仪就会作为一种不可缺少的、不可逾越的行为规范被普遍地遵循。

四、个人礼仪修养

(一)个人礼仪修养的内容

1) 遵守公德

公德是一个国家的公民为了维护整个社会生活的正常秩序而共同遵循的最起码、最简单的公共道德,包括尊重妇女、关怀体贴老人、遵守公共秩序、救死扶伤等。遵守公德是个人礼仪的基本要求。我国提倡的"五爱公德"是指爱祖国、爱人民、爱劳动、爱科学和爱社会主义。《公民道德建设实施纲要》中提出的"爱国守法、明理诚信、团结友善、勤俭自强、敬业奉献"就是热爱祖国、遵纪守法、保护弱者、遵守秩序、为人诚信、保护环境和讲究卫生。

2) 真诚友善

在商务活动中,真诚谦虚的人善于听取别人的意见,为人处世自然大方,待人不严厉、不急躁、不粗暴。己所不欲,勿施于人,不能以伤害他人来发泄自己的怨气,不要把自己的快乐建立在别人的痛苦之上,更不要落井下石。

3) 陶冶情操

精神面貌是一个人社交形象的核心,在社会交往中要有良好的精神面貌。要不断加强科学文化的学习,做到胸怀坦荡、大方、爽朗、热情、诚恳、善解人意、不断进取。

4) 平等尊重

平等是人与人交往时建立情感的基础,是保持良好人际关系的诀窍。不要自以为是,不要厚此薄彼,更不能以貌取人、以地位或权势压人,而应平等、谦虚待人。只有这样,才能建立广泛的合作关系,促进交往活动顺利进行。

5) 热情有度

热情的人往往使人觉得更容易接触,也愿意与之接近和交往。因此,要想在商务交往中获得成功,就必须热情友善,但要把握分寸、认真得体、注意技巧、合乎规范。要针对不同场合、不同对象,正确地表达自己的敬人之意。热情有度就是要求商务人员在交往中既要彬彬有礼,又要不卑不亢,要亲切和气,不要虚情假意。

(二)个人礼仪培养的方法

良好的个人礼仪、规范的处事行为不是与生俱来的,也不是短期就能够形成的,而是要靠后天的不懈努力和精心教化才能逐渐形成。个人礼仪由文明的行为标准真正成为个人的自觉、自然的行为,是一个渐进的过程。完成这种变化需要有三种不同力量同时作用,即个人的原动力、教育的推动力以及环境的感染力。

1) 个人的原动力是培养个人礼仪的坚实基础

个人的原动力即个人的主观能动性,是人们的行为和思想变化的根本条件,也是人们提高自身素质,形成良好礼仪风范的基本前提。每个人只有具备了勇于战胜自我、不断完善自身的思想意识,才能发挥自己的主观能动性,才可能在行动中表现出较强的自律性,自觉克服自身的不良行为习惯,自觉抵御外来的失礼行为。与此同时,一个人只有努力学习,不断进取,才能使个人礼仪深植人心,真正具备优良个性品质。

2) 教育的推动力是培养个人礼仪的根本条件

个人礼仪的教育培养就是培养人们提高对礼仪的认识,磨炼讲究礼仪的意志,确立讲究礼仪的信念以及养成讲究礼仪的习惯。这是塑造人们精神面貌的系统工程,需要教育者与受教育者共同努力。其中,教育者对受教育者的引导、指点和言传身教是至关重要的,能使受教育者从中得到真正的感悟,进而提高自身内在的素质。因此,教育在培养个人礼仪的过程中起到了积极的作用。

3)环境的感染力是培养个人礼仪的外在因素

个人礼仪的形成,除了需要个人的原动力和教育的推动力外,还受到个人所处的社会环境的影响。"近朱者赤,近墨者黑"正说明了社会环境与个人思想、行为变化密切相关。不同的环境造就不同的人,生活环境对人的感染和影响是潜移默化的。环境对人的思想、行为,以及个人礼仪形成的影响是毋庸置疑的。

任务二 商务礼仪内涵与功能

本任务中,我们要掌握商务礼仪的内涵,理解礼仪在现代商务交往中的重要作用,能应用商务礼仪的原则来提升自身的礼仪素养。

任务导入

有一批应届毕业生22人,实习时由导师带到某公司参观。全体学生坐在会议室里等待公司领导的到来,这时秘书来给大家倒水,同学们表情木然地看着她忙活,其中一个还问了句:"有绿茶吗?天太热了。"秘书回答:"抱歉,绿茶刚刚用完了。"林然觉得有点别扭,心里嘀咕:"人家给你倒水还挑三拣四。"轮到他时,他轻声说:"谢谢,大热天的,辛苦了。"秘书抬头看了他一眼,满含着惊奇,虽然这是一句很普通的客气话,却是她今天唯一听到的一句。

门开了,领导走进来和大家打招呼,不知怎么回事,静悄悄的,没有一个人回应。林然左右看了看,犹犹豫豫地鼓了几下掌,同学们这才稀稀落落地跟着拍手,由于不齐,越发显得零乱起来。领导挥了挥手:"欢迎同学们到这里来参观。平时接待的事是由办公室负责的。因为我和你们的导师是老同学,关系非常好,所以这次由我亲自给大家讲一些有关情况。我看同学们好像都没有带笔记本,这样吧,王秘书,请你去拿一些我们公司印的纪念手册,送给同学们留念。"接下来,更尴尬的事情发生了,大家都坐在那里,很随意地用一只手接过领导双手递过来的手册。领导的脸色越来越难看,来到林然面前时已经快没有耐心了。就在这时,林然礼貌地站起来,身体微微前倾,双手接过手册,恭敬地说了一声:"谢谢您!"领导闻听此言,不觉眼前一亮,伸手拍了拍林然的肩:"你叫什么名字?"林然照实作答。领导微笑点头,回到自己的座位上。早已汗颜的导师看到此景,微微松了一口气。

两个月后,同学们各奔东西,林然的去向栏里赫然写着上次参观的公司。有几位颇感不满的同学找到导师:"林然的学习成绩最多算是中等,凭什么推荐他而没有推荐我们?"导师看了看这几张尚属稚嫩的脸,笑道:"是人家点名来要的。除了学习之外,你们需要学的东西太多了,修养就是人生第一课。"

思考题

1.其实这个应届毕业班的同学机会完全是一样的,有些同学的成绩甚至比林然好,为什么林然却得到了去该公司工作的机会呢?

2.如何理解"修养就是人生第一课"这句话?

知识点精讲

一、商务礼仪的内涵

商务礼仪是企业的商务人员在商务活动中,为了塑造良好的个人形象和组织形象而应当遵循的、对交往对象表示尊敬与友好的规范或程序。它是一般礼仪在商务活动中的运用和体现,并且比一般的人际交往礼仪的内容更丰富,它不仅以对顾客的尊重为基础,而且以提供符合消费者需求的商品和优质的服务来体现。

同一般的礼仪相比较,商务礼仪有很强的规范性和可操作性,并且与商务组织的经济效益密切联系。商务礼仪已经成为建立企业文化和现代企业制度的一个重要方面。商务礼仪是商务人员的社交"金钥匙",是商务活动中的通行证,它甚至能够决定商务活动的成败。

二、商务礼仪的原则

1)真诚尊重原则

真诚尊重原则是商务礼仪的重点和核心,是对人、对事的一种实事求是的态度,是待人真心实意的友好表现。在商务活动中,要常存敬人之心,处处不可失敬于人,不可伤害他人的个人尊严,更不能侮辱对方的人格。古人云:"敬人者,人恒敬之。"在商务交往中,要想表现出真诚和尊重,切记三点:给他人充分表现的机会;对他人表现出最大的热情;永远给对方留有余地。

2)平等原则

商务礼仪中的平等原则是指以礼待人,既不盛气凌人,又不卑躬屈膝。要做到不骄狂,不我行我素,不自以为是,不厚此薄彼,不目中无人,不以貌取人或以职业、地位、权势压人。

3)适度原则

运用商务礼仪时还要注意把握分寸、认真得体。适度原则是指应用商务礼仪过程中注意把握各种情况下的社交距离,把握与特定环境相适应的人们彼此间的感情尺度、行为尺度、谈吐尺度,以建立和保持健康、良好、持久的人际关系。如在交往时,既要彬彬有礼,又不能低三下四;既要热情大方,又不能阿谀奉承;要信人但不能轻信;要谦虚又不能拘谨;要老成、稳重,但又不能圆滑世故。

4)自信原则

自信原则是商务交往中的一个重要原则。自信也是商务活动中一种很可贵的心理素质。一个有信心的人,才能在交往中不卑不亢、落落大方,取得商务合作的成功;一个缺乏自信的人,就会处处碰壁、处处不顺。

5)自律原则

自律是商务礼仪的基础和出发点。在生活中,要学会自我约束、自我对照、自我反省,严格按照礼仪规范要求自己,知道自己该做什么和不该做什么,然后经过长期不懈地努力,逐渐内化为行为自觉和内心情感的自觉,实现自我教育与自我管理。

6)信用宽容原则

海纳百川,有容乃大。人非圣贤,孰能无过?宽容就是指心胸坦荡、豁达大度,能原谅别人的过失,不计个人得失。人们在社交活动中,既要做到严于律己,又要做到宽以待人。

守信即讲究信誉,是我们中华民族的传统美德。在商务活动中,尤其要守信,做到"言必行,行必果"。宽容原则即与人为善的原则,允许别人有行动和判断的自由,对不同于自己和传统观点的见解有耐心、能容忍。

7) 入乡随俗原则

十里不同风,百里不同俗。礼仪要因地制宜、因时制宜、因人制宜,所以才有"入境而问禁,入国而问俗,入门而问讳"的共识。入乡随俗就是指交往双方都应尊重彼此的风俗、习惯,了解并尊重各自的禁忌,否则就会在交际中产生障碍和麻烦。

三、商务礼仪的功能

随着市场经济的快速发展,各种商务活动日趋繁多,礼仪具有的功能也在不断增加,礼仪逐渐发挥着越来越大的作用。商务礼仪的主要功能在于规范行为、沟通信息、增进感情、塑造形象、促进和谐。

1) 规范行为

礼仪最基本的功能就是规范各种行为。在商务交往中,人们相互影响、相互合作,如果不遵循一定的规范,双方就缺乏协作的基础。如果交往的双方都能够按照礼仪的规范约束自己的言行,不仅可以避免某些不必要的感情对立与矛盾冲突,还有助于建立和加强人与人之间相互尊重、友好合作的新型关系,使人际关系更加和谐,社会秩序更加有序。在众多商务规范中,礼仪规范可以使人明白应该怎样做,不应该怎样做,哪些可以做,哪些不可以做,有利于确定自我形象,尊重他人并赢得友谊。

2) 沟通信息

礼仪行为是一种信息性很强的行为,每一种礼仪行为都表达一种甚至多种信息。在人际交往中,交往双方只有按照礼仪的要求,才能更有效地向交往对象表达自己的尊敬、敬佩、善意和友好,人际交往才可以顺利进行和延续。热情的问候、友善的目光、亲切的微笑、文雅的谈吐、得体的举止等,不仅能唤起人们的沟通欲望,还可以促成交流的成功,进而有助于事业的发展。"世事洞明皆学问,人情练达即文章"讲的就是交际的重要性。现代人都有多交朋友,广结善缘的欲望,不管你愿意不愿意,你必须要跟别人打交道。

3) 增进感情

在商务活动中,随着交往的深入,双方可能都会产生一定的情绪,它表现为两种感情状态:一种是感情共鸣,另一种是感情排斥。讲究礼仪容易使双方互相吸引,增进感情,有利于良好的人际关系的建立和发展;反之,如果不讲礼仪,说话粗俗不堪,那么就容易产生感情排斥,造成人际关系紧张,给对方留下不好的印象。

4) 塑造形象

一个人讲究礼仪,就会在众人面前树立良好的个人形象;一个组织的成员讲究礼仪,就会为自己的组织塑造良好的形象,赢得公众的认可。所谓个人形象就是个人在公众观念中的总体反映和评价。从事商务活动的人员应该从自我做起,积极地学习、研究和掌握现代商界共同遵守的礼仪规范,在每一件小事上都要注重礼仪修养,做到礼仪无小事,从而树立良好的个人形象。

树立企业形象是指在激烈的商务竞争环境中,通过得体而诚挚的商务接待、拜访、宴请、社交、送礼等活动,为企业树立高效、讲信誉、易于交往、善待商业伙伴的形象。没有谁愿意雇用一个整天不讲卫生的员工,也没有哪一家公司愿意与一个不讲信誉、员工不懂礼貌的公司合作。现代市场竞争除了产品竞争外,还有形象上的竞争。一个具有良好信誉和形象的企业,很容易获得社会各方的信任和支持,就可在激烈的竞争中处于不败之地。所以,商务人员需时刻注重礼仪,这既是个人和企业良好素质的体现,也是树立和巩固个人和企业良好形象的需要。

5)促进和谐

礼仪作为社会行为规范,对人们的行为有很强的约束力。礼仪的巧妙应用,可以化解矛盾,消除分歧,达成和解,缓和人与人之间的紧张关系,使之趋于和谐,从而妥善地解决纠纷,广交朋友。在维护社会秩序方面,礼仪起着法律所起不到的作用。社会的发展与稳定、家庭的和谐与安宁、邻里的和谐、同事之间的信任与合作,都依赖于人们共同遵守礼仪的规范与要求。社会上讲礼仪的人越多,社会便会越加和谐稳定。

项目小结

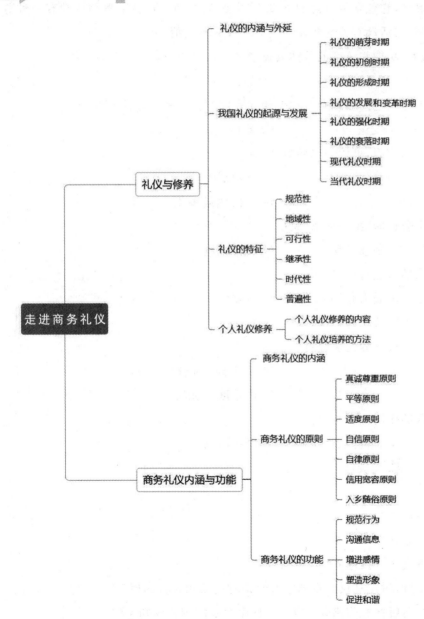

课后巩固

一、判断题

1. 礼貌待人有利于构建和谐社会。（　　）
2. 要想在社会中增强竞争力,只要掌握一定的专业技能就够了,不需要有良好的礼仪修养。（　　）
3. 礼节是一种行为规范,礼仪则是这种行为规范的具体表现形式。（　　）
4. 礼仪的本质是尊敬,它包含两方面的含义:一方面是人们对自己从事的活动有一种尊敬之感,另一方面是人们对与活动有关的对象产生的一种尊敬之情。（　　）
5. 礼节是礼貌、修养、品德和风度的具体表现形式。（　　）

二、选择题

1. (单选)礼仪是人与人之间在接触交往中相互表示(　　)和友好的行为。

　　A. 尊重　　　　　　B. 友谊　　　　　　C. 关心

2. (单选)讲究礼仪的原因,可用一句话概括为(　　)。

　　A. 内强素质　　　　　　　　B. 外塑形象

　　C. 增进交往　　　　　　　　D. 使问题最小化

3. (单选)国际社会公认的"第一礼俗"是(　　)。

　　A. 女士优先　　B. 尊重原则　　C. 宽容原则

4. (多选)商务礼仪的特点有(　　)。

　　A. 普遍性　　B. 普及性　　C. 效益性

　　D. 信用性　　E. 发展性

5. (多选)提高商务礼仪修养的途径有(　　)。

　　A. 加强道德修养　　　　　　B. 自觉学习礼仪

　　C. 加强自我反省　　　　　　D. 注重践行礼仪

6. (多选)商务礼仪的作用是(　　)。

　　A. 塑造形象　　B. 提高效益　　C. 沟通协调

　　D. 团结互助　　E. 发展性

三、问答题

1. 商务礼仪有哪些作用?
2. 商务礼仪的原则是什么?
3. 商务人员应具备哪些礼仪修养?
4. 请同学们结合实际,讨论礼仪的重要性并谈谈对礼仪的含义的理解。
5. 当代大学生应具备哪些礼仪修养?应该怎样学习及应用礼仪知识?

四、综合实训

张良圯桥进履

张良,字子房。在战国时期,他的祖父、父亲都做过韩国的相国。秦灭韩后,他因从小受到家庭影响,决心替韩国报仇。秦始皇统一中国以后,经常到各地视察,张良准备在秦始皇外巡时伺机刺杀他。

一次,张良探听到秦始皇又要出巡的消息,就和自己收买的一个大力士埋伏在博浪沙。秦始皇经过那里时,这个大力士扔过去一只大铁锤,结果只打中副车,并没有伤及秦始皇。大力士惧而自杀,张良逃遁,流亡下邳。这次刺杀秦始皇虽然失败,但张良亡秦的决心却丝毫没有动摇。

相传张良在流亡中,有一天清早散步,来到一座桥边。这时,一个老者正坐在桥上,晃着腿哼歌。他见张良走来,腿一摇就把鞋蹭到桥下去了,然后对张良说:"小伙子,去给我把鞋拾上来。"张良见他如此无礼,不禁大怒,想揍他一顿,可看他是个老人,须眉皆白,只好强压住心头怒火,走到桥下拣起鞋来。哪知老者却把脚一伸,说:"给我穿上。"张良愣了一下,又跪在地上恭恭敬敬地把鞋给老者穿上。老者穿上鞋,站起来,连个"谢"字都不说,就大摇大摆地走了。张良见老者的行为十分奇特,知道他一定有些来历,就下桥跟着老者走去。老者见张良跟在身后,笑着对他说:"你这小伙子有出息,我倒乐意教导教导你。"张良一听,更觉得老者不是平常人,就赶紧跪拜,认老者为师。老者对他说:"好吧,过五天,你早晨到这里来见我。"

第五天早晨,张良天亮时来到桥上,见老者已在那里了。老者见他来晚了,说道:"你和老人定下约会,为什么让我等着呢?"老者让张良过五天再来。

过了五天,凌晨鸡刚打鸣,张良就来到桥上,没想到又晚了一步。老者生气地说:"去吧,你愿意的话,过五天再来。"

张良怕再迟到,第四天半夜就赶到桥上。老者到来时,见张良已在桥上,知道他学习心诚,连忙从怀中取出一个丝绸包袱递给张良说:"这里有帛书一部,读通了可以成为辅佐王者的师傅。十年以后兴事发迹,十三年后来济北见我,谷城山下的黄石就是我。"话说完,老者转身离去,再没有话,也从此不再出现。

天亮以后,张良打开包袱,发现是一部用墨写在丝绸上的兵书,篇题是《太公兵法》。太公者,周文王、周武王的军政导师姜子牙。姜子牙善于兵法谋略,辅佐文王行政强兵,辅佐武王灭殷兴周,被尊称为姜太公。《太公兵法》据说是姜太公的著作,是他一生政治军事经验的总结。张良深感奇异,从此将这部书带在身边,日夜攻读,潜心钻研,认真领会其中精义。没过多久,群雄四起,天下大乱,秦朝统治摇摇欲坠。张良凭借着满腹的韬略和智谋帮助刘邦,运筹于帷幄之中,决胜于千里之外,成为刘邦打天下的左膀右臂。汉朝建立后,他因赫赫战功被封为留侯。

赠书教导张良的这位老者,后来被称为黄石公。黄石公的得名,源于他留给张良的那句话"十三年后来济北见我,谷城山下的黄石就是我"。据说,十三年后,张良跟随刘邦经过济北郡,果然在谷城县境内的谷城山下见到了一块黄色的石头,张良大为感铭,取下石头珍藏,奉时祭祀。张良死的时候,将这块石头放在自己的棺椁中一同埋葬,嘱咐后人,扫墓祭祀的时候,一定要供奉黄石,如同自己生前。

这是一个启发、教育青年尊敬长者、虚心求学的文明礼仪小故事。它对我们的自身礼仪修养有着重要的现实指导意义。

思考题:

1. 从音容笑貌、言谈举止、着装打扮以及气质等方面提升修养并体会它们在塑造社交形象中的重要作用。

2. 对美好风度进行了解和实践。

3. 提倡礼仪,为什么要求"彬彬有礼,讲究得体,妙在自然,贵在真诚,基在修养,要在尊敬,重在自律"?

项目七
商务形象礼仪

SHANGWU GOUTONG YU LIY

知识目标

1. 理解仪容、仪表和体态礼仪的概念。
2. 理解仪容礼仪的基本要求。
3. 了解仪表礼仪的基本原则。
4. 理解商务男士和女士着装方面的规范。
5. 了解体态礼仪的构成。
6. 理解站姿、坐姿、行姿和蹲姿的标准动作。

能力目标

1. 在正式场合中,能正确把握站姿、坐姿、行姿和蹲姿,穿好西装、打好领带、合理配置鞋袜和饰物等事项。
2. 在日常生活中,能正确护理发型、面部和肢部,展现个人素质。

任务一 仪容礼仪

任务描述

我们需要在本任务中学习仪容的相关概念,了解仪容礼仪涉及哪些基本内容,理解仪容礼仪的基本要求,掌握女士和男士在发型、面部和肢体部位等方面需要注意的礼仪规范。

任务导入

小李的口头表达能力不错,对公司产品的介绍也得体,人既朴实又勤快,在业务人员中学历又最高,老总对他抱有很大期望。可做销售代表半年多了,业绩总上不去。原来,他是个不爱修边幅的人,双手拇指和食指喜欢留着长指甲,里面经常藏着很多"东西"。脖子上的白衣领经常是酱黑色,有时候手上还记着电话号码。他喜欢吃大饼卷大葱,吃完后,不知道去除异味。在大多情况下,他根本没有机会见到想见的客户。

思考题

1. 小李的业务能力很强,为什么却没有客户想见他呢?

知识点精讲

在竞争日益激烈的今天,仪容对一个人的作用是万万不能忽视的。形象创造价值、形象决定命运的说法绝不是夸大之辞。

仪容美是内在美、自然美、修饰美这三个方面的统一。在三者中,因为仪容的修饰美是最容易直接实现的,所以也是仪容礼仪关注的重点。仪容美不仅是打扮和美容,而且体现一个人的良好精神面貌和对生活的乐观、积极的态度。

一、基本要求

商务礼仪对仪容的最基本要求是卫生、整洁、美观、自然。

不论男女,都要讲究个人卫生,注意头发、面部、手臂、腿部、化妆等几个方面。例如面部和头发保持干净清爽,无头皮屑,无汗渍和油污之物;牙齿干净,口腔无异味,随时保持口气清新;身体无异味,可适当喷洒香味淡雅的香水,切忌使用香味浓烈的香水,容易给人不快的感觉。

女士不留长指甲,腋毛不外现。女士应化淡妆,不化妆是不礼貌的行为,但讲究淡雅自然,不浓妆艳抹,不当众化妆或补妆。中途补妆应到洗手间或避开他人进行。女士要注意发型整洁大方,长头发的女士可以佩戴简单的发夹,切忌夸张的头饰。

男士修面剃须,如果一定要留胡须,也应保持卫生与整洁,还应注意经常修剪鼻毛。男士应经常理发,头发不应过长,前不遮眉,侧不盖耳,后不及肩,不留鬓角。

二、女士仪容

(一) 头发

一头健康、美丽的秀发可以让一个相貌平平的女性平添许多风韵,能让美丽的女性变得更加迷人。

1. 发质

头发的基本成分是蛋白质,每根头发平均每月可长1厘米,头发的平均寿命为4~5年,之后便会自行脱落,每人每天要脱落几十根至一百根头发,随后,新头发长出来。

(1) 正常发质:皮脂分泌正常,有光泽,有弹性。

(2) 油性发质:皮脂分泌过多,头的表皮及毛发均有黏糊之感。

(3) 干性头发:皮脂分泌过少,没有光泽,有干松之感。

头发的性质与皮肤的性质相同,面部皮脂属于干性的人,头发也是干性的。

2. 洗发

1) 洗发次数

一般来说正常发质的人,冬天可隔4天左右洗一次发,夏天可隔3天洗一次发,油性皮肤和干性皮肤的人,要分别缩短或延长1~2天。注意选用性质温和的洗发水,例如含有氨基酸,蛋白质等活性剂的洗发水。

2) 洗发顺序

洗发前应先将头发梳顺;用温水洗发,水温宜为37~38度,过烫的水容易使头发受损伤而变得松脆易折断,而水温过低,去油效果不好;洗发水应选择适合自己发质的,一般略带微酸性者较佳,将洗发水按摩至起泡后才涂在头发上,不要直接倒在头发上;不要大力用指甲抓头皮,用手指的指腹按摩头皮;彻底冲洗干净洗发水,不然会伤害发质;洗发后冲水花的时间应是洗发的两倍,否则洗发水中的碱性成分残留在头皮和头发上,会损伤头发产生分叉、头皮屑等。

3. 梳发

梳发除了理顺头发之外,还可以促进血液循环和皮脂分泌,提高头皮和头发的生理机能。梳发时,要一束一束地慢慢梳理,切不要性急乱扯乱拉。最好不要使用塑料质地的梳子。

4.护理

1)干性发质的护理

专家一致认为,除了遗传因素,头发干枯是长时间缺乏护理和化学品残留的后遗症。当然,精神压力、内分泌的变化以及饮食的平衡与否等,也会对发质产生或多或少的影响。因此应该选用配方特别温和的、完全不含或只含少量洗涤剂却能有效地补充水分的洗发水。

洗发后,为防止发丝内的水分流失,应尽量避免使用电吹风以及其他以电力操作的卷发器具,如果必须使用,最好事先在头发上涂一层护发品。饮食方面,多吃新鲜果蔬无疑是对发质大有好处的。身体健康者的头发有足够的养分可摄取,自然柔亮可人。

2)油性发质的护理

皮脂腺分泌过多的天然油脂是形成油性发质的根本原因,因此应该选用性质温和的洗发水并经常清洗头发。护发素只要涂在距离发根数寸的发梢上即可。

油性发质比较适合染发,染发剂会令头发变得干燥,而较多的油脂正好可以起到中和作用。

5.发型的选择

要注意用脸型和发型的搭配来达到扬长避短的效果,同时也要考虑到自己的年龄和身份。不同的脸型适合不同的发型,常见脸型如图7-1所示。当女性选中了适合自己发质的发型以后,就可以配合理发师把自己的头发打理的更美丽。

图7-1 常见脸型

1)根据脸型进行选择

(1)方形脸。方形脸的特点是棱角突出、下巴稍宽,显得个性倔强,缺乏温柔感。因而,在选择发型时,要尽量把脸的四角盖住,头发不要留太短、太平直。

留额发时应遮掩额部的两角,额发要有倾斜感,方中见圆。头发的两侧可选择卷曲的波浪发型,利用波浪形增加脸部的温柔感,同时卷曲的长发遮住下颌两侧,可以转化太宽的下颌线条,改善方脸的形状。

(2)三角形脸。三角形脸上窄下宽,所以在选择发型时应平衡上下宽度,不适合留太短的头发,要尽量用长发去盖住脸下端大出的部分。可用波浪形发卷增加上部分的分量,也可用头发掩饰较为丰满的下部。不宜将额发向上梳,以免暴露额头太窄的缺陷。分缝可采用中分或侧分。耳旁以下的发式不应再加重分量,也不宜选择双颊两侧贴紧的发型。

(3)倒三角形脸。倒三角形脸与三角形脸恰好相反,可以选择掩饰上部、增宽下部的发型。发型要造成大量的蓬松的发卷并遮掩部分前额。具体选择时,最忌选往上梳的发型,这样只会突出细小的下巴,使整个脸部更不平衡。可运用颌部线条之美,使耳边的头发产生分量并显出额角,令脸部变得丰满一些。这样的脸型不应选择直的短发和长发等自然款式,这样会使窄小的颌部更加单调。刘海可留得美观大方而不全部垂下。面颊旁的头发要梳得蓬松,显得很多,以遮掩较宽的上部分。

(4)椭圆形脸。椭圆形脸应选择中分、左右均衡的发型,更能体现娴静、端庄的美感。若留一袭黑色直发披在肩头,更有飘逸之感。

2)根据体型进行选择

(1)高瘦型。这种体型的人容易给人细长、单薄、头部小的感觉。要弥补这些不足,发型应生动饱满,避免将头发梳得紧贴头皮,或将头发搞得过分蓬松,造成"头重脚轻"。一般来说,高瘦身材的人比较适宜留长发、直发。应避免将头发削剪得太短、薄,或高盘于头顶上。头发长至下巴与锁骨之间较理想,且要使头发显得厚实、有分量。

(2)矮小型。个子矮小的人给人一种小巧玲珑的感觉,在发型选择上要与此特点相适应。发型应以秀气、精致为主,避免粗犷、蓬松,否则会使头部与整个形体的比例失调,产生头大身体小的感觉。身材矮小者也不适宜留长发,因为长发会使头显得大,破坏人体比例的协调。烫发时应将花式、块面做得小巧、精致一些。盘头也会产生身材增高的错觉。

(3)高大型。该体型给人一种力量美的感觉,但对女性来说,缺少苗条、纤细的美感。为适当减弱这种高大感,发式应以大方、简洁为好。一般以直发为好,或者是大波浪卷发。头发不要太蓬松。总体原则是简洁、明快、线条流畅。

(4)短胖型。体型短胖者显得健康,要利用这一点造成一种有生气的健康美,譬如选择运动式发型。此外应考虑弥补缺陷,体型短胖者一般脖子显短,因此不要留披肩长发,尽可能让头发向高度发展,显露脖子以增加身体高度感。头发应避免过于蓬松或过宽。

3)根据服装进行选择

(1)西装。无论直发还是烫发都要梳理得端庄、艳丽、大方,不要过于蓬松,可以在头发上适当抹点油,使之有光泽。

(2)礼服。着礼服时,可将头发挽在颈后,结低发髻,显得庄重、高雅。

(3)运动装。将长发高束,或将长发编成长辫,可增加运动的风采。

(4)连衣裙。着连衣裙时,可选择披发、束发或盘发。

女士可以自己设定三四种理想的发型,以适合不同场合。一般来讲,出席较正式的场合的发型,应讲究严谨;出席朋友聚会的发型,应讲究平易活泼;普通生活发型,应讲究轻松随和。

(二)面部

1. 基本护理

1) 清洁

清洁皮肤是美化肌肤的第一步,也是化妆的第一步。如果睡觉前没能好好地清洁肌肤,毛孔就没有完全打开,你的晚霜就不能修复你的肌肤。比如说,脸上长粉刺、黑头等,部分原因就是没能彻底地清洁皮肤。

洗脸时应遵守以下几点:

①使用洗面奶的方法是将其放在手上揉搓起泡,泡沫越细越不会刺激肌肤,泡沫需揉搓至奶油般细腻才算合格,让无数泡沫在肌肤上移动以吸取污垢,而不是用手去搓揉。

②基本上是从皮脂分泌较多的T区开始清洗,额头中心部皮脂特别多,要仔细清洗。手指不要过分用力,轻轻地由内朝外画圆圈滑动清洗。

③用指尖轻柔、仔细地清洗皮脂分泌旺盛的鼻翼及鼻梁两侧,这一部分洗不干净将导致脱妆及肌肤出现油光。

④鼻子下方容易长青春痘,须仔细洗净多余的皮脂。用无名指轻轻画轮廓,既不会刺激肌肤又可完全去除污垢。

⑤注意,嘴巴四周也要清洗。脸部是否仔细洗净,重点在于有没有注意细小的部位,清洗时以按摩手法从内朝外轻柔描画圆弧状。

⑥下巴和T区也容易长青春痘及粉刺,不但如此,这还是洗脸时容易忽略的部位。洗脸时应由内朝外不断画圈,使污垢浮上表面。

⑦面积较大的脸颊部位需要特别仔细的关照。清洗面颊的诀窍是不要用指尖接触皮肤,而是用指腹,使指腹充分接触脸颊的皮肤,以起到按摩清洁的作用,洗脸的重要技巧是不要太用力,以免给肌肤带来不必要的负担。

⑧要记得洗到脖子部位,下巴底部、耳下等也要仔细洗净,避免粉底霜没有去除干净将使肌肤引发各种困扰。

⑨冲洗时用流水(水龙头不关)充分地去除泡沫,冲洗次数要适度,在较冷的季节,需使用温水,以免毛细孔紧闭而影响清洗效果。

⑩洗脸后用毛巾擦拭脸上水分时,不可用力揉搓,以免伤害肌肤。正确使用毛巾的方法是将毛巾轻贴在脸颊上,让毛巾自然吸干水分。

2) 化妆水和乳液

通过卸妆及洗脸去除污垢后,需要补充随污垢一起流失的水分、油脂、角质层内的NMF(天然保湿因子)等物质。化妆水和乳液可以使肌肤回复原来的状态。

化妆水的首要职责是补充洗脸时失去的水分,用充足的水分紧缩肌肤,使它变得柔软,乳液才容易渗入。

使用化妆水的方法是:

①将两片化妆棉重叠、倒入充足的化妆水,使水分刚好浸透整片棉花。

②两指各夹一片沾满化妆水的化妆棉,按在整个脸上,使肌肤冰凉。每半边脸用一片化妆棉。

③由中心朝外侧浸染,接着浸湿易流汗的 T 区及鼻翼四周,最后由下而上拍打整个脸部,直到肌肤冰凉为止。

④容易因水分不足而干燥的眼部周围要集中浸染,唇部也要补充水分,眼睛四周及唇即使在白天也要记得用化妆水补充水分。

用化妆水充分补充洗脸所失去的水分后,再用乳液补足水分、油分,使肌肤完全恢复原来的状态,这点相当重要。乳液有补充水分、补充油分、保湿三种功能,是每日保养肌肤不可缺少的产品,它的主要目的是恢复肌肤的柔软性并为接下来的化妆做好准备。

乳液的使用方法是:

①先用手掌温热脸部使毛细孔较易张开,乳液也容易浸透且能加强滑润感。

②将乳液抹在脸上 5 处部位,按由中央朝外、由下朝上的要领边画圆边涂抹均匀。

③轻柔地按摩眼睛四周的敏感部位,脸部都涂好后,用手掌裹住脸部,让乳液渗入并去除粘腻感。

3)面霜

除了化妆水与乳液以外,面霜也是一种护肤的佳品。面霜的功能是在肌肤渗入含有水分的保湿剂后,制造油分保护膜,使它继续保持湿润。因此,一般认为它是替皮脂分泌少的干性皮肤补充人工皮脂膜的,但它对天然皮脂膜十分充裕的油性皮肤也不是无益处的。特别是脂多但水分相当缺乏的油性皮肤,面霜更是帮助皮肤保持水分的良好营养品。

油性皮肤,就选择无油的面霜;干性皮肤,就选择营养性的面霜。如果想均匀肤色,让皮肤变白,就选用一些天然润白的产品。如果肌肤已经老化,就要选用可以修护皱纹的系列产品。一般人认为面霜属油性,因此油性肌肤的人不应选用,其实这是不完全的认识。

4)眼霜

眼部肌肤是全身最薄的肌肤,因此需要特别小心护理,不要将面霜当眼霜涂,因为可能会引起敏感或油脂粒。在早晚洁肤后用无名指取绿豆大小的眼霜,以另一只无名指把眼霜推匀,轻压在眼部周围,以内眼角、上眼皮、眼尾、内眼角的次序打圈按摩 5 至 6 次。过程中,轻按压眼尾、眼眶、眼球,两个无名指指腹相互揉搓,给眼霜加温,使之更容易被肌肤吸收。可用做眼霜的眼部精华在使用时,手指要以弹钢琴的方式轻轻地拍打眼部周围,着重在下眼窝和眼尾至太阳穴的延伸部位多加涂抹。

2.化妆

脸部化妆一方面要突出面部五官最美的部分,使其更加美丽,另一方面要掩盖或矫正缺陷或不足的部分。经过化妆品修饰的美有两种:一种是趋于自然的美,一种是艳丽的美。前者是通过恰当的淡妆来实现的,它给人大方、悦目、清新的感觉,适合在家或平时上班时使用。后者是通过浓妆来实现的,它给人庄重高贵的印象,可出现在晚宴、演出等特殊的社交场合。无论是淡妆还是浓妆,都要利用各种技术,恰当使用化妆品,通过一定的艺术处理,才能达到美化形象的目的。

1)化妆步骤

适度化妆是对对方尊重的必要标志,西方人对此较为注重,认为化妆可称得上是女性的第二时装。化妆的基本步骤如下。

(1)粉底。打粉底是用来调整面部皮肤颜色的一种基础化妆,有四点特别要注意。一是要事先清洗好面部,拍上适量的化妆水、乳液。二是选择粉底霜时要选好颜色。不同的肤色应该用不同的粉底霜。选用的粉底霜,最好和肤色差不多,不让两者反差过大,看起来失真。三是打粉底时一定要用海绵扑,并且要做到取用适量、涂抹细致、薄厚均匀。四是不要忘记脖颈部位。也要在脖颈处打上一点粉底,才不会使自己面部和颈部"泾渭分明"。

如果脸上有雀斑,可以用不透明的盖斑膏、掩盖霜掩饰,也可用油性、浓稠的粉底掩盖。

抹普通粉底时,应不抹长有雀斑等污斑的地方。然后,在有斑的地方涂以较浓的油性粉底并以它为中心向周围伸展,使颜色自然地、不留痕迹地由浓转淡。

如果斑的颜色和肤色相差不大,可以用和粉底颜色相似的盖斑膏遮掩;如果斑是红色或黑色,可以用较浅色调的盖斑膏遮掩;白色的疤痕等就可用较暗的盖斑膏,涂在所要掩饰的部位,轻轻揉匀,使边缘和粉底相融合。

脸色较深的,可以使用控制色来调整肌肤的色彩。控制色可用补色或调整色,如绿色、灰色、黄色、粉红色,通常用绿色。

注意:先抹的普通粉底和用来掩饰的浓粉底一定要相融合,不留痕迹;打完粉底后,再用香粉扑面,效果会更好。

(2)画眉毛。眉毛的形状会跟着面部表情的变化而改变,眉毛的颜色和形态,又影响人的脸型相貌。常见眉型如图7-2所示。为使自己不因眉型的原因而给人造成不良的审美联想,塑造一个更易被别人接受的形象,修饰眉毛不仅成为个人的美容需要,而且也成为带有社会意义的礼仪的需要。

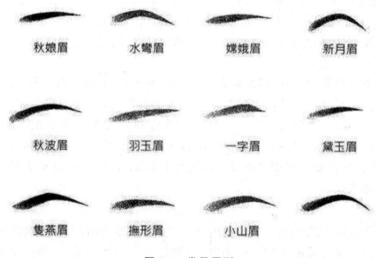

图 7-2 常见眉型

比较理想的眉毛结构是眉头在内眼角上方偏里侧一些;眉峰的位置在眉梢到眉头的1/3处;眉梢的位置在眼尾至鼻翼外侧的斜线上。

画眉毛要按自然长势画,有的地方轻,有的地方重,有的部位稀,有的部位密。眉的中部、眉的下沿重一些,眉的上部边沿、眉梢则稀些。先用小眉刷轻刷双眉,以除去粉剂及皮屑。接着用被温水浸湿的棉球或热毛巾盖住双眉,使眉毛部位的组织松软,或使用柔软剂,使其变得松软,然后拔除多余的散眉毛。散眉拔除后,用收敛性化妆水拍打双眉及其周围的皮肤,以收缩皮肤毛孔。再用小刷子轻刷双眉,让它保持自然位置,必要时用眉笔修饰。每个人的眉毛长的都形状不一,所以就要进行特殊调整。

(3)画眼线。眼线可以勾勒眼睛的轮廓。娴熟的画线技巧可以改变不完美的眼睛形状,使之更美。画眼线所需的工具是眼线笔或眉笔、液状眼线或饼状眼线。液状眼线含有油质,用质量比较好的手刷涂抹;饼状眼线是很好的勾眼线用品,可以用沾水后的刷子涂抹。首先要明确,眼睛形状需要调整成怎样。

眼睛小的,眼线可以画得明显一些;圆形眼睛,可以从眼睛中间处开始往外面,使圆形变得更像杏形;眼尾下垂的,可以画得稍高;眼尾斜吊的,画眼线时可在尾部微微往下描些;眼睛过大或"金鱼眼"的,最好别画眼线,即使画,一定要贴着眼睫毛根。画上眼线时,要从内眼角朝外眼角方向画。画下眼线时,应该从外眼角朝内眼角画,在距内眼角约1/3处收笔。对眼睛较小的女性来说,眼线是特别重要的,它很容易就能把眼睛加大。

选用眼线液颜色时,黑发和皮肤偏黑的人适合用黑色眼线液,其他的适合用深棕色。眼线液和睫毛膏、眼影同时使用,会产生很好的效果。晚上的话,可用有色眼线液和眼影混合使用。

(4)上腮红。上腮红就是化妆时在面颊处涂上适量的胭脂。上腮红的好处是可以使化妆者的面颊更加红润,面部轮廓更加优美,看上去容光焕发。

在化工作妆时上腮红,需要注意三条:一是让胭脂、唇膏和眼影属于同一色系,来体现妆面的和谐美。二是要让胭脂和面部肤色过渡自然。三是要扑粉进行定妆。

(5)涂口红或唇彩。口红或唇彩是女性最常用的化妆品,应该选一些能让你的皮肤和牙齿看起来白一些,眼睛亮一些的口红或唇彩。

先用唇线笔描好唇线,确定好理想的唇形。唇线笔的颜色要略深或相似于口红的颜色。描唇形时,嘴应自然放松微微张开,先描上唇,后描下唇。描上唇时从左右两侧分别沿着唇部的轮廓线向中间画。上嘴唇嘴角要描线,下唇嘴角不描。完美的嘴唇要对称,左边嘴唇一定是右边嘴唇的翻版,上唇和下唇的厚度必须一样。如果上唇薄一些,就用唇线笔把它画得厚一些,和下唇对称。唇线笔要尖,才可以画一条精细的线。然后涂好口红或唇彩,涂的时候不要超出先前画好的唇形,最后用纸巾吸去多余的唇膏并检查一下牙齿上有没有沾上唇彩。这样,唇部的美化就基本完成了。

(6)喷香水。香水是女性美容的化妆品之一,也是居室中常备的物品。香水不仅能除臭、添香、止痒、消炎、防止蚊叮虫咬等,而且还能刺激大脑,使人兴奋,消除疲劳。但使用香水亦有讲究:

①香水要喷洒或涂抹在适当的地方,一般洒在耳朵后面或是手腕的脉搏上,另外,手臂内侧和膝盖内侧也是合适的部位,这样,香味会随着脉搏跳动、肢体转动而飘溢散发。为避免香水对皮肤的刺激,可洒在内衣和外衣内侧,裙下摆以及衣领后面。而面部、腋下的汗腺,易被太阳晒到的暴露部位,易过敏的皮肤部位以及有伤口甚至发炎的部位,都不适合涂香水。

②不要在毛皮衣服上洒香水,因为它的酒精成分会使毛皮失去光泽。如果将香水洒在浅色衣服上,日晒后会出现色斑,所以,尽量避免直接洒在衣服上。

③不可将香水喷在首饰上,应该先搽香水,等完全干后,再戴项链之类的饰物,否则会影响饰物的颜色及光泽

④香水不宜洒得太多、太集中,最好在离身体20厘米处喷洒。如果在3米以外还可以嗅到身上的香水味,则表明用得太多。

⑤搽香水后不宜晒太阳,因阳光中的紫外线会使搽过香水的部位发生化学反应,严重的会引起皮肤红肿或刺痛,甚至诱发皮炎。

⑥不要同时将不同牌子的香水混用,因为那样会使香水变味或无效。

⑦夏日出汗后不宜再用香水,否则汗味和香味混杂在一起,给人留下污浊、不清新的感觉。因此多脂多汗处忌洒香水,以免怪味刺鼻。

⑧患有支气管哮喘或过敏性鼻炎的人,最好不要用浓香的香水。

⑨在工作时,应用清新淡雅的香水,这样才不会给人唐突的感觉。在运动旅游场合,就应用各品牌中标有"运动"字样的运动香水,而在私下亲密的时刻,当然可以用浓烈诱人的古典幽香了。在白天和冬季由于湿度低,香水应相应增加浓度。

2)化妆与脸型

(1)椭圆形脸。椭圆形脸可谓公认的理想脸型,化妆时宜注意保持其自然形状,突出其可爱之处,不必通过化妆去改变脸型。胭脂应涂在颊部颧骨的最高处,再向上向外揉化开去。唇膏除嘴唇唇形有缺陷外,尽量按自然唇形涂抹。眉毛可顺着眼睛的轮廓修成弧形,眉头应与内眼角齐,眉尾可稍长于外眼角。

(2)长形脸。长形脸在化妆时力求达到的效果应是增加面部的宽度。胭脂应注意离鼻子稍远些,在视觉上拉宽面部。抹时,可沿颧骨的最高处与太阳穴下方所构成的曲线部位,向外、向上抹开。打粉底时,若双颊下陷或者额部窄小,应在双颊和额部涂以浅色调的粉底,造成光影,使之变得丰满一些。画眉毛时应令其成弧形,切不可有棱有角。眉毛的位置不宜太高,眉毛尾部切忌高翘。

(3)圆形脸。圆形脸予人可爱、玲珑之感,若要修正为椭圆形并不困难。胭脂可从颧骨开始涂至下颌部,注意不能简单地在颧骨突出部位涂成圆形。涂唇膏时,可将上嘴唇涂成浅浅的弓形,不能涂成圆形的小嘴状,以免有圆上加圆之感。粉底可用来在两颊造阴影,使圆脸消瘦一点。选用暗色调粉底,从额头靠近发际处起向下涂抹,至颧骨下部可加宽涂抹的面积,使脸部亮度自颧骨以下逐步集中于鼻子、嘴唇、下巴附近部位。眉毛可修成自然的弧形,可作少许弯曲,不可太平直或有棱角,也不可过于弯曲。

(4)方形脸。方形脸的人以双颊骨突出为特点,因而在化妆时,要设法加以掩蔽,增加柔和感。胭脂宜涂抹得与眼部平行,切忌涂在颧骨最突出处,可抹在颧骨稍下处并往外揉开。粉底可用暗色调,在颧骨最宽处造成阴影,令其方正感减弱。下颚部宜用大面积的暗色调粉底造阴影,以改变面部轮廓。唇膏可涂丰满一些,强调柔和感。眉毛应修得稍宽一些,眉形可稍带弯曲,不宜有角。

(5)三角形脸。三角形脸的特点是额部较窄而两腮较阔,整个脸部呈上小下宽状。化妆时应将下部宽角"削"去,把脸型变为椭圆状。胭脂可由外眼角处开始,向下抹涂,令脸部的上半部分拉宽一些。粉底可用较深色调的粉底,在两腮部位涂抹、掩饰。眉毛宜保持自然状态,不可太平直或太弯曲。

(6)倒三角形脸。倒三角形脸的特点是额部较宽大而两腮较窄小,呈上阔下窄状。人们常说的"瓜子脸""心形脸",即指这种脸型。化妆时,诀窍恰恰与三角脸相似,需要修饰的部分则正好相反。胭脂应涂在颧骨最突出处,而后向上、向外揉开。粉底可用较深色调的粉底,涂在过宽的额头两侧,而用较浅的粉底涂抹在两腮及下巴处,造成掩饰上部、突出下部的效果。唇膏宜用稍亮些的唇膏以加强柔和感,唇形宜稍宽厚些。眉毛应顺着眼部轮廓修成自然的眉形,眉尾不可上翘,描时从眉心到眉尾宜由深渐浅。

3）补妆

化好妆后要检查化妆的效果，及时进行必要的调整和补充。化彩妆时，经常会出现妆容残缺的现象。在正式场合，以残妆示人，既有损形象，也显得不礼貌。

为了避免妆容残缺，化妆后要经常进行检查，特别是在出汗、用餐、休息后，要及时检查一下妆容。如果发现妆面残缺，要马上补妆。补妆的时候，要回避别人，在没有人的角落或洗手间进行。由于补妆只是局部性修补，应该以补为主，只需在妆容残缺的地方稍做弥补，不用抹掉旧妆重新化妆。如果晚上还有应酬的话，在临走之前要洗掉残妆，重新化一个清新的晚妆。晚妆可以稍微浓一些，同样也要注意补妆。

（三）肢部

肢部也就是手臂、腿和脚。在人际交往中，人的肢体因为动作最多，经常会受到特别的关注。

首先，注意手的修饰。在人际交往中，上肢往往是人们运用最频繁的身体部位。我们要勤洗手、修指甲或是用刷子刷洗，不要满是脏东西，还要保持手润滑细腻，可以经常涂抹护手霜。

其次，注意腿的修饰。人们常说："远看头，近看脚。"一个人的下肢尽管不是个人形象的主要代表，但也不能任其自然。千万不要被别人看成"凤凰头，扫帚脚"。出于文明和礼貌，最好别光腿。女性光腿，通常会被理解为故意在向异性显示自己的魅力。如果天气太热或工作性质特殊而需要光腿的话，必须注意选择长过膝盖的短裤或是裙子。少数女性的腿部也会长出一些腿毛，甚至还会出现腿毛浓密的情况。假如碰上这种情况，又要穿裙子，最好把腿毛处理掉，或是选择颜色较深而不透明的袜子。

最后，注意脚的修饰。在穿鞋前，首先要细心清洁好鞋面、鞋跟、鞋底等地方，做到一尘不染。为了美观，也是为了在整体上塑造良好的形象，工作时间，不允许赤脚穿鞋。一些服务人员，特别是窗口服务人员，在工作岗位上，都不要穿露脚趾和脚后跟的凉鞋或拖鞋，不要光脚。在修剪脚指甲的时候，不仅要注意让脚指甲长度适中、外形美观，还应保持干净，把趾甲周围出现的死皮一起剪掉。现在，时尚女性还给脚部化上彩妆，在脚指甲上涂抹彩色指甲油，但服务行业的女性不适合采用这种做法。

三、男士仪容

（一）发型发式

男士的发型发式要干净整洁，并且要注重修饰、修理。发色的乌黑亮泽是男性健康的标志之一，每两、三天洗发一次，用护发素，让头发自然晾干，不要过多吹发。用少许摩丝拉出发丝形状，使鬓角油亮整齐。

一般来说，头发不应该过长，男士前部的头发不要遮住自己的眉毛，侧部的头发不要盖住自己的耳朵，同时不要留过厚和过长的鬓角，后部的头发，应该不要长过自己西装衬衫领子的上部，但是干净的鬓角与发式因人而定。

图 7-3 所示为男士发型发式示例。

（二）面部修饰

1. 基本情况

一般情况下，男士在面部修饰的时候要注意两方面的问题。

图7-3 男士的发型发式示例

1）修剪胡须

胡须是男性的性征，不同的留须方法会反映不同的性格特征。一般，年轻人应每天将胡须刮得干干净净，然后用须后水调理皮肤的紧张感，适当选中性润肤品护理并拍打片刻，使皮肤保持弹性。

2）口气的清新

男士在商务活动中经常会接触到香烟、酒这样有刺激性气味的物品，所以要注意随时保持口气的清新。

2. 精致仪容

女性的美被公认为构成环境美的人文因素，而男士的美则是个有争议的话题。大多数男士习惯素面朝天，不在意仪容。随着社会的进步，男士的仪容也应承担起构筑社会文明风貌的责任，应该受到重视。精致的仪容同样折射出男士心态的从容、宽阔，责任和对环境的尊重，现代男士的美，不仅要更丰富些，而且更应该从仪容开始。

1）眉毛

学会修理眉毛，用镊子在眉弓缝间隔拔去少许（一根根拔），使杂眉形成规则自然的形状。在眉中不均匀的部分也拔出少许，使眉头至眉尾较为均匀。常用牙刷或眉刷梳理眉毛，少数向下的眉可以刷上少许透明眉胶向上梳理成整齐的流向。眉色太淡的人可以用眉色刷刷上深棕色或深灰色。

2）皮肤的保养

出入公众场合，不妨用与肤色相同的粉底液薄薄地抹匀，然后用干爽的面纸吸去多余油分，使皮肤自然。

3）眼睛

眼睛要明亮清晰，要用白色眼影粉在眉间扫匀，用眼线笔在眼睫毛根部以点加深底色，眼尾用少许灰色修正眼影。用透明睫毛油梳理睫毛使光泽自然，如此，可使男子双眸明亮有神，充满魅力。

4）嘴唇

双唇要滋润，尽量避免干燥的嘴唇出现，除多喝水之外，要常用护唇油、护唇膏，有时可选择肉色的或透明珠光的唇膏修饰唇中，使双唇滋润，更有魅力。

5）香水

选用合适你品味的香水，可以令你更加出众不俗，令人心仪。配合精致服饰搭配，可以让男子的笑容变成一股强大的力量，振奋了周围的人们有更饱满的精神。

任务二 仪表礼仪

任务描述

我们需要在本任务中学习仪表礼仪的相关概念,了解仪表礼仪的基本原则,理解商务男士和女士着装方面的规范,掌握西装、领带、鞋袜和饰物等仪表方面的注意事项和禁忌。

任务导入

中国某企业与德国一公司洽谈割草机出口事宜。按礼节,中方提前5分钟到达公司会议室。德方谈判人员中,男士个个西装革履,女士个个都穿职业装,到达后,中方人员全体起立,鼓掌欢迎。不料,德方脸上不但没有出现期待的笑容,反而均显示出一丝不快的表情。更令人不解的是,按计划一上午的谈判日程,半个小时便草草结束,德方匆匆离去。

思考题

1. 你觉得德方提前离开背后的原因是什么?

知识点精讲

仪表礼仪是商务活动中最基本的一种礼仪。得体的仪表,不仅是个人仪表美、素质高的表现,而且还是对他人的尊重。在不同场合,穿着得体、适度的人,给人留下良好的印象,而仪表不当,则会损害自身的形象。仪表的总体要求是大方、庄重、高雅,要从自己的经济情况、职业特点、体型、精神、气质出发,做到适中、和谐、均衡,给人以潇洒、稳健的感觉。如果在国外进行谈判,着装要尽可能与谈判对手国相匹配,尊重当地的习惯与东道主的要求。

一、基本原则

(一)着装的 TPO 原则

TPO(time,place,object)原则中,T 代表时间、季节、时令、时代,P 代表地点、场合、职位,O 代表目的、对象。着装的 TPO 原则是世界通行的着装打扮的最基本原则,它要求人们的服饰应力求和谐,以和谐为美。着装要与时间、季节相吻合,符合时令;要与所处的场合、环境相吻合;要符合着装人的身份。根据 TPO 原则,着装时应注意以下几个问题。

1. 与职业、场合、交往目的和对象相协调

这应该是着装的最核心原则。在国外,对服饰有着比较严格的要求,如晨礼服适于参加隆重典礼、就职仪式、星期日教室礼拜以及参加婚礼等场合;小礼服则适合参加晚6时以后举行的宴会、音乐会、剧院演出等活动。近年来,各国穿晨礼服、大礼服的情况越来越少,出现了穿普通西装就可以参加所有活动的趋势。但在国际商务谈判中,服饰着装仍具有不可忽视的作用,谈判中最符合职业、场合、交往目的的服装是男式西装、女式套装。这些服装具有庄重、略微保守、严谨、守信、敬业的属性,最能使对方有安全感和信任感,是谈判的首选服装。时装体现的是轻

松、休闲、散漫的气息,这与稳重、守信用、可靠、安全感不吻合。皮装、牛仔装更是冒险、不羁的体现。在国际商务谈判中,着装还应考虑对方国家和民族的习俗禁忌。

2. 与自身条件相适应

选择服装首先应该与自己的年龄、职务、体形、肤色、性格和谐统一。年长和职务高者,应选择款式简单而面料质地讲究的服装,而不宜太新潮;年轻人着装则以朴素、整洁而不失年轻人的青春气息为宜。另外,着装还应考虑自身的形体条件:身材矮胖、颈粗、圆脸形者,宜穿深色低"V"形领、大"U"形领套装,浅色高领服装则不适合;身材瘦长、颈细长、长形脸者宜穿浅色、高领或圆领服装;方形脸者宜穿小圆领或双翻领服装;身材匀称、形体条件好、肤色也好的人,着装范围则较广。

总之,着装最基本的原则是体现和谐美,上下装呼应和谐,饰物与服装色彩搭配和谐,与职务、年龄、职业、肤色、体形和谐,与时令、季节、环境和谐等。

(二)服装色彩的意义与搭配

颜色是电磁波波长的函数,定义域为 0.44 微米到 0.77 微米,值域为紫、蓝、青、绿、黄、橙、赤。颜色不仅是一种物理光学现象,也是一种视觉感受的心理现象。不同的色彩产生不同的主观感受,七种颜色以中间的绿色为界,波长较长的颜色为暖色调,波长较短的则为冷色调。红色象征热烈、活泼、兴奋、富有激情;粉红色象征活泼、年轻、明丽而娇美;橙色象征开朗、欣喜、活跃;黄色象征明快、鼓舞、希望、富有朝气;绿色象征安详、活泼、幼嫩;蓝色象征深远、沉静、安详、清爽、自信而幽远;紫色象征华丽、高贵;黑色象征沉稳、庄重、冷漠、富有神秘感。

颜色也有反差对比的概念。万绿丛中一点红就是因为红与绿有较大的反差对比,因此一点红就特别醒目。颜色是连续函数,没有明显的界线,为了方便,在七种颜色中间插入一个黄绿色,得到八种颜色,然后将其分成两组:赤、橙、黄、黄绿,绿、青、蓝、紫。赤和绿、橙和青、黄和蓝、黄绿和紫,形成四对反差对比最大的颜色组合。万蓝丛中一点黄,万红丛中一点绿,道理都是一样的。着装的颜色搭配原则是和谐,忌讳反差对比太大。红衣服绿裤子难看的原因就在这里。所谓搭配和谐,就是颜色要相近。颜色相近的本质,是波长长度相近,如红色与橙色、黄色与黄绿色等。服装的色彩是着装成功的重要因素。

服装配色以整体协调为基本准则。全身着装搭配最好不超过三种颜色,而且以一种颜色为主色调,颜色太多则显得乱而无序、不协调。灰、黑、白三种颜色在服装配色中占有重要位置,几乎可以和任何颜色相配并且都很合适。着装配色和谐的几种比较保险的办法是:一是上下装同色,即套装,以饰物点缀;二是同色系配色。利用同色系中深浅、明暗度不同的颜色搭配,整体效果比较协调。利用对比色(明亮度对比或相互排斥的颜色对比)搭配,一定要掌握好颜色的面积比例关系。对比色与主色调的面积之比一定要很小,如果是万绿丛中五千红,效果就会很糟糕的。如果对比色运用得当,会有相映生辉、耳目一新的亮丽效果。

(三)饰物礼仪

饰物指与服装搭配,对服装起修饰作用的其他物品,主要有领带、围巾、丝巾、胸针、首饰、提包、手套、鞋袜等。饰物在着装中起着画龙点睛、协调整体的作用。佩戴饰物应与脸型、服装协调。

在商务谈判这种社交场合中,穿金戴银不可太多、太豪华。因为对方往往是你的客户,是你的服务对象,如果你的饰物非常豪华,远远超过了客户,那么就会使对方心理不平衡,看着豪华的饰物,想着你的报价,认为你的价格水分太多,利润都到你的饰物上面去了,所以不利于与对方的合作。

饰物主要用于女士,但是女士在佩戴饰物时,要注意两类饰物最好不戴:一是贵重的珠宝饰物,这与谈判身份不合;二是过分展示性别魅力的首饰(胸针、脚链等),这会分散对方的注意力,诱使对方想入非非,既不尊重他人,也不尊重自己。

图 7-4 所示为饰物佩戴示例。

图 7-4　饰物佩戴示例

男士饰物一定不宜太多,太多则会少了阳刚之气和潇洒之美。一条领带、一枚领带夹,某些特殊场合,在西装上衣胸前口袋上配一块装饰手帕就够了。

总之,饰物的选用也应遵循 TPO 原则,重要的是以和谐为美。

二、商务男士着装规范

(一)西装的穿着要领

选择西装以大小合身、宽松适度、平整、挺括为标准。西装的选择最重要的不是价格和品牌,而是面料、裁剪、加工工艺等细节。面料的选择应当力求高档,一般情况下首选毛料。在款式上,应选样式简洁的,同时注重服装的质料、剪裁和手工的款式。在色彩选择上,以单色为主,藏蓝色、灰色较佳,建议至少要有一套深蓝色的西装,一般无图案为好,不要选择绘有花、鸟、鱼、虫、人等图案的西装。

西装的样式很多,领型有大驳头、小驳头之分;扣子有单排扣、双排扣之分;扣眼有一粒、两粒、三粒之分;口袋有明暗之别;套件还有两件套和三件套之异。

欧洲人偏向于选择双排扣的西装,而亚洲人则多选择单排扣的西装。单排扣也有不同数量的纽扣,作为商务西装,多以单排两粒扣或单排三粒扣为主。

1. 穿西装的要领

(1)熨烫平整。线条笔直、熨烫平整、得体挺括的西装穿在身上显得美观而大方,而脏兮兮、皱巴巴、美感尽失的西装穿在身上定会"惨不忍睹"。欲使西装穿在身上美观,除了定期进行干洗外,还要在每次正式穿着之前,对其进行认真熨烫,使其平整。要使西装平整还要做到细心呵护。

(2)不卷不挽。无论什么时间、什么场合,都不要把西装上衣的袖子挽上去,也不要把西装当披风一样披在肩上。

(3)拆除商标。在西装上衣左边袖子的袖口处,通常会缝有一块商标。按照规矩,你买下西装之后,服务生应该帮你拆掉,等于你这套西装启封了,但是在国内很少有这样的。于是,有人误认为袖子上有此一横是名牌的标志。其实,西装穿了很久商标依旧没有拆掉,定会见笑于人,有特意以此招摇过市之嫌。所以,在正式穿西装之前,一定要将商标拆掉。

(4)扣对纽扣。穿西装时,上衣纽扣的扣法尤为讲究。西装有单排扣和双排扣之别,其扣法也有不同的要求。双排扣西装是不能敞开怀的,无论站起来还是坐下,其纽扣都应扣上。而穿单排扣西装的要求是站起来时扣好,以示郑重;坐下来之后则要解开,以防西装扭曲走样。单排扣西装又有一粒扣、两粒扣、三粒扣,甚至四粒扣的区别。一般来讲,单排扣西装的扣法是"扣上不扣下",即最下面的扣子不扣。比如,两粒扣的话,只扣上边的那粒纽扣;三粒扣的话,上面的两个扣上,最下面的那个不扣,也可以只扣中间的那粒纽扣,上下的不扣。三粒以上的扣子是中间的扣上,上下的可以不扣,比如四粒扣中间的两粒扣上,上下可以不扣。

(5)少装东西。通常,西装上的口袋都有着各不相同的作用。上衣左胸的外口袋专供插装饰性手帕之用,上衣左右的内袋主要用于存放重要的证件凭据之类,有的上衣在腰节间设有一小口袋,主要用来放车钥匙、打火机之类的小物品。马甲上所设的4个口袋,用来放名贵的小件物品。西裤的2个后口袋,左袋专供放手帕用,有纽扣的右袋用于放钱包、笔记本之类的东西。钢笔、钱夹或名片夹等可以放在内侧的胸袋,外侧下方的两只口袋,原则上以不放任何东西为佳。总而言之,西装的口袋应该尽量少装东西,这样可以保证西装在外观上平整、不走样。一般情况下,男士的一些物品,像手机、笔记本、笔等可以放在自己的公文包里。

(6)杜绝穿夹克衫,也不允许将西装和毛衣、T恤衫及高领衫进行搭配。

图7-5所示为西装着装示例。

图7-5 西装着装示例

2.穿西装的"三个三"

西装穿着要讲究"三个三",即"三色原则、三一定律、三大禁忌"。"三色原则"是指男士在正式场合穿着西装时,全身颜色不能多于三种。"三一定律"是指男士穿着西装外出时,身上有三个部位的颜色必须协调统一,即鞋子、腰带、公文包的色彩必须统一。鞋子、腰带、公文包皆为黑色是最理想的选择。"三大禁忌"是指在正式场合穿着西装时,袖口上的商标未拆、穿着夹克打领带、袜子出现了问题。

(二)衬衫与西装的搭配艺术

衬衫应该是所有男士衣橱里最不可缺少的基础单品。衬衫看起来很简单,但是事实上却能在无形中体现男人的品质。正装衬衫以高支精纺的纯棉、纯毛制品为主,无图案为佳;颜色须为单一色彩,最好是白色。整体上来看,衬衫应挺括、整洁、无褶皱,大小合身,衣领和胸围要松紧适度。

在正式的商务应酬场合，男士衬衫的穿着要注意以下五个要点。第一，在正式场合，衬衫要配西装外套。穿长袖衬衫可以打领带，而穿短袖衬衫则最好不要打领带。值得注意的是，一出门，不管外面是刮风下雨还是酷热，一定要穿外套，因为长袖衬衫只限于室内活动。第二，男士在穿衬衫时，不要将衬衫下摆露在外面，也不可随便塞在裤腰里，要把下摆均匀地掖到裤腰里。第三，穿衬衫时，袖子不可以挽起来。一般情况下，衬衫袖子要长于西装袖子，最好在西装袖子外面露出1～3厘米。一般而言，衬衫领应高出西装领1～2厘米。第四，衬衫的纽扣扣法有讲究。在打领带的情况下，所有纽扣都应扣好，只有在不打领带时，才能解开衬衫的领口纽扣。第五，西装衬衫一定要大小合身，不能短小紧身，也不能过分宽松肥大。衬衫的衣领和胸围要松紧适度，下摆不能过短。

图7-6所示为衬衫着装示例。

图7-6　衬衫着装示例

（三）西裤与西装的搭配艺术

西裤是西装的组成部分，要与上装协调；裤子不得有褶，要有裤线；裤长以裤脚接触脚背最为合适；裤扣要扣好，拉链要拉严。

（四）男士佩戴领带的艺术

1. 领带的选择

（1）面料。领带要外形美观、平整，衬里不变形。在条件允许的范围内，应尽量选择真丝或者羊毛制成的领带，其次是工艺较好的棉、麻制成的领带，而以皮、革、绒、塑料等物制成的领带，在商务活动中均不宜佩戴。

（2）颜色。在商务活动中，领带的颜色不要浅于衬衣颜色，灰色、蓝色、黑色、棕色、紫红色等单色领带都是十分理想的选择。紫红色显得比较喜庆，而灰色、蓝色显得比较庄重。商界男士在正式的场合，应尽量少打艳色或浅颜色的领带。另外，领带的选配应与个人的年龄、爱好以及西装的颜色和谐一致。

（3）图案。在商务活动中，应尽量选择单色无图案的领带，或者是以圆点、方格、条纹等规则的几何图形为主要图案的领带。若选择条纹领带，应尽量选择斜纹、纵纹、横纹等，其中斜纹使用的较多。

（4）款式。领带的款式有箭头和平头之别。箭头领带就是领带的顶端有一个三角形的箭头，属于正装领带；平头领带就是领带的下端是平的，适应于非正式场合。另外，领带还有宽窄之分。挑选领带时，应注意使领带的宽度与本人的胸围和西装上衣的衣领协调，不宜反差过大。

(5)佩饰。领带佩饰的基本作用是固定领带,其次是装饰作用。常见的领带佩饰有领带夹、领带针和领带棒,但一次只能选用一种,切不可同时选用。选择领带佩饰时,应多考虑金属质地的制品,以素色为佳,形状和图案要简洁大方。

2.领带的系法

商务男士要出席正式场合,系领带也是一门艺术,领带打好之后,最佳的位置应该在皮带扣的上端,或者有一两厘米的距离。系领带通常采取以下几种方式。

1)piain knot 平结

平结是男士们选用最多的领带打法之一,如图7-7所示,几乎适用于各种材质的领带。完成后领带结呈斜三角形,适合窄领衬衫。

要诀:图7-7中,宽边在左手边,也可换右手边打;在选择"男人的酒窝"(形成凹凸)情况下,尽量让两边均匀且对称。

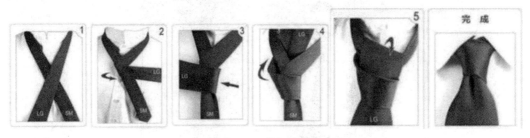

图7-7 平结打法步骤

2)double knot 双环结

一条质地细致的领带再搭配上双环结能营造时尚感,适合年轻的上班族选用。

要诀:该领带打法完成的特色就是第一圈会稍露出于第二圈之外,千万别刻意盖住了。

3)cross kont 交叉结

交叉结是单色素雅质料且较薄领带适合选用的领带打法。对于喜欢展现流行感的男士不妨多使用交叉结。交叉结的特点在于打出的结有一道分割线,适用于颜色素雅且质地较薄的领带,非常时髦。

要诀:注意按步骤打完的领带是背面朝前。

4)double cross knot 双交叉结

双交叉结很容易体现男士高雅的气质,适合正式活动场合选用。该领带打法应多运用在素色且丝质领带上,若搭配大翻领的衬衫不但适合还有种尊贵感。

要诀:宽边从第一圈与第二圈之间穿出,完成后集结充实饱满。

5)windsor knot 温莎结

温莎结是因温莎公爵而得名的领带结,是最正统的领带打法,如图7-8所示。打出的结成正三角形,饱满有力,适合搭配宽领衬衫。该集结应多往横向发展,应避免材质过厚的领带,集结也勿打得过大。

要诀:宽边先预留较长的空间,绕带时的松、紧会影响领带结的大小。

6)the prince albert knot 亚伯特王子结

亚伯特王子结适用于浪漫扣领及尖领系列衬衫,搭配质料柔软的细款领带。"男人的酒窝"两边略微翘起。

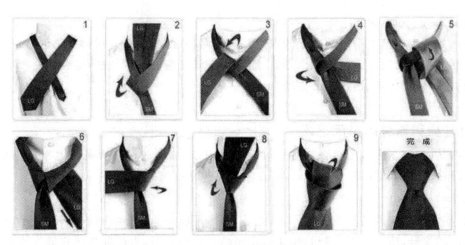

图 7-8　温莎结打法步骤

要诀：宽边先预留较长的空间并在绕第二圈时尽量贴合在一起，即可完成此完美结型。

7）the simple knot 简式结（马车夫结）

简式结适用于质地较厚的领带，最适合打在标准式及扣式领口衬衫上。简单易打，非常适合在商务旅行时使用。其特点在于先将宽端以 180 度由上往下扭转并将折叠处隐藏于后方完成打结。

这种领带结非常紧，流行于 18 世纪末的英国马夫中。待完成后可再调整其领带长度，在外出整装时方便快捷。

要诀：常见的马车夫结在所有领带的打法中最为简单，尤其适合厚面料的领带，不会造成领带结过于臃肿、累赘。

8）the trend knot 浪漫结

浪漫结是一种完美的结型，故适用于各种浪漫系列的领口及衬衫。浪漫结能够靠褶皱的调整自由放大或缩小，而剩余部分的长度也能根据实际需要任意掌控。浪漫结的领带结形状匀称、领带线条顺直优美，容易给人留下整洁严谨的良好印象。

要诀：领结下方的宽边压以皱褶可缩小其结型，也可将窄边往左右移动使其小部分出现于宽边领带旁。

9）the half-windsor knot 半温莎结（十字结）

半温莎结最适合搭配浪漫的尖领及标准式领口系列衬衣。半温莎结是一个形状对称的领带结，它比普瑞特结略大而比温莎结小。其打法看似很多步骤，做起来却不难，系好后的领结通常位置很正，如图 7-9 所示。

要诀：使用细款领带较容易上手，适合不经常打领带的人。

图 7-9　半温莎结打法步骤

10）the four-inohand 四手结

四手结是所有领结中最容易上手的,适用于各种款式的浪漫系列衬衫及领带。

通过四个步骤就能完成打结,故名四手结。它是最便捷的领带系法,适合宽度较窄的领带,搭配窄领衬衫,风格休闲,适用于普通场合。

要诀:类同平结。

(五)鞋袜和西装的搭配艺术

在配西装时,鞋子和袜子也要注意。对商界男士来说,鞋袜在正式场合也被视作足部的正装,所以,鞋袜的穿着要和西装相协调,要遵守相关的礼仪规范。

1. 鞋子的选择

(1)面料。选择与西装相配的鞋子,只能是皮鞋,不能穿凉鞋、运动鞋、布鞋,更不能穿拖鞋。与西装相配的皮鞋,应当是真皮制品而非仿皮制品。一般而言,牛皮鞋和西装最为般配,羊皮鞋和猪皮鞋则不甚合适。皮鞋要保持光亮整洁。

(2)颜色。商界男士在正式场合所穿的皮鞋,应当没有任何图案、装饰,按照惯例应为深色、单色。正装皮鞋的颜色一般要选黑色,黑色鞋被认为是万能鞋,它能配任何一种深颜色的西装。在休闲场合,可以选择跟裤子同样颜色的皮鞋。

(3)款式。皮鞋通常可分为时装皮鞋、休闲皮鞋和正装皮鞋。一般正装皮鞋都是光面的、三接头的、系带式的皮鞋。商界男士的皮鞋款式,理应庄重而正统。根据这一要求,系带皮鞋是最佳的选择,船形皮鞋、盖式皮鞋、拉锁皮鞋等各类无带的皮鞋,都不符合这一要求。再者,厚底皮鞋、高跟皮鞋或坡跟皮鞋,若穿在正式场合中只会显得不伦不类。

2. 袜子的选择

黑色的纯棉袜子是首选。袜子与西装的搭配不能忽视。通常,深色的袜子可以搭配深色的西装,也可以配浅色的西装。浅色的袜子只能配浅色的西装,不宜配深色西装。切勿用白色袜子配西装。无论什么场合,一定要穿成双的袜子。千万不要把原非一双的袜子随意穿在一起,尤其是色彩和图案有差异时,更是贻笑大方。袜子务必要一天一换、洗涤干净,以防止产生异味而令自己难堪,令他人难忍。穿袜之前,一定要检查有无破洞,有无跳丝,如果有,定要及时更换。

(六)佩戴饰物

在商务活动中,男士的饰物应少而精致。男士的饰品都有什么呢?首先是手表,其次是男士的公文包。

1. 男士手表

商务男士在社交场合佩戴手表,通常意味着时间观念强,作风严谨;而不戴手表,动辄向他人询问时间的人,则总会令人嗤之以鼻。有人强调说:"手表不仅是男人的首饰,而且是男人最重要的首饰。"在正式场合,商务男士所戴的手表往往体现其地位、身份和财富状况。在重要的场合穿西装时,要佩戴正装手表。正装手表一般是机械表,在款式上比较庄重,而不是电子表。要避免戴时装表、大碗表之类的手表。在颜色上,一般宜选择单色手表或双色手表,不应该选择三色或三种颜色以上的手表。不论是单色手表还是双色手表,其色彩都要高贵典雅、清晰。金色表、银色表、黑色表,即表壳、表带带有金色、银色、黑色的手表,是最理想的选择。另外,表的品牌要尽量与自己的社交地位、收入以及身份相吻合,如图7-10所示。

图 7-10 佩戴手表示例

2. 公文包

公文包被称为商务男士的"移动式办公桌",是其外出之际不可离身之物。商务男士所选择的公文包,有很多特定的讲究。手提式的公文包是最标准的公文包。一般要使用真皮的公文包,以牛皮、羊皮制品为最佳。色彩以深色、单色为好,一般情况下,黑色、棕色的公文包,是最正统的选择。除商标之外,商务男士所用的公文包在外表上不宜带任何图案、文字,否则有失自己的身份。放下公文包也是有讲究的,以放在自己右手下面的地板上为佳,这样,拿东西时更为方便。公文包切勿随便乱放,放在桌子上、沙发上都不合适。包里放什么东西也颇有讲究,手机、名片、通信录等,都应置于其内。无用之物千万别放在包里,尤其是别使之过度膨胀。放在包里的物品,一定要有条不紊地摆放整齐。

图 7-11 所示为公文包搭配示例。

图 7-11 公文包搭配示例

三、商务女士着装规范

商务女士着装要体现出道德魅力、审美魅力、知识魅力及行为规范魅力,着装可以不像男士那样受颜色的限制,具体有以下三个要求。第一,要和所处的环境相协调。在不同的环境、不同的场合,应该有不同的着装,与男士着装的总原则一致。第二,要和身份、角色一致。不论在工作中还是在社会生活中,每个人都扮演着不同的角色,有不同的身份,这样就有了不同的社会行为规范,所以,女士在着装打扮上也自然要符合规范。比如作为一个销售人员,就不可以穿着生产人员的职业装。第三,要和自身条件相协调。要了解自身的缺点和优点,用服饰来达到扬长避短的目的,以免在交往中遇到尴尬。

(一)女士职业装着装规范

职业女装是指公司、企业的女性从业人员,即办公室工作人员,也就是所谓的白领,在其工作场合所穿着的正式服装,它是职业女性的最正规的商务着装或工作装。作为商界女性,在职业装的穿着方面有很多的讲究。穿职业装要区分场合,不同场合有不同的穿着要求。

1. 正式、重要的洽谈场合

春秋季节应以西装、西装套裙为佳,如图 7-12 所示。在一般的会谈中,可以穿着一般的毛衣套装,只要能充分体现女性的自信、自尊即可。在夏季,着装可以是长、短袖衬衫配裙子、裤子或连衣裙等,裙外可加开衫。天冷外出时,可以外罩大衣。牛仔裤、旅游鞋、健美裤之类的服装不要在洽谈场合穿。

图 7-12 商务女士着装示例

女性的服装比男性更具个性的特色,合体、合意的服饰将增添女士的自信。商界女士在正式场合的着装以裙装为佳,在所有适合商界女士在正式场合所穿的裙式服装之中,套裙是名列首位的选择。著名设计师韦斯特任德说:"职业套装更能显露女性高雅气质和独特魅力。"此处重点介绍套裙的选择和搭配。

1)套裙的选择

总体而言,套裙在面料上的选择余地远比西装套装大得多。在外观上,套裙面料应平整、光洁、柔软、挺括,不起皱、不起球、不起毛;色彩以冷色调为主,体现出着装者的典雅与端庄;无图案,或以条纹、圆点、方格等规则几何图形为主要图案;不宜有过多的点缀。

套裙的穿法讲究大小适度、长短适宜、穿着到位、协调妆饰、兼顾举止。过宽松或过紧身、过长或过短的套裙,都不宜贸然穿着。在正式露面前,应仔细检查纽扣是否扣好、拉链是否拉好、着装、化妆与配饰是否风格统一,举止仪态是否优雅。

2)衬衫的选择

面料要求轻薄柔软,可选择真丝、麻纱、纯棉面料;色彩要求雅致端庄,且不失女性的妩媚,只要不是过于鲜艳的颜色,不和套裙的色彩排斥,各种色彩的衬衫均可;衬衫色彩要与套裙的色彩相协调,内深外浅或外深内浅,形成深浅对比,最好无繁杂图案。

穿衬衫时,衬衫下摆掖入裙腰里,纽扣要一一扣好,不可在外人面前脱下上衣、直接以衬衫面对对方。在正式的商务场合中,无论什么季节,正式的商务套装都必须是长袖的。

2. 社交场合

社交场合是指宴会、舞会、音乐会。在这种场合,如果你穿着很正式的制服,会破坏整体气氛。在社交场合,穿着应追求个性,与众不同,标新立异。这是个强调着装个性的时候,而工作时则强调着装的共性。

3. 休闲场合

休闲场合是指逛街、锻炼身体、游玩等与工作无关的场合。这时候,着装强调舒适自然,只要不违背伦理道德,不影响个人安全,可以随便穿。

总之,商界女性的着装,在工作场合一定要注意保守庄重,避免过分前卫、与众不同。

(二)女士着装五大禁忌

一般来讲,商务女士在正式的场合穿裙装有以下五个方面的禁忌。

1. 忌穿裙装不协调

皮裙、迷你裙、吊带衫(裙)、七分裤等服装不适合商务场合。职业裙装的裙子应该长及膝盖,坐下时直筒裙会自然向上缩短,如果裙子缩短后离膝盖的长度超过10厘米,就表示这条裙子过短或过窄。

2. 忌鞋袜与裙装不协调

一般情况下,与套裙配套的鞋子是皮鞋,最佳选择是黑色牛皮鞋,也可选择和套裙同一色彩的皮鞋。样式则选择高跟、半高跟的船式皮鞋或盖式皮鞋,不宜选择系带式、丁字式皮鞋以及皮靴、皮凉鞋等。在商务场合,尤其是参加正式的商务活动时,应该避免穿着靴子。

穿商务套装时,女士最好穿丝袜,肉色的丝袜可以搭配任何服装。穿深色套装时也可以搭配黑色丝袜,但切忌搭配渔网、暗花之类过于性感的丝袜。丝袜的长度很重要,切忌穿裙子时搭配短丝袜。切勿将健美裤、九分裤等裤装当成长袜来穿。袜子应当完好无损,避免袜口外现或袜子走丝、有残破,可在皮包内放一双备用丝袜,以便当丝袜被弄脏或破损时可以及时更换,避免难堪。不论是鞋子还是袜子,其图案和装饰都不宜过多。

3.忌穿裙装时光腿

在正式场合,讲究的女士都不穿凉鞋,如果非要穿的话,她们会穿那种前包脚趾,后包脚跟的女士正装凉鞋。并且,要穿凉鞋的话,标准的穿法是不穿袜子,所以正式场合不穿凉鞋,以避免光腿。

4.忌"三截腿"

"三截腿"是指穿半截裙子时,穿半截袜子,裙子和袜子之间露出一段腿肚。如果说,男士穿西装最容易丢人的情况是白袜子配西装的话,那么女士穿裙装最容易"露怯"的情况便是"三截腿"了。总之,男士白袜子、女士"三截腿"是职业装里最容易贻笑大方的。

5.忌穿着暴露

在正式场合穿着过露、过紧、过短和过透的衣服,如短裤、背心、超短裙、紧身裤等,就容易分散他人的注意力,同时也显得你不够专业。还要注意切勿将内衣、衬裙、袜口等露在外衣外面。

(三)提包

女士用的提包不一定是皮包,但必须质地好、款式庄重并与服装相配,如图7-13所示。

图7-13 提包、围巾搭配示例

(四)围巾

在正式场合使用的围巾要庄重、大方,颜色要兼顾个人爱好、整体风格和流行时尚,应选择典雅、庄重的图案,如图7-13所示。

(五)佩戴饰物

1.佩戴饰物的原则

得体的首饰、化妆可以给人以淡雅、端庄、大方的感觉,使人尊重之情油然而生;相反,过分鲜艳、俗气的首饰、化妆则给人留下轻浮、不自重的印象,甚至引起对方的反感与轻视。饰物的选择要以服装为依据,要与服装整体风格保持一致,并且,饰物应简单大方,这样更容易达到一种完整性、和谐性。

饰物的佩戴应遵循以下三个原则。第一,点到为止,恰到好处。装饰物的佩戴不要太多,最好保持在三件以内,不戴亦可。如果浑身上下珠光宝气,挂满饰物,就没有了美感,会给别人一种庸俗的感觉。第二,扬长避短,显优藏拙。装饰物是起点缀作用的,要通过佩戴装饰物突出自己的优点,掩盖缺点。例如脖子短而粗的人,不宜戴紧贴着脖子的项链;个子矮的人,不宜戴长围巾,否则会显得更加矮小。第三,突出个性,不盲目模仿,佩戴饰品要突出自己的个性,不要盲目地追随别人,别人戴着好看的东西,不一定适合自己。比如,西方女性嘴大、鼻子高、眼窝深,戴一副大耳环显得漂亮;而东方女性适合戴小耳环,以突出东方女性含蓄、温文尔雅的特点。第四,同质同色,即佩戴一件以上的首饰时,要讲究质地相同,色彩一致,黑色首饰不能在洽谈活动中佩戴。

2. 商务女士佩戴饰物的种类

1)项链

项链是受到女士青睐的主要饰物之一,它在改变脸型、颈部轮廓方面具有很好的效果,挂件的选择一般以心型、几何型和动物类为宜,须注意特殊的禁忌,注意图形文字不要触犯了对方的习俗禁忌。

一般来说,短项链可以使脸部变宽、脖子变粗。对于大多数商界女士来说,长脸、长脖子的人应佩戴颗粒大而短的项链,这样在视觉上能减少脖子的长度;脖子短的人要佩戴颗粒小而长的项链;方形脸、短脖子的人应佩戴长项链,穿领口大一点、低一点的上衣,使项链充分显露出来;瓜子脸的人可佩戴稍粗的、中等偏短的粗犷型项链。

项链的佩戴还应和年龄及体型相协调。一般来说,中老年人以选择质地上乘、工艺精细的金银、玉饰等项链为好;而青年人肤色滋润、朝气蓬勃,以选择质地颜色好、款式新的项链为佳。另外,与项链配套的项链坠,其形状、大小各异,选择时,要优先考虑它是否与项链般配、协调。在正式场合中,商务女士不要选用夸张怪异的项链坠,也不要同时佩戴两个或两个以上的项链坠。

2)戒指

戒指的种类繁多,从造型上讲,商务女士佩戴戒指讲究小巧玲珑,注重艺术化。戴戒指时,一般只戴在左手,而且最好只戴一枚,最多可以戴两枚。戴两枚戒指时,既可戴在左手两个相连的手指上,也可戴在两只手对应的手指上。戴薄纱手套时,戒指应戴于其内。在国际商务谈判中,左手小指不允许戴戒指。

3)耳环

耳环也是商务女士的主要饰物之一。每一位商务女士都必须根据自己的肤色、脸型、发型、服装等来选配耳环。瘦脸型的人可戴大而圆的耳环,这样可以对瘦而窄的脸庞进行弥补;圆形脸的人可戴方形、三角形、水滴形耳环、耳坠,这样使脸型修长、俊俏,看上去更为协调;方形脸的人可戴长椭圆形、弦月形、新叶形、单片花瓣形耳环,这样使方形脸庞多一点曲线美;瓜子脸的女性可戴圆形或重坠型耳环;三角形脸的人适合戴宝石扣状耳环等。

4)手镯、手链

通常情况下,手镯可以只戴一只,也可以同时戴两只。戴一只时,应戴在左手腕上;戴两只时,可以一只手戴一只,也可以两只都戴在左手腕。在一般情况下,手链应仅戴一条并应戴在左手腕上。

5)胸针

胸针的选择要以质地、造型、做工精良为标准,胸针样式要注意与脸型协调。通常,长形脸宜配近于圆形的胸针;圆形脸应配长方形胸针;如果是方形脸,则适宜配圆形胸针。胸针可别在胸前,也可别在领口、襟头等位置。佩戴领针,数量以一枚为限。而且不宜与胸针、纪念章、奖章、企业徽记等同时使用。

此外,在选择佩戴饰物时,要注意造型、款式和色彩上的协调。在正式场合中,选用与服装相称的饰品显得隆重而气度不凡。再者,饰物的选择、佩戴还要因人而异,根据不同的体型规则选配不同的饰物,使饰物为自己的体型扬长避短。

任务三 体态礼仪

任务描述

我们需要在本任务中学习体态礼仪的相关概念,了解体态礼仪的构成,理解站姿、坐姿、行姿和蹲姿的标准动作,掌握男女生站姿、坐姿、行姿和蹲姿的不同点和禁忌。

任务导入

20世纪90年代,一家知名的大公司到一所大学招聘应届毕业生,该大学推荐了两位候选人。这两位学生都是学校的优等生。其中一个穿着打扮适中,言谈也非常得体,但是一坐下来就会高跷二郎腿,给人一种傲慢不羁的感觉。第二个人正在操场踢球,闻讯后急忙跑回办公室,当时出了一身汗,一副衣冠不整的样子。当他知道事情原委之后,马上向来者致歉。来者笑道:"没有关系,可以坐下来随便谈谈。"这个人连忙说道:"谢谢!"这个人坐下后,双腿稍微合拢,双手放在腿上,上身端正挺拔。端正的坐姿,给人一种谦逊、严谨的印象,来人对他由衷赞赏。结果此人被录用。由此可见,由于两个人的坐姿不同,他们的前程也就大相径庭了。

思考题

1. 两名候选人身上分别出现了哪些体态礼仪方面的问题?

知识点精讲

形体姿态简称体态,是举止礼仪的重要内容。体态美是一种极富魅力和感染力的美,它能使人在动静之中展现出人的气质、修养、品格和内在的美。从某种意义上说,一个人的各种体态,更引人注目,形象效应更为显著。姿态举止往往胜于言语而真实地表现人的情操。端正秀雅的姿态,从行为上展示着一个人内在的持重、聪慧与活力。如果一个人容貌俊秀,衣着华贵,但没有相应的姿态行为美,便给人一种虚浮粗浅感。形体姿态主要包括站、坐、行、蹲四个方面,"站如松,坐如钟,行如风,蹲如铁"。也就是说坐立行,应当坐有坐相,站有站态,走有走姿,蹲有蹲状,这是古人提出的姿态范式,今天仍可供我们借鉴。

一、站姿

俗话说:"站如松。"站姿是人类的一种象征,男子的站姿如"劲松"之美,具有男子汉刚毅英武、稳重有力的阳刚之美;女子的站姿如"静松"之美,具有女性轻盈典雅、亭亭玉立的阴柔之美。正确的站姿是自信心的表现,会给人留下美好的印象,如图7-14所示。

(一)标准的站姿

标准的站姿要求抬头、挺胸、收腹、提臀、下颌微收;两肩平齐,微微放松,双臂自然下垂,两腿立直,脚跟靠拢,脚尖夹角约 60 度;两眼平视前方,表情自然,面带微笑。

站着与人交谈时,双手或下垂或叠放于下腹部,右手放在左手上,不可双臂交叉,更不能两手叉腰、将手插在裤袋里或下意识地做小动作,但可以随谈话内容适当做些手势加以辅助说明。

图 7-14　站姿示例

(二)女生的站姿

1. V 字形站姿

军训时、升国旗仪式时、正式场合时需要此种站姿。

抬头、挺胸、收腹、提臀、下颌微微内收,颈部挺直,双肩放松,两手在肚脐处呈交叉式放置或者两手并拢,手指中指紧贴裤缝,整个身体呈军姿站立。腰部自然挺直,双肩放松,呼吸自然匀称。双脚脚后跟并拢,脚尖分开成 60°左右,两腿需微用力。

2. 丁字步站姿

一般情况下左脚在前右脚在后,左脚的脚后跟放于右脚的脚窝处,两脚呈丁字形站立,抬头、挺胸、收腹、提臀、下颌微微内收,颈部挺直,双肩放松,两手在肚脐处呈交叉式放置。腰部自然挺直,双肩放松,呼吸自然匀称,如图 7-15 所示。

(三)男生的站姿

1. V 字形站姿

身体立正,抬头挺胸,下颌微收,双目平视,嘴角微闭,双手自然垂直于身体两侧,双膝并拢,两腿绷直,脚跟靠紧,脚尖分开呈"V"字形。

2. 分开式站姿

身体立正,抬头挺胸,下颌微收,双目平视,嘴角微闭,双脚平行分开,两脚之间距离不超过肩宽,一般以 20 厘米为宜,双手手指自然并拢,右手搭在左手上,轻贴于腹部,不要挺腹或后仰。

3. 双手交叉式站姿

身体立正,抬头挺胸,下颌微收,双目平视,嘴角微闭,双脚平行分开,两脚之间距离不超过肩宽,一般以 20 厘米为宜,双手在身后交叉,右手搭在左手上,贴于臀部。

图 7-15 丁字步站姿

(四)谈判中不同的站姿传递的信息

(1)背脊笔直给人充满自信、乐观豁达、积极向上的感觉。

(2)弯腰曲背给人缺乏自信、消极悲观、甘居下游的感觉。

(五)站立时应注意的事项

不宜探头或者低头,站立时不能倚靠柱子、桌子;站立时,女生不能分开腿站立,更不能抖动双腿或者晃动身体;站立时不能含腰驼背;在正式场合站立时禁止双手抱胸、随意摆弄手指或者将手放入口袋,嘴里禁止吃口香糖。

二、坐姿

俗话说:"坐如钟。"坐姿是人际交往中人们采用最多的一种姿势,它是一种静态姿势。优雅的坐姿给人一种端庄、稳重、威严的美。

(一)女士坐姿

(1)入座时,从椅子的左边入座以及从椅子的左边站立是一种礼节。轻稳地走到座位前,转身后退,轻稳地坐下。如果是裙装,应用手将裙摆稍稍拢一下,不要坐下后再拉拽衣裙,那样不优雅。

(2)坐下后,上体自然坐直,立腰,双肩平正放松。双腿平行放好,双膝自然并拢,双脚平落在地上。双手掌心向下放置在腿上,放在椅子、沙发的两侧扶手上或两手掌相握、掌心向下置于腿面上。

(3)坐在椅子上,至少应坐满椅子的三分之二,脊背轻靠椅背。

(4)端坐时间过长时可换一下姿势:将两腿并拢,两脚同时向左或向右放,两手叠放,置于左腿或右腿上形成优美的"S"形,也可以两腿交叉重叠,但要注意将上面的小腿回收,脚尖向下。

(5)起立时,右脚向后收半步,而后站立。

坐姿还要根据椅子的高低以及有无扶手和靠背来选择,两手、两腿、两脚还可有多种摆法,如图7-16所示,但两腿叉开或成四字形的叠腿方式是很不合适的。

图7-16 女士坐姿

(二)男士坐姿

(1)入座时要轻、稳、缓。走到座位前,转身后轻稳地坐下。如果椅子位置不合适,需要挪动椅子的位置,应当先把椅子移至欲就座处,然后入座。

(2)身体重心应该垂直向下,腰部挺直,两腿略分开,与肩膀同宽,看起来不至于太过拘束。

(3)头部要保持平稳,目光平视前方,神态从容自如,脸上保持轻松和缓的笑容,双肩平正放松,两臂自然弯曲放在腿上,亦可放在椅子或是沙发扶手上,以自然得体为宜,掌心向下。两膝间可分开一拳左右的距离,脚态可取小八字步或稍分开以显自然洒脱之美,但不可尽情打开腿脚,那样会显得粗俗和傲慢。

(4)如长时间端坐,可双腿交叉重叠,但要注意将上面的腿向回收,脚尖向下。两脚应尽量平放在地,大腿与小腿成直角,双手以半握拳的方式放在腿上,或是椅子的扶手上。

(5)如果是侧坐,应该上半身与腿同时转向一侧,面部仍是正对正前方,双肩保持平衡。坐在椅子上,应至少坐满椅子的2/3,宽座沙发则至少坐1/2。落座后,10分钟内不要靠椅背。时间久了,可轻靠椅背。

(6)离座时要自然、稳当,右脚向后收半步,而后站起。

谈话时应根据交谈者方位,将上体双膝侧转向交谈者,上身仍保持挺直,不要出现自卑、恭维、讨好的姿态。坐在沙发上时,姿势应端正,态度安详,整个身体不要往内靠。

图7-17所示为男士坐姿。

(三)谈判中不同的坐姿传递的信息

(1)挺着腰笔直的坐姿,表示对对方或对谈话有兴趣,同时也是一种对人尊敬的表现。

(2)弯腰曲背的坐姿,是对谈话不感兴趣或感到厌烦的表现。

(3)斜着身体坐,表示心情愉快或自感优越。

(4)双手放在跷起的腿上,是一种等待、试探的表现。

(5)边坐着一边双手摆弄手中的东西,表示一种漫不经心的心理状态。

图7-17 男士坐姿

(四)克服不雅的坐姿

1. 坐姿中腿的不雅表现

(1)双腿叉开过大。双腿如果叉开过大,不论大腿叉开还是小腿叉开,都非常不雅。特别是身穿裙装的女士更不要忽略这一点。

(2)落座后将双腿架在一起。入座后将两条腿架在一起,在公共场所是十分不妥的动作。正确的方法应当是两腿并拢。如果把一条小腿架在另一条大腿上,两者之间还留出大大的空隙,就显得有些放肆了。

(3)双腿直伸出去。双腿直伸出去既不雅观,也妨碍别人。身前如果有桌子,双腿尽量不要伸到外面来。

(4)将腿放在桌椅上。有人为图舒服,喜欢把腿架在高处,甚至抬到身前的桌子或椅子上,这样的行为是非常粗野的。把腿盘在座椅上也不妥。

(5)腿部抖动摇晃。坐在别人面前,反反复复地抖动或摇晃自己的腿部,不仅会让人心烦意乱,而且也给人极不安稳的印象。

2. 坐姿中脚的不雅表现

(1)脚尖指向他人。不管具体采用哪一种坐姿,都不宜将本人的脚尖指向别人,因为这一做法是非常失礼的。

(2)脚尖高高翘起。坐下后,如以脚部触地,通常不允许以脚跟接触地面,将脚尖翘起。如若双脚都这样,则更是一种严重的失礼行为。

(3)脚蹬踏他物。坐下后,脚要放在地上,如果用脚在别处乱蹬乱踩,是非常失礼的。

3. 坐姿中手的不雅表现

(1)手触摸脚部。就座后用手抚摸小腿或脚部是极不卫生又不雅观的动作。

(2)双手抱在腿上。双手抱腿是一种惬意、放松的休息姿势,但在会见外宾之时是不可做的。

(3)将手夹在腿间。有人坐下来之后,习惯将双手夹在两腿之间,这一动作会显得胆怯或害羞。

(4)肘部支于桌上。用双肘支在前面的桌上或上身伏在桌上,对周围的人来说,显然不够礼貌。

三、行姿

俗话说:"行如风。"这说的是行姿,行姿始终处于动态之中,体现了人类的运动之美和精神风貌。男士的行姿要刚健有力,豪迈稳重,有阳刚之气;女士的行姿要轻盈自如,含蓄飘逸,有窈窕之美。

行走姿势是每一个人最基本的行为动作,也是行为礼仪中必不可少的内容。因为每个人行走比站立的时候要多,而且行走一般又是在公共场合进行的,所以,要非常重视行走姿势的培养和调整。其中,步度、步位、步韵极为重要。

(一)标准的行走姿势要求

(1)头正。双目平视,收颔,表情自然、平和。

(2)肩平。两肩平稳,防止上下前后摇摆。双臂前后自然摆动,前后摆幅为 30 度~40 度,两手自然弯曲,在摆动中离开双腿不超过一拳的距离。

(3)躯挺。上身挺直,收腹立腰,重心稍前倾。

(4)步位直。两脚尖略开,脚跟先着地,两脚内侧落地,走出的轨迹要在一条直线上。

(5)步幅适度。行走中两脚落地的距离大约为一个脚长,即前脚的脚跟距后脚的脚尖相距一个脚的长度。应当说明的是,不同的性别、不同的身高、不同的着装,走路的步幅会有些差异。女性在穿裙装、旗袍或高跟鞋时,步幅应小一些;相反,穿休闲长裤时步伐就可以大些,凸显穿着者的靓丽与活泼。

(6)步速平稳。行进的速度应当保持均匀、平稳,不要忽快忽慢。在正常情况下,步速应当自然舒缓,显得成熟、自信。行走时要防止八字步和低头驼背,不要摇晃肩膀和双臂,不要扭腰摆臀、左顾右盼和扭捏作态,脚不要擦地面。

(二)女性行走姿势特点

头部端正,但不宜抬得过高,目光平和,直视前方。行走时上身自然挺直,收腹,两手前后摆动幅度要小,两腿并拢,小步前进,走成直线,步自如、匀称、轻柔,以表现女性端庄、文静、典雅的气质,如图7-18所示。

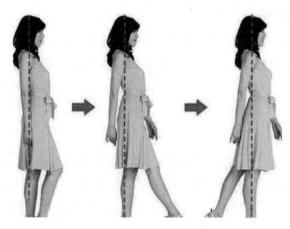

图7-18 女性行走姿势

(三)男性行走姿势特点

昂首、闭口、两眼平视前方,挺胸、收腹、直腰,行走时上身不动,两肩不摇,步态稳健,以显示出男性刚强、雄健、英武、豪迈的风度。

(四)变向行走姿势

变向行姿是指在行走中改变方向。正确的变向行姿,体现出规范的动作和优美的步态。

(1)后退步。与人告别时,应当先后退两三步,再转身离去。退步时脚轻擦地面,步幅要小,先转身后转头。

(2)引导步。引导步是用于走在前边给宾客带路的步态。引导时,要尽可能走在宾客左侧前方,整个身体半转向宾客方向,保持两步的距离,上下楼梯、拐弯、进门时,要伸出左手示意并提醒客人上楼、进门等。

(3)前行转身步。在前行中要拐弯时,须等距离所转方向远侧的一脚落地后,再以该脚掌为轴,转过全身,然后迈出另一脚,即向左转弯,须右脚在前时再转身,向右转弯,须左脚在前时转身。

(五)行走礼仪注意事项

(1)有急事时可加快步伐,但不要慌张奔跑;两人同行不要搭肩而行,多人行走不要横向排成一排。

(2)忌以脚代手、用脚开门、将脚掌印踩在墙上。

(3)上下楼梯和乘扶梯时要注意靠右行、靠右站。注意保持身体直立,双眼最好平视前方。公共场合要注意缓行,男士如果体力允许可以两梯一步,但女士最好是一梯一步。

(4)乘电梯时,不能高声喧哗,最好不要交谈。要注意礼让,先下后上,先进电梯的人应靠里墙站立。电梯开门后,靠近电梯门者应先下梯,让其他人出梯,再回梯内续乘。梯内人员超载时,最后一名乘客应主动退出电梯。

四、蹲姿

蹲姿是在特定情况或特定服务中采用的一种暂时性的体态,比如"蹲式服务"或者蹲拾物品。蹲姿注重"稳"和"雅"。

(一)标准的蹲姿要求

下蹲时一脚在前,一脚在后,两腿向下蹲,前脚全着地,小腿基本垂直于地面,后脚脚跟提起,脚尖着地。女性应靠紧双腿,男性则可适度的将其分开。臀部向下,基本上以后腿支撑身体。

(二)蹲姿类型

1. 交叉式蹲姿

站立时双腿交叉,右脚在前,左脚在后;下蹲时右小腿垂直于地面,全脚着地;左膝由后面伸向右侧,左脚跟抬起,脚掌着地;两腿靠紧,合力支撑身体;臀部向下,上身稍前倾。交叉式蹲姿通常适用于女性,尤其是穿短裙的人员,它的特点是造型优美典雅。基本特征是蹲下以后腿交叉在一起,如图7-19所示。

图7-19 交叉式蹲姿

2. 高低式蹲姿

双腿靠紧但不并排在一起,而是右脚在前,左脚稍后。向下蹲后右脚全脚着地,小腿基本垂直于地面,左脚脚跟提起,脚掌着地。左膝低于右膝,左膝内侧靠于右小腿内侧,形成右膝高、左膝低的姿态,臀部向下,基本上以左腿支撑身体。男性在选用这一方式时往往更为方便,女士也可选用这种蹲姿。

3. 半跪式蹲姿

两腿一蹲一跪。在下蹲后,改为一腿单膝点地,臀部坐在脚跟上,以脚尖着地。另外一条腿,应当全脚着地,小腿垂直于地面。双膝应同时向外,双腿应尽力靠拢,如图 7-20 所示。它也是一种非正式蹲姿,多用在下蹲时间较长或为了用力方便时。

图 7-20 半跪式蹲姿

4. 半蹲式蹲姿

身体半立半蹲。下蹲时,上身稍许弯下,但不宜与下肢构成直角或锐角;臀部向下而不是撅起;双膝略微弯曲,角度可根据需要调整,但一般均应为钝角;身体的重心应放在一条腿上。两腿之间不要分开过大。此蹲姿一般在行走时临时采用,它的正式程度不及前两种蹲姿,但在需要应急时也采用。

(三)注意事项

(1)蹲下来的时候,不要速度过快。当自己在行进中需要下蹲时,要特别注意这一点。

(2)在下蹲时,应和身边的人保持一定距离。和他人同时下蹲时,更不能忽略双方的距离,以防彼此"迎头相撞"或发生其他误会。

(3)弯腰捡拾物品时,两腿叉开,臀部向后撅起,是不雅观的姿态,两腿展开平衡下蹲,其姿态也不优雅,尤其是身着裙装的女士。

(4)下蹲时,注意背后的上衣自然上提,露出内衣或腰部,切记"不可以露,不可以透"。

(5)当要捡起落在地上的东西或拿取低处物品的时候,应先走到要捡或拿的东西旁边,再使用正确的蹲姿,将东西拿起,如图 7-21 所示。

(6)不要蹲在凳子和椅子上,尤其是公共场所。

图 7-21 拾物时的蹲姿

项目小结

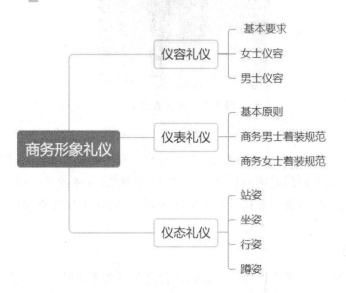

课后巩固

一、单选题

1. 当要下蹲取物时，上体（　　）。
   A. 自然弯曲　　　　　　　　B. 一定要保持正直
   C. 尽量保持正直　　　　　　D. 可弯曲、可正直

2. 男士入座时，（　　）。
   A. 双手平放　　B. 双手放膝上　　C. 双手趴在桌上　　D. 双手放两侧

3. 社交场合坐椅子，一般坐椅子面的（　　）。

A. 三分之一　　　　B. 二分之一　　　　C. 三分之二　　　　D. 坐满全部

4. 仪态礼仪是一个人内在（　　）的外在表现。

A. 修养　　　　　　B. 思想　　　　　　C. 情感　　　　　　D. 道德

5. 用睫毛膏刷上睫毛时眼睛（　　）。

A. 向下看　　　　　B. 向上看　　　　　C. 向左看　　　　　D. 向右看

6. 在商务交往过程中，务必要记住（　　）。

A. 摆正位置　　　　　　　　　　　　　B. 入乡随俗

C. 以对方为中心　　　　　　　　　　　D. 以上都不对

7. 无论是男士还是女士，出席重要场合时，（　　）的颜色应该一致。

A. 包与皮鞋　　　　　　　　　　　　　B. 皮鞋与皮带

C. 包与帽子　　　　　　　　　　　　　D. 以上都不对

二、多选题

1. 站姿训练的方法有（　　）。

A. 背靠墙　　　　　　　　　　　　　　B. 两人背靠背

C. 头顶书本　　　　　　　　　　　　　D. 对镜训练

2. 西装、衬衫、领带如何搭配（　　）。

A. 深—浅—深搭配法　B. 浅—中—浅搭配法

C. 深—中—深搭配法　D. 深—中—浅搭配法

3. 着装的 TPO 原则中，T、P、O 是指（　　）。

A. 时间、季节、时令、时代　　　　　　B. 地点、场合、职位

C. 身份、地位　　　　　　　　　　　　D. 目的、对象

4. 皮肤的类型有（　　）。

A. 干性　　　　　　B. 油性　　　　　　C. 中性　　　　　　D. 混合性

5. 西服穿着的三大禁忌包括（　　）。

A. 袖口上的商标没有拆

B. 在正式场合穿着夹克打领带

C. 正式场合穿着西服、套装时袜子出现问题

D. 西装没有熨平

三、问答题

1. 简述站姿的要领。

2. 简述正确坐姿的要领。

3. 简述正确蹲姿的要领。

4. 简述仪表礼仪的基本原则。

5. 简述女士仪容的注意点。

四、综合实训

某公司招聘文秘人员，由于待遇优厚，应聘者很多。中文系毕业的小张同学前往面试，她的背景材料可能是最棒的：大学四年，在各类刊物上发表了 3 万字的作品，内容有小说、诗歌、散

文、评论、政论等,还为六家公司策划过周年庆典,英语表达也极为流利,书法作品也堪称佳作。小张五官端正,身材高挑、匀称。面试时,招聘者拿着她的材料等她进来。小张穿着迷你裙,上身是露脐装,涂着鲜红的唇膏,轻盈地走到一位面试官面前,不请自坐,随后跷起了二郎腿,笑眯眯地等着问话,孰料,三位招聘者互相交换了一下眼色,主面试官说:"张小姐,请回去等通知吧。"她喜形于色:"好!"挎起小包飞跑出门。

思考题:

小张能等到录用通知吗?为什么?假如你是小张你打算怎样准备这次面试?

项目八
商务交往礼仪

SHANGWU GOUTONG YU LIY

知识目标

1. 理解见面、拜访、迎送接待和馈赠的概念及顺序。
2. 了解见面礼仪基本程序及其构成和禁忌。
3. 了解拜访的种类,理解信函、电话和现场拜访的过程。
4. 了解迎送接待的三个基本过程,理解准备工作、迎送工作和现场接待的要点和程序。
5. 掌握迎送工作中的时间、现场和住宿乘车等礼仪。
6. 了解馈赠和接收礼品的注意事项。

能力目标

1. 在日常交往中能正确进行称呼、问候、致意、介绍、握手。
2. 在日常赴约过程中,能正确进行现场拜访。
3. 在日常乘车过程中能坐对座位。
4. 在日常交往中能正确掌握赠送礼品的度。

任务一　见面礼仪

任务描述

我们需要在本任务中学习见面礼仪的相关概念,了解见面礼仪基本程序,理解见面时称呼、问候、致意、介绍、握手和收授名片等一系列礼仪构成,掌握礼貌称呼、介绍他人的原则和握手礼节的注意事项和禁忌。

任务导入

在一次商品交易会上、各方厂家云集,企业家们济济一堂。A公司的王总经理在交易会上听说B集团的李董事长也来了,想利用这个机会认识这位素未谋面又久仰大名的商界名人。午餐会上,他们终于见面了,王总彬彬有礼地走上前去说:"李董事长,您好,我是A公司的总经理,我叫王明,这是我的名片。"说着,便从随身带的公文包里拿出名片,递给了对方。李董事长显然还沉浸在之前与人的谈话中,他顺手接过王明的名片,回应了一句"你好"并草草看过,放在了一边的桌子上。王总在边上待了一会儿,并未见这位李董事长有交换名片的意思,便失望地走开了。

(资料来源:高建军.商务谈判实务[M].北京:北京航空航天大学出版社,2007.)

思考题

1. 你认为双方的问题出在哪里?
2. 是你的话你会如何做?

知识点精讲

见面礼仪是日常社交礼仪中最常用与最基础的礼仪，人与人之间的交往都要用到见面礼仪，特别是从事商务活动的人，掌握一些见面礼仪，能给客户留下良好的第一印象，为以后顺利开展工作打下基础。商务谈判中常见的见面礼仪有称呼、问候、寒暄、致意、介绍、行礼及名片的使用，具体内容如下：

一、称呼

某高校的一位大学生，用手捂着自己的左下腹跑到医务室，对坐诊的大夫说："师傅，我肚子疼。"坐诊的医生说："这里只有大夫，没有师傅，找师傅请到学生食堂。"学生的脸红到了耳根。

在日常交往中，称呼语言的运用既表示尊重，显示亲切，也充分表现出说话者有良好的风度和教养。

称呼也叫称谓，属于道德范畴。人际交往，礼貌当先；与人交谈，称谓当先。使用称呼时，应当谨慎，稍有差错，便贻笑于人。恰当地使用称呼，是社交活动中最常用的一种礼节。称呼要表现尊敬、亲切和文雅，使双方心灵沟通，感情融洽，缩短彼此距离。正确地掌握和运用称呼，是人际交往中不可缺少的礼仪因素。称呼的礼仪要求可概括为称谓得体，有礼有序。称呼应符合身份，可以与对方的职业相称，也可以与对方的身份相称。

（一）称呼的常用形式

1. 泛称

在对方身份不明的情况下，按性别称谓是一种最常见、也较方便的方式，因为性别一目了然，一般不易出错。按照惯例，对大多数国家的来宾来说，对男子称先生（Mister）；对女子，已婚的称夫人（Mistress），未婚的称小姐（Miss），在不明婚姻情况时，无论未婚或已婚，都可称女士（Madame）。称其为"某某老师"也不失为一个权宜之计，既表示尊敬有礼又不使人觉得不妥，在文化艺术界，这样的称谓更为妥当。

2. 职称、职务或职业

职称、官衔称谓也是组织接待外国来宾时经常采用的称呼方式，在一些正式场合的交谈、演讲、祝词中，往往都以此相称，如"议员先生""总经理先生"；对身居部长和部长以上要职的妇女，也可称"阁下"；对有学位的人士，可以其学位相称，如"律师女士""博士先生"；对军人一般称军衔，如"上校先生""福特中尉"；对教会中的神职人员，可按其宗教职位称呼，如"牧师先生""怀特神父"。

有时，由于国家体制的不同，称谓也不一样。君主制国家对国王、皇后称"陛下"，对王子、公主或亲王称"殿下"，对有公、候、伯、子、男等爵位的人士，可按其爵位相称，如"约翰公爵"。

3. 尊称

如果是有身份的人，可以将"老"字置其姓后，这种称呼是一种尊称，如"张老""王老"。称呼时可借助声调、笑容和谦恭的体态表示尊敬。

4. "老"或"小"作前缀，加姓

对年长者称呼要恭敬，不可直呼其名，可敬称"老张""老王"；对年轻人则可在其姓前加"小"，如"小张""小李"，抑或直呼其姓名，称呼时要注意谦和、慈爱，表达出对年轻人的喜爱和关心。

(二)考虑因素

(1)不同的国家、民族的语言、风俗习惯不同,在称呼方面也有不同的礼仪。对英国人不能单独称"先生",而应称"××先生"。美国人较随便,容易亲近,熟悉后可直呼其名。

(2)在我国,运用称呼时要考虑双方的身份和年龄,双方关系的性质和深度,尤其要考虑所处的交际场所。

(3)称呼顺序的基本原则是先长后幼、先上后下、先疏后亲、先外后内,这样做比较礼貌、得体和周到。

二、问候、寒暄

要制造一个良好的、轻松愉快的谈判气氛,可以通过相互之间的问候和寒暄来完成,可在很短的时间里较为轻松和谐地把话题过渡到正题上去。

(一)问候

问候时要区别"你"和"您"的用法,英文中没有"您"字,中文、俄文、德文中有"您"字。一般来说,问候"你好"是表示同对方的关系亲密而友好,而问候"您好"主要是出于尊重,表示同对方的关系或是一般,或是尊卑有序。问候的时候要面带微笑,和蔼可亲。对对方的问候,只要对方是出自善意均应回答,当听到对自己的问候时,要同时向对方表示问候。问候一般有以下几种形式。

(1)问候型:经常使用的问候语有"您好""上午好""下午好"等。如果是文化界人士,经常会说"幸会幸会";如果是一般场合,也可以问"吃饭了吗""去哪儿啊"。

(2)攀认型:如同学、同乡、同门,可以就大家一致的方面做简短说明。

(3)敬慕型:如"王先生,久仰大名""王先生,大作早已拜读,得益匪浅"。

(二)寒暄

寒暄是非正式的交谈,其本身不正面表达特定的意思,所以在理解对方的话时,不必仔细地回味对方每一句问候语的字面含义。寒暄是任何谈判场合和人际交往中必不可少的,它能使不相识的人相互认识,使不熟悉的人相互熟悉。与对手初次见面时很不自然,无话可说,如果彼此找一些无关紧要的话题闲聊一下,顿时会感到轻松得多。轻松的气氛一经形成,彼此就可以正式敞开交谈了。寒暄的内容没有特定限制,但一定要与所处的环境和对象的特点相协调并容易让人接受。

1.寒暄的主要方式

(1)问候式寒暄。谈判双方可以根据不同的环境、场合、对象进行问候。

(2)赞扬式寒暄。谈判者可以根据对方的容颜、精神状态、衣着和发式等进行适当的赞扬。

(3)言他式寒暄。这常见于陌生的谈判者之间。谈判者彼此难以找到话题时,谈天气、交通、体育赛事等,可以打破尴尬的局面。

2.商务寒暄中禁谈的话题

(1)个人隐私。每个人都有一些不愿让他人知道的秘密,如年龄、婚姻情况、电话号码、财产、收入、住址等。商务人员要避免询问对方的年龄与婚姻,也不要谈论他们的收入与财产,否则容易让人对你产生一种俗不可耐的感觉。

(2)对方的禁忌。每个人都有所长有所短,不要在对方面前,大谈自己的长处和优势,以免触及对方的伤痛,伤害其自尊。如在大龄未婚人面前,一般不要谈及家庭、小孩的话题;在残疾人面前,应少谈健美及运动等方面的话题,更不允许拿他们的缺陷开玩笑。

(3)庸俗话语。不要谈论他人是非。生活中有些人整日将一些低级趣味的东西当作谈资并津津乐道,这是一种内心极度空虚的表现,商务人员切莫为之。

(4)令人压抑的事情。凶杀、死亡、灾难、疾病等都不是好的话题。谈论这些事情,易让人伤感,甚至心灰意冷、精神颓废。

三、致意

致意的方法有举手、点头、微笑、欠身、脱帽等。

在公共场合,看到远距离的相识的人,通常是举右手招呼并点头致意。西方男子若戴礼帽,还可施脱帽礼,即两人相遇可摘帽点头致意,离别时再戴上帽子。与相遇者侧身而过时,从礼节上讲,也应回身说声"你好",用手将帽子掀一下。有时,与相识者擦身而过,应说声"你好";与相识者在同一场合多次会面,只点头致意即可;对一面之交的人或不相识的人均可点头或微笑致意。

在外交场合,遇见职务高的领导人,应有礼貌地点头致意或表示欢迎,不要主动上前握手问候,只有在领导人主动伸手时,才向前握手问候。如遇到职务高的熟人,一般也不要径直去问候,而是在对方应酬活动告一段落之后,再前去问候致意。

(1)举手致意,一般不必出声,只要将右臂伸直,掌心朝向对方,轻轻摆一下手就可以了,不需要反复摇动,适用于向距离较远的熟人打招呼。

(2)点头致意的正确做法是头向下微微一动,幅度不宜过大,也不必点头不止,适用于不宜交谈的场合,如会议、会谈等。

(3)微笑致意即面部带有不明显、不出声的笑,适用于谈判活动中与不相识者见面之时,也可用于向在同一场合多次见面的相识者致意。

(4)欠身致意指全身或身体的一部分稍微向上向前,表示对他人的尊敬,适用范围较为广泛。

(5)脱帽致意,如果戴着帽子,向对方脱帽致意最为礼貌。其方法是微微欠身,以距对方稍远一些的那只手脱帽并将其置于大约与肩平行的位置。这样的姿势优雅,同时便于与对方交换目光。

女士致意的方法较为简单,不论在什么场合,也不论是否戴着帽子,只需点头或微笑就可以了。只有在遇到上级、长辈、老师、特别钦佩的人、熟人或朋友时才需要率先向他人致意。

当对方向自己致意时,不管这时的心情怎样、感觉如何,都要马上用对方采用的致意方式向他致意,毫无反应是失礼的。记住,致意是以动作向对方表示问候,因此双方都不可对自己致意的动作马马虎虎。

四、介绍

介绍是一切社交活动的开始。人们常说:"介绍是交际之桥。"介绍是指从中沟通,使双方建立关系。介绍和被介绍,是一种经常采用的社交形式。在社交场合中,介绍有各种各样的方式。如果按照介绍者来区分,分为自我介绍和他人介绍两种类型。自我介绍适用于人数多、行动分散且无第三方介绍人的情形;他人介绍适用于比较正式、行动集中或存在第三方介绍人的情形。

(一)自我介绍礼仪

自我介绍就是自我推销。人与人之间的相识,往往是从自我介绍开始的。自我介绍是推销自己形象和价值的一种重要方法和手段。

1. 应酬式介绍

在公共场合,如旅途中或者商场里,自己不需与对方深入交往,做自我介绍只是向对方表明自己身份。这样的情况只需介绍自己的姓名,例如"您好,我叫张伟"。也可对自己的姓名作些解释,如"我是张伟,弓长张"。

2. 公务式介绍

适合工作场所,如业务洽谈、工作联络等,因工作关系需要与对方交往时,自我介绍就应包括姓名、单位和部门职务,无职务的话,可介绍所从事的具体工作,例如"我叫李云龙,是某某公司的销售经理""我叫赵勇,在某某企业从事财务工作"。

3. 社交式介绍

如希望对方对自己印象深刻或需要对方的理解和支持,做进一步沟通与交往时,自我介绍除姓名、单位、职务外,还可提及与对方某些熟人的关系或与对方相同的兴趣爱好,例如"我叫刘振东,是某某公司的财务主管,我与您夫人是同学""我是蒲海涛,是某某文化公司经理,我和您一样,也是个球迷"。

在进行自我介绍时,要及时、清楚地报出自己的姓名和身份。大方自然地进行自我介绍,可以先面带微笑,温和地看着对方说声"您好",以引起对方的注意,然后报出自己的姓名和身份并简要表明结识对方的愿望或缘由。自我介绍一定要力求简洁,尽可能地节省时间,总的介绍时间以半分钟为佳。进行自我介绍时所表述的各项内容,一定要实事求是,真实可信。没有必要过分谦虚,一味贬低自己去讨好别人,但也不可自吹自擂,夸大其词,在自我介绍时掺水分,会得不偿失。在社交场合或谈判工作联系时,自我介绍应选择适当的时间。当对方无兴趣、无要求、心情不好或正在休息、用餐、忙于处理事务时,切忌去打扰,以免尴尬。

(二)介绍他人的礼仪

1. 介绍者

他人介绍是一种复合的交往活动。在国际商务谈判中,一般由双方主谈人或主要负责人相互介绍各自的组成人员。

2. 被介绍者的顺序

为他人介绍时,遵循"尊者优先了解情况"的基本原则(先介绍位卑者的情况,即应确保位尊者拥有"优先知情权"),因此需要事先了解被介绍者的相关信息。

(1)介绍职位身份高者与职位身份低者认识时,应先介绍职位身份低者,后介绍职位身份高者。在商务介绍中,只以社会地位的高低为衡量的标准,遵从社会地位高者有了解对方的优先权的原则,在任何场合,都是先将社会地位低者介绍给社会地位高者。

(2)介绍客人和主人认识时,应先介绍客人,后介绍主人。

(3)介绍年长者和年幼者认识时,应该先介绍年幼者,后介绍年长者,这是对前辈、长者的尊敬。

(4)介绍男士和女士认识时,应先介绍男士,后介绍女士。如果男子身份明显比女子高得多、年龄明显比女子大得多的话,应遵循先幼后长的原则。

(5)介绍先来者和后到者认识时,应先介绍后到者,后介绍先来者。例如"肖经理,欢迎欢迎!李霞小姐,请来认识一下肖鹏经理,肖经理是南方公司市场部经理"。然后再介绍李霞小姐。

(6)介绍已婚者和未婚者认识时,先把未婚者介绍给已婚者,如果未婚的女子明显年长,则遵循先幼后长的原则。

3.介绍时的表情、手势、体态等。

无论介绍哪一方,都应手心朝上,手背朝下,四指并拢,拇指张开,指向被介绍的一方并向另一方点头微笑,做介绍,如图8-1所示。

图8-1 介绍时的手势

4.注意问题

(1)为他人做介绍时,要将被介绍人的姓名、身份、单位(国家)等情况,做简要说明,更详细的内容待被介绍者根据其意愿去介绍。为他人做介绍时,根据实际需要的不同,介绍内容也有所不同。

(2)当两位客人正在交谈时,切勿立即将其中一人介绍给第三者,这一规则在商务谈判中很重要。

(3)介绍双方认识时,应避免刻意强调一方,否则会引起另一方的反感。

(三)被介绍人的礼仪

被人介绍时,除女士和年长者外,一般应起立面向对方。但在宴会桌上、谈判桌上可不必起立,被介绍者只要微笑点头,距离较近可以握手,远者可举右手致意。

五、行礼

行礼与致意一样,也是一种双方见面常采用的致意形式。在许多国家,用得最多的是握手。在介绍认识时,握手也是一种最自然而常见的礼节,在一般交际场合,握手更是司空见惯的事情。在中国,握手这一礼节的运用似乎更多。一般情况下,人们在见面时,总喜欢握握手,再说上几句客套话,以示亲热。握手的力量、姿势与时间的长短往往能够表现出一方对另一方的态度,也显露出握手人的个性。

(一)握手

1.握手的基本要求

(1)姿势。握手时距受礼者约一步远,两脚立正或脚尖展开站成八字步,上身略前倾;目视对方,伸出右手,右手臂关节微曲,抬起至腰部;四指并拢、拇指张开,与对方轻重适度地握一下,放开或上下摆动两三下,礼毕后松开,如图 8-2 所示。

图 8-2　握手

(2)力度。握手时,用力应适度,不轻不重,恰到好处。如手指轻轻一碰,刚刚触及就离开,或是懒懒地、慢慢地相握,缺少应有的力度,会给人勉强应付、不得已而为之感。

一般来说,手握得紧是表示热情,男人之间可以握得较紧,甚至另一只手也加上,双手握对方的手大幅度上下摆动,或者在手相握时,左手又握住对方胳膊肘、小臂甚至肩膀,以表示热烈。但是注意既不能握得太使劲,使人感到疼痛,也不能显得过于柔弱。对女性或陌生人,轻握是很不礼貌的,尤其是男性与女性握手时,应热情、大方、用力适度。

(3)时间。握手时,通常是握紧后打过招呼即松开,一般为 3~5 秒。但如亲密朋友意外相遇、敬慕已久而初次见面、至爱亲朋依依惜别、衷心感谢难以表达等场合,握手时间就长一点,甚至紧握不放,话语不休。在公共场合,如列队迎接外宾,握手的时间一般较短。握手的时间应根据与对方的亲密程度而定。

2.握手的次序

握手的次序取决于握手人双方的年龄、地位、性别等因素,讲究尊者先伸手。

(1)男女之间握手。男士要等女士先伸出手后才握手。如果女士不伸手或无握手之意,男士向对方点头致意或微微鞠躬致意。男女初次见面,女方可以不和男士握手,只是点头致意即可。

(2)宾客之间握手。主人有先向客人伸出手的义务。在宴会、宾馆或机场接待宾客,当客人抵达时,不论对方是男士还是女士,女主人都应该先主动伸出手。男士因是主人,尽管对方是女宾,也可先伸出手,以表示对客人的热情欢迎。而在客人告辞时,则应由客人首先伸出手来与主人相握,表示"再见"之意。

(3)长幼之间握手。年幼的人一般要等年长的人先伸手,和长辈及年长的人握手,不论男女,都要起立趋前握手并要脱下手套,以示尊敬。

(4)上下级之间握手。下级要等上级先伸出手。但涉及主宾关系时,可不考虑上下级关系,做主人的应先伸手。

(5)一个人与多人握手。若是一个人需要与多人握手,则握手时亦应讲究先后次序,由尊而卑,即先年长者后年幼者,先长辈后晚辈,先老师后学生,先女士后男士,先已婚者后未婚者,先上级后下级,先职位、身份高者,后职位、身份低者。

3.注意事项

(1)行礼者与受礼者间距要适度,不要太远或者太近,否则都不雅观,尤其不可将对方的手拉近自己的身体区域。

(2)握手时,只可上下摆动,而不能左右摆动。

(3)握手时有气无力、力度过重、动作过大或是握住对方的手不放都是不礼貌的行为。男女之间不管陌生、熟悉,都不宜用力握手,应只握一下女士手指部分,女方若不提手,男士只能点头或鞠躬致意。

(4)不要在握手时戴着手套或墨镜,另一只手也不能放在口袋里。女士可以戴手套握手,尤其是在戴晚礼服手套时。

(5)人比较多时,握手应该按照次序进行,不能交叉握手,而应等待对方与他人握手后再伸手。

(6)在任何时候,拒绝对方主动握手的行为都是失礼的。但当手上有水或手不清洁时应谢绝握手并说明理由。

(7)握手时要注意面部表情。面部表情是配合握手举止的一种辅助动作,对加深双方印象有重要的作用。握手时,要双目注视对方,面带笑容,真诚地与对方握手,不能用呆板的表情与对方握手。

(8)除长者或女士外,坐着与人握手是不礼貌的,只要有可能,都要起身站立。

(二)其他国家的非握手礼

在一些国家,见面时并不握手,因此还需要注意不同国家和地区的风俗习惯。

1. 拥抱礼

在西方国家,拥抱和握手一样,是常见的礼仪,人们在再次见面、道别、祝贺时,都常常用拥抱来表达内心的情感。拥抱时,双方面对面站立,各自举起右臂搭住对方左肩,再用左臂轻轻揽住对方右边的腰际。首先先向对方左侧拥抱,然后向右侧拥抱一次,最后再回到左侧,如图8-3所示。一般完整的拥抱礼是3次,但在普通场合,如果方向搞反了或是次数少了也不用太尴尬。

图8-3 拥抱礼

2. 亲吻礼

亲吻礼通常会和拥抱礼同时使用,即一边拥抱一边亲吻,长辈吻晚辈可以吻额头,晚辈吻长辈的下颌或者面颊。在商务场合,没有长、晚辈之分,同性之间可以是相互贴一下面颊,异性之间也可以吻面颊。男士亲吻女性时,也可亲吻手背,如图8-4所示。如果不是很清楚亲吻的礼仪,则少用或者不用,以免产生闲话或者误会。

图 8-4　亲吻礼

3. 鞠躬礼

鞠躬是典型的带有东方色彩的礼节,尤其是在日本使用较多。鞠躬时,应脱帽立正,双目凝视受礼者,慢慢地弯下腰去,男士双手紧贴裤缝两端,女士双手交叠放在腹前,如图 8-5 所法。初次见面或者相互问好,一般要鞠躬弯腰 15°左右;分别时则达到 30°。当表示感谢时,鞠躬的角度达到 45°。

虽然一般的商务场合不需要鞠 90°的躬,但是鞠躬的角度越大,表示对对方越尊重。

图 8-5　鞠躬礼

4. 合十礼

合十也叫合掌,合十礼指双手掌对掌十指并拢,指尖向上,至于胸前高度,上身微欠,略略低头,如图 8-6 所示。对方的身份越高,合掌的指尖就举得越高,对对方的敬意也就越高,最高时可与眉心相齐。一般合十礼是低职人员先行礼,高职人员回礼。高职人员回礼时,合掌位置可在胸前。这种礼仪一般出现在信奉伊斯兰教或佛教的国家,不可乱用。

六、名片的使用

(一)名片的格式

在日常交往中,名片已成为一种最为简便的自我介绍的方式。印刷名片的纸张多种多样,

图 8-6 合十礼

可根据自己的喜好选择。名片的基本规格为 9 cm×5.5 cm,姓名印在名片中间,职务用较小字体印在左上角。根据需要,我国印刷的名片通常正面印中文,反面印英文。英文要依照西方的习惯排列,即姓名印在中间,职务用较小字体印在姓名下面。只印姓名与职务的名片为个人名片,此外还有单位名片和商业用名片。商业用名片除印有姓名、职务外,还要印有办公地点、住址、电话号码、电传、邮政编码。单位名片往往只印机关的名称即可。名片用纸要讲究,字体要有立体感,以增强印象。如果同时印有彩色照片就更好了。

(二)递赠名片

在参加交际活动之前,要提前准备好名片并进行必要的检查。随身所带的名片最好放在自己的公文包以及专用的名片夹里,也可放在上衣口袋里,以便随时使用。不要把名片放在裤袋、裙兜、钱包等里面,那样既不正式,又显得杂乱无章。

1. 递赠名片的顺序

交换名片时,一般是客先主后;身份低者先,身份高者后。与多人交换名片时,应依照职位高低的顺序,或是由近及远,依次进行,切勿跳跃式地进行,以免对方误认为有厚此薄彼的感觉。如果是圆桌,应按顺时针的顺序递送名片。

2. 递赠名片的方式

递赠名片时,手指并拢,将名片放在掌上,用大拇指夹住名片的左端,或双手的食指和大拇指分别夹住名片的左右两端,恭敬地送到对方胸前,如图 8-7 所示。名片正面朝上,字体反向对己,正向对对方,以便对方阅读。同时,眼睛应注视对方,面带微笑,大方地说"这是我的名片,请多多关照""请多联系""有事可以找我"。参加会议时,应该在会前或会后互换名片,不要在会中擅自与别人交换名片。不要递送修改过的、不清洁的名片。

(三)接收名片

1. 接收名片的方法

接收名片时应起身,面带微笑地注视对方,恭恭敬敬,双手接捧,接过名片时应说"谢谢"。接收名片者应当首先认真地看看名片所显示的内容,可以从上到下,从正面到反面重复看一遍,以表示对赠送名片者的尊重,同时也加深了对名片的印象。有时甚至可以有意识地重复一下名片上所列的对方的姓名与职务并抬头看看对方的脸,这样做会令对方产生一种受重视的满足感。

图 8-7 递赠名片

2. 接收的名片的现场存放

接过别人的名片时,切不可随意摆弄或扔在桌子上,也不要随便地塞在口袋里或丢在包里,应把名片细心地放进名片夹、笔记本或工作证里夹好以示尊重。

一次同时接收几张名片时,一定要对号入座,如果是在谈判桌上,最好将接收的名片依次摆在桌上,与对方的座次相一致并保证不被其他东西压住,这样会使对方因受到重视而高兴。

3. 回敬名片

在收到了别人的名片后,也要记住把自己的名片送给别人,因为只收别人的名片而不拿出自己的名片是无理拒绝的意思。如身上未带名片,应向对方表示歉意,可以说"对不起,我忘带名片了"或"抱歉,我的名片刚刚用完,没有来得及加印"。

(四) 索要名片

如果没有必要,最好不要强行索要他人名片。若索要他人名片,则不宜直接相告,而应委婉表达此层意思:可向对方提议交换名片,主动递上本人的名片,询问对方"今后如何向您请教"。反过来,当他人向自己索取名片,自己不想给对方时,不宜直截了当,应以委婉方式表达此意。

(五) 存放名片

参加交际活动后,应立即对所收到的他人名片加以整理收藏,以便今后取用。存放名片的方法大体有按照姓名的外文字母或汉语拼音字母顺序分类、按照姓名的汉字笔画的多少分类、按照专业或部门分类、按照国别或地区分类四种,这些分类方法还可以交叉使用。

任务二 拜访礼仪

任务描述

我们需要在本任务中学习拜访礼仪的相关概念,了解拜访的种类,理解信函、电话和现场拜访的过程,掌握赴约礼仪的注意事项和禁忌。

金勇是一位刚大学毕业分配到利华公司的新业务员,今天准备去拜访某公司的王经理。由于事前没有王经理的电话,所以金勇没有进行预约就直接去了王经理的公司。金勇刚进利华公司还没有公司制服,所以他选择了休闲运动打扮。到达王经理办公室时,刚好王经理正在接电话,就示意让他在沙发上坐下等。金勇便往沙发上一靠,跷起二郎腿,一边吸烟一边悠闲地环视着张经理的办公室。在等待的时间里,他不时地看表,不时地从沙发上站起来在办公室里走来走去,还随手翻了一下放在茶几上的资料。

思考题

1. 请问金勇在这次拜访中成功的概率高吗?如果不高,请你指出他失礼的地方。

知识点精讲

谈判双方中,常有一方是来自异地。为联络感情、关照食宿,及时满足其生活需求或表示尊重,一般应由主方到客方的住所去拜访,这种做法同我国传统的"住客看过客"是完全一致的;也可以用信函或电话进行拜访。依拜访的性质不同,可分为礼节性拜访和事务性拜访两种。礼节性拜访不一定有预期的目的,交谈的范围可以很广,方式也可以灵活多样。事务性拜访通常都事先拟定主题,依主题内容的不同,事务性拜访又分为专题性交涉和业务性商谈两种。

一、信函拜访

在国际商务谈判中,信函的往来非常频繁,为了促成交易,必须掌握一定的商业信函的写作技巧。总体来说,国际商务信函写作应注意言辞礼貌、表达清晰、内容完整、格式正确、行文简洁五大要点。因为在英文里,礼貌(courteous)、清晰(clear)、完整(complete)、正确(correct)、简洁(concise)五个单词皆以字母"c"开头,故这五大要点亦被称作是商务信函写作的"五C法则"。具体来讲,有以下几方面的要求。

1. 称谓要有礼貌

称谓是对收信人的尊称语,写在信笺的左边,在信头下面1.3 cm左右的地方。在撰写商务信函时,要注意称谓符合收信人所在国家的风俗习惯与收信人的实际情况,注意礼貌。例如,在英国,用"我亲爱的(my dear)"要比"亲爱的(dear)"更亲切;在美国则相反,"我亲爱的"是较正式的称谓,而"亲爱的"则是亲密友好的称谓。此外,英国人习惯在书信的称谓后加逗号;而美国人则在称谓后加冒号,同中文信函称谓的用法一致。另外,收信人姓名前一般需加尊称,对有头衔的人则应冠以头衔,如不知收信人姓名,可用职称或职务替代。

2. 正文要通俗易懂

正文是信函的核心部分,包含发信人要告诉收信人的话。信的正文应该从称谓下面一行开始,信纸的左边要留有2.5 cm左右的空白。写作正文时,要注意主题明确,合乎逻辑,层次清晰,语句通畅,文字正确,言简意赅。

3. 结束语和谦称要妥当

信的正文写完后,应有致敬的结束语和谦称。结束语通常为几个常用的词或词组,接在信的正文下面。谦称有尊卑亲疏之分,要与收信人的称谓相配合。确切的措辞应取决于发信人与收信人的关系深浅程度。现代商务信函一般都由电脑打印,但即使是打印的信函,结束语也最好用手书写,这样可以给人一种亲切、郑重的感觉。

4.信函格式要正确

涉外交往中的信函除了称谓礼貌、正文通俗易懂、结束语和谦称运用妥帖外,还要注意格式的正确以及外在形式的美观。

二、电话拜访

1.拨打电话

双方打电话,总有一方为发起人。发起人为打电话者,在打电话的过程中占有主动的地位。如果打电话者想给对方留下良好的印象,取得满意的通话效果,就要在打电话的时间、通话内容等方面考虑周全,而且还要注意自己的态度。

(1)打电话前的准备。拨打电话之前,应该要有所准备,列出通话提纲,这样既能节约时间,又不至于忘词。这样,打电话时,就可以层级分明、有条有理地把内容说全,不会出现丢三落四的情况。

此外,打电话时要保持良好的心情,即使对方看不见你,但也能从语调中感受到你的态度。所以在打电话前,也要调整好情绪。

(2)选择适当的时间。通话最佳时间是在双方事先约定的时间或对方方便的时间。除了有要事必须立即通告外,不要在别人休息时间打电话。给海外的人打电话一定要先了解时差,不要不分昼夜地骚扰人家。例如,中国北京同美国纽约的时差为 12 小时,北京下午 3 点时,纽约人却睡得正香,如果忽视时差,把人从睡眠中惊醒是十分不礼貌的。

打商务电话时,尽量要公事公办,不要在别人私人时间,特别是节假日时间里麻烦对方。如果能有意识地避开对方的通话高峰时间、业务繁忙时间、身体厌倦时间,打电话的效果会更好。

每次通话时间的具体长度都要有所控制,基本的要求是宁短勿长,通常提倡"三分钟原则"。在拨打电话时,应当自觉地、有意识地将每次通话的长度控制在三分钟以内。如果通话时间较长,最好先征求一下对方意见并在介绍时略表歉意。

(3)通话中的态度。通话过程中,打电话者要做到文明礼貌,态度热情诚恳,要注意姿势和控制音量。打电话过程中绝对不能吸烟、喝茶、吃零食,即使是懒散的姿势对方也能够"听"得出来。因此,打电话时,即使对方看不见,也要当作对方就在眼前,尽可能注意自己的姿势。同时,话筒和嘴巴保持适当的距离,说话音量和语调要适中,更要注意发音和咬字准确。

(4)通话内容简洁。通话时,发起人须明确自己的通话主题,言简意赅地表达清楚,要做到主次分明、详略得当,明确什么该说、什么不该说、什么要多说、什么要少说。如果通话内容已经陈述清楚,就应当及时结束通话,无须唠叨。

2.接听电话

在通话的过程中,接电话的一方虽然处于被动的位置,但在礼仪方面却没有主动和被动之分,同样也要注意礼仪规范,以保持良好的形象,实现更好地联系和沟通。

(1)准备纸笔,铃不过三。首先,要做好通话的准备,商务电话应该在电话机旁准备好一些物品,如电话号码簿、记录本和记录用笔,认真听取并记录对方的谈话内容也是体现了对于客户的一种尊重,如图 8-8 所示。不要总在需要时告诉对方"等等,我去拿纸和笔",这样既拖延了时间,也是不礼貌的行为。

图 8-8　接听电话

接听来电时,提倡铃不过三。不要铃响许久才姗姗来迟,也不要铃声才响过一次,就立刻接听,这样会让对方大吃一惊。由于特殊原因致使铃响过久才接,要在和对方通话之前先向对方表达歉意。

(2)先要问好,再报家门。一般接听后的第一句话是"您好"或"hello",然后再报出自己的单位和名字,让对方知道接听的对象是谁,这也是体现了对于对方的尊重。

当我们打电话给客户时,若一接通就听到对方亲切、优美的招呼声,心里一定会很愉快,对该客户也会有较好的印象。因此,接电话时要有礼貌,一开始就给客户留下良好的印象。

3. 礼告结束,后挂轻放

放下电话前为了避免错误,应重复一下电话中的重要事项,再次明确对方目的之后,向对方说一声谢谢。另外,要等对方挂断电话后,再轻轻放下话筒。

三、现场拜访

对于确有必要当面进行的拜访,一般需要通过电话或书信事先选择好恰当的约会时间。

1. 预约时间

双方在商谈约会时间的过程中,均应用请求和商量的口气,不能用命令的语气强求对方会见,以避免对方早有安排或因有重要的事情要做而感到为难。

事急或事先并无约定,但又必须前往时,则应尽量避免在深夜打搅对方。如万不得已,非得在休息时间约见对方,则应在见到约见人后立即致歉,说"对不起,打搅了",并说明打搅的原因,以取得谅解。

2. 到达时间

拜访时应按事先的约定、通知按时抵达,早到或迟到都是失礼的,一般以比约定的时间早到 5 分钟为宜。万一碰到意外情况,不能准时到达或不能前往时,必须及时通知对方。

到达后,如无人迎接,应先按门铃或敲门,按铃或敲门时间不要过长。无人或未经主人允许,不得擅自进入。

3. 赴约礼仪

赴约应讲究衣帽服饰及边幅修整。夏天去拜访对方时,天再热也不能只穿背心、短裤或拖鞋;冬天进门后要脱去大衣、帽子和围巾,表示来到了温暖的地方,不能说"冷"字。对方请你坐下,要说"谢谢";给你倒茶或者咖啡时,要双手相接并欠身致谢。主人请你抽烟而你不会时,也要说声"谢谢,我不会"。抽烟者应注意不要把火柴、烟头乱扔,烟灰不可弹在地上。

不经主人的邀请或没有获得主人的同意,不得要求参观主人的卧室和庭院。在主人陪同带领下可参观住宅,但即使是比较熟悉的朋友,也不要去触动书籍、花草以外的个人物品和室内的陈设与物品。

对主人家的成员都应问候,尤其应问候夫人(丈夫)和子女。有孩子在场时,应主动与其握手、拥抱表示喜欢。对主人家的宠物,不要显露出害怕、讨厌之情。

4. 拜访时间

进入室内后,若说话所需时间比较短,可不必坐下,谈话后也不要逗留。若所需时间很长,要在主人邀请之后方可入座。

拜访的时间一般不宜过长。通常要以对方谈话的性质、情绪、双方观点是否一致等为根据,适时告退。若发现主人偷偷看表,意味着已在下逐客令;若交谈过程中又来了新客人,则应前客让后客,尽快结束所谈问题或改日另谈,向后到的来访者点头示意并与对方告别。对方送你出门时,应诚恳地请对方留步,分手后,还应回头看看对方是否仍站在门口以目相送,如果尚未回返,要向对方举手示意,客气地催促对方快回。

图 8-9 所示为现场拜访示例。

图 8-9 现场拜访示例

任务三 迎送接待礼仪

任务描述

我们需要在本任务中学习迎送接待的相关概念,了解迎送接待的三个基本过程,理解准备工作、迎送工作和现场接待的要点和程序,掌握迎送工作中的时间、现场、乘车和住宿等礼仪。

任务导入

李明今年大学毕业,刚到一家外贸公司工作,经理就交给他一项任务,让他负责接待最近将要到达公司的一个法国谈判小组。经理说这笔交易很重要,让他好好接待。李明想,这还不容易,大学时经常接待外地同学,难度不大。于是他粗略地想了一些接待顺序,就准备开始他的接待。李明提前打电话和法国人核实了一下来的人数,乘坐的航班以及到达的时间。然后,李明向单位要了一辆车,用打印机打了一张A4纸的接待牌,还特地买了一套新衣服,到花店订了一束花。李明暗自得意,一切都在有条不紊地进行。

到了对方来的那一天,李明准时到达了机场,谁知对方左等不来,右等也不来。他左右看了一下,有几位外国人也在等人。他想:"不会就是这几位吧?"于是又举起手中的接待牌,对方没反应。等到人群散去很久,李明仍然没有接到来宾。于是,李明去问询处问了一下,问询处的人说该国际航班飞机提前15分钟降落。李明怕弄岔了,赶紧打电话回公司,公司回答说没有人来。

李明只好接着等,周围只剩下那几位外国人了,他想问一问也好,谁知一询问,就是这几位,李明赶紧道歉并献上由8朵花组成的一束玫瑰,对方的女士看看他,一副很好笑的样子接受了鲜花。李明心想:"有什么好笑的?"接着,李明引导客人上车,客人们便拎着大包小包地上了车。

李明让司机把车直接开到公司指定的酒店,谁知因为是旅游旺季,酒店早已客满,而李明没有预订,当然没有房间。李明只好把他们一行拉到一家离公司较远的酒店,这家酒店条件要差一些。至此,对方已露出非常不快的神情。李明把他们送到房间,一心将功补过的他决定和客人好好聊聊,这样可以让他们消消气。谁知在客人房间待了半个多小时,对方已经有点不耐烦了。李明一看,好像又吃力不讨好了,心想:"以前同学来我们都聊通宵呢!"于是李明告辞并和他们约定晚上七点在饭店大厅聚集,公司经理准备宴请他们。

到了晚上七点,李明在大厅等待客人,谁知又没等到。李明只好请服务员去通知法国人,就这样,七点半人才陆续来齐。到了宴会地点,经理已经在宴会大厅门口准备迎接客人,李明一见,赶紧给双方做了介绍,双方寒暄后进入宴会厅。李明一看宴会桌,不免有些得意:"幸亏我提前做了准备,帮他们都排好座位,这样总万无一失吧。"谁知经理一看对方的主谈人正准备坐下,赶紧请对方坐到正对大门的座位,让李明坐到刚才那个背对大门的座位并狠狠地瞪了李明一眼。李明有点莫名其妙,心想:"怎么又错了?"突然,有位客人问:"我的座位在哪里?"原来李明忙中出错,把他的名字给漏了。法国人露出了一副很不高兴的样子。好在经理赶紧打圆场,神情愉快地和对方聊起一些趣事,对方这才不再板着面孔。一心想弥补过失的李明在席间决定陪客人吃好喝好,频频敬酒,弄得对方有点尴尬,经理及时制止了李明。席间,李明还发现自己点的饭店的招牌菜——辣炒泥鳅,法国人几乎没动。李明拼命劝对方尝尝,经理悄声告诉李明不要劝,李明不知自己又错在哪里。好在健谈的经理在席间和客人聊得很愉快,客人很快忘记了这些小插曲。

散席后,经理更换了负责接待的人员并对李明说:"你差点坏了我的大事,从明天起,请你另谋高就。"李明就这样被炒了鱿鱼

(资料来源:周晓琛.商务谈判理论与实践[M].北京:知识产权出版社,2004.)

> 思考题

1.李明错在哪里了?做得对的地方有哪些?

> 知识点精讲

迎送接待礼仪是商务活动中最基本的礼仪之一。这一礼仪包含三个方面:一是对应邀前来

参加商务活动的人士,无论是官方的人士、专业代表团,还是民间团体、友好人士,在他们抵达时,一般要安排相应身份的人员前往迎接;二是中间接待;三是活动结束后,要安排专人欢送。实际上,对重要的客商或初次来的客商,要专人迎送;对一般的客商,常来的客商,不接也不为失礼。

一、准备工作

(1)成立接待小组。

(2)了解对方基本情况,收集相关信息。

要安排好迎送接待工作,应先清楚对方的情况,要对来宾的姓名、人数、性别、职务、年龄、民族、宗教信仰、抵达与离开的时间、来访目的、来访行程安排、交通工具及路线、饮食爱好和禁忌等情况进行事先了解。

(3)拟订接待方案。

在了解客户基本情况的基础上,根据客户的意图、情况和双方的实际,拟订出接待计划和日程安排表,指定专人负责确定迎送规格、制订迎送计划、掌握抵达和离开的时间、介绍、陪车、安排食宿等几方面,做好迎送工作。

二、迎送工作

(一)迎送规格

迎送规格一般应遵循对等或对应原则,即主要的迎送人员应与来宾的身份相当或相应。若由于种种原因(例如国家体制不同、当事人年高不便出面、临时身体不适或不在当地等),主方主要人员不能参加迎送活动,可灵活变通,由职位相当的人士或副职出面,但应及时向对方作出解释,以免误解。只有当对方和己方关系特别密切或者己方出于某种特殊需要时,方可破格接待,安排较大的迎送场面。然而,为避免造成厚此薄彼的印象,非有特殊需要,一般都按常规办理。

(二)迎送时间和地点

迎候人员应当准确掌握对方抵达时间,提前到达机场、车站,以示尊重对方,只能由你去等候客人,绝不能让客人在那里等你。客人经过长途跋涉到达目的地,如果一下飞机、轮船或火车,就看见有人在等候着,一定会感到十分愉快。如果是第一次来这个地方,则能因此而获得安全感。如果你迟到了,对方会立即陷入失望和焦虑不安之中。不论事后怎样解释,都很难使对方改变对你失职的印象。

因此,通常应于班机、火车、轮船到达前15分钟到达指定机场、车站、码头迎接。为了简化迎送礼仪,目前,主要迎送人员更多地在来宾下榻的宾馆(或饭店)迎接或送别,而另由职务相宜人员负责机场(或车站、码头)的迎送。

同样,送别人员亦应事先了解对方离开的准确时间,提前到达来宾住宿的宾馆,陪同来宾一同前往机场、码头或车站,亦可直接前往机场、码头或车站恭候来宾,与来宾道别。

在来宾临上飞机、轮船或火车之前,送行人员应按一定顺序同来宾一一握手话别。飞机起飞或轮船、火车开动之后,送行人员应向来宾挥手致意。直至飞机、轮船或火车在视野里消失,送行人员方可离去。

不到机场、码头或车站送行,或者客人抵达后才匆忙赶到,对来宾都是失礼的。来宾一登上飞机、轮船或火车,送行人员立即离去,也是不妥的,尽管只是几分钟的小事情,可能因小失大。

(三)迎送现场

机场、车站和码头等客流量较大的地方,为方便快速寻找客人,应事先制作接应牌,上面写明客人的姓名、所在单位、出席活动及接待单位名称等,书写字迹要大,容易看清。迎接时,可以安排献花,须用鲜花并注意保持花束整洁、鲜艳,忌用菊花、杜鹃花、石竹花、黄色花朵。有的国家习惯送花环,或者送一两枝名贵的兰花、玫瑰花等。通常由儿童或年轻女性在参加迎送的主要领导人与客人握手之后,将花献上。有的国家由女主人向女宾献花。此外,迎接人员可以按身份职位高低顺序列队迎接。

如果是身份较高的客人,应事前在机场、车站、码头安排好休息室、备好饮料,同时,指派专人按规定协助客人办理出入境手续、乘机(车或船)手续和行李提取或托运等手续。

应当注意的是,迎送人员一般不要主动要求帮助男宾拿公文包或帮助女宾拿手提包。

(四)介绍

接到客人,如事先互不认识,应再核一下,以免弄错。与客人见面,应表示欢迎、问候,如"一路辛苦了""欢迎您来到我们这个美丽的城市""欢迎您来到我们公司"等。主宾双方做介绍的时候,通常要先将迎接人员介绍给来宾,介绍者可以是工作人员或者迎接人员中身份最高的人。介绍过程中,要尽量创造出友好轻松的气氛,因此,接待方做介绍时要自然大方,被介绍到的人应点头微笑示意,可以礼貌地说"幸会""请多关照"之类的话语;询问对方时也要做到客气有礼,如"请教尊姓大名""请赐名片"等。

(五)乘车礼仪

1. 车辆礼仪

根据来宾和迎送人员的人数以及行李数量安排车辆。迎接车辆应事先安排好并在来宾抵达之前到迎接地点等候,或在来宾离开之前到来宾下榻之处等候,不能临时调遣,给人仓促随便的感觉,乘车座位安排应适当宽松,正常情况下,附加座一般不安排坐人。如果来宾行李数量较多,应该安排专门的行李车。如果是车队行进,出发前应明确行车顺序并通知有关人员,以免行进中发生错位。

2. 陪车礼仪

在迎送工作中,应事先安排好部分陪车人员,起到接待、介绍和引路的作用,注意陪车礼仪。在车上可与客人寒暄,给客人介绍本地的风土人情等,也可以与客人进行轻松愉快地谈话并向客人介绍有关的活动、会议和一些重要事务的具体情况,解除客人的紧张、拘谨情绪。

3. 乘车礼仪

如果乘坐中、大型客车,以司机座后第一排为尊,即前排为尊,后排依次为卑。其座位的尊卑,依每排右侧往左侧递减。

如果是轿车,在坐车的位置上,掌握"以右为尊"的原则,上座为后排右座。

如果是吉普车,主人驾驶和司机驾驶的座次尊卑顺序是有差别的,如图8-10所示。

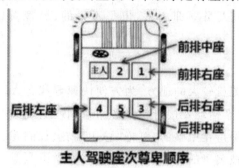

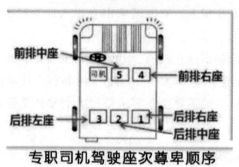

图 8-10　座次尊卑顺序

上车时,后排位低者先上车,前排尊者后上。下车时前排客人先下,后排客人再下车。

(六)住宿安排

对方尚未启程时,先问清楚对方是否已经自己联系好住宿,如未联系好,或者对方系初到此地,可为其代预订旅馆房间,最好是等级较高、条件较好的旅馆。

客人到达后,通常只需要稍加寒暄,即陪客人前往旅馆,在行车途中或在旅馆简单介绍一下客人参与的活动的背景材料、当地风土人情、有特点的自然景观、特产、物价等情况,征询一下对方意见,即可告辞。分手时,将下次联系的时间、地点、方式等告诉客人。

具体讲,应认真做好以下几个方面的准备工作:

1. 排定乘车号和住房号

如果来宾人数较多,为了在接站时避免混乱,应事先排定乘车号和住房号并打印成表格。在来宾抵达后,将乘车表发至每一位来宾手中,使之明确自己所乘的车号,同时,也便于接待人员清点每辆车上的人数。住房表可随乘车号一同发放,也可以在前往下榻宾馆的途中发放。住房表可以使来宾清楚自己所住的房间,也便于来宾入住客房后相互联系。

2. 注意与宾馆(饭店)的协调

来宾下榻在宾馆(饭店),生活安排是否周到、方便,与宾馆(饭店)的服务水平密切相关,来宾抵达宾馆(饭店)时,具体事务较多,更应做好有关事项的协调衔接。

当重要来宾抵达时,接待工作人员应及时通知宾馆(饭店),以方便宾馆(饭店)组织迎送,安排客房、就餐和行李进出等。来宾入住客房,以便捷、迅速为原则,重要来宾、人数较多的代表团更是如此。为了避免来宾抵达后聚集大厅长时间地等待,接待工作人员应与宾馆(饭店)主动联系,密切配合,进行过细的安排。通常,住房安排表在抵达住地前发给每位来宾,使每人清楚自己入住的房号。在宾馆(饭店)迎宾处设领钥匙处,来宾抵达时,根据他们自报的房号分发住房钥匙。也可以在保证安全的前提下,事先打开房门,使来宾抵达后直接进房。不论采用何种形式,主宾入住客房时,应有专人陪同引导。来宾入住登记或离店手续,可在适当时间,由接待人员协助办理。

来宾进店时,应通知行李房,及时将来宾的行李分送各人房间或集中送到某一房间;来宾离店前,应和行李房约好出行李的时间,出行李应适当提前,以免发车前主宾和送行人员长时间等待。

三、现场接待

(1)客人要找的负责人不在时,要明确告诉对方负责人到何处去了,以及何时回本单位。请客人留下电话、地址,明确是由客人再次来单位,还是我方负责人到对方单位去。

(2)客人到来时,我方负责人由于种种原因不能马上接见,要向客人说明等待理由与等待时间,若客人愿意等待,应该向客人提供饮料、杂志,如果可能,应该时常为客人换饮料。

(3)接待人员带领客人到达目的地,应该有正确的引导方法和引导姿势。

①在走廊的引导方法。接待人员在客人二三步之前,配合步调,让客人走在内侧,如图8-11所示。

图 8-11　接待引导

②在楼梯的引导方法。当引导客人上楼时,应该让客人走在前面,接待人员走在后面,若是下楼时,应该由接待人员走在前面,客人在后面,上下楼梯时,接待人员应该注意客人的安全。

③在电梯的引导方法。引导客人乘坐电梯时,接待人员先进入电梯,等客人进入后关闭电梯门,到达时,接待人员按开门钮,让客人先走出电梯。

④会客厅里的引导方法。当客人走入会客厅,接待人员用手指示,请客人坐下,看到客人坐下后,才能行点头礼后离开。如客人错坐下座,应请客人改坐上座(一般靠近门的一方为下座)。

(4)诚心诚意的奉茶。我国人民习惯以茶水招待客人,在招待尊贵客人时,茶具要特别讲究,倒茶有许多规矩,递茶也有许多讲究。

任务四　馈赠礼仪

任务描述

我们需要在本任务中学习馈赠的相关概念，了解馈赠类型，掌握馈赠的注意事项和受礼礼仪，理解拒收礼物类型。

任务导入

国内某公司13名不同专业的专家组成一个代表团,去美国购约3000万美元的化工设备和技术。美方自然想方设法令中方代表满意,其中一项举动是在第一轮谈判后送给中方代表每人一个小纪念品。这次赠送礼品,可以说是经过精心策划的：一是礼品盒的颜色是红色,红色在中国代表发达；二是礼品本身是时尚的绿色高尔夫帽,意思是签合同后去打高尔夫,在20世纪90年代,对中国人来说,打高尔夫是很奢侈也很有品位的一项运动。可中方代表高兴地按照美国人的习惯当面打开盒子时,每个人的脸色都立刻显得很不自然。第二天,中方代表团找了个借口就离开了这家公司。

思考题

1.中方代表脸色不自然的原因是什么？

知识点精讲

赠送礼品是商务谈判活动中的一项重要礼仪。谈判者在相互交往中赠送礼品,表达友好和增进双方友谊;同时,也表达了对此次合作成功的祝贺和对再次合作能够顺利进行的愿望。它是商务谈判中的一种经常性活动,能加深交易伙伴感情,促进与客户的关系。但是,只有合乎礼仪的赠送行为,才能达到这样的目的。

一、馈赠类型

一般来说,送礼品应该有明确的目的性,根据不同的馈赠目的选择礼品。送礼的目的多种多样,如以交往为目的,以酬谢为目的,以公关为目的,以沟通感情、巩固和维系人际关系为目的等。馈赠的目的不同,送礼的方式、选择的礼品、遵循的礼节都有所不同。

(一)公务性馈赠(组织机构送礼)

公务性馈赠多以交际和公关为目的。这种性质的送礼是针对交往中的关键人物和部门赠送礼品,达到为组织(单位)带来经济效益或发展机会的目的。有些企业利用送礼的机会达到轰动性的广告宣传效应。

(二)个人间馈赠

个人间馈赠是以建立友谊、沟通感情、巩固和维系人际关系为目的。虽然是个人间馈赠,但有时是为了达到商业活动的目的。这种性质的送礼一般讲究礼尚往来,所以礼品不一定价格昂贵,重在情义和送礼的方式。

(三) 酬谢馈赠

酬谢馈赠是为答谢他人的帮助而进行的，因此在礼品的选择上十分强调其物质利益。

二、馈赠注意事项

礼品的选择是一个非常复杂、敏感和困难的过程。它检验一个人是否有敏锐的观察力和记忆力，也考察一个人是否有创造力和想象力；它是社交能力的试金石，也是礼仪知识的刻度表。因此，了解馈赠禁忌是十分重要的，以免起到反方向的作用。

(一) 馈赠礼品的轻重

欧美国家的人在送礼方面较注重的是礼物的意义而不是其货币价值，他们只把礼物作为传递友谊和感情的媒介和手段。在美国，一般的商业性礼物的价值在25美元左右。因此，我们在选择礼物时，其货币价值不要过高，有时赠送昂贵的礼物，会引起对方的怀疑及戒备，也会使对方为难。相对而言，亚洲、非洲、拉丁美洲和中东地区的客商，较注重礼物的货币价值，向这些国家的客商赠送礼物可适当贵重一些。

在我国，与受礼者的关系决定礼品的轻重。一般不轻易送贵重的礼物，不然会使对方产生不安的想法，或引起"重礼之下，必有所求"的猜测。应遵循"交浅礼薄，谊深礼重"的一般礼俗。

(二) 馈赠礼品的选择

选择礼品要认真、心诚，心存敬重之情，选择的礼品要能够体现自己所倾注的时间、才智和努力。给外宾送礼物要谨慎选择，尊重不同国家的风俗习惯，坚持不送触犯外宾习俗的礼品；不送过于昂贵和过于廉价的物品；不送印有广告的物品；不送药品与补品；不送使异性产生误会的物品。

首先，要注意对方的文化背景。由于谈判者所属民族、国家、地区的文化背景的差异，其爱好和要求必然存在差异。因此，必须注意根据对方的习俗、兴趣与爱好选择合适的馈赠礼品。如在阿拉伯国家，酒类不能作礼品，也忌讳给当事人的妻子送礼品；在英国，受礼人讨厌有送礼人单位或公司标识的礼品；法国人讨厌别人送菊花；日本人不喜欢有狐狸图案的礼品；中国人忌讳送钟等。这些都是由不同的习俗和文化造成的。

其次，要选择具有一定纪念意义，有民族特色、地域特点，或是受礼人喜爱的小礼品，或有长久纪念价值或实用价值的礼物。如手工艺术品、花束、书籍、画册、日用品、食品等。据了解，外国友人喜欢的我国礼品包括景泰蓝制品、玉佩、绣品、国画、书法、瓷器、紫砂茶具、竹制工艺品、汉字纸扇等。例如，1972年日本首相田中角荣赠送给我国1000棵日本大山樱花树，寓意希望中日两国的和平友好相传千年。在第二年樱花盛开时，周总理让人将几片樱花带给田中角荣，也寓意着中日友好开始开花。这样的礼物就很好地表达了赠礼的象征意义，达到了赠礼的目的。

最后，赠送礼品还要讲究数量。我国一般以偶数为吉祥，而在俄罗斯则以奇数表示吉利，日本人和韩国人则忌讳"4"与"9"，另外，西方一些国家普遍忌讳"13"这个数字。因此，无论是送水果还是其他礼物，都要注意这一点。

(三) 馈赠礼品的时机

各国都有初交不送礼的习惯，具体何时送礼较合适，各国又有特点。在法国，不能向初次结识的朋友送礼，应等下次相逢的适当时机再送。在英国，合适的送礼时机是请别人用完晚餐或在剧院看完演出之后。在有的国家（如日本），要选择人不多的场合送礼；而在阿拉伯国家，必须有其他人在场,送礼才不会有贿赂的嫌疑。可见,应根据各国习惯的不同做出不同的送礼时间安排。我国则以节日、纪念日、外出旅游归来或在离别前作为赠送礼品的最佳时机。

赠送礼品的时间要兼顾两点。一是具体时机。一般而论,赠送礼品的最佳时机是节假日、节庆日等。其二是具体赠礼时间。一般而言,当我们作为客人拜访他人时,最好在双方见面之初向对方送上礼品,即"见面礼"。当我们作为主人接待来访者时,则应该在客人离去的前夜或者在告别宴会上,把礼品赠予对方。但是,在实际国际商务活动中,赠礼的具体时间是一个需要特别注意的问题。例如,应避免在商业交易正在进行时赠送礼物。与日本人做生意,则要等对方先送礼物,己方才可回礼,否则,如果己方赠礼在前会使日本人觉得丢面子。而与阿拉伯国家的交往中,一般要在见过几次面后,赠送小礼物才为妥当。

(四)馈赠礼品的地点

考虑礼品的赠送地点时要注意公私有别。一般而言,公务交往中所赠送的礼品应该在公务场合赠送。在谈判之余、商务活动之外或私人交往中所赠送的礼品,则应在私人居所赠送。

(五)馈赠礼品的包装

赠送礼物一定要重视礼品的包装,多数国家的人们习惯用彩色包装纸和丝带包扎,如图8-12所示,西欧国家则喜欢用淡色包装纸包装。同时,选择包装盒的颜色时也要考虑收礼人的习俗和禁忌,给德国人送礼时忌讳用白色、棕色或黑色的纸包装礼品。

图8-12 馈赠礼品的包装

同时,赠送礼品时要附上赠送者写的卡片,在卡片上可注明礼品的含义、具体用途及其特殊之处,这样可以更加突出礼品的意义和赠送人的用心与善意。需要注意一点,在欧洲,把名片放在礼物中是失礼的行为。如果需要加放名片,则要放入精致的信封,与礼物一并交与受礼人。

三、收礼礼仪

有礼有节的馈赠活动有利于增加合作的机会,因此,相互馈赠礼品已成为商务活动的重要内容。正所谓礼尚往来,除馈赠礼品外,商务谈判人员也常会遇到收礼问题。在接收礼品时应注意如下礼仪。

(一)收礼致谢

首先,要真诚地表示感谢,不管礼品轻重贵贱,都要诚挚地表达谢意。其次,要让对方感受到你的愉快,不管你喜欢与否,满意与否,都应该露出高兴的神情,因为这是对对方的尊重。最后一点,要重视别人赠送的礼物。

（二）当面拆封

在日本、新加坡、韩国、中国和马来西亚，一般收礼人不当着赠礼人的面打开礼物，以表明他们重视的是送礼这一活动而不是礼物本身。相反，在西方国家，收礼人在接收礼品时，通常习惯当面拆开礼品的包装，认真地欣赏礼品并适当赞赏收到的礼品，表示对赠礼人的尊重。

（三）一周内再次致谢

接收礼品后，最好在一周之内写信或打电话再次向对方致谢。你不仅可以对礼品本身表示感谢，也可以对礼品传达的内在含义或送礼人对自己爱好的关心表示感谢。多说几次谢谢，可以为自己赢得更多的尊敬。

四、拒收礼物

需要注意的是，在商务交往中是否可以接收礼物以及礼物的处理，国内有关部门和企业都有相应的政策和纪律，谈判人员应当遵守这方面的政策规定。当不能接收时，应向对方讲明原因并婉言谢绝。这样，可以防止对方的误解和不愉快。

一般而言，以下三种物品不宜接受：一是违法、违禁物品；二是价格超过了规定的礼品或是现金、有价证券；三是包含某种无法接受的暗示的物品。要做到拒绝有方，拒收礼物时，要注意：最好是在没有外人在场的情况下，当场向对方说明原因并退还礼品；如果送礼人是善意的，还要对对方表示感谢。也可以事后及时写信，随心送还礼物。如果送礼人不怀好意（性暗示、隐含附加条件等），就有必要婉转地表达出对对方作法的不满。

项目小结

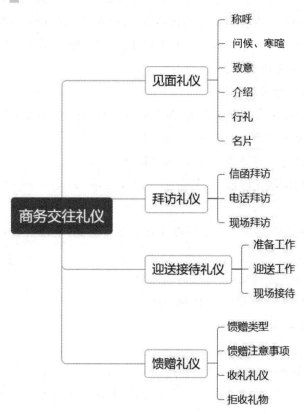

课后巩固

一、单选题

1. 呈递名片中不正确的说法是（　　）。

A. 只能用右手呈递

B. 要将名片正面朝向接受方

C. 接受的名片应放到名片夹或上衣口袋中

D. 事先准备好名片

2. 男子与女士握手时，应只轻轻握一下女士的（　　）。

A. 指尖　　　　　B. 手掌　　　　　C. 手指　　　　　D. 手腕

3. 握手的时间应控制在（　　）以内。

A. 1秒钟　　　　B. 2秒钟　　　　C. 3～5秒钟　　　D. 7秒钟

4. 为他人做介绍时，（　　）是错误的。

A. 尊者优先了解情况

B. 先将女士介绍给男士

C. 先将职位低的人介绍给职位高的人

D. 先将年轻的人介绍给年长的人

5. 在男女之间的握手中，伸手的先后顺序也十分重要，在一般情况下，（　　）。

A. 女方应先伸手去握，这样显得自己的落落大方，也不会让男方觉得难堪

B. 男方应先伸手去握，这样会显得自己绅士风度，也避免女方不好意思去握

C. 男女双方谁先伸手都可以

D. 男女双方同时伸手才可以

6. 在带领宾客参观时，作为一个引导者，在进出电梯时（有专人控制）你应做到（　　）。

A. 放慢脚步，进电梯时让宾客先进入，出电梯则相反

B. 加快脚步，进电梯时自己先进入，出电梯则相反

C. 保持脚步，谁先进出都无所谓

D. 与宾客一同进出

7. 在接待客人时（客人第一次来），上下楼梯有时不可避免，下面符合正确商务礼仪的做法是（　　）。

A. 上楼时让领导、来宾走在前方，下楼时将相反

B. 上楼时让领导、来宾走在后方，下楼时一样

C. 上下楼时都让领导、来宾走在前方

D. 无所谓谁在前谁在后

8. 西方人很重视礼物的包装，必须（　　）。

A. 当面打开礼物　　　　　　　　　　　B. 客人走后打开礼物

C. 随时都可以打开礼物　　　　　　D. 以上都不对

9. 出入无人控制的电梯时,陪同人员应该(　　)。

A. 先进后出　　　　　　　　　　　B. 控制好开关钮

C. 以上都包括　　　　　　　　　　D. 以上都不对

10. 如果开车的是专业的司机,(　　)是最尊贵的。

A. 司机旁边的座位　　　　　　　　B. 后排中间的座位

C. 后排最右边的位置　　　　　　　D. 后排最左边的位置

二、判断题

1. 拜访他人必须有约在先。(　　)

2. 接过名片,首先要仔细看看。(　　)

3. 可以在名片上印制各种各样的图案、花纹等。(　　)

4. 年长者与年幼者握手时,应由年长者首先伸出手。(　　)

5. 女士与男士握手时,应由男士首先伸出手。(　　)

6. 选送鲜花时,不但要看其通用的寓意,而且也要看其民俗寓意,二者应并行不悖。(　　)

7. 在赠送礼品时,最好不要说"没有准备,临时才买的""没有什么好东西,凑合着用吧"等等诸如此类的自我贬低的话。(　　)

8. 社交活动中,拜访他人可以预约也可以不预约。(　　)

三、问答题

1. 简述寒暄过程中需要注意的事项。

2. 简述为他人介绍时应遵循的原则。

3. 简介握手的基本要求。

4. 简述接受名片的注意事项。

5. 简述拜访的种类。

6. 简述乘车礼仪。

7. 简述馈赠礼品的选择原则。

四、综合实训

王峰在大学读书时学习非常刻苦,成绩也非常优秀,几乎年年都拿特等奖学金,因此,同学们给他起了一个绰号"超人"。大学毕业后,王峰顺利地获取了去美国攻读硕士学位的机会,硕士毕业后又顺利进入一家美国公司工作。一晃八年过去了,王峰现在已经成为公司的部门经理。2016年国庆节,王峰带着妻子儿女回国探亲。一天,他们在大剧院观看音乐剧。刚刚落座,就发现有3个人向他们走来,其中一个人边走边大声地喊:"喂!这不是'超人'吗?你怎么回来了?"

这时,王峰才认出说话的人正是他的高中同学贾征。贾征没考上大学,跑到南方去做生意,赚了一些钱,如今回到上海注册公司,当起了老板。今天他正好陪着两位从新加坡来的生意伙伴一起来看音乐剧。这对生意伙伴是他交往多年的年长的新加坡夫妇。这时,王峰和贾征都既高兴又激动。贾征大声寒暄之后,才想起了王峰身边还站着一位女士,就问王峰身边的女士是谁。王峰这才想起向贾征介绍自己的妻子。待王峰介绍完毕,贾征高兴地走上去,给了王峰妻子一个拥抱礼。这时,贾征也想起该向老同学介绍他的生意伙伴了……(资料来源:张传杰,黄漫宇.商务沟通方法、案例和技巧[M].北京:人民邮电出版社,2018.)

思考题:

上述场合的行为有哪些不符合礼仪的地方?正确的做法是什么?

项目九

商务宴会礼仪

SHANGWU GOUTONG YU LIY

知识目标

1. 了解宴请、中餐和西餐的相关概念及区别。
2. 理解宴请的准备礼仪、宴请程序和赴宴礼仪等环节。
3. 了解中餐、西餐宴请全过程。
4. 理解中餐和西餐用餐地点、上菜、座位等考虑原则。

能力目标

1. 在家庭宴席中能正确布置现场,礼貌接待客人,引导大家正确入席。
2. 在外出用餐时能仔细观察中西餐的用餐礼仪。

任务一 宴请礼仪

任务描述

我们需要在本任务中学习宴请的相关概念,了解宴请的形式,理解宴请的准备礼仪、宴请程序和赴宴的礼仪等环节,掌握宴请对象的确定、席位安排、请柬制作、迎宾送别等方面的注意事项和禁忌。

任务导入

南茜在一家著名跨国公司的北京总部做总经理秘书工作,中午,要随总经理和市场总监去一个工作午餐会,主要是研究未来一年市场推广工作的计划。这不是一个很正式的会议,主要是利用午餐时间彼此沟通一下。南茜知道晚上公司要正式宴请国内最大的客户张总裁等一行人,答谢他们一年来给予的支持,她已经提前安排好了酒店和菜单。午餐是自助餐的形式,与总经理一起吃饭,南茜可不想失分,在取食物时,她选择的都是一口能吃下去的食物,放弃了她平时喜爱的大虾等需要用手辅助才能吃掉的美食。她知道自己可能随时要记录老板的指示,没有时间去补妆,而总经理是法国人,又十分讲究。

下午,回到办公室,南茜再次落实了酒店的宴会厅和菜单,为晚上的正式宴请做准备。算了算宾主双方共有8位,南茜安排了桌卡,因为是熟人,又只有几个客人,所以没有送请柬,可是她还是不放心,就又拿起了电话,找到了对方公关部李经理,详细说明了晚宴的地点和时间,又认真地询问了他们老总的饮食习惯。李经理说他们的老总是山西人,不太喜欢海鲜,非常爱吃面食。南茜听后,又给酒店打电话,重新调整了晚宴的菜单。

南茜决定提前半个小时到酒店,看看晚宴安排的情况并在现场做点准备工作。到了酒店,南茜找到领班经理,再次讲了重点事项,又和他共同检查了宴会的准备。宴会厅分内外两间,外边是会客室,是主人接待客人小坐的地方,已经准备好了鲜花和茶点,里边是宴会的房间,中餐式宴会的圆桌上已经摆放好各种餐具。

南茜知道对着门口桌子的位子是主人位,但为了慎重从事,还是征求了领班经理的意见,从带来的桌卡中先挑出写着自己老板名字的桌卡放在主人位上。再将对方老总的桌卡放在主人位子的右边。想到客户公司的第二把手也很重要,就将他的桌卡放在主人位子的左边。南茜又将自己的顶头上司市场总监的桌卡放在桌子的下首正位上,再将客户公司的两位业务主管的桌卡分放在他的左右两边。为了便于沟通,南茜就将自己与公关部李经理的桌卡放在了同一方向的位置。

应该说,晚宴的一切准备工作就绪了。南茜看了看时间还差一刻钟,就来酒店的大堂内等候。宴会开始前10分钟,总经理一行到了酒店门口,南茜就在送他们到宴会厅时简单地汇报了安排。南茜随即又返身回到了酒店大堂,等待着张总裁一行人的到来。几乎分秒不差,她迎接的客人准时到达。

晚宴按南茜精心安排的情况顺利进行着,宾主双方笑逐颜开,客户不断夸奖菜的味道不错,正合他们的胃口。这时领班经理带领服务员像表演节目一样端上了山西刀削面。客人看到后立即哈哈大笑起来,高兴地说道:"你们的工作做得真细致。"南茜的总经理也很高兴地说:"这是南茜的功劳。"

看到宾主满意,南茜心里暗自总结着经验,下午,根据客人的口味调整菜单,去掉了鲍鱼等名贵菜,不仅省钱,还获得了客人的好感。

思考题

1. 南茜这次宴会的制胜法宝是什么?
2. 你觉得南茜还有什么需要注意的事项?

知识点精讲

一、宴请的定义和形式

(一)宴请的定义

宴请是为了表示欢迎、答谢、祝贺、喜庆等举行的餐饮活动,以增进友谊和融洽气氛,是国际交往中最常见的交际活动形式。宴请的形式多样,礼仪繁多,掌握其礼仪规范是十分重要的。

(二)国际上通用的宴请形式

根据不同的交际目的、邀请对象以及费用开支等因素,常见的宴请形式有以下几种。

1. 宴会

宴会指比较隆重、正式的设宴招待,是宾主在一起饮酒、吃饭的聚会。宴会是正餐,出席者按主人安排的席位入座进餐,由服务员按专门设计的菜单依次上菜。按其规格,又有国宴、正式宴会、便宴和家宴之分。按举行的时间来分,又可分为早宴、午宴和晚宴。其隆重程度、出席规格及菜肴的品种与质量等均有区别。一般来讲,晚上举行的宴会比白天的宴会更为隆重。

(1)国宴。国宴特指国家元首或政府首脑为国家庆典或为外国元首、政府首脑来访而举行的宴会。这种宴会级别最高,出席者的身份高,庄严而又隆重。按规定,宴会厅内应悬挂国旗,菜单和座席卡上均印国徽,安排乐队演奏国歌及席间乐,宾主均按身份排位就座,宾主双方致辞、祝酒。

(2)正式宴会。正式宴会通常是政府和团体等有关部门为欢迎应邀来访的宾客或来访的宾客为答谢主人而举行的宴会。这种形式除不挂国旗、不奏国歌以及出席者身份低于国宴外,其余的安排大致与国宴相同。一般安排在晚上进行,十分讲究排场,设有固定的席位,宾、主都要按身份排位就座,对餐具、酒水、菜肴道数、摆设以及服务员的着装和仪式都有严格的要求。

(3)便宴。便宴多用于招待熟悉的宾朋好友,是一种非正式的宴会。这种宴会形式简便、灵活,规模较小,不排席位,不做正式致辞或祝酒,宾主间较随便、亲切,用餐标准可高可低,适用于日常友好交往。常见的便宴按举办的目的不同分为迎送宴会、生日宴会、婚礼宴会、节日宴会;按时间不同分为午宴、晚宴,有时也有早宴。若是安排在中午的便宴,一般不上烈性酒。

(4)家宴。家宴是在家中设宴招待客人,西方人喜欢采取这种形式待客,以示亲切、友好,且常用自助餐方式。家宴的菜肴往往远不及餐馆丰富,但由于通常由主妇亲自掌勺,家人共同招待,因此,它在社交和商务活动中发挥着尊敬客人和促进人际交往的重要作用。

以上除国宴外,在商务谈判中都可以选用,尤其是小型的正式宴会和便宴更切合实际。另外,在必要时,设家宴招待对方,会起到良好效果。

图 9-1 所示为各形式宴会的比较。

	排座次	挂国旗	凑国歌	席间乐	致祝词	服饰要求
国宴	√	√	√	√	√	√
正式宴会	√	不用	不用	√	√	√
便宴	可不排	不用	不用	不用	可不用	较随便
家宴	视情况而定	不用	不用	不用	视情况而定	视情况而定

图 9-1 各形式宴会的比较

2. 招待会

招待会是指一些不备正餐的宴请形式,一般备有食品和酒水饮料,不排固定席位,宾主活动不拘形式,是一种灵活、经济实惠的宴请形式。常见的招待会主要分为冷餐会、自助餐和酒会三种。

(1)冷餐会。冷餐会的特点是立餐形式,不排席位。菜肴以冷食为主,也可冷热兼备,连同饮料和餐具一同摆设在餐桌上,供客人自取。冷餐会通常会在室内、院子里、花园里举行,可设小桌、椅子,自由入座,也可以不设座椅,站立进餐,自由活动,边谈边吃。当然,对于老年、体弱者要准备桌椅并由服务员接待。举办时间一般在中午十二时至下午二时、下午五时至七时。在官方正式活动中,如果宴请宾客的人数众多,通常会采用这种宴会形式。

(2)自助餐。自助餐和冷餐会大致是相同的,只是现代自助餐比较丰富,而且有比较多的热菜,甚至有厨师当场煎炒。

(3)酒会。酒会也称鸡尾酒会,形式较活泼。酒会多用于大型活动,不一定都用鸡尾酒,通常,酒类品种较多并配以各种果汁,不用或少用烈性酒。食品多为三明治、小香肠、炸春卷等小吃,以牙签取食。不设座椅,仅置小桌或茶几,宾主皆可随意走动,自由交谈。举行时间亦较灵活,中午、下午、晚上均可,请柬上往往注明整个活动延续的时间,客人在请柬规定的起止时间内入席、退席,来去自由,不受约束。近年来,国际上举办大型活动采用酒会形式逐渐普遍。庆祝各种节日,欢迎代表团访问,以及举办各种开幕、闭幕典礼,文艺演出前后往往举行酒会。自1980年起,我国国庆招待会也改用酒会形式。

以上三种方式自由、方便,不受正式宴会上任何礼仪的限制,便于广泛接触交谈,客人可利用这个机会进行社会交际和商务交际,所以在国际商务往来中被越来越多地采用。

3. 茶会

茶会是一种更为简便的招待形式,我国通常称为"茶话会"。茶会通常设在客厅、花园、会议厅,设茶几座椅,略备点心、小吃,不排席位,入座时有意识地将主宾和主人安排坐在一起,其他人随意就座,如图9-2所示。茶话会,顾名思义,就是请客人边品茶边谈话,因此,对茶叶、茶具的选择就应讲究些,体现出一定茶文化的特点。茶具一般用陶瓷器皿,不用玻璃杯,也不用热水瓶代替茶壶。

在西方,一般有早、午茶时间,即上午10时、下午4时左右,以请客人品茶为主。外国人一般饮用红茶,略备点心、小吃,也可以用咖啡代茶,但用咖啡待客一般不用速溶咖啡,而是现煮咖啡,组织安排与茶会相同。

图9-2 茶会

4. 工作进餐

工作进餐是现代国际交往中又一非正式宴请形式(有的时候由参加者各自付费),按用餐时间可分为工作早餐、工作午餐和工作晚餐,主客双方可利用进餐时间,边吃边谈。这种形式多以快餐分食的形式,把餐桌当作会议桌,边用餐边谈话,既简便、快速,又符合卫生要求。此类活动多与工作有关,故一般不请配偶。

有的工作餐只是为了增进彼此的感情,加强相互之间的联系;而另一些工作餐则是事先说明带有明确的目的,或就某个问题交换意见,或商谈某项合同。国际商务往来中,往往因日程安排不开而采用这种形式,以此增进感情,促进问题的解决。

二、宴请的准备礼仪

宴请是一种社交性活动,是对宾客的一种礼遇,必须按规定礼节、礼仪的要求进行准备。

(一)确定宴请的目的

宴请的目的是多种多样的,可以为某一个人,也可以为某一事件,如为代表团来访(作为驻外机构,可以为本国代表团前来访问,也可以为驻在国的代表团前往自己的国家访问),为庆祝某一节日、纪念日,为外交使节或外交官员的到(离)任,为展览会的开幕、闭幕,为某项工程动工、竣工等。在商务交往中,还会根据需要举办一些日常的宴请活动,如节庆日聚会、贵宾来访、工作交流、结婚祝寿等。不但设宴方要清楚宴请的目的,还应尽可能让应邀者和承办者明了,这样才好配合,实现预期效果。

(二)确定宴请的方式

宴请采取何种形式,在很大程度上取决于当地的习惯做法。一般来说,设宴目的隆重、以礼节性为主时,应以正式、规格高的宴会为宜;日常交往、友好联谊、人数多时,则以冷餐会或酒会的形式更为合适;群众性节日活动多用茶会;以庆祝性为主时,则采用招待会比较合适;如果是以讨论某项工作为主,则采用工作餐形式较为适宜。

目前,各国的礼宾工作以及各种谈判交际活动中的宴请工作都在简化,范围也趋向偏小,形式更加简便。酒会、冷餐会被广泛采用,而且中午举行的酒会往往不请配偶。不少国家招待国宾宴会只请职务较高的陪同人员,不请随行人员。我国也在进行改革,提倡多举办冷餐会和酒会以代替宴会。

(三)确定宴请对象

1.邀请人

邀请既可以单位名义,也可以个人名义,但要注意身份对等。一般来说,邀请者应尽量与被邀请的主要宾客在身份、职别、专业等方面对等、对口。例如,作为东道国宴请来访的外国代表团,出面主人的职位和专业一般同代表团团长对口、对等,职位低使人感到冷淡,规格过高亦无必要。

又如外国使馆宴请驻在国部长级以上官员,一般由大使(临时代办)出面邀请,低级官员邀请对方高级人士就不礼貌。通常,如请主宾携夫人出席,主人若已婚,宜以夫妇名义发出邀请。在我国,大型正式活动以一人名义发出邀请,日常交往小型宴请则根据具体情况以个人名义或以夫妇名义出面邀请。

2.被邀请人

被邀请人指请哪些方面人士,请到哪一级别,请多少人,同时也包括请一些有关单位和本单位的人员作陪。在确定邀请对象时应考虑宴请的性质、主宾身份、惯例等多种因素,以免出现不快和尴尬的局面。

邀请范围与规模确定之后,即可草拟具体邀请名单。被邀请人的姓名、职务、称呼,以及对方是否有配偶都要准确。多边活动要考虑政治因素,对政治上相互对立的国家,是否邀请其人员出席同一活动,要慎重考虑。

(四)确定宴请的时间、地点

宴请的时间和地点应根据宴请的目的和主宾的情况而定。

1. 时间

一般来说,宴请的时间安排应对主宾双方都较为合适,最好事先征求一下主宾的意见,尽量为客人方便着想,避免与工作、生活安排发生冲突,通常安排在晚上6—8点。

宴会还不宜安排在对方的重大节日、重要活动或有禁忌的日子,例如,欧美人忌讳"13",日本人忌讳"4""9",宴请时间尽量避开有以上数字的时日;对伊斯兰教徒而言,在斋月内白天禁食,宴请宜在日落后举行。当然,最好首先征询主宾意见,选择适当时机口头、当面约请,也可用电话联系。主宾同意后,时间即被确定,可以按此时间约请其他宾客。

2. 地点

对于正式的宴会,较为传统的做法是安排在宾客下榻宾馆的外围场所进行,也可以安排在下榻宾馆举行,这样便于准备、安排和联络,且环境、卫生、安全、服务等条件相对有保障,并可节省路途时间。其余宴会则按活动性质、规模大小、形式、主人意愿及其他实际情况而定。选定的场所要能容纳全体人员。举行正式宴会,在可能的条件下,宴会厅外另设休息厅(又称等候厅),供宴会前简短交谈用,待主宾到达后一起进宴会厅入席。

选择地点时应注意:①按宾客数量确定宴请地点;②按宴请规格确定宴请地点;③按宾客的意愿和地方特色选择宴请地点;④按主、宾双方熟悉程度、关系深浅选择宴请地点;⑤重要的宴会尽可能选择举办者比较熟悉或负有盛名的饭店或宾馆。

(五)邀请

邀请的形式有两种,一是口头的,二是书面的。口头邀请就是当面或者通过电话把活动的目的、名义以及邀请的范围、时间、地点等告诉对方,然后等待对方答复,对方同意后再作活动安排。书面邀请也有两种方式,一种是比较普遍的发请柬;还有一种就是写便函,这种方式目前使用较少。

组织宴请活动时,一般都发请柬,这既是礼貌,亦对客人起提醒、备忘之用。请柬应准确注明邀请人姓名、被邀请人姓名、尊贵的称呼、宴请的方式及时间地点、着装要求或提示等。请柬应提前一至两周发出,以便被邀请人及早安排时间。国际上习惯对夫妇发一张请柬,我国遇需凭请柬入场的场合,夫妇每人一张。正式宴会,最好能在发请柬之前排好席次并在信封下脚注上席次号。请柬发出后,应及时落实出席情况,准确记载,以安排并调整席位。即使是不安排席位的活动,也应对出席率有所估计。

请柬行文要注意以下几个要点。

(1)写清目的。

(2)标点符号。

一般的中文请柬行文不用标点符号(括号除外),提到的人名、单位名、节目名等都应用全称。如果为国宾举行宴会,请柬上应印有国徽。较复杂的行文也可使用标点符号。

(3)行文格式。

中文请柬行文中不提被邀请人姓名(其姓名写在请柬信封上),主人姓名放在落款处。中外文本请柬的格式与行文差异较大,注意不能生硬照译。请柬可以印刷也可以手写,但手写字迹要美观、清晰。

格式一般有以下注意事项:

①在封面上写请柬(请帖)二字。

②抬头写被邀请者(个人或单位)名称。

③交代活动内容,如开座谈会、联欢晚会、过生日等;交代举行活动的时间和地点,如果是请看戏或其他表演还应将入场券附上。

④结尾,如致以敬礼、顺致崇高的敬意等。

⑤署明邀请者(个人、单位)的名称和发出请柬的时间。

一般的写法是谨定于某年某月某日,在什么地方举行一个什么样的活动,然后敬请对方光临。

(4)文字措辞。

请柬上的文字务必简洁、清晰、准确,对时间、地点和人名等要反复核对,做到正确无误,万无一失。措辞要典雅、亲切、得体,例如不能把"敬备茶点"写成"有茶点招待",不能把"寿终正寝"写成"死亡",不能把"敬请光临"写成"准时出席",不能把"谨此奉告"写成"特此通知"等。另外,不要把还没有结婚的人写成了"夫妇"或者丧偶的人也写成"夫妇",引起对方触字伤怀,就失礼了。

以上四个方面,任何一个环节都不可失礼,否则必将给个人或组织的形象带来严重损失。总之,邀请无论以何种形式发出,均应真心实意,热情真挚。邀请发出后,要及时与被邀者取得联系,以便做好客人赴宴的准备工作。

(六)预定餐厅、确定菜单

宴会菜单的确定应根据宴请形式和规格、时间和季节,以及宴请对象的口味偏好来确定,费用控制在规定的预算标准内。

宴席的选菜应注意合理搭配,包括主次分明、冷热兼顾、荤素搭配、色彩组合、营养构成、时令菜与传统菜肴的搭配以及菜肴与酒水饮料的搭配。菜肴道数与分量都要适宜,不宜过多或不足。最好能有一些地方特色食品和本地产的名酒。

具体菜肴的确定,还应以合适多数客人的口味为前提,尤其要照顾主宾的饮食习惯。例如,不少外宾并不太喜欢我们的山珍海味,特别是海参;伊斯兰教徒的清真席,不用酒,甚至不用任何带酒精的饮料和猪肉;印度教徒不吃牛肉,满族人不吃狗肉等。若席中个别宾客有特殊需要,也可单独为其上菜。所有这些忌讳,在选菜时都应该考虑到。

无论哪一种宴请,事先均应开列菜单并征求主管负责人的同意。获准后,如是宴会,即可印制菜单,菜单一桌两三份,至少一份,讲究的话,也可每人一份。

(七)席位安排礼仪

正式宴会一般均排席位,也可只排部分客人的席位,其他人只排桌次或自由入座。无论采用哪种做法,都要在入席前通知每一位出席者,使大家心中有数。现场还要有人引导。大型的宴会,最好是排席位,以免混乱。

按国际惯例,桌次的高低以离主桌的位置远近而定,右高左低。桌数较多时,要摆桌次牌。同一桌上,席位高低以离主人座位远近而定。我国习惯于按每人的职务排列,以主人的座位为中心,然后以右为上,把主宾安排在主人的右手,即在最尊贵的位置上。其余客人,按礼宾次序就座。如有夫人出席,常把女方排在一起,即主宾坐男主人右上方,其夫人坐在女主人右上方。两桌以上的宴会,其他各桌第一主人的位置可以与主桌主人位置同向,也可以以面对主桌的位置为主位。国外习惯男女穿插安排,以女主人为准,主宾在女主人右上方,主宾夫人在男主人右上方。

以上是国际上安排席位的一些常规。遇特殊情况,可灵活处理。

(1) 如遇主宾职位高于主人,为表示对他的尊重,可以把主宾摆在主人的位置上,而主人则坐在主宾位置上,第二主人坐在主宾的左侧,但也可按常规安排。如果本国出席人员中有职位高于主人的,譬如部长请客,总理或副总理出席,可以由职位高者坐主位,主人坐职位高者左侧,但少数国家亦有将职位高者安排到其他席位上的习惯。主宾有夫人,而主人的夫人又不能出席时,通常可以请其他身份相当的妇女作为第二主人。如无适当身份的妇女出席,也可以把主宾夫妇安排在主人的左右两侧。

(2) 在遵照礼宾次序的前提下,还需要考虑其他一些因素,如多边活动需要注意客人所属国之间的政治关系,政见分歧大、两国关系紧张者,尽量避免排到一起。此外,应尽可能使相邻就座者便于交谈,例如,职位大体相同、使用同一语言者,或属同一专业者,可以排在一起。

(3) 夫妇一般不相邻而坐。按西方习惯,女主人可坐在男主人对面,男女依次相间而坐。女主人面向上菜的门。

(4) 译员可安排在主宾的右侧,以便于翻译。按有些国家的习惯,不给译员安排席次,译员坐在主人和主宾背后工作,另行安排用餐。

(5) 中餐宴会往往采用圆桌布置,通常8~12人为一桌。如果有两桌或两桌以上安排宴请时,排列桌次应以面门为上,以近为大,居中为尊,以右为尊为原则,其他桌次按照离主桌近为主、远为次,右为主、左为次的原则安排。自己的助手(副主陪)坐对面,催菜跑腿方便。如果双方来的人数差不多,最好互相间隔着坐,有利于私下交流。

(八) 现场检查

1. 现场布置

宴会厅和休息厅的布置取决于活动的性质和形式。官方正式活动场所的布置应该严肃、庄重、大方,不要用红绿灯、霓虹灯装饰,可以点缀少量鲜花、刻花等。

宴会可以用圆桌,也可以用长桌或方桌。一桌以上的宴会,桌子之间的距离要适当,各个座位之间也要距离相等。如安排有乐队演奏席间乐,不要离桌子太近,乐声宜轻。宴会休息厅通常放小茶几或小圆桌,与酒会布置类同,如人数少,也可按客厅样式布置。

冷餐会的菜台用长方桌,通常靠四周陈设,也可根据宴会厅情况,摆在房间的中间。如坐下用餐,可摆四五人一桌的方桌或圆桌。座位要略多于全体宾客人数,以便客人自由就座。

酒会一般摆小圆桌或茶几,以便放花瓶、烟缸、干果、小吃等。也可在四周放些椅子,供妇女和年老体弱者就座。

2. 餐具的准备

根据宴请人数和酒、菜的道数准备足够的餐具。餐桌上的一切用品都要十分清洁卫生。桌布、餐巾都应浆洗干净并熨平。水杯、酒杯、筷子、刀、叉、碗、碟等,在宴会之前都应洗净擦亮。如果是宴会,应该准备每道菜撤换用的菜盘。

中餐用筷子、盘、碗、匙、小碟等。水杯放在菜盘上方,右上方放酒杯,酒杯数目和种类应配合所上酒的品种,餐巾叠成花插在水杯中,或平放在菜盘上,如图9-3所示。我国宴请外国宾客,除筷子外,还应摆上刀和叉。酱油、醋、辣椒油等佐料通常一桌数份。公筷、公勺应备有筷、勺座,其中一套摆在主人面前。餐桌上应备有烟灰缸、牙签。

图9-3 中餐餐具布置

西餐具的摆设与中餐具不同。西餐具有刀、叉、匙、盘、杯等。刀分食用刀、鱼刀、肉刀(刀口有锯齿,用以切牛排、猪排)、奶油刀、水果刀等;叉分食用叉、鱼叉、龙虾叉;匙有汤匙、茶匙等;杯的种类更多,茶杯、咖啡杯均为瓷器并配小碟,水杯、酒杯多为玻璃制品,不同的酒使用的酒杯规格亦不相同,宴会上几道酒,就配有几种酒杯。公用刀叉规格一般大于食用刀叉。西餐具的摆法是正面放食盘(汤盘),左手放叉,右手放刀。食盘上方放匙(汤匙及甜食匙),再上方放酒杯,右起为烈酒杯或开胃酒杯、葡萄酒杯、香槟酒杯、啤酒杯(水杯)。餐巾插在水杯内或摆在食盘上。面包、奶油盘在左上方。吃正餐时,刀叉数目应与菜的道数相等,按上菜顺序由外至内排列,刀口向内。用餐时应按此顺序取用。撤盘时,一并撤去使用过的刀叉。

3. 席位

工作人员应提前到现场检查准备工作。如是宴会,事先将座位卡及菜单摆上。座位卡置于酒杯上方或平摆于餐具上方,勿置于餐盘内。菜单一般放在餐具右侧。

席位的通知,除请柬上注明外,现场还可:①在宴会厅前陈列宴会简图,图上注明每人的位置;②用卡片写出出席者姓名和席次,发给本人;③印出全场席位示意图,标出出席者姓名和席次,发予本人;④印出全场席位图,包括全体出席者位置,每人发给一张。这些做法各有特点,人多的宴会宜采用第④种做法,便于通知。各种通知卡片,可利用客人在休息厅时分发。有的国家是在客人从衣帽间出来时,由服务员用托盘将其卡片递上。如果是口头通知,则由礼宾人员在休息厅通知每位客人。

如有讲话,要落实讲稿。通常,双方事先交换讲话稿,举办宴会的一方先提供。代表团访问,欢迎宴会东道国先提供;答谢宴会则由代表团先提供。双方讲话由何人翻译,一般事先谈妥。

三、宴请程序

正式宴请的程序分为迎宾、致辞、介绍菜肴、席间交流、送别。非正式宴请当然无须讲究程序,只要双方能彼此呼应就行。

1. 迎宾

主人应在宴会厅门口迎接客人的到来。官方活动中,除男女主人外,还有少数其他主要官员陪同主人排列成行迎宾,通常称为迎宾线,其位置一般在宾客进门存衣以后、进入休息厅之前。客人抵达后,主人应与之握手问好并由专人将客人引到休息厅。休息厅内应有相应职务的主方人员照顾客人。若没有休息厅,则可直接进入宴会厅,但不入座。

注意,如果是主宾到达,由主人陪同进入休息厅与其他客人见面。若其他客人尚未到齐,可由其他迎宾人员代表主人在门口迎接。

2. 致辞

主人陪同主宾进入宴会厅,全体客人就座,宴会即开始。如休息厅较小,或宴会规模大,也可以请主桌以外的客人先入座,贵宾席最后入座。

正式宴会由主宾双方发表致辞。致辞的时间一般安排在宾主双方入座后,或在热菜之后、甜食之前。非正式宴请通常由主宾双方代表以敬酒方式简单说几句便可开始就餐。

3. 介绍菜肴

服务人员每上一道菜,一般要用转盘转至主人与主宾之间并报出菜名。对于有些具有鲜明特色的菜,服务人员可对菜肴的香、味、形方面的特点和菜名由来等做详细介绍。上菜完毕后,主人应举筷盛情请大家品尝。当宾客相互谦让,迟迟不肯下筷时,主人可起身用公筷、公匙,亲自为来宾分菜。

4. 席间交谈

介绍宾客、介绍菜肴、向宾客敬酒,以及引导亲切和谐的交谈,这些都是席间主人应主动做的。一般情况下,每桌的主人要不时地提出一些能让双方都感兴趣的话题,如气候季节、体育赛事、文体时尚、烹饪技巧等,也可以就本次聚会的主旨做一些交谈,但不必深入、不必具体,更不要涉及实质性内容。切不可将餐桌变成谈判桌,引起双方不快。席间,主人及客人之间相互碰杯并说些祝愿的话。

5. 送别

宴会应掌握在90分钟左右,最多不超过2小时。过早结束,会使宾客感到意犹未尽,对主人的诚意表示怀疑;时间过长,会使主、宾双方感到疲惫,影响宴会的效果。主人要把握时机,适时结束宴会,给赴宴宾客留下美好的回忆。

吃过水果后,主人应向来宾示意,让其做好离席准备,然后从座位上起立,这是全体离席的信号,意味着宴会将结束。客人起身告辞,主人应将其送至门口,热情友好地话别;有时主方人员可以列队门口,与客人一一握手话别,以表示热情。

外国人的日常宴请在女主人为第一主人时,往往以她的行动为准。入席时女主人先坐下并由女主人招呼客人开始就餐。餐毕,女主人起立,邀请全体女宾与之共同退出宴会厅,然后男宾起立,尾随进入休息厅或留下抽烟(吃饭过程中一般是不能抽烟的)。男女宾客在休息厅会齐,即上茶(咖啡)。主宾告辞,主人送至门口。主宾离去后,原迎宾人员顺序排列,与其他客人握别。

四、赴宴的礼仪

宾客参加宴会,无论是代表组织,还是以个人身份出席,从入宴到告辞都应注重礼节规范,这既是个人素质与修养的表现,又是对主人的尊重。

1. 应邀

接到宴会邀请(请柬或邀请信)时,能否出席要尽早答复对方,以便主人安排。一般来说,对注有"R.S.V.P.(请答复)"字样的邀请,无论出席与否,均应迅速答复。对注有"Regrets only

(不能出席请复)"字样的邀请,则不能出席时才回复,但也应及时回复。经口头约妥再发来的请柬,上面一般都注有"Toremind(备忘)"字样,只起提醒作用,可不必答复。答复对方,可打电话或复以便函。

一旦确定出席,就不要随意改动,万一遇到特殊情况不能出席时,尤其是作为主宾,要尽早向主人解释、道歉,甚至亲自登门表示歉意。

应邀出席一项活动之前,要核实宴请的主人,活动举办的时间、地点,是否邀请配偶以及对服饰的要求。活动频繁时尤应注意,以免走错地方,或主人未请配偶却双双出席。

出席宴会之前,一般应梳洗打扮。女士要化妆,男士梳理头发并剃须。衣着要求整洁、大方、美观,这给宴会增添隆重热烈的气氛。如果参加家庭宴会,可给女主人准备一份礼品,在宴会开始之前送给主人。礼品价值不一定很高,但要有意义。

2. 按时

按时出席宴会是最基本的礼貌。出席宴请活动时,抵达的迟早、逗留时间的长短,在一定程度上反映对主人的尊重,应根据活动的性质和当地习俗掌握。迟到、早退、逗留时间过短,都被视为失礼或有意冷落。

身份高者可略晚些到达,一般客人宜略早些到达。出席宴会要根据各地习惯正点或晚一二分钟抵达;在我国,则是正点或提前两三分钟抵达。出席酒会可以在请柬注明的时间内到达。一般,客人要等主宾退席后再陆续告辞。确实有事需提前退席时,应向主人说明后悄悄离去,也可事前打招呼,届时离席。

3. 抵达

抵达宴会活动地点后,先到衣帽间脱下大衣和帽子,然后前往主人迎宾处,主动向主人问候。如果是庆祝活动,应表示祝贺。对在场其他客人,均应点头示意、互致问候。

4. 入座

应邀出席宴会活动,应听从主人的安排,在进入宴会厅之前先掌握自己的桌次和座位。入座时注意桌上座席卡是否写有自己的名字,不可随意入座。如邻座是长者或女士,应主动协助,帮助他们先坐下。入座后坐姿要端正,不可用手托腮或将双臂肘放在桌上。坐时应把双脚踏在本人座位下,不可随意伸出,影响他人。不可玩弄桌上的酒杯、碗盘、刀叉、筷子等餐具。

5. 交谈

坐定后,如已有茶,可轻轻饮用。无论是主人、宾客还是陪客,都应与同桌的人交谈,特别是左邻右座,不可只与几位熟人或一两人交谈。若不相识,可自我介绍。谈话要掌握时机,要视交谈对象而定。不可只顾自己一人夸夸其谈或谈一些荒诞离奇的事而引人不悦。

6. 进餐

宴会开始时,一般是主人先致祝酒词。此时应停止谈话,不可吃东西,注意倾听。致辞完毕,主人招呼后,即可开始进餐。

进餐时要注意举止文雅,取菜时不可一次取过多。盘中食物吃完后如果不够,可以再取。吃东西要闭嘴嚼,不可发出声响。要将食物送进嘴里,不可伸出舌头去接食物。嘴里有食物时不可谈话。剔牙时,要用手或餐巾遮口,不可边走动边剔牙。

7. 祝酒

举杯祝酒时,主人和主宾先碰,人多时可以同时举杯示意,不一定碰杯。祝酒时不可交叉碰杯。在主人和主宾祝酒、致辞时应停止进餐,停止交谈。主人和主宾讲话完毕与贵宾席人员碰杯后,往往到其他席敬酒,此时应起立举杯。碰杯时要注视对方,以示敬重友好。宴会上相互敬酒表示热烈的气氛,但切忌饮酒过量,一般应控制在本人酒量的 1/3 以内,不可饮酒过量失言失态。如不能喝酒,可以礼貌的声明,但不可以把杯子倒置。

8. 纪念物品

有的主人为每位出席者备有小纪念品或一朵鲜花。宴会结束时,主人招呼客人带上。遇此情况,可说一两句赞扬小礼品的话,但不必郑重表示感谢。有时,外国访问者往往把宴会菜单作为纪念品带走,有时还请同席者在菜单上签名留念。除主人特别示意作为纪念品的东西外,各种招待用品,包括糖果、水果、香烟等,都不要拿走。

9. 告辞

宴会结束后,一般先由主人向主宾示意,请其做好离席准备,然后从座位上站起,这是请全体起立的信号。一般以女主人的行动为准,女主人先邀请女主宾离席退出宴会厅。告辞时应礼貌地向主人道谢。通常是男宾先向男主人告辞,女宾先向女主人告辞,然后交叉,再与其他人告辞。席间,一般不应提前退席。若确实有事需提前退席,应向主人打招呼后轻轻离去。

10. 致谢

散席时,要伴随主人的寒暄退席,临别时要向主人道谢,称赞宴席办得好,吃得满意。离开时,主动同送客的主人握手,再次表示感谢,会使对方更加高兴,从而加深对方的感情。

除了在宴会结束告辞时表示谢意之外,若正式宴会,还可在 2～3 天内以印有"致谢"或"P.R"字样的名片、便函寄送或亲自送达表示感谢。有时,私人宴请也需致谢。

11. 意外情况处理

宴会进行中,由于不慎,发生异常情况时,要沉着应付。如餐具掉落可由服务员另送一副。如打翻酒水等,可向主人或邻座说声"对不起";若打翻的酒水溅到邻座身上,应表示歉意并协助擦干;若对方是女士,只要把干净餐巾或手帕递上即可,由她自己擦干。

任务二　中餐礼仪

任务描述

我们需要在本任务中学习中餐礼仪的相关概念,了解中餐宴请的全过程,理解中餐中的地点、上菜、座位、用餐的考虑原则,掌握中餐宴请中主人和客人需要注意的礼仪细节。

任务导入

在一次婚宴上,王军很热情地为自己的好友——新郎李勇祝福,李勇高兴得一饮而尽,李勇的其他好友看见他如此豪爽,也纷纷前来敬酒,结果李勇招架不住,已经微醉,新娘劝其不喝了,好友们却仍一个劲地劝喝,新娘露出了很不高兴的表情。

思考题

1. 李勇好友的做法对吗?
2. 为什么新娘露出了很不高兴的表情?

3.如果你是新娘,你会如何化解窘境?

> **知识点精讲**

饮食礼仪,源远流长,是社会文明的具体体现之一。每个民族在长期的饮食生活实践中,都会形成一套属于自己的规范化饮食礼仪。中国的饮食礼仪,数千年来由上到下成规成矩,一以贯之,成为中国文化现象的特征,据文献记载可知,在周朝,饮食礼仪已形成一套相当完善的制度,特别是经曾经任鲁国祭酒的孔子的称赞和推崇而成为历朝历代表现大国之貌、礼仪之邦、文明之所的重要方面。

一、中国古代餐饮礼仪

汉族传统的古代宴饮礼仪,有这样一套程序:主人折柬相邀,临时迎客于门外;宾客到时,互致问候,引入客厅小坐,敬以茶点;客齐后导客入席,以左为上,视为首席,相对首座为二座,首座之下为三座,二座之下为四座;客人坐定,由主人敬酒让菜,客人以礼相谢;席间,应先敬长者和主宾,最后才敬主人;宴饮结束,引导客人入客厅小坐,上茶,直到辞别。这种传统宴饮礼仪在我国大部分地区保留完整,如山东、香港及台湾,许多影视作品中多有体现。

同时,在中国古代,在饭、菜的食用上都有严格的规定,通过饮食礼仪体现等级区别。如王公贵族讲究"牛宜秫,羊宜黍,象直穆,犬宜粱,雁直麦,鱼宜涨,凡君子食恒放焉"。而贫民的日常饭食则以豆饭藿羹为主,"民之所食,大抵豆饭藿羹"。有菜肴二十余种,"凡王之馈,食用六谷,膳用六牲,饮用六清,羞用百有二十品,珍用八物,酱用百有二十瓮"。这告诉我们,进献王者的饮食要符合一定的礼教。《礼记·礼器》曰:"礼有以多为贵者。""天子之豆二十有六,诸公十有六,诸侯十有二,上大夫八,下大夫六。"

平民的饮食之礼则是"乡饮酒之礼""六十者三豆,七十者四豆,八十者五豆,九十者六豆,所以明养老也"。乡饮酒之礼,是乡人以时会聚饮酒之礼,在这种庆祝会上,最受尊敬的是长者。

礼产生于饮食,同时又严格约束饮食活动,不仅讲求饮食规格,而且连菜肴的摆设也有规则,《礼记·曲礼》说:"凡进食之礼,左殽右胾,食居人之左,羹居人之右。脍炙处外,醯酱处内,葱渫处末,酒浆处右。以脯修置者,左朐右末。"这套规则在《礼记·少仪》中也有详细记载。

在用饭过程中,也有一套繁文缛节。《礼记·曲礼》载:"共食不饱,共饭不择手,毋抟饭,毋放饭,毋流歠,毋咤食,毋啮骨。毋反鱼肉,毋投与狗骨。毋固获,毋扬饭,饭黍毋以箸,毋嚃羹,毋絮羹,毋刺齿,毋歠醢。客絮羹,主人辞不能亨。客歠醢,主人辞以窭。濡肉齿决,干肉不齿决。毋嘬炙。卒食,客自前跪,彻饭齐以授相者,主人兴辞于客,然后客坐。"

二、现代中餐礼仪

清代受西餐传入的影响,一些西餐礼仪也被引进,分菜、上汤、敬酒等方式也因合理卫生的食法被引入中餐礼仪中。中西餐饮食文化的交流,使得我国的餐饮礼仪更加科学合理。

现代较为流行的中餐宴请礼仪是在继承传统与参考国外礼仪的基础上发展而来的。

(一)地点

吃是拉近人与人之间距离最好的办法,因此,餐厅已不再是一个单纯的用餐空间,用餐地点的选择直接影响着餐宴的效果。中华民族几千年的文化、地大物博的疆域和历代的风流人物,都成了各类餐厅取之不尽的素材,常见的有以下几种。

1. 以特定的历史朝代为主题

带有浓厚的历史韵味,在菜肴、装饰和服务等方面,都尽显历史风貌,如大唐酒楼、清宫御膳房等。

2. 以特定的地方菜色为主题

很多餐厅都是选择众多菜系中的一种,作为制订菜单、装饰布置和服务的基础,形成了以地方菜系为主题的餐厅,如黔湘阁、苏浙汇。

3. 以风景名胜为餐厅布置的主题

通过壁画、雕像和具有地域特色的装饰等,突出餐厅的主题。对于既想享受美味佳肴,又想领略名胜风光的人,这是绝好的选择,如长城厅、敦煌宫、西湖轩、梅龙镇等。

4. 以花草植物为主题

以盆栽、木刻、壁画等为客人营造出身临其境的氛围,如桃园、梅苑、芙蓉楼等。

5. 以历史文学为主题

根据大家耳熟能详的历史素材,进行改编或取其谐音,如川国演义等。

商务宴请,选择用餐地点时主要考虑是否能降低彼此的戒备心,创造无压力的就餐氛围。灯光要暗淡些并演奏朦胧的音乐。客户的视线应当被一个屏风或一个巨大的绿色植物挡住,这样才能使客人聚精会神,容易获得有利的决定。

(二)点菜

1. 熟悉八大菜系

根据我们的饮食习惯,与其说是"请吃饭",还不如说成"请吃菜"。所以,对菜单的安排马虎不得,很多人请客吃饭,对各个菜系尚不熟悉,就经常会出现"乱点鸳鸯谱"的情况。目前,中国最具有代表性的八大菜系是鲁、川、粤、闽、苏、浙、湘、徽。有人用拟人化的手法将它们的特色描绘得淋漓尽致:苏、浙菜好比清秀素丽的江南美女;鲁、徽菜犹如古拙朴实的北方壮汉;粤、闽菜宛如风流典雅的公子;川、湘菜就像内涵丰富充实、才艺满身的名士。

2. 了解不同烹调方法

不同的菜肴,也有不同的烹调方法,比如焖就是将煎、炸、炒或水煮的原料,加入酱油、糖等调味汁,用旺火烧开,再用小火长时间加热,制品形态完整,不碎不裂;烩就是将加工成片、丝、条、丁的多种原料一起用旺火制成半汤半菜的菜肴。此外,还有烘、煮、炸、烤、滚、爆、蒸、炖、煨等方法。了解基本的烹调技巧,也有助于点出主宾都满意的菜单。

3. 理解中餐菜单

(1)菜单结构。一般情况下,标准的中餐菜单结构包括前菜(开胃菜)、主菜(大菜)、汤(羹汤)、主食、水果。

①开胃菜。开胃菜通常是四种冷盘组成的大拼盘,有时种类可多达十种。最具代表性的开胃菜是凉拌海蜇皮、皮蛋等。有时,冷盘之后,接着出四种热盘,常见的是炒虾、炒鸡肉等。不过,热盘多半被省略。

②主菜。主菜紧接在开胃菜之后,又称为大件、大菜,多于适当时机上桌,如菜单上注明有"八大件",表示共有八道主菜。主菜的道数通常是四、六、八等偶数,因为,中国人认为偶数是吉数。在豪华的餐宴上,主菜有时多达十六或三十二道,但通常是六道至十二道。这些菜肴是使

用不同的材料,配合酸、甜、苦、辣、咸五味,以炸、蒸、煮、煎、烤、炒等各种烹调法搭配而成。

③汤(羹汤)。汤有时有两道,一道开胃,一道后半席上。

④主食。主食有米饭或面条等。

⑤水果。

(2)上菜要求。第一,上菜位置一般选择在第二主人或不重要的宾客右侧,严禁从主人与主宾之间、老人与小孩之间的座位上菜。第二,先上冷菜,冷菜吃到一半时上第一道热菜,待第一道热菜吃到1/2时,再上第二道热菜,每一道菜时间间隔10分钟左右。第三,遵循先冷后热、先菜后点、先咸后甜、先清淡后肥厚、先优质后一般、最后上水果的基本顺序,也可以根据当地习俗而定。第四,菜肴上桌,应报菜名,特色菜肴应做简单介绍,介绍菜肴时后退一步。

4.考虑主宾饮食忌讳

在安排菜单时,必须考虑来宾的饮食禁忌,特别是要对主宾的饮食禁忌高度重视,如宗教的饮食禁忌、"三高"患者出于健康原因的禁忌、喜欢吃辛辣食物等地域偏好。

先决定主菜再搭配其他,主菜代表着品位,也代表了主人的"立场",也就是"预算价位",因此,主菜点什么,做东者应有主见。

(三)座位礼仪

中餐的座次安排关系到来宾的身份和主人给予对方的礼遇,是一项重要的内容,不同情况下有一定的差异。正式宴会一般都事先安排座次,以便参加宴会者入席时井然有序,同时也是对客人的一种礼貌;非正式的宴会不必提前安排座次,但通常,就座也要有上下之分,一般以右为尊,左为卑。

座次安排一般可以分为桌次排列和座位排列两种情况。

1.桌次排列礼仪

中餐宴会多使用圆桌,所用餐桌的大小、形状要基本一致。除主桌可以略大外,其他餐桌都不要过大或过小。一桌以上的宴会,桌子之间的距离要适宜,各个座位之间的距离也要相等。圆桌的尊卑次序有两种情况。

(1)由两桌组成的小型宴请可以分为两桌横排和两桌竖排的形式,如图9-4所示。

图9-4　由两桌组成的小型宴请的桌次排列

当两桌横排时,桌次是以右为尊,以左为卑。这里所说的右和左,是由面对正门的位置来确定的。

当两桌竖排时,桌次讲究以远为上,以近为下。这里所讲的远近,是以距离正门的远近而言的。

(2)由三桌或三桌以上的桌数所组成的宴请。在安排多桌宴请的桌次时,除了要注意"面门定位""以右为尊""以远为上"等规则外,还应兼顾其他各桌距离主桌的远近,如图9-5所示。通常,距离主桌越近,桌次越高;距离主桌越远、桌次越低。

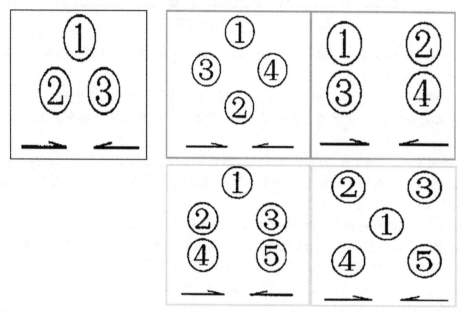

图 9-5　由三桌或三桌以上的桌数所组成的宴请的桌次排列

20桌以上的大型宴会,除主桌外,所有的桌子都应编号并在宴会厅入口处摆放桌次示意图,方便宾客就座。

2.座位安排礼仪

(1)基本方法。每张餐桌上的具体座位也有主次尊卑之分。排列座位的基本方法有四种,它们往往会同时发挥作用。

第一,主人大都应面对正门而坐并在主桌就座。

第二,举行多桌宴请时,每桌都要有一位主桌主人的代表在座,位置一般和主桌主人同向,有时也可以面向主桌主人。

第三,各桌座位的尊卑,应根据距离该桌主人的远近而定,以近为上,以远为下。

第四,各桌距离该桌主人相同的座位,讲究以右为尊,即以该桌主人面向为准,右为尊,左为卑。这是因为中餐上菜时多以顺时针为上菜方向,居右者比居左者优先受到照顾。

另外,每张餐桌上所安排的用餐人数应限在10人以内,最好是双数,比如六人、八人、十人。人数如果过多,不仅不容易照顾,而且也可能坐不下。

(2)具体情况。根据上面四个位次的排列方法,圆桌位次的具体排列可以分为两种具体情况,如图9-6所示,它们都是和主位有关。

第一种情况:每桌一个主位的排列方法。特点是每桌只有一名主人;主人的右手是第二号位,是主宾位;主人的左边是第三号位,依次类推;主座的对面坐的是主人的助理。

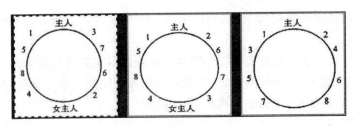

图9-6 圆桌位次安排

每桌只有一个谈话中心。如果主宾身份高于主人,为表示尊重,也可以安排在主人位子上,而请主人坐在主宾的位子上。

第二种情况:每桌两个主位的排列方法。特点是主人夫妇在同一桌就座,以男主人为第一主人,女主人为第二主人,主宾和主宾夫人分别在男女主人右侧就座。每桌客观上形成了两个谈话中心。

主宾携带夫人时,出于礼节,主人的夫人应该陪同出席。如果主人的夫人因故不能出席,可请与主人有联系且身份相当的女士作为第二主人;若无适当的女士出席,可把主宾夫妇安排在主人的左右两侧(1号和2号座位)。

为了确保在宴请时赴宴者及时、准确地找到自己所在的桌次,可以在请柬上注明对方所在的桌次,在宴会厅入口摆放宴会桌次排列示意图,并安排引位员引导来宾按桌就座。也可以在每张餐桌上摆放桌次牌(用阿拉伯数字书写)并安排引位员引导来宾就座。举行涉外宴请时,座位卡应以中文、英文两种文字书写。中国的惯例是中文在上,英文在下。必要时,座位卡的两面都书写用餐者的姓名。

(四)用餐礼仪

和客人、长辈等一起进餐时,要使他们感到轻松、愉快、气氛和谐。我国古代就有站有站相,坐有坐相,吃有吃相,睡有睡相的说法。这里说的进餐礼仪就是指吃相,要使吃相优雅,既符合礼仪的要求,也有利于我国饮食文化的继承和发展。

1.入座

先请客人入座上席,再请长者入座客人旁,其他人依次入座,最后自己坐在离门最近处的座位上。如果带孩子,在自己坐定后就把孩子安排在自己身旁。入座时,要从椅子左边进入,坐下以后要端正身子,不要低头,使餐桌与身体的距离保持在10~20厘米。入座后不要动筷子,更不要弄出什么声响来,也不要起身走动,如果有事情,要向主人打个招呼。

2.饮酒

"对酒当歌,人生几何?"古人饮酒时的豪放胸襟,难以言喻的情感一览无余。中国也是古老的酿酒国家。酒是常用的饮品,俗话说无酒不成席。服务人员倒啤酒时,瓶口在距离杯口1厘米上方,慢慢倒入,避免酒水外溢。白酒、啤酒可倒满杯,但以八分满为宜;红葡萄酒、白葡萄酒倒1/4~1/2即可。倒酒水前询问宾客是否撤掉茶水。

中餐常以开杯酒作为宴请开始的标志,宴席开始时,主人举杯敬所有来宾,这个时候,无论会不会喝酒,都要举杯浅酌,不宜推拒,它代表了主人的谢意与祝福。如果酒量还能够承受,对主人敬的第一杯酒,应喝干。

当主人起立敬酒时,所有来宾也应起立回敬,这是基本礼节。向长辈或上级敬酒时,宜双手捧杯,起立敬酒。同席的客人可以相互劝酒,以礼到为止,不可以任何方式强迫对方喝酒,否则是失礼。自己不愿或不能喝酒时,可以谢绝。切忌劝酒、猜拳、吆喝。

一般情况下敬酒应以年龄大小、职位高低、宾主身份为序,敬酒前一定要充分考虑好敬酒的顺序,分明主次。如果与不熟悉的人在一起喝酒,也要先打听一下身份或是留意别人如何称呼,这一点要心中有数,避免出现尴尬或伤感情的局面。

3. 餐具礼仪

每个人座位面前都摆有筷子、汤匙、汤匙架、取菜盘、调味盘、汤碗、茶杯、酒杯等,如图9-7所示,有时也会备有放置骨头的器皿或餐巾。

图9-7 餐具

(1)筷子。筷子是中餐最主要的餐具,通常,必须成双使用。用筷子取菜、用餐的时候,要注意下面几个问题。一是不论筷子上是否残留着食物,都不要去舔。二是和人交谈时,要暂时放下筷子,不能一边说话,一边挥舞着筷子。三是不要把筷子竖插在食物上面。四是严格筷子的职能,用来剔牙、挠痒或是用来夹取食物之外的东西都是失礼的。

(2)勺子。勺子的主要作用是舀取菜肴、食物。有时,用筷子取食时,也可以用勺子来辅助。尽量不要单用勺子去取菜。用勺子取食物时,不要过满,免得溢出来弄脏餐桌或自己的衣服。在舀取食物后,可以在原处暂停片刻,汤汁不会再往下流时,再移回来享用。

暂时不用勺子时,应放在自己的碟子上,不要把它直接放在餐桌上,或是搁置在食物中。用勺子取食物后,要立即食用或放在自己碟子里,不要再把它倒回原处。如果取用的食物太烫,不可用勺子舀来舀去,也不要用嘴对着吹,可以先放到自己的碗里,等凉了再吃。不要把勺子塞到嘴里或者反复吮吸、舔食。

(3)碗。中餐的碗可以用来盛饭、盛汤,进餐时,可以手捧饭碗就餐。拿碗时,用左手的四个手指支撑碗的底部,拇指放在碗端。吃饭时,饭碗的高度大致和下巴保持一致。

(4)汤盅。如果汤是单独由带盖的汤盅盛放的,表示汤已经喝完的方法是将汤勺取出放在垫盘上,把盅盖反转平放在汤盅上。

(5)盘子。稍小点的盘子就是碟子,主要用来盛放食物,在使用方面和碗略同。盘子在餐桌上一般要保持原位,而且不要堆放在一起。

需要着重介绍的是一种用途比较特殊的、被称为食碟的盘子。食碟是用来暂放从公用的菜盘里取来享用的菜肴的。用食碟时,一次不要取放过多的菜肴,不要把多种菜肴堆放在一起,会串味,不好看,也不好吃。不吃的残渣、骨、刺不要吐在地上、桌上,而应轻轻取放在食碟前端,放的时候不能直接从嘴里吐在食碟上,要用筷子夹放到碟子旁边。如果食碟放满了,可以让服务员换。

(6)水杯。水杯主要用来盛放清水、汽水、果汁、可乐等软饮料。不要用水杯来盛酒，也不要倒扣水杯。另外，喝进嘴里的东西不能再吐回水杯。

(7)湿巾。中餐用餐前，比较讲究的话，会为每位用餐者上一块湿毛巾。湿巾只能用来擦手，擦手后，应该放回盘子里，由服务员拿走。

(8)牙签。牙签也是中餐餐桌上的必备之物。它有两个作用，一是用于扎取食物；二是用于剔牙。正式宴会中，不宜当众使用牙签，更不能用手指甲剔牙缝中的食物，如果感觉有必要时，可以直接到洗手间去。在餐桌上，必须用牙签时，最好以手掩口轻轻剔牙，而边说话边剔牙或边吃边剔牙都不雅观。

(9)餐巾。餐巾须等主人摊开使用时，客人才能铺在双腿上。餐巾很大时，可以叠起来使用。餐巾的作用是防止油污、汤水滴到衣服上，其次是用来擦嘴边油污。但不可擦脸、擦汗或除去口中的食物，也不能用它擦拭餐具。餐中临时离开时，把餐巾放在椅背上，表示用餐没有结束；用餐完毕或餐后离桌时，应将餐巾放于座前桌上左边，不可胡乱扭成一团。

4. 夹菜

(1)使用公筷。自用餐具不可伸入公用餐盘夹取菜肴。取菜舀汤时，应使用公筷公匙。也可以把离客人或长辈远的菜肴送到他们跟前。按我们中华民族的习惯，菜是一个一个往上端的，如果同桌有领导、老人、客人的话，每上来一个新菜，就请他们先动筷子或者轮流请他们先动筷子，以表示对他们的尊敬和重视。

(2)夹菜适量，不要取得过多，吃不了剩下不好。

(3)在自己跟前取菜，不要伸长胳膊去够远处的菜。

(4)不能用筷子随意翻动盘中的菜。

(5)遇到自己不喜欢吃的菜，可少夹一点，放在盘中，不要吃掉，当这道菜再传到你面前时，你就可以借口盘中的菜还没有吃完，而不再夹这道菜，最后，你应将盘中的菜全部吃净。

5. 喝汤

喝汤时也不要发出声响，最好用汤匙喝，不宜把碗端到嘴边喝，汤太热时，凉了以后再喝，不要一边吹一边喝。在喝汤的时候，声音要尽量小，不要影响他人。有的人喝汤时，喜欢用嘴使劲吹，发出声音，这是不合乎礼仪要求的。

6. 吐刺

吃到鱼头、鱼刺、骨头等物时，不要往外面吐，也不要往地上扔，要慢慢放到自己的碟子里，或放在紧靠自己的餐桌边，或放在事先准备好的纸上。

7. 其他

(1)进食时尽可能不咳嗽、打喷嚏、打呵欠、擤鼻涕，万一不能控制，要用手帕、餐巾纸遮挡口鼻，转身，脸侧向一方，低头，尽量压低声音。如果出现打喷嚏等声响时，就要说"真不好意思""对不起""请原谅"之类的话，以示歉意。

(2)必须小口进食，不要大口地塞食，食物未咽下时，不能再塞其他食物入口。吃进口的东西，不能吐出来，如系滚烫的食物，可喝水或果汁冲凉。食物带汁时，不能匆忙送入口，否则汤汁滴在桌布上，极为不雅。

(3)切忌用手指掏牙，应用牙签并以手或手帕遮掩。

(4)遇有意外,如不慎将酒、水、汤汁溅到他人衣服上,表示歉意即可,不必恐慌赔罪,反使对方难为情。

(5)如欲取用摆在同桌其他客人面前的调味品,应请邻座客人帮忙传递,不可伸手横越,长驱取物。

(6)如吃到不洁或有异味的食物,不可吞入,应将入口食物轻巧地用拇指和食指取出,放入盘中。倘发现尚未吃时,仍在盘中的菜肴有昆虫和碎石,不要大惊小怪,宜候侍者走近,轻声告知侍者更换。

(7)用餐时,不宜抽烟,如需抽烟,必须先征得邻座的同意。

(8)在餐厅进餐时,不能抢着付账,推拉争付,甚为不雅。倘系做客,不能抢着付账。未征得朋友同意,亦不宜代友付账。

(9)进餐的速度宜与男女主人同步,不宜太快,亦不宜太慢。

三、宾主礼仪

(一)主人的礼仪

在宴会开始前,主人应该站立门前笑迎宾客,晚辈在前,长辈居后。对每一位来宾,要依次招呼,待客人大部分到齐之后,再回到宴会场所中来,分头跟客人打招呼、应酬(家庭便宴比较随便,主人不一定在门口迎客,可在客人到达时趋前握手招呼)。主人对宾客必须热诚恳切,一视同仁,不可只注意应酬一两个客人,忽略了别的客人。

入席前,烟、茶不可全部假手他人或服务员代劳递送,主人应尽可能亲自递烟、倒茶。上菜后,主人要先向客人敬酒,说一些感谢光临的客气话。此后,每一道菜上来,都要先举杯邀饮,然后请客人起筷。要让客人用餐方便,及时调换菜点或转动餐台。遇到有特殊口味的客人要及时调换菜点。席散后,主人要到门口,恭送客人离去。对那些在宴请中照顾不多的客人,应说几句抱歉和感谢之类的话。对走在后面的客人,可略为寒暄几句。

(二)客人的礼仪

作为应邀参加宴会的客人,如时赴约、举止得当、讲究礼节是对主人的尊重。还应注意以下几个问题。

1. 服饰

客人赴宴前,应根据宴会的目的、规格、对象、风俗习惯或主人的要求考虑自己的着装,着装不得体会影响宾主的情绪,影响宴会的气氛。

2. 点菜

如果主人安排好了菜,客人就不要再点菜了。如果参加一个尚未安排好菜的宴会,就要注意点菜的礼节。点菜时,不要选择太贵的菜,同时也不宜点太便宜的菜,太便宜了,主人反而不高兴,认为你看不起他,如果最便宜的菜恰是你真心喜欢的菜,那就要想点办法,尽量说得委婉一些。

3. 进餐

进餐时,举止要文明礼貌,不马食,不牛饮,不虎咽,不鲸吞,嚼食物,不出声,嘴唇边,不留痕,骨与秽,莫乱扔。面对一桌子美味佳肴,不要急于动筷子,须等主人动筷并说"请"之后才能动筷。主人举杯示意开始,客人才能用餐。

参加宴会最好不中途离去。万不得已时,应向同桌的人说声对不起,同时还要郑重地向主人道歉,说明原委。吃完之后,应该等大家都放下筷子,主人示意可以散席,才能离座。宴会完毕,可以依次走到主人面前,握手并说声"谢谢",向主人告辞,但不要拉着主人的手不停地说话,以免妨碍主人送其他客人。

4. 说话礼仪

在餐桌上不能只顾自己,也要关心别人,尤其要招呼两侧的女宾。尽量多谈论一些大部分人能够参与的话题,得到多数人的认同。也要注意尽量不要与人贴耳小声私语,给别人一种神秘感。口内有食物时,应避免说话。自己手上持刀叉或他人在咀嚼食物时,均应避免跟人说话或敬酒。

任务三　西餐礼仪

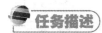

我们需要在本任务中学习西餐礼仪的相关概念,了解西餐宴请的全过程,理解西餐中的地点、菜序、座位、用餐的考虑原则,掌握西餐宴请中主人和客人需要注意的礼仪细节,注意和中餐进行对比。

老张的儿子留学归国,还带了位洋媳妇回来。为了讨好未来的公公,这位洋媳妇一回国就张罗着请老张一家到当地最好的四星级饭店吃西餐。用餐开始了,老张为在洋媳妇面前显示出自己也很讲究,就用桌上一块很精致的布仔细地擦了自己的刀、叉。吃的时候,学着他们的样子使用刀叉,既费劲又辛苦,但他觉得自己挺得体的,总算没丢脸。用餐快结束了,吃饭时喝惯了汤的老张盛了几勺精致小盆里的"汤"放到自己碗里,然后喝下。洋媳妇先一愣,紧跟着也盛着喝了,而他儿子早已是满脸通红。老张闹了两个笑话:一个是他不应该用很精致的布(餐巾)擦餐具,那是用来擦嘴或手的;二是精致小盆里的"汤"是洗手的,而不是喝的。随着我们的对外交往越来越频繁,西餐也离我们越来越近。只有掌握一些西餐礼仪,在必要的场合才不至于"出意外"。

张某是江南人,确切地说,是富春江上游一户渔民的儿子,他从小吃江鲜,包头鱼、鲤鱼、鳊鱼、鲫鱼……凡是这富春江里的鱼,他几乎都吃过。

但从德国回来后,他就不会吃鱼了,吃一次,喉咙卡一次,痛苦得不得了。一个渔民的儿子,因为吃鱼被鱼刺卡牢,这就像一个游泳高手在泳池溺水那样可笑。但他确确实实不会吃鱼了。张某的母亲慈眉善目,做鱼的手艺一流,现在她老人家迷惑了,她从小为儿子烹鱼,儿子还抱在手上的时候就会吃鱼了,从来没有发生过鱼刺卡喉的事情。她一直相信,渔民的儿子的口腔与其他孩子不一样,有一种特殊的"抗鱼刺基因",是不是儿子在德国待了几年,把这"抗鱼刺基因"给弄丢了。

结果,还真被张某的母亲给猜对了,在江边长大的张某不会吃鱼,就是因为在德国的几年养成的生活习惯。在德国,市民以肉食为主,那里也有鱼,烹食鱼肉也很多。张某在德国求学期间出过一次"大丑",还差点和教授交恶。

一次,张某参加一个宴会,自助餐上有鱼块,张某就取了不少鱼块,美美地享用起来。但吃着吃着,旁边的人全部端着盘子走开了,他们还用异样的眼光看着他。张某莫名其妙,不知道自己哪里不对,但他还是自顾自地吃着鱼,终于将盘中鱼块吃完,桌上留下了一小堆鱼骨和鱼刺。这次宴会后,张某觉得一些德国朋友似乎对他冷淡了不少,但没有发现其中的原因。第一学年结束,他去拜访教授,教授请他在家中用餐,餐桌上又有鱼,鱼炸得又香又脆,让他想起在中国老家,母亲也是这样炸鱼给他吃,他很感动。他和教授一家一边喝着红酒,一边吃着鱼,相谈甚欢。但吃着吃着,教授和家人全都看着他,最后教授的妻子站起身来,脸上有些不快地走开了。

张某不明白发生了什么,但还是把自己盘中的鱼吃完了。用完餐,教授看着他,用十分生气的语气对他说:"张某,你太不文雅了,希望你在德国多学一点礼仪。"

张某当时就懵了,不知教授何出此言。张某追问自己哪里做错了,教授说:"你吃鱼的时候,一边吃,一边吐骨头,这非常不礼貌。"张某说自己在中国就是这样吃鱼的,难道还有吃鱼连骨头和鱼刺一起吞下去的?教授更加生气了。教授说:"在德国用餐时,你把吃进嘴里的东西再吐出来,让人觉得非常不卫生,也缺乏最基本的礼貌。"张某这才恍然大悟。

后来,张某了解到,德国人用餐时,如果是肉食,很少吐骨头、鱼刺,因为他们烹饪时,一般都会先行剔除骨头、鱼刺。如果用餐时吃到骨头和刺,他们也不会吐出来,而是嚼碎了吞下去。他们认为在餐桌上不从口腔中吐东西是一种礼仪,张某这样的吃鱼方法把细如发丝的鱼刺不断地从口腔中吐出来,这对德国人来说,简直是一件不可思议的事情。张某回国后也像在德国一样吃鱼,而他母亲做鱼从来不会剔除鱼刺,他的喉咙因此不断被鱼刺卡住。

关于吃鱼的礼仪,我们很少关注,但张某的故事给我们上了一课。如果回头看看我们的用餐礼仪,的确显得"粗"和"俗"了,因为身在其中,一些不雅的东西我们熟视无睹,不知道去改变。

知识点精讲

一、西餐的概念

西餐是对西式饭菜的一种约定俗成的称呼。客观地讲,西餐其实是一个十分笼统的概念,因为不论从形式上还是从内容上来看,西方各国的饭菜都存在着很大的差异,难以一概而论。然而,在中国人眼里,除了与中餐在口味上相去甚远之外,西餐仍然具有两个基本的共性:一方面,他们都源自西方国家的饮食文化;另一方面,他们都必须使用刀、叉取食。凡具备此两点者,在我国皆可以西餐相称。

二、西餐的程序

随着中西文化交流的深入发展,西餐目前已经逐渐进入了中国人的生活并受到了一定程度的欢迎。在现代社会交往中,不论人们爱不爱吃西餐,都有可能与之"相逢"。所以,学习一些有关西餐的基本常识和礼仪是很有必要的。

(一)预约

在西方,去饭店吃饭一般都要事先预约,而且越高档的饭店越需要事先预约。预约时,有几点要特别注意。首先,要说明人数和时间。其次,要表明是否要吸烟区或视野良好的座位。如果是生日或其他特别的日子,可以告知宴会的目的和预算。在预订时间到达是基本的礼貌。再昂贵的休闲服也不能随意穿去餐厅,吃饭时穿着得体是欧美人的常识。去高档的餐厅时,男士要穿正装;女士要穿套装和有跟的鞋子。如果指定穿正式服装,男士必须系领带。

(二)赴约

西式宴会一般准时开始,因此,应邀赴宴决不能迟到,也不能到得太早。男女主人在门口恭迎。见到主人时,只要与主人握手即可,不必过多寒暄。因为来宾将接踵而至,如跟主人聊天,不但不礼貌,而且有碍接待其他宾客。

(三)入座

进入餐厅时,男士应先开门,先请女士进入。如果有服务员带位,也应请女士走在前面。如果是团体行动,也别忘了请女士走在前面。

入席时,女士应站在椅子的左侧,由男士替身边的女士拉开椅子,当椅子被拉开后,女士在身体几乎要到桌子的距离站直,男士把椅子推进来,女士腿弯碰到后面的椅子时,就可以坐下来了。女士入座后,男士再坐下。女士接受服务后,不要忘记向男宾道谢。

(四)离席

客人在进餐过程中离席或在女主人表示吃饭结束之前离席都是不礼貌的;必需离席的话,则应请女主人原谅。当女主人表示宴会结束时,就从座位上起立,与此同时,所有的客人也都应随着起立。先让女宾离席,然后是男宾。无论是离席或入席,男宾都要帮助女宾拉椅,协助离席或入席,同时要为女士留意是否有遗留物品。离席后,不可急忙告退,应等待女主人出门送客,才可握手言别。

三、座位礼仪

西餐用餐时,人们所用的餐桌,最常见、最正规的是长方形桌,通常男女间隔而坐,用意是男士可以随时为身边女士服务。右尊左卑,面门为上,其座次排列通常有两种。

(1)长方形桌排列时,男女主人分坐两头,门边坐男主人,另一端坐女主人,女主人右手边是男主宾,其余依次排列,男主人右手边是女主宾,如图9-8所示。

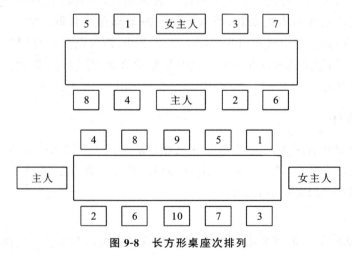

图9-8 长方形桌座次排列

（2）桌子呈"T"形或倒"U"字形排列时，横排中央位置是男女主人位，身旁两边分别为男女主宾座位，其余依序排列。

一般而言，背对门的位子是最差的，由主人自己坐，而面对门的位子则是上位，由最重要的客人坐。

四、菜序礼仪

西餐的菜序与中餐具有明显的不同。西餐亦有正餐与便餐之分，二者是有很大差异的。

（一）酒

1. 点酒

在正式的西餐宴会上，酒水是主角，讲究与菜肴的搭配。一般来讲，每吃一道菜，便要换上一种酒水。宴会上所用的酒水可以分为餐前酒、佐餐酒和餐后酒三种，每种酒又有许多具体的分类。

（1）餐前酒。餐前酒又叫开胃酒，在用餐之前饮用，或在吃开胃菜时饮用。开胃酒有鸡尾酒、味美思、威士忌和香槟酒。

（2）佐餐酒。佐餐酒是在正式用餐期间饮用的酒水。西餐的佐餐酒均为葡萄酒，而且多为干葡萄酒或半干葡萄酒。选择佐餐酒的一条重要原则是白酒配白肉，红酒配红肉，白肉指的是鱼肉、海鲜，红肉指的是猪、牛、羊肉，即白葡萄酒配海鲜类，红葡萄酒配肉类、禽类。

（3）餐后酒。餐后酒是在餐后饮用、帮助消化的酒水。常用的餐后酒有利口酒、白兰地酒。

饮用不同的酒水要用不同的专用酒杯。在每位就餐者的右边、餐刀的前方，都会横排着三四个酒水杯，它们分别为香槟酒杯、白葡萄酒杯、红葡萄酒杯及水杯。取用时，也要按照由外侧向内侧的顺序依次取用，也可根据女主人的选择而紧随其后。

在高级餐厅里，会有精于品酒的调酒师拿酒单来。对酒不太了解的人，最好告诉调酒师自己挑选的菜色、预算、喜爱的酒类口味等，让其帮忙挑选。

2. 酒类服务

酒类服务通常是由服务员负责将少量酒倒入酒杯中，让客人鉴别一下品质是否有误。只需把它当成一种形式，喝一小口并回答"good"。接着，侍者会来倒酒。这时，自己不要动手拿酒杯，而是把酒杯放在桌上由侍者去倒。

3. 握杯姿势

为避免手的温度使酒温增高，应用大拇指、中指和食指轻握杯脚，小指放在杯子的底部固定。

4. 喝酒方式

绝对不能吸着喝，而是倾斜杯，将酒倒在舌头上喝。轻轻摇动酒杯，让酒与空气接触以增加酒味的醇香，但不要猛烈摇晃杯子。此外，一饮而尽、边喝边透过酒杯看人、拿着酒杯边说话边喝酒、吃东西时喝酒、口红印在酒杯沿上等，都是失礼的行为。不要用手指擦杯沿上的口红印，用面巾纸擦较好。

（二）正餐的菜序

西餐的正餐，特别是较为正规的正餐，其菜序不仅复杂多样，而且十分讲究。在大多数情况下，西餐的正餐往往会由七八道菜肴所构成。一顿完整的正餐，进餐时间为1~2小时。

1. 开胃菜

开胃菜也称开胃品或头盆,即开餐的第一道菜,是用餐"前奏曲",扮演"催化剂"的角色。在西餐的正餐里,有时它并不列入正式的菜序,而仅仅用来充当"前奏曲"。在绝大多数情况下,开胃菜既可以是色拉,也可以是由蔬菜、水果、肉食、海鲜等组成的拼盘,大多以各种调味汁凉拌而成,不但色泽悦目,而且口味宜人。常见的品种有鱼子酱、鹅肝酱、熏鲑鱼、鸡尾杯、奶油鸡酥盒、焗蜗牛等。吃开胃菜的原则是勿吃太多,勿吃太饱。吃西餐自行点菜时,不必因为菜单上有开胃菜类就非点不可,胃口小的人可根据个人喜好配合食量点选菜肴。

2. 面包

正式的西餐厅几乎都是提供面包的,而不提供米饭作为主食,面包盘通常放在主菜的左边或前方,可以在吃第一道菜时食用。

正确的做法是左手撕下一块大小合适、刚好可以一次吃下的面包,用黄油刀涂上黄油或果酱,再送入口中。不能拿起一大块面包,全部涂上黄油,双手托着吃;不能用叉子叉着面包吃;不能用刀切开吃;也不能把面包浸在汤内捞出来再吃。如果是烤面包片,则不要撕开。甜食上来后,最好就不要再吃面包了。

3. 汤

西餐中,汤必不可少,它的口感芬芳浓郁,具有极好的开胃作用。依据传统的讲法,汤才是西餐之中的"开路先锋"。只有开始喝汤,才可以算是正式开始吃西餐。西餐的汤有清汤、奶油汤、蔬菜汤和冷汤4类,品种有牛尾清汤、各式奶油汤、海鲜汤、美式蛤蜊汤、意式蔬菜汤、俄式罗宋汤、法式葱头汤。享用西餐时,仅可上一种汤。

喝汤时,要用右手拇指和食指持汤匙,从汤盘靠近自己的一侧伸入汤里,从外侧将汤盛起。注意不要将汤匙盛得太满,身子也不要俯得太近。当盘内剩下的汤不多时,可以用左手将盘子内侧稍稍托起,使其外倾,用右手持汤匙取余下的汤来喝。喝汤时,一不要端起汤盘来喝汤;二不要喝时发出"嘶嘶"的声音;三不要身子俯得太低,趴到汤盘上去吸食;四不要用嘴吹或用汤匙搅拌降温。

4. 主菜

主菜是西餐的核心内容。肉、禽类菜肴是主菜。肉类中最有代表性的是牛肉或牛排,肉类菜肴配用的调味汁主要有西班牙汁、浓烧汁精、蘑菇汁、白尼丝汁等。禽类菜肴的原料取自鸡、鸭、鹅;禽类菜肴使用最多的是鸡,可煮、可炸、可烤、可焗,主要的调味汁有咖喱汁、奶油汁等。在西餐的主菜里,肉菜被用以代表用餐的档次与水平。

(1)牛排。牛排统称 beef steak,为西餐肉料理中的代表。在餐厅的菜单或食谱上,牛排有各种不同的名称,这主要是因为牛肉的切割部位、口味、烹调方法和酱汁不同。

下面介绍一下牛排的主要类型和做法。

①牛排使用的部位不同,其名称不同。

菲力牛排(fillet mignon)使用的是位于上部前腰的里脊肉(下腰段),为一长条里脊肉。由于此部分为牛运动时最少用到的肌肉,因此是牛身上最柔软且脂肪最少的一块肉,肌肉纤维较粗,肉质柔滑,适合煎、烤。

肋眼牛排(rib-eye steak)使用的是位于牛背上靠近肩膀部分的肉,和菲力牛排位于同一块肉的不同两边,此处的肉肉质柔软且容易出现浓密脂肪,脂肪交杂呈大理石花纹,含丰富油花,肉质鲜嫩多汁,适合烤牛肉、煎牛排。世界著名的日本神户牛排、松阪牛排皆指此种牛排。

纽约客牛排(new york steak)使用的是上腰脊肉,带油带筋,肉香、有嚼劲,适合煎、烤、炒。

红屋牛排(porter house)使用的是牛腰里脊带骨肉排及牛背上的脊骨肉后端,呈丁字形,丁字两端分别有菲力牛排肉和纽约客牛排肉,肉质香嫩、带油,适合烧烤,可蘸酱吃。客人可一次品尝两种牛排肉的味道。

沙朗牛排(sirloin)使用的是位于肋眼牛排肉后方接近后腰部位的肉,肉质较硬,有韧性,也带有适量的脂肪,适合烤牛肉、煎牛排。

腿肉牛排(rump steak)使用的是位于沙朗牛排肉后方靠腰骨上方的部位的肉,一般脂肪含量较少,但较高档的肉会含有适量脂肪。欧洲人较能接受此部位的肉当牛排煎,美国人和亚洲人较少使用此部位的肉来煎牛排。肉质略硬有韧性,适合烤牛肉、煎牛排。

②牛排的烧烤方式。牛排的基本做法是先用大火煎至表面熟且焦黄,使牛排的肉汁保留在里面,再按牛排熟度需求,控制煎烤的时间,煎烤时间越长牛排就越干硬,一般分为五个阶段。

全生(rare)为1~2分熟,只烧烤表面,其余的肉还是血淋淋的生肉,呈原始的鲜红色。

半生熟(medium rare)约3分熟,介于半熟和全生之间,表面呈浅褐色,肉的70%为新鲜红色且带有血水。

半熟(medium)约5分熟,烧烤至中度,表面呈褐色,内部的肉呈粉红色,肉汁得到了充分保留。

七分熟(medium well)介于半熟和全熟之间,表面呈深褐色,切开牛排后,内部的肉略呈粉红色,中间横面仅有一条红色细缝,肉汁部分保留。

全熟(welldone)为9~10分熟,烧烤至熟透为止,外表焦褐,内部的肉呈浅褐色,几乎没有肉汁,有嚼劲,适合喜欢咀嚼的人。

③牛排吃法及切割法。影响牛排口味的因素有很多,除了牛排的部位、烹调方法和酱汁的不同外,吃的时候也应该注意切割方法。首先用叉子叉住牛排的左右任一方,用刀子切下一条。如果切下来的一小条仍太大,可以再切成适口大小的肉块。吃的时候,用叉子叉着肉块再蘸酱汁食用,如果搭配红酒,一口肉一口酒,口感风味会变得完全不同,甚至会有终生难忘的感觉。如果将牛排一次全切割好,除了不雅观、不合礼仪外,肉汁也易流失且散热太快,影响口感和风味。牛排应趁热吃,温度一低,牛排的鲜度降低。

(2)鱼。在美国和加拿大吃全鱼的机会很少,但在欧洲地区吃全鱼的机会就很多。通常,高级餐厅多供应无骨无刺的鱼菲力,吃全鱼的情形不常见。要是不知道吃全鱼的礼仪,会把刺渣吐得乱七八糟,丑态百出,桌面亦不甚美观,自然也无法好好品味鱼的美味。

鲜煎鳟鱼的吃法:

(1)将鳟鱼上面的蔬菜移开。

(2)用叉子压住鱼,用鱼刀沿着鱼鳃划一刀,但勿将鱼头整个切断。

(3)将鱼身中间划一刀(与鱼头垂直),再沿鱼骨上方切至尾部。

(4)把骨头上部鱼肉向两侧翻开,和鱼骨脱离。

(5)挑起鱼骨,在尾部下方划一刀,使鱼骨、鱼尾和肉完全分离。

(6)挑起整副鱼骨,使鱼骨、鱼肉完全分离。

(7)将鱼骨连头带尾完整取下,置于盘边或另置他盘,再吃鱼肉。

肉盘中如有肉汁或者盘内剩余少量菜肴时,不要用叉子刮盘底,更不要用手指相助食用,应以小块面包或叉子相助食用,用叉子叉住已撕成小片的面包,再蘸一点调味汁来吃。吃面包蘸调味汁时,吃到连调味汁都不剩是对厨师的礼貌。

(3)带骨的肉。烤鸡肉在家禽和肉类料理中很常见,烤鸡、烤鸭、煎烤带骨小牛肉、丁骨牛排、意式小牛膝、炖牛尾等带骨的料理也不少,但因为有了骨头,很多人不知如何下手,产生惧怕感,进而排斥吃此类食物,其实,这类料理和一般料理相同,用刀切小块食用即可。在较轻松的餐厅用餐时,若是有带壳或带骨的菜肴,如螃蟹、虾、烤鸡、烤羊排等,通常会附有洗手盅,此时可以用手拿着骨头啃食。洗手盅是餐后用来洗手的器具,其中漂浮着柠檬片,以便洗净指尖的脂肪油污,通常为银器或玻璃制品。

5. 蔬菜

蔬菜可以安排在肉类菜肴之后,也可以与肉类菜肴同时上桌,蔬菜类菜肴在西餐中称为沙拉。与主菜同时搭配的沙拉,称为生蔬菜沙拉,一般用生菜、番茄、黄瓜、芦笋等制作。还有一类是用鱼、肉、蛋类制作的,一般不加调味汁。

食用大块蔬菜时,用刀切成适口大小,用叉子叉着吃;小颗粒蔬菜,如青豆、玉米粒等,可将叉子凹面朝上,用刀子帮忙将食物拨到叉子上面舀着吃。

6. 甜品

西餐的甜品是主菜后食用的,可以算作是第六道菜。从真正意义上讲,它包括所有主菜后的食物,如蛋糕、冰淇淋、水果等。

(1)蛋糕。吃蛋糕时,先用叉子压住三角形蛋糕的尖角处,再用刀子切下,若还太大,可再切成小块。若是圆形、方形或长方形蛋糕,则由一侧吃到另一侧。一般以叉子叉食即可,若有酱汁或是布丁、奶酪类,则可用小汤匙舀食,不要全部切成小块再吃。

(2)冰淇淋。外国人非常爱吃冰淇淋,豪华冰淇淋通常会配上饼干。吃冰淇淋时,先从身前部分吃起(用点心专用汤匙),若有饼干,也可用饼干舀冰淇淋,或把饼干混入冰淇淋中进食。

(3)水果。苹果的最正规的吃法是将一个苹果用刀切成大小相仿的四块,然后去皮、去核,再以刀叉食用;在餐桌上吃香蕉,可用刀切除两端,去皮后再切成适口大小食用;菠萝(果肉)的吃法很简单,吃鲜菠萝片时,始终使用刀和叉;切成块的西瓜一般用刀和叉来吃,吃进嘴里的西瓜籽要吐在手中,然后放入自己的盘里;李子、樱桃、葡萄类水果,则可用手每次拿一颗放入口中食用,再将皮和籽轻吐在手中,放在盘内一处;哈密瓜深得欧美人士的喜爱,在享用前持刀叉将皮与果肉分开,再切成适口大小食用。

7. 热饮

西餐用餐结束之前,应为就餐者供应热饮。较正规的热饮是红茶或者不加任何东西的黑咖啡,二者只选其一,不宜同时享用。热饮的主要作用是帮助就餐者消化,就餐者可以在餐桌上饮用,也可以换地方,例如到休息厅或客厅饮用。

在西餐中,饮用咖啡和红茶是很有讲究的。中国人习惯举杯仰头痛饮,一口喝光。而在西方,这却恰恰是应避免的。在西方,最文明的饮用方式是头保持平直、一口口啜饮。喝到底时,杯中总还是留一点。以下几点需要引起重视。

(1)杯的持握。一般要用右手的拇指和食指握住杯耳,轻轻地端起杯子,慢慢地品尝。不能双手握杯,也不能用手端起碟子去吸食杯子里的咖啡。用手握住杯身、杯口、托住杯底或用手指穿过杯耳,都是不正确的持握方法。

(2)碟的使用。咖啡是盛入杯中，放在碟子上一同端上桌的。碟子用来放置咖啡匙，并接收溢出杯子的咖啡。喝咖啡时，如果离桌子近，只需端起杯子，不要端起碟子；如果离桌子较远或站立、走动时，则可用左手将杯、碟一起端起，至齐胸高，用右手持杯饮用。

(3)匙的使用。咖啡匙只是在加入牛奶和糖之后加以搅拌，使其融合。咖啡匙的使用忌讳是用匙去饮用咖啡或把匙放在咖啡杯中。

(4)饮用的数量。饮用咖啡的数量不能过多，一般情况下，一杯足矣，最多不应超过三杯。饮用时不能大口吞咽，更不能一饮而尽，小口细细品尝才能显示出品位和高雅。

(5)配料的添加。饮用时，可根据自己的爱好，往咖啡中添加一些牛奶、方糖之类的配料。添加时应当互相谦让，添加适量。加糖时要用专用的糖匙，不要用自己的咖啡匙，也不要用手直接取。

(6)甜点的食用。喝咖啡时，若想取甜点，要先放下咖啡杯，饮用咖啡时，不能手中拿着甜点品尝。

(三)便餐的菜序

西餐的正餐，多见于宴会或者其他重要的节假日，它虽然较为隆重，但往往耗资、耗时颇多。在一般情况下，人们总是将西餐正餐进行简化，即西餐便餐，汤、主菜(鱼或肉择其一)加咖啡是最恰当的组合。便餐点菜时并不是由前菜开始点，而是先选一样最想吃的主菜，再配上其他适合主菜的菜品。

五、餐具

学习西餐礼仪时，掌握西餐餐具的使用方法是重点内容之一。在所有的西餐餐具之中，刀叉、餐匙以及餐巾是最具代表性的。

(一)刀叉

刀叉是西餐餐具的主角，也是人们对餐刀、餐叉这两种西餐餐具所采用的统称。二者既可以配合使用，也可以单独使用。不过多数情况下，刀叉都是配合使用的。

掌握刀叉的使用，需要具体学习刀叉的类别及摆放位置、刀叉的用法、刀叉的暗示三个方面的知识。

1.刀叉的类别及摆放位置

在正规的西餐宴会上，讲究吃一道菜换一副刀叉。吃每道菜都要使用专门的刀叉，既不能乱拿乱用，又不能从头到尾仅用一副刀叉。

在每一位就餐者面前的餐桌上，都会摆放上专门供其个人使用的刀叉，如吃黄油所用的刀叉、吃鱼所用的刀叉、吃肉所用的刀叉和吃甜品所用的刀叉等。这些刀叉除了形状各异之外，还有具体摆放的位置。吃黄油所用的餐刀是没有与之相匹配的餐叉的，它的正确放法是横放在就餐者左手的正前方。吃鱼和吃肉所用的刀叉通常应当是刀在右、叉在左，分别纵向摆放在就餐者面前的餐盘两侧，方便就餐者依次从两边由外侧向内侧取用。吃甜品所用的刀叉应最后使用，一般被横向放在每人所用的餐盘的正上方。

2.刀叉的用法

通用的刀叉使用方法主要有英国式和美国式两种。英国式的使用方法要求就餐者在使用刀叉时，始终右手持刀、左手持叉，一边切割一边叉而食用，叉背朝着嘴的方向进餐，这种方法显得比较文雅;美国式的具体做法是右手持刀、左手持叉,将要吃的食物全部切好,然后再把右手的餐刀斜放在餐盘的前面,将左手的餐叉换到右手,最后右手执叉就餐,这种方法比较省事。

使用刀叉就餐时,不管采用哪种方式均应注意以下几点:①切割食物时,不要弄出声响;②切割食物时,应当从左侧开始,由左而右逐步进行;③切割食物时,应当双肘下沉,前后移动,切勿左右开弓,把肘部抬得过高;④每块被切割好的食物大小,应当入口刚刚合适,一般应当以餐叉铲而食之,不可以用刀叉扎着吃,也不可以用餐叉叉起之后一口一口地咬而食之;⑤双手同时使用刀叉时,叉齿应当朝下,右手持叉进食时则应使叉齿朝上,临时将刀叉放下时,切勿使刀叉朝外;⑥如果刀叉掉落地上,一般不应继续使用,而应请侍者另换一副;⑦不要挥动刀叉讲话,也不要用刀叉指点他人。

3.刀叉的暗示

在进餐期间,需暂时离开或与人攀谈,应放下手中的刀叉,刀右、叉左,刀口向内、叉齿向下,呈八字形摆放在餐盘上表示此菜还没有用完。

如果吃完了或因其不合适口味而不想再吃,可以刀刃朝内、叉齿向上,刀右、叉左并排放在餐盘上,或是刀上叉下并排横放在餐盘上。这种做法是在暗示侍者,可以将刀叉连同餐盘一道撤下桌去。

要记住,任何时候,都不可将刀叉的一端放在盘上,另一端放在桌上,尤其不要将刀叉交叉放成十字形,这在西方人看来,是晦气的图案。

图9-9所示为各种情况下刀叉摆放方式。

图9-9　各种情况下刀叉摆放方式

(二)餐匙

餐匙又叫作调羹。品尝西餐时,餐匙是一种不可缺少的主要餐具。在西餐中,餐匙有两种。

1.汤匙

汤匙形状较大,通常被放在就餐者右侧刀的最外端,与餐刀并列排放。

正确使用汤匙的方法:喝汤时,用右手拇指与食指持汤匙柄,从里向外舀;汤盘中的汤快喝完时,用左手将汤盘的外侧稍稍翘起,用汤勺舀净即可;吃完汤菜时,将汤匙留在汤盘(碗)中,匙把指向自己。

2.甜品匙

在一般情况下,甜品匙被放在吃甜品所使用的刀叉的正上方并与之并列。

使用餐匙时应注意以下几点:

(1)餐匙除了可以饮汤、用甜品外,决不可以直接去舀取红茶、咖啡以及其他任何主食、菜肴。

(2)以餐匙取食时,务必不要过量。一旦入口就要一次吃完,不要把一匙东西反复品尝多次。

(3)使用餐匙的动作要干净利索,不要在汤、甜品、红茶或者咖啡之中搅拌不已。

(4)已经使用的餐匙不可再次放回原处,也不可将其插入菜肴或是放在汤盘、红茶杯、咖啡杯之中,正确的做法是将其暂放于餐盘上。

(三)餐巾

在西餐中,餐巾也是一个重要的角色。餐巾对服装有保洁作用,防止菜肴、汤汁落下来弄脏衣服;餐巾也可以用来擦拭口部,通常用其内侧,但不能用其擦脸、擦汗、擦餐具;餐巾还可以用来遮掩口部,在非要剔牙或吐出嘴中的东西时,可用餐巾遮掩,以免失态。同中餐餐巾相比,虽有以上许多相似的用途、用法,但也有特殊之处。

1.使用

西餐餐巾通常会叠成一定的图案,放置在就餐者的水杯中,有时直接平放于就餐者右侧的桌面上或就餐者前方的垫盘上,形状有长方形和正方形。

点完菜后,在前菜送来前的这段时间把餐巾打开,平铺在自己并拢的大腿上。如果是正方形的餐巾,应将其对折,然后折口向外平铺在腿上,盖住膝盖以上的双腿部分。餐巾的打开、折放应在桌下进行,不要影响他人。

2.暗示

(1)用餐开始。按惯例,享用西餐时,就餐客人均向女主人自觉看齐,当女主人为自己铺上餐巾时,等于正式宣布用餐开始。

(2)暂时离开。用餐时若需要中途暂时告退,往往不必大张旗鼓地向他人通报,而只要把本人的餐巾置于自己座椅的椅面上即可。

(3)用餐结束。当女主人把自己的餐巾放在餐桌上时,意在宣告用餐结束,其他客人见此情景均应自觉地告退。

(4)不想吃。如果将餐巾放在桌面上,则暗示不想吃,餐具可以撤掉了。

六、其他禁忌

(一)剔牙

几乎所有的中国餐馆,无论大小,都一定会准备牙签放在餐桌上,客人们也很习惯用餐完毕,一手遮嘴,另一手用牙签剔牙,这合乎中国人吃中餐的用餐礼仪。但是,国外西餐厅的桌上,除了花瓶外,顶多只有盐和胡椒罐,绝对不会放牙签,因为对外国人来说,在餐桌上当着众人的面剔牙是极度失礼而且绝对禁止的。

因此,用完西餐绝对不可当众剔牙,也不可用舌头啧啧有声地清理牙缝。如有需要,应到化妆室处理。使用牙线清理牙齿,也应在化妆室进行。

(二)吸烟

吸烟不仅危害健康,而且污染整个餐厅的空气,所以目前,大多数西餐厅都是禁止吸烟的。美国、加拿大与中国台湾的许多餐厅都是全面禁烟餐厅,在餐厅内绝对不可抽烟。在非禁烟餐厅内用餐,也应在甜点用完后,征得全桌人同意才可抽烟。讲究的餐厅会另备一间舒适的雪茄室,让客人饭后在那里享用雪茄。

项目小结

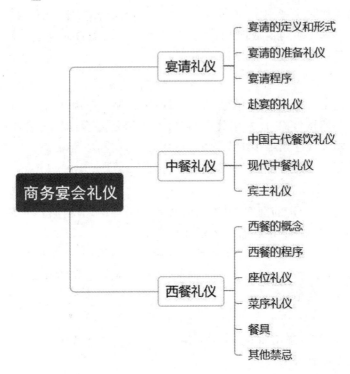

课后巩固

一、单选题

1. 应邀参加西方人家宴的客人必须(　　)。
   A. 一分钟也不要迟到　　　　　　　　B. 提前五分钟到达
   C. 提前半小时到　　　　　　　　　　D. 迟到五分钟到达

2. 菜未吃完而中途离开,可以将餐巾放在(　　)。
   A. 桌面上　　　B. 椅子背上　　　C. 椅子面上　　　D. 随手带着

3. 在正式的宴会上,关于中餐礼节要求的说法正确的是(　　)。
   A. 桌上的水杯应该放在菜盘左上方,酒杯放在右上方
   B. 桌上的水杯应该放在菜盘右上方,酒杯放在左上方
   C. 桌上的水杯和酒杯都应该放在菜盘左上方
   D. 其实怎么放都无所谓

4. 中餐上菜的顺序一般是先上（　　），后上（　　）。
　A. 热菜　　　　　　　　　　　　B. 冷盘
　C. 汤菜　　　　　　　　　　　　D. 甜食
5. 关于西餐餐具的使用，下面做法错误的是（　　）。
　A. 一般情况下，左手持刀，右手持叉。
　B. 就餐过程中，需同人交谈，刀叉应该在盘上放成八字。
　C. 进餐一半，中途离席，餐巾应放在座椅的椅面上。
　D. 取用刀叉或汤匙时，应从内侧向外侧取用。
6. 使用餐巾时，不可以用餐巾来（　　）。
　A. 擦嘴角的油渍　　　　　　　　B. 擦手上的油渍
　C. 擦拭餐具　　　　　　　　　　D. 以上都不可以
7. 西餐正菜正确的食用顺序是（　　）。
　A. 开胃小菜，汤，海鲜，肉类，冷饮，烘烤食物，餐后甜食
　B. 汤，开胃小菜，海鲜，肉类，烘烤食物，冷饮，餐后甜食
　C. 开胃小菜，汤，肉类，海鲜，烘烤食物，冷饮，餐后甜食
　D. 以上都不对
8. 在西餐厅，如果用餐的时候刀叉不小心掉到地上，应该（　　）。
　A. 弯下腰去捡　　　　　　　　　B. 轻唤服务生前来处理并更换新的餐具
　C. 不管它，用餐结束再说　　　　D. 以上都不对
9. 在你面前有大杯、中杯、小杯、高脚杯四个杯子，应该分别装（　　）。
　A. 水、红葡萄酒、白葡萄酒、香槟酒
　B. 啤酒、水、红葡萄酒、香槟酒
　C. 水、啤酒、白酒、红葡萄酒
　D. 水、红葡萄酒、白酒、香槟酒
10. 西餐吃鱼或海鲜时，应喝（　　）。
　A. 鸡尾酒　　　　　　　　　　　B. 干白葡萄酒
　C. 红葡萄酒　　　　　　　　　　D. 白兰地

二、判断题

1. 在安排西餐座次时，应安排男主宾坐在女主人右侧。（　　）
2. 用餐点菜时，没有必要征求主宾的意见。（　　）
3. 宴请时，餐桌上的具体位次也有主次尊卑之分。各餐桌上位次的尊卑可以根据其距离该桌主人的远近而定，一般以近为上，以远为下。（　　）
4. 开胃菜就是用来打开胃口之物，也被称为西餐的头盘。（　　）
5. 英国式刀叉的使用要求在进餐时始终右手持刀，左手持叉。（　　）
6. 西餐是对西式饭菜的一种约定俗成的统称。（　　）
7. 当进行正式宴会时，一定要在主人宣布开饭之后再动手吃饭。（　　）
8. 商务便宴首先要考虑的是客人忌讳吃什么。（　　）
9. 正式宴请时，要挂国旗、奏国歌。（　　）
10. 在西餐宴会中，餐前，服务员应把就餐中所用的刀、叉全部摆齐。（　　）

三、问答题

1. 简述宴请的主要形式。
2. 简述宴席的邀请形式。
3. 简述中餐的座位礼仪。
4. 简述中餐餐具各自的作用。
5. 简述西餐菜序礼仪。
6. 简述西餐餐具各自的作用。

四、综合实训

被誉为"经营之神"的王永庆很会把握做事的分寸,他通过处理单位的宴请单子来管理单位的宴请费用。

一次,销售人员拿着1万元的宴请费用单找王永庆批复。这让王永庆陷入矛盾中:如果批复,则纵容了公司人员的"吃喝风";如果不批,则会打击销售人员的工作积极性。最终,他选择批复单子,但在单子上写明"大吃大喝"。

销售人员再报销的时候耍小聪明,把金额1万元的宴请发票开为3张,每张金额3000多元。王永庆同样批了单子,但在上面写明"天天吃"。

从此,销售人员就有所顾忌了。为了避免"大吃大喝"和"天天吃",能不请则不请,能合并在一起请就合并在一起请,同时在点菜方面进行了适当调整,为公司节约了成本。(资料来源:张传杰,黄漫宇.商务沟通方法、案例和技巧[M].北京:人民邮电出版社,2018.)

思考题:

1. 商务宴请的基本规则是什么?
2. 控制宴请费用的目的是什么?
3. 评价王永庆批条子的做法。

项目十
商务活动礼仪

SHANGWU GOUTONG YU LIY

知识目标

1. 理解签字、庆典、剪彩、新闻发布会及展览会的区别及其概念。
2. 了解签字、庆典、剪彩、新闻发布会及展览会的种类。
3. 理解签字、庆典、剪彩、新闻发布会及展览会的准备工作、仪式等流程。
4. 掌握签字、庆典、剪彩、新闻发布会及展览会礼仪的其他注意事项。

能力目标

1. 能在相关新闻媒体中正确识别签字、庆典、剪彩、新闻发布会和展览会的仪式步骤。
2. 能找出签字、庆典、剪彩、新闻发布会和展览会等仪式的不同之处。

任务一　签 字 仪 式

任务描述

我们需要在本任务中学习签字的相关概念,了解签字的种类,理解准备工作、仪式程序等步骤,掌握签字礼仪的注意事项。

任务导入

小刘大学毕业后在南方某家公司工作。由于他踏实肯干、业务成绩突出,即将被提升为业务经理。最近,在小刘的主持下,其公司同美国一家跨国公司谈妥一笔大生意,双方在达成合约之后,决定正式为此举办一次签字仪式。小刘看成功在望,就派工作人员准备签字仪式。工作人员准备了签字桌、双方国旗等,把美国公司的国旗放在签字桌的左侧,将中方国旗摆到签字桌的右侧。当美方代表团来到签字场地,看到这样的场景时,立即拂袖而去,一场即将达成的生意临场变卦。总经理很生气,小刘的提升计划也被搁浅。

思考题

1. 总经理为什么生气?
2. 三个或三个以上的国家一起签字的仪式应注意哪些问题?

知识点精讲

一、签字的定义、种类

(一)签字的定义

签字是在商务活动中,双方经过洽谈、讨论,就某一重要领域、重大问题意见或合作项目达成共识时,需要把协商成果用准确、规范、符合法律要求的格式和文字记载下来,最终形成由双方代表正式签章或签字的、具有法律效力的合同的活动和过程。签字是谈判的最后阶段,为使有关各方重视、遵守合同,在合同签署时,应举行郑重的签约仪式,遵循一定的签字礼仪和规范,如图 10-1 所示。

图 10-1　签字仪式

(二)签字的种类

1. 两国条约或公约签字

国家间通过谈判,就政治、军事、经济、科技等某一领域相互达成协议,缔结条约或公约,一般会举行签字仪式。

2. 联合公报签约

当一国领导人访问他国,经双方商定达成共识,发表联合公报时,也可举行签字仪式。

3. 合作项目签约

各地区、各单位通过会谈、谈判,最终达成的有关合作项目的协议、备忘录、合同书等,通常也举行签字仪式。

业务部门之间签订的协议,一般不举行签字仪式。

二、签字的程序

签字仪式虽然时间不长,但由于它涉及各方面关系,往往比较正式、隆重,礼仪规范比较严格。

(一)准备工作

1. 人员的确定

根据签约文件的性质和内容,安排参加签约仪式的人员,一般应包括参加洽谈的全体人员。原则上,人员数量上应大体相当,签字人在地位和级别上应对等。主办方应主动联系客方,询问出席签约仪式的人员,以便做出相应的安排。

2. 物品的准备

(1)签字文本。签字文本是待签合同的正式文本,按商界惯例,应该由主方负责准备,但为了避免合同产生歧义,引起纠纷,因此,双方需要指定专人,共同负责合同的定稿、翻译、校对、印刷、装订、盖火漆印工作。除了核对文本内容是否和洽谈内容吻合之外,双方还需要对各种附件和证明进行真实性核实,如有争议,在签约仪式前双方达成一致意见。

待签的合同文本应以精美的白纸印制而成,按大八开的规格装订成册并以高档质料,如真皮、金属、软木等作为其封皮。除供各方正式签字的合同正本外,最好还能各备一份副本。

涉外合同,依照国际惯例,应同时使用签约各方法定的官方语言撰写或采用国际通行的英文、法文撰写。

(2)文具和国旗等物品。准备好签字用的文具,包括签字笔、吸墨器等物品。如果是国际商务谈判协议,则在签字桌中间摆一国旗架,悬挂签字国双方的国旗,右挂客方国旗,左挂本国国旗。

3.签字厅的布置

一般,根据参加仪式人员的身份、级别和数量等因素,双方可以商量,选择宾馆、饭店、会议室、洽谈室、会客室等临时用作签字厅。

签字厅布置应该整洁庄重。将长方形签字桌(或会议桌)横放在签字厅内,桌面最好铺设深绿色台布。座椅应该根据签字双方的情况来摆放,一般在正面对门的一边摆两张座椅,客右主左,作为双方签字的座位。桌上摆放双方待签的文本,文本上端分别放置签字的文具,签字人座位的正前方插放该国国旗。如果是国内单位之间的签约,也可以在签字桌两端摆上席位牌。签字桌后应有一定空间供参加仪式的双方人员站立,背墙上可加上"某某项目签字仪式、时间、地点"等字样。除桌椅外,其他家具陈设则可免去。签字桌的前方应该开阔、敞亮,方便媒体记者拍照。

(二)签字仪式的程序

签约仪式大体由以下步骤构成:

(1)各方参加人员按礼宾次序进入签字厅,注意不要迟到。

参加签字仪式的一般是各方参与谈判的全体人员,有时还邀请各方的高层人士出席仪式,以示正式和庄重。各方参加人数应基本相一致,如要增加其他人员,应征得对方同意。

(2)主签人员同时入座,各方人员按身份顺序入位排列。

签字人在签字桌入座,客方座位在右,主方座位在左。其他人员分主、客方按身份顺序站立于后排,客方人员按身份由高到低从中向右边排,主方人员按身份由高到低由中向左边排。当一行站不完时,可以按照以上顺序并遵照前高后低的惯例,排成两行、三行或四行。

(3)助签人员分别站立于本方签字人员的外后侧。

(4)签约仪式开始后,助签人员协助签字人员打开合同文本。

(5)各方主签人再次确认合同内容,若无异议,在规定的位置上签上自己的姓名。

(6)由助签人员互相交换合同文本,主签人再在第二份合同上签名。按惯例,各方签字人先签的是己方保存的合同文本,交换后再签的是对方保存的合同文本。

(7)各方主签人起身离座至桌子中间,正式交换各自签好的合同文本,同时,热烈握手(拥抱),互致祝贺,还可以交换签字用过的笔作为纪念。其他成员则鼓掌祝贺。

(8)签字完成后,一般还要安排礼仪小姐或礼仪先生分别为主、客方的主签人或全体人员呈上香槟酒,双方干杯、祝贺、道谢,这也是国际上通行的用以增添喜庆色彩的做法。

(9)在签字厅内合影留念。

三、注意事项

签字是谈判的最后一个环节的工作,如果把握不好,就可能使洽谈前功尽弃。因此,要特别注意以下几方面。

(1)签字人身份和职位对等,过高和过低都会造成不必要的误会。签字人是代表国家、政府或企业进行签字的人员,所以,选择签字人十分关键。签字人应视文件性质由谈判各方商议确定。有时,主谈人不一定就是签字人,也可以由国家领导人签字或由政府有关部门负责人签字,如不是国家级的项目,而是地区、部门之间的协议,则由地区、部门负责人签字(一般是法人代表)。但不管是哪一级,各方签字人的身份、职位应大体对等。

(2)参加签约仪式的人员应穿正式服装,服饰整洁、挺括;会场不宜走动、谈话。熟悉出席人员的服饰要求。合同签约仪式对于谈判双方来说是一件意义重大、庄重严肃的事情,因此,按规定要求,出席签约仪式的人员服饰要整齐规范,具体要求是签字人、助签人和其他参加人应穿有礼服性质的深色西服套装,同时配白色衬衫、单色领带、黑色皮鞋和深色袜子;女性则应穿套裙、长筒丝袜和黑皮鞋;服务接待人员和礼仪人员可穿工作制服或旗袍等礼服。

(3)签字遵守"轮换制"的国际惯例。"轮换制"的通常做法是签字人先签署己方保存的合同文本,再签署他方保存的合同文本。签字人在由己方保存的合同文本上签字时,按惯例,应当名列首位。因此,每个签字人均应首先签署己方保存的合同文本,然后再交由他方签字人签字(由助签人交换),其含义是在位次排列上,轮流使有关各方有机会居于首位,以显示机会均等、各方平等。因此,签约前文本摆放时应该注意正确性,主客方座位前应摆放各自保存的文本。

任务二　庆典仪式

我们需要在本任务中学习庆典的相关概念,了解庆典的种类,理解准备工作、仪式程序等步骤,掌握庆典礼仪的其他注意事项。

任务导入

美国 IBM 公司每年都要举行一次隆重的庆功会,对那些在一年中做出过突出贡献的销售人员进行表彰。这种活动常常是在风光旖旎的地方,如百慕大或马霍卡岛等地进行。对做出了突出贡献的人所进行的表彰,被称作"金环庆典"。在庆典中,IBM 公司的最高层管理人员始终在场并主持盛大、庄重的颁奖酒宴,然后放映由公司自己制作的表现那些做出了突出贡献的销售人员工作情况、家庭生活,乃至业余爱好的影片。在被邀请参加庆典的人中,不仅有股东代表、工人代表、社会名流,还有那些做出了突出贡献的销售人员的家属和亲友。整个庆典活动,自始至终都被录制成电视(或电影)片,然后被拿到 IBM 公司的每一个单位去放映。

思考题

1. 分析 IBM 公司的"金环庆典"活动参加人员名单构成。
2. 试分析 IBM 公司开展"金环庆典"活动的意义。

知识点精讲

一、庆典的定义、种类

(一)庆典的定义

庆典是各种庆祝仪式的统称。

(二)庆典的种类

1. 周年庆典

周年庆典通常是逢五、逢十或者是它们的倍数时举行的庆典。

2. 荣誉庆典

荣誉庆典是荣获了某项荣誉称号或在国内外重大项目中获奖之后举行的庆典。

3. 业绩庆典

业绩庆典是取得一些来之不易的成绩时举行的庆典,如建立集团、确定新的合作伙伴、兼并其他单位、分公司或连锁店不断发展等。

二、庆典的程序

庆典既然是庆祝活动的一种形式,那么,它就应当以庆祝为中心,把每一项具体活动都尽可能组织得热烈、欢快而隆重,体现出红火、热闹、欢愉、喜悦的气氛。

(一)准备工作

1. 确定人员名单

确定庆典出席者名单时,始终应当以庆典的宗旨为指导思想,一般来说,庆典的出席者通常应包括如下人士:

(1)上级领导。地方党政领导、上级主管部门的领导大都对单位的发展给予过关心、指导,邀请他们参加主要是为了表示感激之心。

(2)社会名流。根据公共关系学中的"名人效应"原理,社会各界的名人对于公众最有吸引力,能够请到他们,将有助于更好地提高本单位的知名度。

(3)大众传媒。在现代社会中,报纸、杂志、电视、广播等大众媒介,被称为仅次于立法、行政、司法三权的社会"第四权力"。邀请他们并主动与他们合作,将有助于加深社会对庆典单位的了解和认同。

(4)合作伙伴。在商务活动中,合作伙伴经常是彼此同呼吸、共命运的。请他们来与自己一起分享成功的喜悦,是完全应该的,而且也绝对必要的。

(5)社区关系。社会关系是指那些与本单位共居于同一区域、对本单位具有种种制约作用的社会实体,例如本单位周围的居民委员会、街道办事处、医院、学校、幼儿园、养老院、商店以及其他单位等。请他们参加本单位的庆典,会使对方进一步了解本单位、尊重本单位、支持本单位或是给予本单位更多的方便。

(6)单位员工。员工是单位的主人,单位每一项成就的取得,都离不开他们的兢兢业业和努力奋斗。所以在组织庆典时,是不容许将他们完全置之度外的。

以上人员的具体名单一旦确定,就应尽快发出邀请或通知。鉴于庆典的出席人员甚多,牵涉面极广,故不到万不得已,均不许将庆典取消、改期或延期。

2. 成立筹备组

筹备组成员通常应当由各方面的有关人士组成,根据具体的需要,下设公关、礼宾、财务、会务等专项小组。

负责礼宾工作的接待小组原则上应由年轻、精干、身材与形象较好、口头表达能力和应变能力较强的男女青年组成。具体工作有以下四项。第一,来宾的迎送,即在举行庆祝仪式的现场迎接或送别来宾。第二,来宾的引导,即由专人负责为来宾带路,将其送到既定的地点。第三,来宾的陪同,对于某些年事已高或非常重要的来宾,应安排专人陪同,以便关心与照顾。第四,来宾的接待,即指派专人为来宾送饮料、上点心以及提供其他方面的关照。

3. 布置现场

举行庆祝仪式的现场是庆典活动的中心地点。对它的安排、布置是否恰如其分,往往会直接关系到庆典留给全体出席者的印象的好坏。依据仪式礼仪的有关规范,商务人员在布置举行庆典的现场时,需要通盘思考以下主要问题。

(1)地点。在选择具体地点时,应结合庆典的规模、影响力以及本单位的实际情况来决定,可以采用礼堂、会议厅、本单位内部或门前的广场以及外借的大厅等。

注意两点事项:第一,在室外举行庆典时需要向有关单位报备;第二,现场的大小应与出席者人数的多少成正比。

(2)环境。为了烘托出热烈、隆重、喜庆的气氛,可在现场张灯结彩,悬挂彩灯、彩带,张贴一些宣传标语并张挂标明庆典具体内容的大型横幅,还可以请乐队、锣鼓队届时演奏音乐或敲锣打鼓。

(3)音响。在举行庆典之前,务必要把音响准备好。尤其是供来宾们讲话时使用的麦克风和传声设备,在关键时刻,绝不允许临阵"罢工",让主持人手忙脚乱、大出洋相。在庆典举行前后,播放一些喜庆、欢快的乐曲,只要不抢占"主角"的位置,通常是可以的。但是,对于播放的乐曲,应前期进行选择,切勿届时让工作人员自由选择,随意播放背离庆典主题的乐曲,甚至是那些凄惨、哀怨、让人心酸和伤心落泪的乐曲或是那些不够庄重的诙谐曲和爱情歌曲。

(二)庆典仪式的程序

仪式礼仪规定,拟定庆典的程序时,有两条原则必须坚持。第一,时间宜短不宜长。大体上讲,庆典应以一个小时为其极限,这既是为了确保其效果良好,也是为了尊重全体出席者,尤其是为了尊重来宾。第二,程序宜少不宜多。程序过多,不仅会加长时间,而且还会分散出席者的注意力并给人庆典内容过于凌乱之感。

依照常规,庆典大致上应包括下述几个步骤:

(1)请来宾就座,出席者安静,介绍嘉宾。

(2)宣布庆典正式开始,全体起立,奏国歌,唱本单位的歌。

(3)本单位主要负责人致辞,其内容是对来宾表示感谢、介绍此次庆典的缘由等,其重点应是"报捷"以及庆典的可"庆"之处。

（4）邀请嘉宾讲话，大体上讲，出席庆典的上级单位、协作单位及社区关系单位，均应有代表讲话或致贺词。不过，应当提前约定好，不要当场、当众推来推去。对外来的贺电、贺信等，可不必一一宣读，但对其署名单位或个人应当公布。在进行公布时，可依照先来后到顺序或是按照其具体名称的汉字笔画的多少进行排列。

（5）安排文艺演出，这项程序可有可无，如果准备安排，应当慎选内容，注意不要有悖于庆典的主旨。

（6）邀请来宾进行参观。如有可能，可安排来宾参观本单位的有关展览或车间等。当然，此项程序有时亦可省略。

在以上几项程序中，前三项必不可少，后三项则可以酌情省去。

三、注意事项

（1）在举行庆祝仪式之前，主办单位应对本单位的全体员工进行必要的礼仪教育。对于本单位出席庆典的人员，还须规定好有关的注意事项并要求大家在临场之时，务必要严格遵守。

（2）仪容要整洁。所有出席庆典的本单位人员，事先都要洗澡、理发，男士还应刮光胡须。无论如何，届时都不允许本单位的人员蓬头垢面、胡子拉碴、浑身臭汗，有意无意地给本单位的形象"抹黑"。

（3）服饰要规范。有统一制服的单位，应要求以制服作为本单位人士的庆典着装。无制服的单位，应规定届时出席庆典的本单位人员必须穿着礼仪性服装。男士应穿深色的中山装套装，或穿深色西装套装，配白衬衫、素色领带、黑色皮鞋。女士应穿深色西装套裙，配长筒肉色丝袜、黑色高跟鞋，或者穿深色的套裤，或是穿花色素雅的连衣裙。绝不允许在服饰方面任其自然、自由放任，把一场庄严隆重的庆典，搞得像一场万紫千红的时装或休闲装的"博览会"。倘若有可能，将本单位出席者的服饰统一起来是最好的。

（4）时间要遵守。遵守时间是基本的商务礼仪之一。对本单位庆典的出席者而言，更不得小看这一问题。上到本单位的最高负责人，下到级别最低的员工，都不得姗姗来迟、无故缺席或中途退场。如果庆典的起止时间已有规定，则应当准时开始、准时结束，向社会证明本单位言而有信。

（5）态度要友好。对来宾态度要友好，遇到了来宾，要主动热情地问好。对来宾提出的问题，都要立即予以友善的答复。不要围观来宾、指点来宾或是对来宾持有敌意。当来宾在庆典上发表贺词或是随后进行参观时，要主动鼓掌表示欢迎或感谢。在鼓掌时，不要在对象上"挑三拣四"，不要"欺生"或是"杀熟"。即使个别来宾在庆典中表现得对主人不甚友善，也不应当场"仗势欺人"或是非要跟对方"讨一个说法"。不论来宾在台上、台下说了什么话，主方人员都应当保持克制，不要吹口哨、鼓倒掌、敲打桌椅、胡乱起哄。不允许打断来宾的讲话、向其提出挑衅性质疑、与其进行大辩论或是对其进行人身攻击。

庆典活动是一种礼仪性活动，国家有关方面专门作出明文规定，要严格控制，认真执行申报制度。同时还要有精品意识，典礼过多、过滥将会在一定程度上影响庆典活动的质量和效果。所以典礼活动的规模、形式还必须得和单位、项目情况大体相符合，如果一个工程不大，却弄一个特大规模的庆典，只会成为笑柄。

任务三 剪彩仪式

任务描述

我们需要在本任务中学习剪彩的相关概念,了解剪彩的程序,理解准备工作、仪式程序等步骤,掌握剪彩礼仪的其他注意事项。

任务导入

2010年,第七届中国—东盟博览会的剪彩仪式打破了传统的剪彩形式,用各国母亲河的水来完成。为此,有记者给它取名为"以水代布,变分为合的剪彩"。

据了解,开幕式上,当各国领导人从友谊之门走向舞台时,会展中心主体建筑大门上方巨大的圆形电子显示屏上一一展示领导人的头像,舞台上60平方米的电子背景屏幕显示领导人向舞台走来,与此同时,十几颗含苞欲放的花蕾也飘然来到舞台上。花朵渐放,十几个纯洁的小姑娘手捧装着各国母亲河的水瓶从盛开的鲜花中走出来,送到领导人手中。在礼花炮声中,各国领导人把各自的母亲河的水汇集在一起凝聚成一股巨大的力量升向高空,把开幕式推向高潮。而后响起走进新时代的大钟,剪彩仪式在欢乐的气氛中结束。

思考题

1. 这与传统的剪彩仪式的区别在哪里?
2. 你觉得这样的剪彩仪式怎么样?

知识点精讲

一、剪彩的定义

剪彩是指在仪式上剪断彩带,表示建筑物落成、新造车船出厂或展览会开幕等,如图10-2所示。

图10-2 剪彩仪式

二、剪彩的程序

(一)准备工作

1. 剪彩的人员

(1)主持人。

(2)剪彩者。剪彩者即在剪彩仪式上持剪刀剪彩的人。在剪彩仪式上担任剪彩者,是一种很高的荣誉。剪彩仪式档次的高低往往也同剪彩者的身份密切相关。因此,在选定剪彩的人员时,最重要的是要把剪彩者选好。

根据惯例,剪彩者可以是一个人,也可以是几个人,但是一般不应多于五人。通常,剪彩者多由上级领导、合作伙伴、社会名流、员工代表或客户代表所担任。名单一经确定,即应尽早告知对方,使其有所准备。

(3)助剪者。助剪者指的是剪彩者剪彩的一系列过程中从旁为其提供帮助的人员。一般而言,助剪者多由东道主一方的女职员担任。现在,人们对她们的常规称呼是礼仪小姐。

具体而言,在剪彩仪式上服务的礼仪小姐又可以分为迎宾者、引导者、服务者、拉彩者、捧花者、托盘者。迎宾者的任务是在活动现场负责迎来送往。引导者的任务是在进行剪彩时负责带领剪彩者登台或退场。服务者的任务是为来宾,尤其是剪彩者提供饮料、安排休息之处。拉彩者的任务是在剪彩时展开、拉直红色缎带。捧花者的任务是在剪彩时手托花团。托盘者的任务是为剪彩者提供剪刀、手套等剪彩用品。

在一般情况下,迎宾者与服务者应不止一人。引导者既可以是一个人,也可以为每位剪彩者各配一名。拉彩者通常应为两人。捧花者的人数则需要视花团的具体数目而定,一般应为一花一人。托盘者可以为一人,亦可以为每位剪彩者各配一人。有时,礼仪小姐亦可身兼数职。

礼仪小姐的基本条件是相貌较好、身材颀长、年轻健康、善于交际。礼仪小姐的最佳装束应为化淡妆,盘起头发,穿款式、面料、色彩统一的单色旗袍,配肉色连裤丝袜、黑色高跟皮鞋。除戒指、耳环或耳钉外,不佩戴其他首饰。有时,礼仪小姐身穿深色或单色的套裙亦可。但是,她们的穿着打扮必须尽可能整齐划一。

2. 物品准备

(1)红色缎带。红色缎带即剪彩仪式之中的"彩"。按照传统做法,它应当由一整匹未曾使用过的红色绸缎(也可以用两米左右的细窄的红色缎带或者红布条、红线绳、红纸条等代替红绸缎),在中间结成数朵花团而成。

一般来说,红色缎带上所结的花团,不仅要生动、硕大、醒目,而且其具体数目往往还同现场剪彩者的人数直接相关,两类模式可供参考:第一,花团的数目较现场剪彩者的人数多一个,每位剪彩者总是处于两朵花团之间,尤显正式;第二,花团的数目较现场剪彩者的人数少一个,亦有新意。

(2)剪刀。剪刀是专供剪彩者在剪彩仪式上正式剪彩时所使用的,必须是每位剪彩者人手一把,而且必须崭新、锋利而顺手。在剪彩仪式结束后,主办方可将每位剪彩者所使用的剪刀经过包装之后,送给对方以资纪念。

(3)白色薄纱手套。白色薄纱手套是专为剪彩者所准备的。在正式的剪彩仪式上,剪彩者剪彩时最好每人戴上一副新的白色薄纱手套,以示郑重。

(4)托盘。托盘在剪彩仪式上是托在礼仪小姐手中,用来盛放红色缎带、剪刀、白色薄纱手套的。在剪彩仪式上所使用的托盘最好是崭新的、洁净的,通常首选银色的不锈钢制品。为了显示正规,可在使用时上铺红色绒布或绸布。就其数量而论,在剪彩时,可以一只托盘依次向各位剪彩者提供剪刀与手套并同时盛放红色缎带;也可以为每一位剪彩者配置一只专为其服务的托盘,同时使红色缎带专由一只托盘盛放,这种方法显得更加正式一些。

(5)红色地毯。红色地毯主要用于铺设在剪彩者正式剪彩时的站立之处,其长度可视剪彩人数的多少而定,其宽度则不应在一米以下。在剪彩现场铺设红色地毯主要是为了提升其档次并营造一种喜庆的气氛,也可以不铺设。

3. 其他

其他方面主要涉及场地的布置、环境的卫生、灯光与音响的准备、媒体的邀请、人员的培训等。

在正常情况下,剪彩仪式应在行将启用的建筑、工程、展销会、博览会的现场举行。正门外的广场、正门内的大厅都是可予优先考虑的场所。活动现场可略做装饰。在剪彩之处悬挂写有剪彩仪式的具体名称的大型横幅。

(二)剪彩仪式的程序

按照惯例,剪彩既可以是开业仪式中的一项具体程序,也可以独立出来,由其自身的一系列程序所组成。独立的剪彩仪式通常应包含如下七项基本的程序。

1. 请来宾就位

在剪彩仪式上,通常只为剪彩者、来宾和本单位的负责人安排座席。在剪彩仪式开始时,应敬请这些人在已排好顺序的座位上就座。在一般情况下,剪彩者应就座于前排,若不止一人时,则应使剪彩者按照剪彩时的具体顺序就座。

2. 宣布仪式正式开始

在主持人宣布仪式开始后,乐队应演奏音乐,现场可燃放鞭炮,全体到场者应热烈鼓掌。此后,主持人应向全体到场者介绍到场的重要来宾。

3. 奏国歌

奏国歌时须全场起立。必要时,亦可演奏本单位的标志性歌曲。

4. 发言

发言者应依次为东道主单位的代表、上级主管部门的代表、地方政府的代表、合作单位的代表等。发言内容应言简意赅,每人不超过三分钟,重点应分别为介绍、道谢与致贺。

5. 剪彩

(1)当主持人宣布进行剪彩之后,礼仪小姐即应率先登场。在上场时,礼仪小姐应排成一行行进。从两侧同时登台或是从右侧登台均可。登台之后,拉彩者与捧花者应当站成一行,拉彩者处于两端,拉直红色缎带,捧花者各自双手手捧一朵花团。托盘者须站立在拉彩者与捧花者身后一米左右并且自成一行。

(2)剪彩者登台时宜从右侧出场,主持人向全体到场者介绍剪彩者,后者应面含微笑向大家欠身或点头致意。引导者应在剪彩者左前方进行引导,使之各就各位。

(3)剪彩者行至既定位置之后,应向拉彩者、捧花者含笑致意。

(4)托盘者前行一步,到达剪彩者的右后侧,以便为其递上剪刀、手套。当托盘者递上剪刀、手套,剪彩者亦应微笑着向对方道谢。

(5)在正式剪彩前,剪彩者应首先向拉彩者、捧花者示意,待其有所准备后,集中精力,右手持剪刀,表情庄重地将红色缎带一刀剪断。若多名剪彩者同时剪彩时,其他剪彩者应注意主剪者动作,主动与其协调一致,力争大家同时将红色缎带剪断。

(6)剪彩者在剪彩成功后,可以右手举起剪刀,面向全体到场者致意,然后放下剪刀、手套于托盘之内,举手鼓掌。接下来,可依次与主人握手道喜并列队在引导者的引导下退场。退场时,一般宜从右侧下台。

(7)待剪彩者退场后,其他礼仪小姐方可列队由右侧退场。

6. 参观

剪彩之后,主人应陪同来宾参观被剪彩之物。仪式至此宣告结束。

7. 招待

东道主单位可向来宾赠送纪念性礼品并以自助餐款待全体来宾。

三、注意事项

(1)剪彩者的站位。若剪彩者仅为一人,则其剪彩时居中而立即可。若剪彩者不止一人,则其同时上场剪彩时位次的尊卑就必须予以重视。一般的规矩是中间高于两侧,右侧高于左侧,距离中间站立者愈远位次便愈低,即主剪者应居于中央的位置。需要说明的是,之所以规定剪彩者的位次"右侧高于左侧",主要是因为这是一项国际惯例,剪彩仪式理当遵守。其实,若剪彩仪式并无外宾参加时,执行我国"左侧高于右侧"的传统做法亦无不可。

(2)按照惯例,剪彩以后,红色花团应准确无误地落入托盘者手中的托盘里,而切勿使之坠地。为此,需要捧花者与托盘者的合作。

(3)一般来说,剪彩仪式宜紧凑,忌拖沓,在所耗时间上愈短愈好。短则一刻钟即可,长则至多不宜超过一个小时。

任务四 新闻发布会

我们需要在本任务中学习新闻发布会的相关概念,了解新闻发布会的种类,理解筹备工作、仪式程序等步骤,掌握新闻发布会礼仪的其他注意事项。

20世纪80年代后期,国内的一家民营企业开发出了一种全新的果汁型饮料。这种饮料不仅营养丰富、无添加剂、口感舒适,而且符合健康和卫生标准并与国际上饮料的流行趋势相吻合。然而,国内的饮料市场几乎全部被外国饮料所占领。要在当时特定的条件下,将这种新型的国产饮料推上市场并且争得一席之地,可以说是难上加难。

在广告宣传上与财大气粗、经验丰富的外国饮料商决一雌雄,显然不是国内这家民营企业的强项。于是,它的负责人决定另辟蹊径,在力所能及的情况下,为自己做上一次"软广告"。在饮料消费的旺季来临之前,这家企业专门租用了北京的一座举世知名的建筑物,在其中召开了一次由新闻界人士为主要参加者的新产品说明会。在会上,这家企业除了向与会者推介自己的新产品之外,还邀请了国内著名的饮料专家与营养专家,请其发表各自的高见并邀请全体与会者亲口品尝这个新产品。

此后,不少与会的新闻界人士不仅争先恐后地在自己所属的媒体上发布了新产品的消息,而且还纷纷自愿地为其大说好话。有些新闻界人士甚至还站在维护国产饮料的立场上,为其摇旗呐喊。结果一时间令其名声大振,销量也随之大增,终于在列强林立的饮料市场上脱颖而出。

从会务礼仪的角度上来看,那家民营企业为推出自己的新品饮料所举行的那次带来了巨大成功的新产品说明会即为新闻发布会。

思考题

1. 此次新产品说明会是新闻发布会吗?
2. 分析此次新产品说明会的创新点。

知识点精讲

一、新闻发布会的定义、种类

(一)新闻发布会的定义

新闻发布会是政府或某个社会组织定期、不定期举办的信息和新闻发布活动,直接向新闻界发布政府政策或组织信息,解释政府或组织的重大政策和事件,谋求新闻界对某一社会组织或某一活动、事件进行客观而公正的报道的有效的沟通方式,如图10-3所示。简言之,新闻发布会就是以发布新闻为主要内容的会议。政府机关、企事业单位的负责人,特殊公众人物常利用这种形式主动与新闻界进行沟通,协调与新闻媒体之间的相互关系。

图10-3 新闻发布会

(二)发布会口径的分类

一般来说,发布会口径可以分为以下四种类型:

1. 全告知性信息

这类信息符合国家政策、法律,与社会精神文明建设不相违背,与发言人代表的集团(个人)利益不相冲突,其发布有利于社会的稳定团结。

2. 半告知性信息

新闻发布者对信息的掌握还不够全面,信息本身还处于不断地变动当中,新闻发布者要掂量好分寸,明确什么能发布、什么不能发布、怎么发布,如果贸然将手头不全面的信息发布出去,可能使发布者陷于被动,甚至误导舆论,影响事件正常进程,干扰社会正常有序的运转。

3. 略告知性信息

关系到国家安全与稳定的一些国内外重大突发事件的新闻,事件本身影响巨大,把握舆论主导地位,抢占发布先机显得非常重要。尚未了解事件全局、未掌握确凿的材料和证据、公开事件与发布者代表的集团利益相冲突、事件与法律及社会道德存在抵触、与公共利益和现行方针相左,而民众又迫切想要了解真相时,可以选择简略告知的发布方式,对媒体的提问只做简单回答。

4. 隐匿性信息

这类信息往往因违背法律,涉及党、政、军的机密,关系社会稳定或易引发不必要冲突等原因不宜公开报道。新闻发言人只能采取一定的技巧和策略加以隐藏,不过,回避及隐藏必须顺理成章,不宜使用诸如"无可奉告"等僵化、不通情理的回绝方式。

二、新闻发布会的程序

新闻发布会的常规形式是由某一单位或几个有关的单位出面,将有关的新闻界人士邀请到一起,在特定的时间和特定的地点举行一次会议,宣布某一消息、说明某一活动或者解释某一事件,争取新闻界对此进行客观而公正的报道并且尽可能地争取扩大信息的传播范围。按照惯例,当主办单位在新闻发布会上进行完主题发言之后,允许与会的新闻界人士在既定的时间里围绕发布会的主题进行提问,主办单位必须安排专人回答这类提问。

(一)会议的筹备

筹备新闻发布会要做的准备工作甚多。其中,最重要的是要做好主题的确定、时空的选择、人员的安排、材料的准备等工作。

1. 人员邀请

根据发布会所发布的内容精心选择召开的时间和地点,邀请记者、新闻界(媒体)负责人、行业部门主管、各协作单位代表及政府官员参加。

在新闻发布会上,主办单位的交往对象自然以新闻界人士为主,因此,在邀请新闻界人士时,必须有所选择、有所侧重。媒体邀请的技巧很重要,既要吸引记者参加,又不能过多透露将要发布的新闻。在媒体邀请的密度上,既不能过多,也不能过少。一般,企业应该邀请与自己联系比较紧密的商业领域记者参加,必要时,如事件现场气氛热烈,应邀请平面媒体记者与摄影记者一起前往。

邀请的时间一般以提前3到5天为宜,发布会前一天可做适当的提醒。邀请联系比较多的媒体记者可以采取电话邀请的方式。邀请相对不是很熟悉的媒体或发布内容比较严肃、庄重时可以采取书面邀请函的方式。

2. 场所选择

根据发布会规模的大小,室内发布会可以安排在企业的办公场所或者酒店。酒店有不同的星级,从企业形象的角度来说,重要的发布会宜选择五星级或四星级酒店。酒店有不同的风格、不同的定位,选择酒店的风格要注意与发布会的内容相统一。还要考虑地点是否交通便利与易于寻找,包括离主要媒体、重要人物的远近,交通是否便利,泊车是否方便等。

3. 时间安排

因为多数平面媒体刊出新闻的时间是在获得信息的第二天,因此,要尽可能把发布会的时间安排在周一、周二、周三的下午,会议时间保证在1小时左右,这样可以保证发布会的现场效果和会后见报效果。

在时间选择上,还要避开重要的政治事件和社会事件,媒体对这些事件的大篇幅报道,会冲淡企业新闻发布会的传播效果。

4. 其他

(1)麦克风和音响设备。新闻发布会最主要的道具是麦克风和音响设备,一些需要做电脑展示的发布会的道具还包括投影仪、笔记本电脑、连线、上网连接设备、投影幕布等。相关设备在发布会前要反复调试,保证不出故障。

(2)引导。新闻发布会现场的背景布置和外围布置需要提前安排。一般,在大堂、电梯口、转弯处设导引指示欢迎牌。事先可请好礼仪小姐迎宾。如果是在企业内部安排发布会,也要酌情安排人员做记者引导工作。

(3)背景板。新闻发布会背景板主要衬托出会议主题,所以在设计及选材上一定要慎重考虑,新闻发布会主要采用高清晰写真布,这种材料因为无异味、不反光、高清晰,所以对新闻发布会的现场气氛营造和媒体摄像都大有好处。

(4)席位摆放。发布会一般是摆放主席台及带桌子的座席,一般在后面会准备一些无桌子的座席。主席台需摆放席卡,以方便记者记录发言人姓名。席卡摆放原则是"职位高者靠前靠中,自己人靠边靠后"。

很多发布会也采用主席台只有主持人位和发言席,贵宾坐于第一排的方式。

(二)新闻发布会礼仪的程序

(1)迎宾签到。

(2)分发资料。

(3)会议过程。

①新闻发言人发言。

新闻发言人的条件一般应有以下的几方面:公司的头面人物之一,新闻发言人应该在公司身居要职,有权代表公司讲话;有良好的外形和表达能力,发言人的知识面要丰富,要有清晰明确的语言表达能力、倾听的能力及反应力,外表包括身体整洁、大方得体;有执行原定计划并加以灵活调整的能力;有现场调控能力,可以充分控制和调动发布会现场的气氛。

②回答记者问的环节。在答记者问时,一般由一位主答人负责回答,必要时,如涉及专业性强的问题,由他人辅助回答。

发布会前,主办方要准备记者答问备忘提纲并在事先取得一致意见,尤其是主答和辅助答问者要取得共识。

有些企业喜欢事先安排好媒体提问的问题,以防止媒体问到尖锐、敏感的问题,建议不宜采取。

(4)会后活动。

新闻发布会的主办单位一般也会为记者提供一定的馈赠品。

(5)效果评估。

新闻发布会举行完毕之后,主办单位需在一定的时间之内,对其进行一次认真的评估善后工作。

三、注意事项

(1)在发布会的过程中,对于记者的提问应该认真作答,对于无关或过长的提问则可以委婉礼貌地制止,对于涉及企业秘密的问题,有时,可以直接、礼貌地告诉记者这是企业机密,一般来说,记者也可以理解,有时,则可以委婉作答。不宜采取"无可奉告"的回答方式。对于复杂而需要大量的解释的问题,可以先简单答出要点,邀请其在会后探讨。

(2)在新闻发布会正式举行的过程之中,往往会出现这样或那样的问题,有时,甚至还会有难以预料的情况或变故出现。要应付这些难题,确保新闻发布会的顺利进行,除了要求主办单位的全体人员齐心协力、密切合作之外,最重要的,是要求代表主办单位出面应付来宾的主持人、发言人,要善于沉着应变、把握全局。

(3)无论一个企业与某些报社的记者多么熟悉,在新闻发布会之前,重大的新闻内容都不可以透漏出去。

任务五 展 览 会

我们需要在本任务中学习展览会的相关概念,了解展览会的种类,理解准备工作、仪式程序等步骤,掌握展览会礼仪的其他注意事项。

"十大产业振兴规划"之后,我国又将物流行业纳入"十二五"规划纲要。该规划纲要(草案)明确提出,要大力发展现代物流业,加快建立社会化、信息化、专业化物流体系。据预测,在国家加快现代物流业发展的政策支持下,中国物流装备业在2014年将保持20%左右的增长,需求热点将主要集中于电子商务、冷链物流、制造业物流、服装物流、大宗商品物流等领域,传统的烟草、医药、机械、汽车、家电、邮政、图书、零售等需求领域将会随经济增长继续保持稳定发展。

作为亚洲物流行业风向标的"2014 上海国际物流技术与装备展览会"紧随市场发展,全面覆盖整条产业链,专业展示物流领域各个环节的技术和服务,打造物流行业一站式服务平台,2014 年,展会的规模将进一步扩大,于上海世博展览馆(国展路 1099 号)盛大召开。本次展会还将携手上海东浩会展活动策划有限公司(隶属东浩集团)共同主办,强强联手,共同谱写物流行业新篇章。

一、展览计划

报道布展:2014 年 5 月 19—20 日。开幕式:2014 年 5 月 21 日 9:30。

展示交易:2014 年 5 月 21—23 日。撤展:2014 年 5 月 23 日 16:30。

展览地点:上海世博展览馆(国展路 1099 号)。

同期举办:亚洲最大叉车展,展出面积 40 000 平方米,展商 1000 家。

二、展览内容

有着来自国内外的 1200 家展商(组团的国家地区有意大利、马来西亚、韩国、台湾、香港),展出面积达 40 250 平方米,共创物流行业辉煌。28 个国家和地区的共同参与,体现了其高度国际性。

1. 仓储技术与车间设备

1)仓储系统、货架系统、托盘产品及设备;2)工厂设备、车间设备、工位器具、保管技术、脚轮系列;3)周转箱、料箱、工业门;4)仓库与保管设施的清洁系统;5)一般仓储用品。

2. 机械搬运设备

1)起重机及附件、升降设备;2)组合升降设备、升降平台、载人垂直升降平台;3)叉车及属具和附件;4)连续机械物料搬运设备、单轨输送车、连续机械物料处理设备附件;5)驱动技术组件(液压、气动);6)无人驾驶运输系统、AGV 无人搬运车、货架存取设备、手动搬运车;7)升降机、电梯、自动扶梯、移动平台、有轨车、升降机与电梯附件。

3. 物料搬运技术、仓储技术与物流系统

1)综合输送系统;2)物流交钥匙系统;3)一体化供应链管理系统;4)机器人物料搬运系统。

4. 内部物料系统与软件

1)RFID、物联网、物流软件、物流车辆及运营管理系统、GPS/GIS 技术及设备;2)物料流与内部物流计算机管理系统;3)识别技术、自动识别系统、内部物流传感器;4)用于内部物流与运输物流的应用软件与解决方案;5)按行业—专业划分的内部物流与运输解决方案。

5. 包装与订单拣选设备

1)仓储和商场包装设备;2)包装材料和订单拣选设备;3)称重设备与测量设备。

6. 物流服务与仓储地产

1)第三方物流、冷链物流、保税物流、港口物流、工程物流、医药物流、汽车物流、快递服务;2)公路运输、铁路运输、海运、航空货运、多式联运企业及货运代理机构;3)物流地产商、物流园区(基地)、物流配送中心货运集散基地及公路港等。

三、观众类别

1）物流服务、交通运输、仓储、配送、铁路、航运、空运、港口、邮政、速递、货代等物流企业；

2）电子、汽车、食品、航天航空、医药及医疗、家用电器、烟草、化工、造纸、印刷包装、冶金等工业制造业；

3）超市、批发市场、物流园区、商业配送中心、大型书店、出版印刷机构、粮食机构、军队后勤机构等；

四、展览服务包

为保证您在享受自由展示企业形象的同时，最大限度地实现展位的价值，请选择如下。

A、国内企业：国际标准展位(3 m×3 m)，12800元/个。

境外企业：国际标准展位(3 m×3 m)，4000美元/个。

B、供希望制作符合其公司风格展台的参展者选择。

室内光地（最少36平方米起租）：国内企业1300元/平方米；境外企业400美元/平方米。

注：光地不配备任何设施，由参展商自备或委托组委会指定搭建公司设计、装修。

五、同期举办：叉车秀

邀请共同携手主办的"叉车秀"将在长三角繁华都市——上海的世博馆隆重开启。届时，大会还将邀请中国物流行业协会、中国仓储协会、叉车网、上海市物流协会等国内多家权威机构、媒体，以及行业颇具盛名的叉车品牌企业共聚大会。在这场中国叉车经销商领域极具影响力的盛会上，叉车经销商精英与协会领导、行业权威媒体、国内一流营销专家汇聚一堂，共同解读"渠道变革新时代的突破"。

六、奖项设置

2014年度中国品牌叉车秀的序幕已经开启，谁将在这场年度"叉车秀"的巅峰对决中傲视群雄，我们将拭目以待！

七、特别设置：国际物流企业高峰论坛

本次峰会由中国物流行业协会、中国仓储协会、上海市物流协会、上海市仓储协会、中国物流与采购联合会及中国物流行业领军品牌的企业共同举办，全国各地100多名政府官员、权威专家和知名企业家参加本次峰会。

由获奖产品、院校作品、专业刊物等内容组成的设计资源展区异彩纷呈。二十余场讲座、论坛、发布会、座谈会等行业交流活动将闪烁着行业达人们才智的光芒。本届展会规模之盛大、产品之顶端、高端品牌之云集、题材之广泛、展示之精彩、活动之丰富、人气之旺盛都创历届展览之最，也是物流行业领域中最具代表性和影响力的专业活动。

预定展位：如果您有兴趣在大会上预订展位，请向以下联系人提交您的详细联系方式并说明您选择的服务包，以便我们的销售团队与您联系。谢谢！

思考题

1.任务导入中的展览会是哪种类型的展览会？此类展览会需要注意什么事项？

知识点精讲

一、展览会的定义、种类

（一）展览会的定义

展览会指以集中陈列实物、模型、文字、图表、影像资料供人参观了解的形式组织的宣传性聚会，主要目的是介绍参展单位的业绩，展示其成果并推销其产品、技术或专利，如图10-4所示。对商业企业来说，积极参与各种类型的展览会是从事公共关系活动的一种常规手段。

图10-4 展览会

（二）展览会的种类

展览会是一个覆盖面甚广的基本概念，在中文里，展览会名称有博览会、展览会、展览、展销会、博览展销会、看样订货会、展览交流会、交易会、贸易洽谈会、展示会、展评会、样品陈列、庙会、集市、墟、场等。它可以按照以下几种方式进行划分。

1. 按照展览会的目的划分

（1）宣传型展览会。宣传型展览会意在向外界宣传、介绍参展单位的成就、实力、历史与理念。

（2）销售型展览会。销售型展览会主要是为了展示参展单位的产品、技术和专利来招揽顾客，促进其生产与销售。通常，又将销售型展览会称为展销会或交易会。

2. 按照展览品的种类划分

（1）单一型展览会。单一型展览会往往只展示某一大的门类的产品、技术或专利，只不过其具体的品牌、型号、功能有所不同，例如化妆品、汽车等。因此，常常以其具体展示的某一门类的产品、技术或专利的名称，来对单一型展览会进行直接的冠名，比如化妆品展览会、汽车展览会等。在一般情况下，单一型展览会的参展单位大都是同一行业的竞争对手，因此，这种类型的展览会会使其竞争更为激烈。

（2）综合型展览会。综合型展览会亦称混合型展览会。它是一种包罗万象的，同时展示多种门类的产品、技术或专利的大型展览会，侧重展示参展单位的综合实力。

3. 按照展览会的规模划分

（1）大型展览会。大型展览会通常由社会上的专门机构出面承办，参展单位多，参展项目广。此类展览会因其档次高、影响大,参展单位必须经过申报、审核、批准等一系列程序。

(2)小型展览会。小型展览会一般由某一单位自行举办,其规模相对较小。在小型展览会上,主办单位主要展示最新成就的各种产品、技术和专利。

(3)微型展览会。微型展览会是小型展览会的进一步微缩,它提取了小型展览会的精华之处,一般不在社会上进行商业性展示,而只是将其安排陈列于本单位的展览室或荣誉室之内,主要用来培训本单位的员工和供来宾参观。

4.按照参展者的区域划分

(1)国际性展览会。

(2)洲际性展览会。

(3)全国性展览会。

(4)全省性展览会。

应当明言的是,组织展览会不一定非要贪大求全不可,特别忌讳虚张声势、名不副实,动辄以"世界""全球""全国"名之。

5.按照展览会的场地划分

(1)室内展览会。顾名思义,室内展览会是安排在专门的展览馆、宾馆和本单位的展览厅、展览室之内的展览会。它大都设计考究、布置精美、陈列有序、安全防盗、不易受损并且不受时间与天气的制约,显得隆重而有档次。但是,其基建费用往往偏高。室内展览会主要适合展示价值高昂、制作精美、忌晒忌雨、易于失盗的展品。

(2)露天展览会。露天展览会安排在室外露天之处,场地大,花费较小,而且不必为设计、布置花费过多,通常适合展示大型展品或需要以自然界为其背景的展品,比如花卉、农产品、工程机械、大型设备。它的缺点是受天气等自然条件影响较大,并且极易使展品丢失或受损。

6.按照展览会的时间划分

(1)长期展览会。长期展览会大都常年举行,其展览场所固定,展品变动不大。

(2)定期展览会。定期展览会展期一般固定为每隔一段时间之后,在某一特定的时间之内举行,例如每三年举行一次或者每年春季举行一次等。定期展览会的展览主题大都既定不变,但展览场所或展品内容会有所变动,一般来看,定期展览会往往呈现出连续性、系列性的特征。

(3)临时展览会。临时展览会根据需要随时举办。它所选择的展览场所、展品内容及展览主题往往不尽相同,但其展期大都不长。

二、展览会的程序

(一)准备工作

1.参展单位的确定

一旦决定举办展览会,邀请什么单位来参加往往是非常重要的。按照商务礼仪的要求,主办单位事先应以适当的方式,向拟参展的单位发出正式的邀请或召集。

主要方式为刊登广告、寄发邀请函、召开新闻发布会等。在邀请过程中,须将展览会的宗旨、展出的主要题目、参展单位的范围与条件、举办展览会的时间与地点、报名参展的具体时间与地点、咨询有关问题的联络方式、主办单位拟提供的辅助服务项目、参展单位所应负担的基本费用等,一并如实地告诉参展单位,以便对方据此定夺。

对于报名参展的单位,主办单位应根据展览会的主题与具体条件进行必要的审核。当参展单位的正式名单确定之后,主办单位应及时以专函进行通知,让被批准参展的单位尽早准备。

2.展览内容的宣传

为了做好宣传工作,在举办大型展览会时,主办单位应专门成立对外宣传的组织机构,并进行大力宣传,以引起社会各界对展览会的重视,扩大其影响。宣传的重点应当是展览的内容,即展览会的展示陈列之物。

对展览内容的宣传,主要可以采用下述几种方式:第一是举办新闻发布会;第二是邀请新闻界人士到场进行参观采访;第三是发表有关展览会的新闻稿;第四是公开刊发广告;第五是张贴有关展览会的宣传画;第六是在展览会现场散发宣传性材料和纪念品;第七是在举办地悬挂彩旗、彩带或横幅;第八是利用升空的彩色气球和飞艇进行宣传。以上八种方式,可以只择其一,亦可多种并用。在进行选择时,一定要量力行事,并且要严守法纪,注意安全。

3.展示位置的分配

展品在展览会上进行展示陈列的具体位置称为展位。

对展览会的组织者来讲,展览现场的规划与布置是其重要职责之一。在布置展览现场时,基本的要求是展示陈列的各种展品要围绕既定的主题进行互为衬托的合理组合与搭配,要在整体上显得井然有序、浑然一体。

所有参展单位都希望自己能够在展览会上拥有理想的位置。理想的展位除了收费合理之外,应当面积适当,客流较多,处于展览会上较为醒目之处,设施齐备,采光、水电的供给良好。

在一般情况下,展览会的组织者要想尽一切办法充分满足参展单位关于展位的合理要求。假如参展单位较多并且对于理想的展位竞争较为激烈的话,则展览会的组织者可依照展览会的惯例,采用下列方法之一对展位进行合理的分配。

方法一是对展位进行竞拍。由组织者根据展位的不同制定不同的收费标准,然后组织一场拍卖会,由参展者在会上自由进行角逐,由出价高者拥有自己中意的展位。

方法二是对展位进行投标。由参展单位依照组织者所公告的招标标准和具体条件,自行报价并据此填具标单,组织者按照"就高不就低"的常规,将展位分配给报价高者。

方法三是对展位进行抽签。将展位编号,然后将号码写在纸签之上,由参展单位的代表在公证人员的监督之下每人各取一个,以此来确定各自的具体展位。

方法四是按"先来后到"分配。按照"先来后到"进行分配即以参展单位正式报告的先后为序,谁先报名,谁便有权优先选择自己所看中的展位。

不管采用上述何种方法,组织者均须事先将其广而告之,以便参展单位早做准备,选到称心如意的展位。

4.安全保卫的事项

(1)在举办展览会前,必须依法履行常规的安保报批手续。此外,组织者还须主动将展览会的举办详情向当地公安部门进行通报,求得其理解、支持与配合。

(2)举办规模较大的展览会时,最好从合法的安保公司聘请一定数量的保安人员,将展览会的保安工作全权交予对方负责。

(3)按照常规,有关安全保卫的事项,必要时,最好由有关各方正式签订合约或协议并且经过公证。

(4)向声誉良好的保险公司进行数额合理的投保。

(5)在展览会入口处或展览会的门券上,应将参观的具体注意事项正式成文列出,使观众心中有数,以减少纠葛。

5.辅助的服务项目

主办单位作为展览会的组织者,有义务为参展单位提供必要的辅助性服务项目并对有关费用的支付进行详尽的说明。

具体而言,为参展单位所提供的辅助性服务项目主要包括下述各项:①展品的运输与安装;②车、船、机票的订购;③与海关、商检、防疫部门的协调;④跨国参展时有关证件、证明的办理;⑤电话、传真、电脑、复印机等现代化的通信联络设备;⑥举行洽谈会、发布会等商务会议或休息之时所使用的适当场所;⑦餐饮以及有关展览时使用的零配件的提供;⑧供参展单位选用的礼仪、讲解、推销人员等。

(二)展览会仪式的程序

展览会仪式程序比较简单,大多是参观者进入会场,参展单位进行接待和解说。在参与展览时,参展单位的整体形象直接映入观众的眼里,因而对自己参展的成败影响极大。因此,整个过程中,参展单位应重视整体形象、待人礼貌、解说技巧等三个主要方面。

1.整体形象

参展单位的整体形象主要由展示物的形象和工作人员的形象两个部分构成。

展示物的形象主要由展品的外观、展品的质量、展品的陈列、展位的布置、发放的资料等构成。进行展览的展品,外观上要力求完美无缺,质量上要优中选优,陈列上要既整齐美观又讲究主次,布置上要兼顾主题的突出与观众的注意力。在展览会上向观众直接散发的有关资料要印刷精美、图文并茂、资讯丰富并且注有参展单位的主要联络方式,如公关部门与销售部门的电话号码以及电子邮箱等。

工作人员的形象主要是指在展览会上直接代表参展单位露面的人员的穿着打扮。在一般情况下,在展位上工作的人员应当统一着装。最佳的选择是身穿本单位的制服或者穿深色的西装、套裙。在大型的展览会上,参展单位若安排专人迎送宾客,则最好请其身穿色彩鲜艳的单色旗袍并胸披写有参展单位或其主打展品名称的大红色绶带。为了说明各自的身份,全体工作人员皆应在左胸佩戴标明本人单位、职务、姓名的胸卡,唯有礼仪小姐可以例外。按照惯例,工作人员不应佩戴首饰,男士应当剃须,女士则最好化淡妆。

2.待人礼貌

在展览会上,不管是宣传型展览会还是销售型展览会,参展单位的工作人员都必须真正地意识到观众是自己的上帝,为其热情而竭诚地服务则是自己的天职。为此,全体工作人员都要将礼貌待人放在心坎上,并且落实在行动上。

展览一旦正式开始,全体参展单位的工作人员即应各就各位,站立迎宾。不允许迟到、早退、无故脱岗、东游西逛,更不允许在观众到来之时坐、卧不起,怠慢对方。

当观众走近自己的展位时,不管对方是否向自己打招呼,工作人员都要面含微笑,主动地向对方说"您好!欢迎光临"。随后,还应面向对方,稍许欠身,伸出右手,掌心向上,指尖指向展台,并告知对方"请您参观"。

当观众在本单位的展位上进行参观时,工作人员可随行于其后,以备对方向自己进行咨询;也可以请其自便,不加干扰。假如观众较多,尤其是在接待组团而来的观众时,工作人员亦可在左前方引导对方进行参观。对于观众所提出的问题,工作人员要认真作出回答,不允许置之不理或以不礼貌的言行对待对方。

当观众离去时,工作人员应当真诚地向对方欠身施礼并道以"谢谢光临"或"再见"。

在任何情况下,工作人员均不得对观众恶语相加或讥讽嘲弄。对于极个别不守展览会规则、乱摸乱动、乱拿展品的观众,仍须以礼相劝,必要时可请保安人员协助,但不允许对对方擅自动粗,进行打骂、扣留或者非法搜身。

3. 解说技巧

解说技巧是指参展单位的工作人员在向观众介绍或说明展品时所应当掌握的基本方法和技能。

具体而论,在宣传型展览会与销售型展览会上,其解说技巧既有共性可循,又有各自的不同之处。

共性在于都要因人而异,使解说具有针对性,同时要突出自己展品的特色。在实事求是的前提下,要注意扬长避短,强调"人无我有"之处。在必要时,还可邀请观众亲自动手操作或由工作人员对其进行现场示范。此外,还可安排观众观看与展品相关的影视片并向其提供说明材料与单位名片。通常,说明材料与单位名片应常备于展台之上,由观众自取。

在宣传型展览会上,解说的重点应当放在推广参展单位的形象之上。要善于使解说围绕着参展单位与公众的双向沟通而进行,时时刻刻都应大力宣传本单位的成就和理念,以便使公众对参展单位给予认可。而在销售型展览会上,解说的重点则必须放在主要展品的介绍与推销之上。按照国外的常规说法,解说时一定要注意"FABE"并重,其中,"F"指展品特征,"A"指展品优点,"B"指客户利益,"E"则指可资证据。要求工作人员在销售型展览会上向观众进行解说之时注意"FABE"并重,就是要求其解说应当以客户利益为重,要在提供有利证据的前提之下,着重强调自己所介绍、推销的展品的主要特征与主要优点,争取使客户觉得言之有理,乐于接受。

三、注意事项

(一)有关展台的规定

1. 高度限制

展览会对展架及展品都有限制规定,尤其对双层展台、楼梯、展台顶部向外延伸的结构等限制更严,限高往往不是禁止超高,如果办理有关手续并达到技术标准,有可能获准超高建展台、布置展品。

2. 开面限制

很多展览会禁止全封闭展台,如果展台封闭,展览会就失去展示作用,参观者就会抱怨,但是,展出者需要封闭办公室、谈判室、仓库等,因此,协调的办法一般是规定一定比例的面积朝外敞开。这个比例一般是 70%，允许 30% 以下的面积封闭。

(二) 有关展览用具的规定

1. 展架、展具材料的限制

在很多国家，展览会规定必须使用经防火处理的材料，限制使用塑料，限制危险化学品。

2. 电器的规定

绝大部分国家的展览会对电器都有严格的规定，所用电器的技术指标必须符合当地规定和要求。

(三) 有关人流的规定

有关人流的规定主要是对走道宽度的规定和限制，为保证人流的畅通，展览会应规定走道宽度，禁止展出者的展台、道具、作品占用走道；电视、零售商品往往造成堵塞，因此也有相应的要求，比如电视不得面向走道，柜台必须离走道一定距离等。

(四) 有关消防的规定

1. 消防环境的规定

如果是大面积的展台，必须按展馆面积和预计的观众人数按比例设紧急通道或出口并设标志。

2. 消防器材的规定

必须配备消防器材。

3. 人员的规定

有些展览会要求展台指定消防负责人并要求全体展台人员知道消防规定和紧急出口等。

(五) 有关展品的规定和限制

有关展品的规定和限制主要是对异常展品（超高、超重展品）的规定。只要展馆高度足够，就可以与展览会组织者商量解决超商展品的问题；超重展品可以使用地托，分散单位负荷。比较常见、难解决的问题是展馆卸货大门的尺寸太小。

(六) 有关环境的规定

1. 音量限制

背景音乐由展览会组织者安排，展出者的声像设备的音量必须控制在不影响周围展出者的范围内。

2. 色彩限制

若展览会组织者想取得协调的效果，往往会提出色彩要求，要求展出者使用某种基本色调或标题色调。展览会组织者还可能会提出标题字形、大小，这方面的规定大多比较宽松。展出者只要遵守规定并不干扰周围展台（比如噪声太大），展出者一般可以任意设计展台形状、摆置展品、使用颜色。

(七) 有关劳工的规定

很多国家（尤其是发达国家）规定，展场劳工必须是工会注册工人，不允许展出者自己动手，比如在美国纽约，如果展出者拿起锤子想钉根钉子，当地工人就会夺下锤子，阻止展出者。

(八)有关手续的规定

展览会大多要求展出者将设计文件送审并要求展出者施工前办理手续。

项目小结

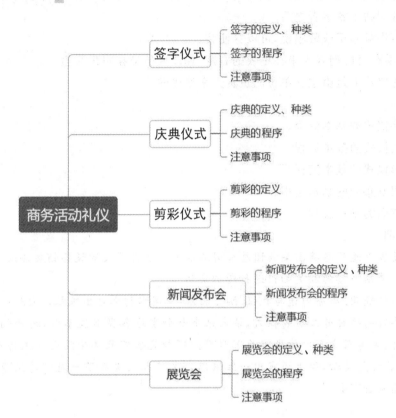

课后巩固

一、单选题

1.签字仪式中,以(　　)为上,以客为尊。

A.右　　　　　　B.上　　　　　　C.左　　　　　　D.下

2.签字仪式的准备工作包括(　　)。

A.准备文本　　　B.准备签字用物品　C.商定签字人员和助签人员

D.布置签字厅　　E.以上都对

3.(　　)是指组织者为了扩大展览会的影响、聚集人气、制造氛围等目的而举办的仪式。

A.新闻事件　　　B.新闻发布会　　　C.开幕式　　　　D.签字

4.在剪彩仪式上服务的礼仪小姐不包括(　　)。

A.迎宾者　　　　B.拉彩者　　　　　C.捧花者　　　　D.主持者

5.为保证新闻发布会的现场效果和会后见报效果,新闻发布会的时间尽可能安排在(　　)。

A. 周三下午　　　　B. 周四上午　　　　C. 周五下午　　　　D. 周四下午

二、判断题

1. 签字时，双方人员的身份应该对等。（　　）

2. 签字的时候，各方陪同人员分主宾两方各自以职位、身份高低为序，自左向右（客方）或自右向左（主方）排列站于签字者之后。（　　）

3. 剪彩时不许戴帽子或戴墨镜，可以穿便装。（　　）

4. 迎送中，乘车时应请客人坐在主人的右侧，翻译人员坐在司机旁边。（　　）

5. 开业典礼仪式上是由主办单位的负责人来致辞的。（　　）

三、问答题

1. 简述签字仪式的基本流程。

2. 简述庆典仪式的基本流程。

3. 简述剪彩仪式的基本流程。

4. 简述新闻发布会的基本流程。

5. 简述展览会的基本流程。

四、综合实训

1. 上海某设备制造厂与英国某集团总公司达成一项金额巨大的设备销售协议，即将举行正式的签约仪式。请结合签约相关知识进行模拟实训。

（资料来源：张晓明. 商务沟通与礼仪[M]. 北京：中国水利水电出版社，2013.）

2. 某公司举行新项目开工剪彩仪式，请来张市长和当地各界名流参加，请他们坐在主席台上。仪式开始时，主持人宣布："请张市长下台剪彩！"却见张市长端坐没动。主持人很奇怪，重复了一遍，张市长还是没动，脸上还露出一丝恼怒。主持人又宣布了一遍："请张市长剪彩！"张市长才很不情愿地去剪彩。

思考题：

本案例中，主持人的失礼之处在哪里？

项目十一
涉外礼仪

SHANGWU GOUTONG YU LIY

知识目标

1. 理解涉外商务交往的相关概念。
2. 掌握不同国家在举止、谈吐和吸烟方面的基本礼仪。
3. 了解世界各国商务往来的不同习俗的来源。
4. 理解不同国家的商务礼仪的习俗与禁忌。
5. 掌握与我国主要贸易伙伴相关的文化习俗和禁忌。

能力目标

1. 在与外国友人交往的过程中,能运用所学知识正确交往。
2. 在电视、网络等渠道中有意识地找出题材中不同国家商务往来的特殊之处。

任务一 涉外商务交往基本礼仪

任务描述

我们需要在本任务中学习涉外商务交往的相关概念,了解涉外商务和国内商务的区别,掌握不同国家在时间、尊重、举止、谈吐和吸烟方面的基本礼仪。

任务导入

美国一家石油公司的经理曾经与石油输出国组织的一位阿拉伯代表谈判石油出口协议,谈判中,阿拉伯代表谈兴渐浓时,身体也逐渐靠拢过来,直到与美方经理只有约15厘米的距离才停下来。美方经理稍感不适,就向后退了一退,使两个人的距离保持在约60厘米左右,只见阿方代表的眉头皱了一下,略微迟疑以后又边谈边靠拢过来。美方经理随即又后退了一些。这时,他突然发现他的助手正焦急地向他摆头示意,用眼神阻止他这样做,美方经理虽然并不明白助手的意思,但他还是停止了后退。事后,美方经理了解事情真相后,感慨地说:"好险,差一点就断送了一笔如此重要的石油买卖!"

 思考题

1. 请问阿方代表为何越靠越近?美方经理又为何总是后退?请问双方谈判者在此次交往中的败笔是什么?

知识点精讲

在涉外商务活动中,除了讲究礼节与仪表外,还应注意很多其他基本礼仪,如遵守谈判时间、注意自己的言谈举止等。

一、遵守时间

遵守时间是人际交往,尤其是商务活动中最基本、最重要的礼节。参加商务活动时,应按预

先通知或约定的时间到达指定地点,避免迟到或早到。提早太多时间到达,对方准备工作还未来得及完成,因而会窘迫难堪,但是可以提前片刻到达,如提前10分钟;迟到则会让别人等待,是失礼行为,万一因故迟到,一定要向对方表示歉意;如果因故不能按时赴会,也一定要事先通知对方。准时到达谈判现场的行为可表达两种信息:一是对对手表示尊重,二是体现了谈判的诚意。如果不遵守时间而迟到,尽管口头上表示了歉意,对方也会表现出不悦,会认为这是对自己的不尊重和对谈判的不重视,从而无形之中为谈判设下了障碍。因此,遵守时间在商务谈判中是很重要的。

二、尊重老人和妇女

尊重老人和妇女是一种美德,也是一种社会公德。在许多国家的公共场合和日常生活中,"老人优先""女士优先"是基本准则。例如,出入车辆、进出电梯或门厅时,应请老人和女士先行;上楼时,老人、女士在先,年轻人、男士随后;下楼时,年轻人、男士在先,老人、女士随后,这是因为一旦发生意外,便于对老人和女士进行保护。如与老人或女士结伴参加活动,进门时,男士应帮助老人、女士开门、关门或主动协助女士穿、脱大衣;同桌就餐时,如果两旁坐着老人和女士,男士应主动照料,帮助他们入座就餐;如果与女士一起在街上行走,男士应走在外侧并帮助女士提较重的物品。总之,男士应当尽量为女士着想、为女士帮忙,在国际商务活动中,不注重这一点是非常不礼貌的行为。

三、举止得体

在社交场合,应该做到举止端庄、落落大方,表情自然诚恳,态度亲切和蔼。

站立时,不要将身体斜靠在一边,不要半坐在桌子或椅子背上。坐时不能摇腿晃脚。坐沙发时,不要躺在沙发上,摆出懒散的姿势,更不要将脚搭在扶手上,甚至坐在椅子扶手上。

行走时,脚步要轻,抬头挺胸,不要慌张奔跑,如果遇到急事,只可加快步伐。数人同行时,不可勾肩搭背或有意无意排成队形。

谈话时,手势可以反映谈判者的情绪,可以表达大、小、强、弱、难、易、分、合、数量、赞扬、批评、肯定、否定等意思。但交谈中的手势不宜过多,要文明,幅度要合适,不要动作过大、手舞足蹈,更不要用手指指人或拿着笔、尺子等物指人。

谈话时,身体不宜过于接近,保持一定的距离是必要的。最佳距离是1.2~1.5米,即保持1~2个人的距离最为适合。这样做,既让对方感到有种亲切的气氛,同时又保持一定的社交距离,也是最舒服的距离。以较近的距离和人交谈,稍有不慎就会把口沫溅在别人脸上,这是失礼的。但也不能过远,说话时与对方离得过远,会使对方误认为你不愿向他表示友好和亲近,这显然也是失礼的。在相互交谈时,应目光注视对方,以示专心。对方发言时,不要左顾右盼、心不在焉、注视别处或低头只顾做自己的事情,显出不耐烦的样子,也不要老看手表或做出伸懒腰、玩东西等漫不经心的动作。

四、谈吐得当

谈判中的谈吐也是体现谈判者是否礼貌的重要途径。谈判者在交谈中应多使用礼貌用语。即使是别人想给自己帮忙但因故没能帮上,也必须致谢。冒犯了他人时,必须道歉。损害轻微,当面、口头表示歉意即可;比较大的冒犯,则应作书面道歉。在走廊、楼梯、电梯里遇到陌生人,至少应面含微笑点头致意或打招呼,如果是熟人,应停下脚步寒暄几句。但要注意,不管是答谢还是寒暄,都要适可而止,拖拖拉拉讲个没完反而失礼。

双方交谈时,应注意观察对方感兴趣的内容或对方所长,从对方感兴趣的话题与对方的长处入手,就容易引起对方的共鸣。而要发觉对方的兴趣,则可以事先做一些调查准备,还可以从对方的衣着、眼神以及和别人的谈话中去发掘,也可以就地取材选择话题,结合所处的环境引出话题,例如,不妨赞美一下室内的陈设、谈谈墙上的画如何出色等。同时,在谈话中应学会用提问来寻找话题。不要使用封闭式问题,应该这样问,"第一次到我们这里来感觉怎么样呢?""你们那里的气候和这里有什么不同?"如果提出的问题对方一时回答不上来或不愿回答,不宜生硬地追问或跳跃式地乱问,要善于调整话题。

双方交谈时,一般不宜涉及疾病、死亡等不愉快的事;不宜询问妇女的年龄、婚姻状况等;不宜直接询问对方的履历、工资收入、家庭财产等与私生活有关的问题;一般也不宜谈论政治及宗教问题;对对方不愿回答的问题,不宜刨根问底;对对方反感的问题,应表示歉意并立即转移话题。在社交场合中谈话,一般不过多纠缠,不高声辩论,更不能恶语伤人、出言不逊,即便争吵起来,也不要斥责,不讥讽辱骂,最后还要握手而别。男士一般不要参加妇女圈的议论,也不要与妇女无休止地交谈而引起他人的反感。与妇女交谈要谦让、谨慎,不随便开玩笑,争论问题要有节制。

如果是许多朋友在一起交谈,讲话的人不能只把注意力集中在其中一两个你熟悉的人身上,要照顾到在场的每一个人;倾听的人除了应特别注意正在说话的人之外,目光也应偶尔"光顾"一下其他的人。应该使在座的每一个人都有发言的机会,不要尽让两三个人说话。对于比较沉默的人,也应设法使他开口,比如问他"你对这件事怎么看?""你有什么看法?"。

交谈中,要给他人发表意见的机会;别人讲话时,也要选择机会发表自己的看法。要善于听取别人的谈话,不应随便打断别人的谈话。万一需要插话或打断对方时,应先征得对方同意,用商量的口气说一声"请等等,让我插一句"、"请允许我打断一下",或者"我提个问题,好吗",这样可以避免对方产生你轻视他或不耐烦等不必要的误解。加入他人的谈话时要先打招呼,在别人谈话时不要凑近旁听。如有事需与某人交谈时,要等某人谈完。有人主动与你交谈时,要乐于参与。交谈中如有急事,需处理或离开时,要向对方打招呼,以表示歉意。

在听的过程中要回应对方。在谈话中,听者要有响应地听,不要出现沉默现象,可以采用提问、简短评论、复述对方话头、表示同意等方法进行响应。

五、应注意吸烟场合

主人、在场的多数人或同座身份较高的人不吸烟,又未请吸烟时,则最好不要吸烟,更不要边走路边吸烟。在剧场、酒店、博物馆等公共场合不要吸烟。在工作、进餐时一般不吸或少吸烟。谈判过程中一般也不吸或少吸烟。另外,不能将已掐灭的香烟再点燃或放入烟盒内,这会被认为是很不文明和极丢身份的举动。在私人住宅、办公室等地方,应先询问一下是否允许吸烟,得到肯定答复后再吸烟。如果有女士在场,最好不要吸烟;若实在忍不住,应事先征求其意见。

总之,吸烟要有节制,要讲究礼貌,不要因为吸烟给他人造成不愉快并损害个人的形象。

六、尊重习俗不同的国家、地区、民族的礼仪

作为谈判人员,应入乡随俗。在日常交往和商务谈判中,一定要了解和尊重这些习惯,以免失礼,冒犯对方,闹出笑话。同时,也不能随意地议论对方的风俗习惯。

任务二 世界各国商务往来的习俗与禁忌

任务描述

我们需要在本任务中学习涉外商务习俗的相关概念,了解世界各国商务往来的不同习俗的来源,理解不同国家的商务礼仪的习俗与禁忌,掌握与我国主要贸易伙伴相关的文化习俗和禁忌。

任务导入

1955 年,迪斯尼公司在美国南加州建立的全球第一个主题公园就获得了极大的成功。之后又分别在 1970 年和 1983 年在福罗里达州和日本的东京建立第二个和第三个迪斯尼乐园,同样造成轰动。1986 年,迪斯尼的高层计划在法国巴黎建立迪斯尼乐园。巴黎的地理位置优越,交通方便,在人口方面优势更明显,欧洲有 3.1 亿人居住在离巴黎只有两小时飞机航程的范围内,其中 1700 万人驱车两小时可抵达。同时,法国政府为迪斯尼公司提供十亿美金的补贴(政府期待迪斯尼将为法国人民提供 3 万就业机会)。

当初在规划时,公司就想把在美国的那一套原封不动地搬到巴黎。在日本,他们获得了成功。开园第一天,东京乐园就很成功,大量日本人游览了乐园,从开张之日至今,游客人数一直未见减少,而且大多数都是回头客。在东京,一家人到迪士尼乐园玩一次,在饭店住上一夜,轻轻松松就花掉 600 美元。日本人都想通过游玩获得他们眼中的美国式娱乐体验。迪士尼将美国主题公园整个"移植"到日本获得了成功,正是因为日本人对迪士尼的人物非常喜爱。学校组织的社会实践就是去见米老鼠和它的朋友。迪士尼已经深深扎根于日本人的生活。所以,有了这样的成功在先,迪士尼进入法国时,认为自己已经有了合适的模式。

1992 年 4 月,欧洲迪士尼乐园向欧洲游客敞开了大门。而现实让迪士尼管理者大吃一惊,欧洲人不像日本人那样,为米老鼠神魂颠倒。而且迪士尼及其顾问们也能预见即将来临的经济衰退、贷款利率提高、一些货币相对法郎的贬值和 1991 年的海湾战争等给度假旅游造成的影响。同时,乐园面临世博会和巴塞罗那奥林匹克运动会的竞争,自身也存在很多问题。开业两年后,乐园已经亏损了 9 亿多美元,游园人数、购物消费都远远低于预期。

与东京相反,欧洲家庭一般都不愿意在乐园一天花上 280 美元,去享受公园的景点和包括汉堡包、奶昔在内的美食。很多人都不会想着去乐园过夜,因为那儿的房价实在太贵。欧洲迪士尼乐园的一些做法也招致法国民众的不满:在园内禁酒;禁止带宠物进入;认为欧洲人不吃早餐,导致早餐供应紧张且食品种类不令人满意;350 个座位的餐厅,却要接待 2500 人,没有顾客想要吃的肉和鸡蛋;对欧洲人的度假习惯没有考虑到。乐园负责人期望游客会在学期中带孩子来园放松,但事实是,除非法定节假日恰巧在周末,否则,那样的期望不会发生,他们指望美国

式、短期的、频繁的度假方式会改变欧洲人的旅行传统,但法国公司的作息时间并没改变。

思考题

1. 进行国际商务活动应考虑哪些因素?
2. 迪尼斯选择日本东京作为第一家海外公司主要出于哪些原因?
3. 迪尼斯在法国巴黎有哪些失误?应该总结什么样的教训?

知识点精讲

一、世界各国商务往来的不同习俗的来源

世界各国围绕不同的因素或在不同的物质基础上建立不同的文化,处于不同文化环境的人们在价值观、信仰、态度等方面有着较大的差异,这些差异直接影响和制约着人们的欲望和行为,也是世界多元化的根本原因。大部分人尊重不同的文化,并接受文化中共同的价值观,遵循各自文化的道德规范和风俗习惯。

(一)文化差异的来源

造成世界文化多元性的原因很多,归纳起来,文化差异的主要来源有以下几方面。

1. 地域差异

不同地理区域的人们由于地理环境、经济发展水平和传统习惯等的差异,往往也有着不同的语言、生活方式和爱好,这会影响到他们的行为。

2. 民族差异

以我国为例,我国是世界上的多民族国家之一,不同的民族群体在长期的发展过程中,形成了各自的语言、风俗、爱好和习惯。他们在饮食、服饰、居住、节日、礼仪等物质和文化生活方面各有特点。

3. 政治差异

各国的政治制度及政策法规对人们的行为具有统一规范的作用。

4. 经济差异

经济因素造成的文化差异也是非常明显的,例如,西方发达国家的人们生活富裕,受教育水平高,人们更注重生活质量,安全意识也普遍较强。而经济落后的第三世界国家,人们更加关心温饱问题。

5. 宗教差异

宗教是人类社会发展到一定阶段的产物,有其发生、发展的过程。世界上有三大宗教,即基督教、佛教和伊斯兰教。基督教主要流行在北欧、北美和澳洲;天主教主要流行在西欧和南美国家;中东及北非大体上属于伊斯兰教范围;亚洲很多地区的人民则信奉佛教。不同的宗教有着不同的文化倾向和戒律,从而影响人们认识事物的方式、行为准则和价值观念。

6. 观念差异

价值观念是指人们对客观事物的评价标准。它包括时间观念、财富观念、对待生活的态度、对风险的态度等。同样的事物和问题,不同社会的人会得出不一样甚至截然相反的结论。

(二)各国文化差异的主要体现

文化是影响交往风格的基本因素。文化是一个国家和民族特定的观念和价值体系,这些观念构成了人们生活和工作中的行为方式,由于特定的历史和地域,世界各民族形成了自己独有的文化传统和文化模式,这些文化传统和文化模式无形地存在于人们的周围,对商务往来产生微妙的影响。不同国家之间的文化差异主要体现在语言习惯、风俗习惯、思维差异、价值观和人际关系等方面。

1. 语言习惯

语言是由语音、词汇、语法构成的符号系统,是文化的重要载体之一,它构成了不同文化间的重要区别。成功的交流不仅会运用语言,而且能够透彻地理解语言的差异。研究表明,世界各国人员所使用的语言行为在各种文化中具有较高的相似性,但也有明显的差异;在不同的语言中,作为信息交流技巧的语言行为方式的使用频率也呈现一定的差异性。如不了解这些差异,很容易误解对手所传递的信息,从而影响交流目标的实现。

在实际交流过程中,除了语言符号之外,人们还使用非语言符号。非语言符号的一个重要特征就是社会性。因此,非语言符号的词义和应用在很大程度上受文化的影响。在不同的文化中,相同的非语言符号经常具有不同,甚至是完全相反的含义。

2. 风俗习惯

风俗习惯指个人或集体的传统风尚、礼节、习性,是特定社会文化区域内历代人们共同遵守的行为模式或规范。不同的文化背景造就了不同的风俗习惯。风俗习惯不但会影响人们做事情的方式,也可能限制人们对其他区域文化的理解。在商务往来中,对文化差异不敏感的人习惯用自己的方式来评价另一文化区域中的人们的行动、观点、风俗,这样往往会导致文化冲突,阻碍商务活动进程。

以中国为例,西方商人常常不习惯于中方的再三宴请,其实这就是中国商人在谈判桌外发展双方感情的常用方式。宴请总离不开喝酒,干杯和谈判之间往往大有联系。干杯在西方不过是一个热情却空洞的口语;在中国,干杯的背后则有丰富的文化和寓意。一杯酒可以化干戈为玉帛,使陌生变得熟悉;干杯既可以预祝谈判成功,也可以作为完美的终结。因此,当西方谈判者觉得这些仪式和谈判毫无关系的时候,中国的干杯却颇值得重视,这往往是打开交易大门的开始。

3. 思维差异

在进行商务活动时,尤其是在国际商务活动中,来自不同文化背景的人在交流时常会遇到障碍,其原因多种多样,而思维方式的不同应是一个重要因素。思维差异往往成为商务沟通成功的主要绊脚石。

当面临一项复杂的谈判任务时,受习惯采用顺序决策方法的西方文化影响的英美人比较注重先谈细节,避免讨论原则,经常将大任务分解为一系列的小任务,将价格、交货、担保和服务合同等问题分次解决,每次解决一个问题,从头至尾都有让步和承诺,最后的协议就是一连串小协议的总和;受习惯采用通盘决策方法的东方文化影响的东方人一般注重先谈原则,后谈细节,注重对所有问题整体讨论,不存在明显的次序之分,通常要到谈判的最后,才会在所有问题上做出让步和承诺,从而达成协议。

4. 价值观

作为文化重要组成部分的价值观是跨文化交际的核心,是社会文化的精神之所在,也是社会决策的动机和目的之所在。不同文化间的差异最主要的是价值观的差异,不同文化间的冲突最主要的是价值观的冲突。因此,隶属于不同文化的双方会持有不同的价值观,其行为也会因价值观的不同而受到影响。正确认识中西方价值观的差异及其影响有助于国际商务交流的顺利进行。

在国际商务往来中,价值观方面的差异远比语言及非语言行为的差异隐藏得深,因此也更难以克服。东方文化与西方文化在谦逊、争先、集体责任感、尊老爱幼等方面的价值观差异最大,几乎是两个极端;在感恩、和睦、金钱、守财、殷勤好客、效率等方面的价值观差异稍微小些;而在尊敬青年、男女平权、人的尊严、教育、率直等方面的价值观比较接近。

比如,日本人不喜欢谈判中有律师参与,他们认为带律师参加谈判,一开始就考虑日后纠纷的处理,是缺乏诚意的表现。当合同双方发生争执时,日本人通常不选择诉诸法律这一途径,而是愿意坐下来重新协商。西方人则与此不同,他们对于纠纷的处置,惯用法律的手段,而不是靠良心和道德的作用。西方很多个人和公司都聘有法律顾问和律师,遇到纠纷时则由律师出面去处理。美国人常说的一句话是"我要征求律师的意见"。

5.人际关系

人际关系是人与人之间在活动过程中心理上的关系或心理上的距离。人际关系反映了个人或群体寻求满足其社会需要的心理状态,因此,人际关系的变化发展决定于双方社会需要满足的程度。

譬如,法国人天性比较开朗,具有注重人情味的传统,因而很珍惜交往过程中的人际关系,对此,有人说,在法国,人际关系是用信赖的链条牢牢地相互联结的;在日本,人们的地位意识浓厚,等级观念很重,因而与日本商人谈判时搞清楚其谈判人员的级别、社会地位是十分重要的;在德国,人们重视体面,注意形式,对有头衔的德国谈判者一定要称呼其头衔;澳大利亚商人参与谈判时,其谈判代表一般都是有决定权的,因而与澳大利亚商人谈判时,一定要让有决定权的人员参加,否则澳大利亚商人会感到不愉快,甚至中断谈判。

再比如,与中、日、韩三国以及东南亚国家谈判时有三个要点:避免公开对峙;发展个人关系;重视礼仪在亚洲文化中的重要位置。西方人丢面子也许是令人尴尬的,东方人丢面子则可能是灾难性的。

综上所述,语言习惯、风俗习惯、思维差异、价值观和人际关系等因素的差异塑造了不同的谈判风格,从事商务谈判活动的人必须对此进行深入了解。

二、一些国家的商务礼仪的习俗与禁忌

在国际友好及商务交往中,由于具体对象各不相同,其交际礼仪受国别、地域、宗教信仰、文化背景、民族特征、社会风俗和政治制度的影响而各具形态。《礼记·曲礼上》指出的"入境而问禁,入国而问俗,入门而问讳"皆为尊敬主人之意,也是当今商务交往的一条原则。随着对外经济文化交流的日益频繁,我们不仅要遵从商务交往的普遍礼仪,而且要了解与尊重有关国家的文化礼俗,做到因国、因人施礼。

(一)欧洲国家

欧洲各国文化渊源、宗教信仰相近,在礼俗上共性较多,如普遍认为"13"是个不吉利的数字,通常会以"14(A)"或"12(B)"来代替。在日常生活中,他们总是尽量避开这一数字。有的人

甚至会在13号这天产生莫名的恐惧感,停止一切工作和活动。若恰逢13号又是星期五,西方人更认为是"凶日",称为"黑色的星期五"。西方人还忌讳13人同桌开会或就餐。另外,"3"这个数字,也为很多西方人所忌讳。特别是在点烟的时候,忌用一根火柴或一个打火机连续点燃3支烟。

由于各种因素的影响,欧洲不同国家的礼仪和禁忌也有很大差别。

1. 英国

英国传统的绅士作风与风度使英国人善于交往,讲究礼仪,待人友善,比较传统、严肃。与英国人交往时,凡事都要规规矩矩。

(1)英国人初次见面时,一般都以握手为礼,不像东欧人那样常常拥抱。随便拍打客人被认为是非礼的行为,即使在公务完结之后也如此。称呼时要用"先生""夫人""小姐",同时由于英国世袭头衔较多,英国人比较喜欢别人称呼他们的荣誉头衔,如爵士、公爵等,如不了解情况,运用紧跟原则,学着别人如何称呼即可。

(2)英国人崇尚"绅士风度"和"淑女风范",讲究"女士优先"。在街头行走,男士应走外侧,以免发生危险时,女士受伤害。乘电梯、公共汽车、电车时,都要让女士先进或先上。斟酒时要给女宾或女主人先斟。

(3)英国人的时间观念很强,拜会或洽谈生意时,访前必须预约,准时很重要,最好提前几分钟到达。他们相处之道是严守时间,遵守诺言。受到款待后,一定要写信表示谢意,否则会被认为不够礼貌。要约会对方时,如果是过去未曾见过面的人,那么一定要写信告知面谈目的,然后再约时间。

(4)英国人十分注重仪表修饰,只要一出家门,就得衣冠楚楚。按英国商务礼俗,宜穿三件套式西装,打传统保守式的领带,但是勿打条纹领带,因为条纹领带被视为军队或学生校服领带的仿制品。

(5)英国人视马为勇敢的象征,但视孔雀为恶鸟,忌用大象图案(被看作是蠢笨的象征),忌用人像作为商品的装潢。

(6)多数英国人信奉基督教。英国人的主要节日是圣诞节、复活节和万圣节等。

(7)英国人在饮食方面无多少禁忌。除一日三餐外,上、下午要用茶点,有起床后先喝一杯浓红茶和喝下午茶的习惯。英国菜的特点是油少而清淡,量少而精,讲究花样,注意色、香、味、型。英国人一般喜欢吃牛肉、羊肉、鸡、鸭、蛋、野味等,一日三餐都要吃水果,进餐时先喝酒(喜喝啤酒、葡萄酒和烈性酒)。烹调方法以烧、煮、炒、烤为主,调味品都放在餐桌上,任人自选。

(8)不要随便闯入别人的家。若受到对方的邀请,应该欣然前往,最好带点价值较低的礼品,因为花费不多不会有行贿之嫌,礼品一般有高级巧克力、名酒、鲜花。向英国女士献鲜花时,宜送单数,但不要送13枝,不要送英国人认为代表死亡的菊花和百合花。在英国,服饰、香皂之类的物品太涉及个人的私生活,故一般不用来送人。他们常常当着客人的面打开礼品,无论礼品价值如何,是否有用,主人都会给以热情的赞扬来表示谢意。

(9)英国人一下班就不谈公事,更厌烦在餐桌上谈公事。英国人不喜欢与别人谈爱尔兰的前途、共和制优于君主制的理由、治理英国的方法及大英帝国的崩溃等敏感的政治问题。英国人喜欢谈论其丰富的文化遗产、动物等,足球、网球、板球和橄榄球都是很受其欢迎的体育运动。在英国,天气是谈不完的话题,对于不认识的人来说,谈天气是友善的搭讪;对于同事之间来说,它既可做正式谈话前的开场白,也可做谈话之后的结束语。英国人很幽默,但很少开玩笑和欺骗人,这是英国人的忌讳。英国人很注重个人隐私权的保护,忌谈个人私事、家事、婚丧、年龄、收入、宗教问题。由于宗教的原因,他们非常忌讳"13"这个数字,认为这是个凶险、不吉祥的数字,常以"14(A)"或"12(B)"替代。

(10)在英国,不流行邀对方早餐谈生意。一般来说,他们的午餐比较简单,对晚餐比较重视,视为正餐。因此,重大的宴请活动都放在晚餐时进行。每年夏、冬两季有三至四周的假期,他们多会利用这段时间出国旅游。因此,他们较少在夏季、圣诞节和复活节期间做生意。在这些节假日,应尽量避免与英国人洽谈生意。

2.法国

(1)法国人的民族自豪感很强,天性开朗,珍惜谈判进程中的人际关系,话题很多,但要注意不宜涉及政治、金钱、生意等私人问题,避免贬低法国历史与国际地位,说话时不要把手插在裤兜里。

(2)法国人天性浪漫好动,喜欢交际。在商务交往中,常用的见面礼是握手。而在社交场合,亲吻礼和吻手礼则比较流行。法国人使用的亲吻礼,主要是相互之间亲面颊或贴面颊。至于吻手礼,则主要限于男士在室内象征性地吻一下已婚妇女的手背,但少女的手不能吻。男士要主动问候,称呼上往往称"先生""夫人""女士",不必加姓氏。唯有区别同姓之人时,方可以姓与名兼称。熟人、同事之间,才直呼其名。告辞时,应与主人握手道别。约会要事先预约,准时到场,简短互致问候后,直接进入讨论要点。

(3)法国商人有一个十分独特的地方,就是要求用法语。在商务活动中,法国人若发现与自己谈话的人会说法语,却使用了英语,他肯定会生气。但他们也忌讳别人讲蹩脚的法语,认为这是对其祖国语言的亵渎。如果法语不纯熟,最好讲英语或借助于翻译。

(4)法国的男士和女士对穿戴极为讲究,尤其是巴黎人,以服饰的优美和华丽精致而享誉世界。因此,在谈判中要尽可能穿自己最好的衣服。

(5)多数法国人信奉天主教。法国的主要节日是圣诞节、新年及复活节。法国人讨厌绿色(因纳粹军服为墨绿色),不喜欢孔雀、仙鹤、黑桃图案,忌食核桃。

(6)法国人极少上门做客,因而你的邀请被拒绝也不要过于在意。如果受邀登门做客时,需为女主人带上鲜花或巧克力之类的小礼品,以表达谢意。鸢尾花(欧洲人称百合花)是法国人的国花。他们忌送给别人菊花、牡丹花、康乃馨和纸做的花。一般,品位高雅、富有审美价值的礼物很受青睐,但不宜有醒目的商标或公司名称。法国人除非关系比较融洽,一般不互相送礼。

(7)法国人很讲究吃,喜欢晚宴,不喜午餐会谈。法国不仅烹调技术在西方是首屈一指的,而且同我国共享"美食大国"之誉。法国菜肴的特点是香浓味厚、鲜嫩味美,讲究色形和营养。法国人喜食猪肉、牛肉、羊肉、香肠、鱼、虾、禽、蛋、牡蛎及蔬菜,以面包为主食,餐桌上离不开面包,喜用丁香、香草、大蒜、番茄等调味。法国人素来爱饮酒,他们爱喝葡萄酒、苹果酒、白兰地、威士忌、杜松子酒等。除非餐桌上有烟灰缸,否则别抽烟。

3.德国

(1)德国人勤勉矜持,讲究效率,崇尚理性思维,时间观念强。他们不喜欢暮气沉沉、拖拖拉拉、不守纪律和不讲卫生的坏习气。因此,谈判往往准备得很充分、周到、具体、细致。对谈判对手的资信情况审查极严。若事先准备不足,谈判中思维混乱,常引发德国人的反感与不满,被认为是缺乏诚意。谈判时,处事要克制,不要随意提出没有依据的观点。他们重合同、讲信誉,对合同条文研究得极为仔细与透彻,合同一旦签订,任何对合同的更改要求都不会得到他们的理会,他们执行合同也十分严格。

(2)商务男士喜欢穿着深色的三件套西装,打领带,喜欢戴呢帽。女士穿长过膝盖的套裙或连衣裙并配以高筒袜,化淡妆。不允许女士在商务场合穿低胸、紧身、透明的性感上装和超短裙,也不允许她们佩戴过多的首饰(最多不超过3件)。

(3)德国人重视礼节,在社交场合,握手随处可见,会见与告别时,行握手礼应有力。与德国人约会要事先预约,务必准时到场。在德国,多人交叉握手或交叉谈话被视为不礼貌。与德国人交谈时,在公共场合,避免窃窃私语或双手插袋。

(4)天气、业余爱好、旅游、度假在德国是很好的话题,忌谈纳粹、宗教与党派之争。足球、骑车、徒步旅行也是其大众喜欢的健身运动,但不要在德国人面前谈及垒球、篮球或是美式足球。在德国,个人隐私十分重要,不要询问有关个人的问题。

(5)在个人关系上,他们拘泥于礼节,德国人比较看重身份,特别是看重法官、律师、医生、博士、教授等有社会地位的人,一定称呼其头衔。对于一般的德国人,应多以"先生""小姐""夫人"等相称,但德国人没有被称为"阁下"的习惯。

(6)德国人喜欢送礼,以表达友情,但送花时,一般不送玫瑰花和郁金香,而且赠送的礼品是直接送给个人而不是给公司,尤其是给权力大的德国人送礼时要予以特别关照。

(7)如果去拜访某人,当主人不再给客人的杯子添水时,这是暗示客人该走了。

(8)德国的人信奉基督教新教和罗马天主教的各占约30%。德国人爱饮啤酒,喜食牛肉、猪肉、鸡、鸭及野味,口味偏重,主食为大米、面包,喜爱喝啤酒。德国人忌食核桃,吃饭时不喝咖啡,咖啡会在吃完饭后饮用。

(9)在德国,忌用锤头、镰刀图案和宗教性标志。用刀、剪和餐刀、餐叉等西餐餐具送人,有"断交"之嫌,这是德国人所忌讳的,在服饰和其他商品包装上禁用此类符号。不宜送雨伞等锥形物品,因为锥形物被认为是会带来厄运的不祥物。不要给德国女士送玫瑰、香水和内衣,因为它们都有特殊的意思,玫瑰表示"爱",香水和内衣表示"亲近",即使女性之间,也不适宜送这类物品。

4.俄罗斯

俄罗斯是一个历史传统悠久、重礼好客的国家,其礼俗兼有东西方礼仪的点,商务交往中很注重行为举止的礼节。而且俄罗斯整体文化素质很高,许多家庭都有极丰富的藏书。

(1)在日常交往中应该主动问好。与我国的称呼一样,在称呼上,"您"和"你"有不同的界限,"您"用来称呼长辈、上级和熟识的人,以示尊重;而"你"则是用来称呼自家人、熟人、朋友、平辈、晚辈和儿童,表示亲切、友好和随便。在俄罗斯,人们非常看重人的社会地位,因此对有职务、学衔、军衔的人,最好以其职务、学衔、军衔相称。依照俄罗斯民俗,在用姓名称呼俄罗斯人时,可按彼此之间的不同关系采用不同的方法。只有与初次见面的人打交道或是在极为正规的场合,才有必要将俄罗斯人的姓名的三个部分连在一起称呼。

(2)在交际场合,俄罗斯人惯于和初次会面的人行握手礼。但对于熟悉的人,尤其是在久别重逢时,他们则大多要与对方热情拥抱。在迎接贵宾之时,俄罗斯人通常会向对方献上面包和盐,这是给予对方的一种极高的礼遇,来宾应对其欣然笑纳。

(3)俄罗斯人注重仪表、讲究服饰,正式场合避免衣着过于随便。在城市里,俄罗斯人多着现代西装,质地和式样都很讲究,春秋季喜欢在西装外套一件漂亮的风衣,冬季多以呢子大衣为主,女士爱穿裙。不过,由于气候的原因,他们的服装大都稍显厚重。外出上班或参加社交活动时,俄罗斯人一般都会衣冠楚楚,妇女还会认真地化妆。就连衣服上的每粒纽扣,也会被他们一丝不苟地扣好。俄罗斯人认为敞开衣服,不扣纽扣或者将衣服拎在手上、搭在肩上、围在腰上,都是不文明、不礼貌的。俄罗斯的任何公共场所都设有专用的衣帽间,无论何人,进门后必须自觉地将外套、帽子、围巾等衣物存放在衣帽间里,否则将被视为无礼。若男女一起,无论进门或出门,男士必须先帮女士脱下或穿上外套,这被认为是文明礼貌的表现。

(4)送礼和收礼都极有讲究。俄罗斯人忌讳别人送钱,认为送钱是对人格的侮辱。但他们很爱外国货,外国的糖果、烟酒、服饰都是很好的礼物。在俄罗斯,送花送单数不送双数,他们认为双数是不吉利的。

(5)俄罗斯人对颜色的好恶与东方人相似,喜欢红色,忌讳黑色;对数字,他们和西方人一样,忌讳"13",但对"7"这个数字却情有独钟,认为它是成功、美满的预兆。俄罗斯人非常崇拜盐和马。

(6)俄罗斯人主张"左主凶,右主吉",因此,他们不允许以左手接触别人或以左手递送物品。同时,不尊重妇女、蹲在地上、卷起袖子和裤腿等举止被视为严重失礼。

(7)俄罗斯人忌讳的话题有政治矛盾、经济难题、宗教矛盾、民族纠纷、苏联解体、阿富汗战争以及大国地位问题。

(8)在饮食习惯上,俄罗斯人讲究量大实惠,油大味厚。总体来说,他们的食物在制作上较为粗犷一些。一般而言,俄罗斯人以面食为主食,他们很爱吃用黑麦烤制的黑面包。除黑面包之外,俄罗斯的特色食品还有鱼子酱、酸黄瓜、酸牛奶等。吃水果时,他们多不削皮。在饮料方面,俄罗斯人很能喝冷饮。具有该国特色的烈酒伏特加是他们最爱喝的酒。用餐之时,俄罗斯人多用刀叉。他们忌讳用餐发出声响并且不能用匙直接饮茶或让其直立于杯中。通常,他们吃饭时只用盘子,而不用碗。参加俄罗斯人的宴请时,宜对其菜肴加以称道并且尽量多吃一些,俄罗斯人将手放在喉部时,一般表示已经吃饱。

5. 东欧国家

(1)波兰盛行吻手礼,他们认为吻手象征着高贵;波兰人喜欢谈论和赞美他们的文化和国家,也乐于谈及你的个人家庭生活,但忌讳谈及第二次世界大战中的苏联和法国,一切有战略意义的地点和建筑都严禁拍照;在波兰,洗手间的表示方式也比较独特,他们以"▽"符号表示男用,以"O"符号表示女用。

(2)在匈牙利、罗马尼亚、保加利亚等国,每年6—8月是商人的度假月,在此期间,商务谈判活动不宜进行,还有,圣诞节和复活节前后两周也不宜进行。多数东欧人家中都有地毯,客人进门时最好脱鞋,以示对主人生活习惯的尊重。匈牙利人习惯以白色代表喜事,黑色表示庄重或丧事。保加利亚人和阿尔巴尼亚人习惯"点头不算摇头算"。保加利亚人喜欢玫瑰花,不喜欢鲜艳明丽的色彩。

(3)在阿尔巴尼亚,大多数人信仰伊斯兰教,在南斯拉夫也有为数众多的穆斯林信徒,他们遵循伊斯兰教教义。在阿尔巴尼亚的某些乡村,男女有别较为严重,有些地方还设有不许女人进入的"男人堂"。

6. 欧洲其他国家

(1)奥地利人热情好客、和蔼可亲、民族自尊心强。与之进行商务交往时,切忌将其误认为德国人,也不要弄错企业家的头衔,否则,会导致不良后果。奥地利是一个传统的旅游国家,但若前往奥地利从事商务活动,最好安排在2—4月或9—11月。

(2)荷兰人日常生活中必不可少的饮料是牛奶,但为客人倒牛奶时,讲究倒到杯子的2/3处,否则会被认为是一种失礼或缺乏教养的行为。荷兰人爱谈政治和体育等方面的话题,对我国的孔孟之道也乐于谈及,更喜欢别人对其家庭布置的夸奖,但忌讳谈及第二次世界大战时日本对在亚洲的荷兰人的迫害、美国政治、个人私生活等话题。荷兰是花的王国,郁金香是荷兰的象征。荷兰人注重工作效率,喜欢安静而平和的生活。在荷兰,人们大多习惯吃生、冷食品。送礼忌送食品且礼物要用纸制品包好。到荷兰人家里做客,切勿对女主人过于殷勤。在男女同上楼梯时,其礼节恰好与大多数国家的习俗相反:男士在前,女士在后。

(3)北欧人自主性强、坦率大度、善良谦恭、待人沉着而又亲切。性格特征方面,倾向于保守是其共性。在商务交往中,通常穿保守式样的西装;办事计划性强,强调按时,无论公私拜访均需预约,言行举止都较为保守和正统;进行商务交易时,特别乐于与"老字号"或"老牌子"商家交往。

(4)挪威人友善而好客,若受邀到当地人家做客,切勿忘了给女主人带上一束鲜花或巧克力作为礼物。7月、8月和9月初为挪威人享受阳光的季节,在此期间,最好不要找他们办公事,否则将会被视为不考虑他人的自私行为。

(5)瑞典人享受着"从摇篮到坟墓"的各种社会保障,文化素养也较高。人们见面很少接吻,即使恋人也不表现得过分亲热;同别人见面以握手为礼。瑞典人也爱吃生、冷食品,喜欢清鲜,不爱油腻。

(6)在丹麦,敬酒有很严格的礼节和顺序。如主人"请"字未出口,任何人不能动杯,其他人要待主人、年长者、位尊者饮酒之后,才能饮酒。

(7)瑞士人有很强的环保意识,尤其爱鸟,在瑞士,不仅没有噪声,连人们说话也是轻声细语。瑞士人作风保守、严谨,办事讲究实际,时间观念极强。在瑞士,从事商务活动宜穿三件套式西装,拜访公私机构均应预约,公事信函应寄到公司,而不要寄给某主管或职员,以免误事。瑞士商人特别愿与"老字号"进行交易,历史悠久的老公司若在名片、信封上印上本公司的创建日期,往往会收到意想不到的效果。在瑞士,猫头鹰是死亡的象征,忌作商标。瑞士人忌用黑色,他们喜欢几何图形。

(8)比利时商人现实、稳健、诚实、工作努力。他们不像有的国家在休息时间不谈公事,相反,一些上层办事人员,在需要时,即使正逢周末或休假,也会赶回办理公事。比利时商人讲究职业道德,很少做使人上当受骗的事。比利时商人特别注意外表和地位,与之交往时,容易因所住饭店级别不高、穿着不雅或是身份地位不高而受到轻视。与比利时商人会谈时,要直接与同级负责人会谈,事先请他们指明会见日期并且要保证会见双方的身份、地位相当,否则很难获得见面的机会。

(9)西班牙人性格直率、易发火,但争吵后不计前嫌,往往一通争吵后又满面笑容。西班牙人喜欢狮子、石榴,忌大丽花和菊花。

(10)葡萄牙人非常喜爱葡萄酒,有不少的讲究。

(二)美洲国家

1.美国

由于美国是移民国家,是典型的多民族国家,国民来源广,流动性大,因此除正式场合外,其他场合礼仪都较随便。

（1）由于美国商品经济发达，造就守信和尊重进度表及期限的习惯。美国人强调独立处理问题，十分讲究时间和效率，喜欢速战速决，办事必须高效，经常利用午餐时间谈工作、会朋友。与美国人约会要事先预约，赴会要准时。美国商人的法律意识很强，在商务谈判中，他们十分注重合同的推敲，"法庭上见"是美国人的家常便饭。

（2）美国人见面与离别时，都会面带微笑地与在场的人握手，彼此问候也较随便，只有彼此很熟悉的朋友才行亲吻礼。美国人认为个人空间不可侵犯，所以与美国人相处要保持适当的距离，碰了别人要及时道歉，坐在他人身边应征得对方同意，谈话时不要距离对方过近。一般，交谈时彼此站立间距约0.9米，每隔2～3秒进行视线接触，以表示兴趣。

（3）美国人喜欢谈论有关商业、旅行方面的内容及当今潮流和世界大事，喜欢谈政治，但不喜欢听到他人对美国的批评，也不喜欢谈论个人私事，特别尊重个人隐私权，忌讳被问及年薪、存款、购买物品的价钱等属于个人隐私的问题，不宜打听女士的年龄。

（4）在美国人口中，30％信奉基督教，20％信奉天主教。美国人过的宗教节日主要是圣诞节和复活节。除圣诞节与复活节前后两周不宜拜访外，美国人6—8月多去度假，也不宜拜访，其余时间适宜拜访。

（5）美国人在饮食上除了忌食动物的五脏外，一般没什么禁忌，对菜肴要求量少质高，用餐省时快速。因此，快餐业在美国应运而生，热狗、三明治等快餐很受欢迎。烹调以煎、炸、炒、烤为主，菜的特点是生、冷、清淡，不吃蒜及酸辣味，喜食牛肉、猪肉、鸡、鱼、虾、蛋及各种蔬菜、水果。美国人喜吃点心、冰糕，喜喝冰水、矿泉水、可口可乐、啤酒等饮料，平时常将威士忌、白兰地等酒类当茶饮。

（6）美国人比较浪漫，喜欢追求新奇，性格开朗，待人热情，不太注重穿着和复杂的礼仪，除对年长者和地位高的人在正式场合以"先生""夫人"称呼外，大多数场合下都喜欢不分辈分直呼对方名字。

（7）美国人在商务交往中，彼此关系在熟悉之前不送礼。送礼宜在双方关系融洽和谈判成功之后，礼品价格中等即可，但要讲究礼品包装。应特别注意，男士不要随便送给美国妇女香水、衣物和化妆品，易引起误解和麻烦。

（8）绝对不要对对方的某一个人进行点名批评、把以前在谈判中出现过的摩擦作为话题或是把处于竞争关系的公司的缺点抖露出来进行贬低。因为美国人谈到第三人，都会顾及对方的人格。

2．加拿大

（1）赴约时要求准时，切忌失约。

（2）日常生活中忌白色的百合花，白色的百合花只在开追悼会时才使用。加拿大人喜欢枫叶，国旗上就有五个叶瓣的枫叶，有"枫叶之国"之称。

（3）切勿将加拿大与美国相比较。

（4）销往加拿大的商品，必须有英法文对照，否则禁止进口。

（5）当听到加拿大人自己把加拿大分为讲英语和讲法语的两部分人时，切勿发表意见。因为这是加拿大国内民族关系的一个敏感问题。

3．巴西

（1）巴西人感情外露，人们在大街上相见也热烈拥抱。无论男女，见面和分别都以握手为礼。妇女们相见时脸贴脸，虽然唇不触脸，但双方都用嘴发出接吻时的声音。

(2)巴西人以棕色为凶色,认为深咖啡色或暗茶色会招致不幸;认为人死好比黄叶落下,紫色配黄色为患病之兆。

(3)巴西的男人爱开玩笑,但忌以当地的民族问题作为笑料;在巴西,因人种复杂,与人交往时,切勿轻易探问对方的种族。

4. 阿根廷

(1)阿根廷人惯于保持体面,重视礼节,常以衣帽取人,因而人们平时都很注重仪表,穿西服、系领带,保持一副绅士派头。但灰色西服不受欢迎,它给人一种阴郁之感。

(2)阿根廷人相见,其礼仪与巴西类似,但商界流行的是握手礼。

(3)阿根廷人忌讳以贴身用品为礼物送人;忌讳谈有争议的宗教政治问题;严禁男子留胡须,对满脸胡须者甚至还追究法律责任。

5. 其他南美国家

(1)在哥伦比亚,男人进屋或离开时,须与在场的每一个人握手,以示礼貌;女人也须与在场的每一位女性握手。哥伦比亚人喜爱红、蓝、黄色,忌浅色。

(2)委内瑞拉人时间观念强,特别讲究办事效率,讨论问题直截了当,讨厌别人拖泥带水。委内瑞拉人分别以红、绿、茶、黑、白五种颜色代表五大政党,故此五色不宜用在包装纸上。委内瑞拉人忌讳孔雀,凡与孔雀有关的东西都被视为不祥之物。

(3)到智利人家中做客时,切忌随便闯入,必须站在门外等待主人邀请方能进门。谈话时,主人的家庭和孩子是较好的话题,切忌议论与当地宗教和政治有关的问题。

(4)在玻利维亚人家中做客吃饭时,若饭后盘内还留有剩余食物,是对主人的失礼。谈话时,不仅要避免谈及宗教和政治,而且切忌赞美智利。

(三)部分亚洲国家

1. 日本

日本人带有典型的东方风格,一般比较慎重、耐心而有韧性,自信心、事业心和进取心都比较突出。他们重视礼节和礼貌。与日本商界人士打交道,要注意服饰、言谈、举止的风度。

(1)日本人的谈吐举止都要受到严格的礼仪约束,称呼他人使用"先生""夫人""小姐"等,也可在姓氏之后加上一个"君"字为尊称,不能直呼其名。常用的寒暄语是您好、您早、再见、请休息、晚安、对不起、拜托您了、请多关照、失陪了等。

(2)日本人强调非语言交际,一般爱以鞠躬为礼节,也可行握手礼,女性一般只鞠躬而不握手。日本人鞠躬的角度很有讲究,往往第一次见面时行问候礼是30°;分手离开时行告别礼是45°。如果是老朋友或者是比较熟悉的人就主动握手或拥抱。

(3)初次见面时,通常互换名片并认真确认姓名、职位、公司等,交换名片时,要向日方谈判班子的每一位成员递送名片,不能遗漏。传递名片时,应双目正视对方,鞠躬,出示名片的顺序是原则上先由部下、晚辈出示或者先由访问者一方出示。

(4)日本人喜欢奇数("9"例外),在贸易谈判时,要照顾他们的感情,尽可能不用偶数。由于日语发音中"4"和"死"相似,"9"与"苦"相近,因此,忌讳用"4""9"等数字。此外,"13""14""19""24""42"等数字也在忌讳之列,还忌讳三人合影。日本人非常忌讳别人打听他的工资收入,年轻的女性忌讳别人询问她的年龄、姓名以及是否结婚等。

(5)日本人的宗教信仰比较复杂,按日本的传统,多数人信奉佛教和本国特有的神道教。

(6)日本人的生活习惯是晚睡早起、爱整洁、讲卫生、喜欢洗澡。有"当天事当天毕"的习惯,时间观念强,生活节奏快。一天工作完毕,首先入浴,然后吃饭。澡堂是日本民间重要的社交场所,就像中国的茶馆、饭桌一样,澡堂是好友倾心交谈的一个场所。

(7)日本的主食是稻米,副食主要是蔬菜和鲜鱼。菜肴的特点是清淡、少油、味鲜带甜。一般的烹饪方法为烤、煮,同时也有煎炸。日本人使用筷子,而且是世界上消耗筷子最多的国家之一。

(8)日本不流行家宴,商业宴会也难得让女性参加。商界的宴会普遍是在大宾馆举行的鸡尾酒会,没有携带夫人出席宴会的习惯。日本人没有相互敬烟的习惯。与日本人一起喝酒,不宜劝导开怀畅饮。

(9)在生活中忌擅自登门造访。因此,家访前一定要征求对方的意见,约定访问的时间。如接到邀请,一定要守时。进屋前,要按习惯先脱鞋,且要将脱下的鞋的鞋头向外摆放整齐。要在客厅外脱外衣、围巾等,然后换上主人为你准备的拖鞋(或赤脚),请求引路入室。访问后的次日,应打电话或发信函向主人致谢。日本人的卧室及厨房是家庭的隐私,除非主人主动邀请,不可窥看卧室及厨房,否则是很失礼的。

(10)日本人重视送礼,到日本人家做客应带上礼物,尤其应给女主人带一份小礼物。不过,礼物不可太贵重。一位欧洲人曾调查,在京都的一个家庭每月平均送收礼品达23.7次。每年的岁暮和中元是送礼最多的时候。他们既讲究送礼,也讲究还礼。不过,日本人送礼一般都是通过运输公司的服务员送上门的,送礼与收礼的人互不见面。探视病人时,忌送带根的植物(如盆栽花卉),因为"带根"与"久卧"同音。送花给日本人时,别送白花(象征死亡);菊花是日本皇室专用的花卉,民间一般不能赠送。生活中,日本人爱好淡雅,讨厌绿色,忌用荷花、狐狸(贪婪)、獾(狡诈)等图案。

2. 韩国

韩国是一个礼仪之邦,其习俗与我国朝鲜族基本相同,尤其注重尊老爱幼、礼貌待人。

(1)在正规的商务场合,韩国人一般都采用握手礼作为见面礼节。在行握手礼时,他们讲究使用双手或单独使用右手。当晚辈、下属与长辈、上级握手时,后者伸出手来之后,前者须先以右手握手,随后再将自己的左手轻置于后者的右手之上。韩国人的这种做法是为了表示自己对对方的尊重。韩国女士在一般情况下不与男士握手,而往往代之以鞠躬或者点头致意。韩国人在不少场合有时也采用先鞠躬、后握手的方式作为与他人相见时的礼节。同他人相见或告别时,若对方是有地位、身份的人,韩国人往往要多次行礼。

(2)在一般情况下,韩国人在称呼他人时爱用尊称和敬语,但很少会直接叫出对方的名字。要是交往对象拥有能够反映其社会地位的头衔,那么韩国人在称呼对方时一定会屡用不止。

(3)韩国人为了维护个人形象,对社交场合的穿着打扮十分在意,不少女士不惜重金为自己整容。韩国人在交际应酬之时通常都穿着西式服装。他们的着装很讲究朴素整洁并且较为庄重保守,例如,在商务活动中,韩国男子都会穿深色的西服套装,而韩国妇女的着装则绝对不会过于前卫。在韩国,邋里邋遢、衣冠不整的人和着装过露、过透的人一样,都是让人看不起的。

(4)前往韩国进行商务访问的最适宜时间是2—6月、9月、11月和12月上旬,尽量避开多节的10月、7月到8月中旬、12月中下旬。

(5)韩国商务人士与不了解的人来往时,要有一位双方都尊敬的第三者介绍和委托,否则不容易得到对方的信赖。为了介绍方便,要准备好名片,中文、英文或韩文均可,但要避免在名片上使用日文。到公司拜会时，必须事先约好。会谈的时间最好安排在上午10点或11点、下午2点或3点。

（6）在商务交谈中，至关重要的是建立信任和融洽的关系，否则，谈判要持续很长时间。尤其是在韩国进行长期的业务活动，需要多次访谈才能奏效。韩国商人不喜欢直说或听到"不"字，所以常用"是"字表达否定的意思。此外，在商务交往中，韩国人比较敏感，也比较看重感情，只要感到对方稍微有点不尊重自己，生意就会告吹。

（7）在韩国，不宜谈论的话题有政治腐败、经济危机、意识形态、南北分裂、韩美关系、韩日关系、日本之长等。

（8）需要向韩国人馈赠礼品时，宜选择鲜花、酒类或工艺品。但是，最好不要送日本货，特别是不要特意指出这一点。在接收礼品时，韩国人大都不习惯于当场打开其外包装。韩国人大都珍爱白色并且对熊和虎十分崇拜。

（9）韩国人重视业务中的接待，宴请一般在饭店举行。吃饭时所有的菜一次上齐。在用餐的时候，韩国人是用筷子的。为了环保，韩国的餐馆往往只向用餐者提供铁筷子。关于筷子，韩国人的讲究是与长辈同桌就餐时不许先动筷子，不可用筷子对别人指指点点，在用餐完毕后要将筷子整齐地放在餐桌的桌面上。吃饭的时候不宜边吃边谈，高谈阔论。吃东西时，嘴里响声大作也是非常丢人的。饭后的活动有时是邀客人到歌舞厅娱乐、喝酒、唱歌，拒绝是不礼貌的。

3. 其他亚洲国家

东南亚人重面子，崇奉佛教文化。佛教的戒律甚多，最基本的有不杀生、不盗窃、不邪淫、不饮酒、不妄语，称为"五戒"。佛教最重要的节日为佛诞节，也称为浴佛节或泼水节，流行于东亚和东南亚的一些国家。在一些佛教影响区域，如泰国、缅甸、越南等国，人们非常重视人的头部而轻视脚部，忌用手触人的头部，即使对小孩子的头也不例外；忌将脚朝上，更不能将脚板对着人。

（1）新加坡人在社交场合与他人所行的见面礼节多为握手礼。新加坡人对"恭喜发财"这句祝颂词极其反感，他们认为，这句话带有教唆别人去发不义之财、损人利己的意思。新加坡商人谦恭、诚实、文明礼貌，他们在谈判桌上一般会表现三大特点：一是谨慎，不做没有把握的生意；二是守信用，只要签订合同，便会认真履约；三是看重面子，特别是对老一代人，面子往往具有决定性的作用。在新加坡，人们普遍讲究社会公德，在公共场合吸烟、吐痰和随地乱扔废弃物品等行为必受处罚且需交纳高额罚金。对讲脏话的人和留长发的男性，人们也深表厌恶。新加坡人喜欢红、绿、蓝色，视黑色为不吉利；在商品上不能用如来佛的形象，禁止使用宗教用语。在数字方面，新加坡人对"4"与"7"这两个数字的看法不太好。这主要是因为，在华语中，"4"的发音与"死"相仿，而"7"则被视为一个消极的数字。在新加坡华人看来，"3"表示"升"，"6"表示"顺"，"8"表示"发"，"9"表示"久"，都是吉祥的数字。

（2）泰国商人喜欢诚实而富有人情味的人。在泰国，人的头是神圣的，佛祖和国王是至高无上的。脚除了用于走路之外，最好不要轻举乱动，否则很可能会冒犯朋友而自己还不知道，比如用脚踢门会受到当地人的唾弃，更不能用脚给别人指东西，这是泰国人最忌讳的动作。泰国人见面时，通行的是行合掌礼，双掌相合上举，抬起在额与胸部之间，双掌举得越高，表示尊敬程度越高，但地位高者、老者还礼时手腕不得高过前胸。泰国人喜欢大象与孔雀，白象被视为国宝，荷花是他们最喜欢的花卉。他们喜欢红、黄色，尤其喜欢蓝色，将其视为"安宁"的象征。他们忌用红笔签名和狗的图案。

(3)印度人视牛为神圣的动物,视孔雀为祥瑞并将其视为国鸟,喜欢红、蓝、黄、紫等鲜艳的色彩。

(4)印度尼西亚有90%的人是穆斯林。前往印度尼西亚洽谈商务的最佳时间是每年9月到次年6月,因为多数印度尼西亚商人在七八月份外出避暑度假。印度尼西亚商人很强调行业互助精神,待人很有礼貌,不讲别人的坏话,但却较难成为知心朋友。一旦建立了推心置腹的交情,与之合作就比较容易而且可靠。喜欢有人到家里访问是印度尼西亚商人的一个重要特点。家访是和印度尼西亚商人谈商务的一种有效手段。印度尼西亚是一个多民族的国家,很多民族有本民族的特殊礼仪与禁忌,若到印度尼西亚进行商务活动,最好先了解一下这些礼仪与禁忌。

(5)在马来西亚,伊斯兰教为其国教。与马来西亚商人进行商务活动的最佳时间是每年的3—7月,因为多数商人均于当年11月到次年2月休假。商务活动应注意避开斋月和重大的传统节日。马来西亚人喜爱绿色,忌讳黄色;忌讳的数字为"0""4""13";忌讳的动物有猪、狗,却极爱猫。

(6)菲律宾人天性和蔼可亲,善于交际。他们在商务活动中应酬较多,常常举行聚会,聚会多在家里举行,稍微正式一点的聚会的请帖上会注明"必须穿着无尾礼服等正式服装";如果没有无尾礼服,可以穿当地的正装,即香蕉纤维织成的开襟衬衫式衣服。与菲律宾人做生意时,在社交场合尽可能做到应酬得体,举止有度,言行中表现出良好的修养与信心。

(7)在越南,如遇到同自己年龄相仿的人,不要以"先生""小姐""师傅"相称,更不能称"大哥""大姐",而应礼貌地尊称对方为"二哥""二姐"。越南人很好客,在南方一些山区做客,可以同他们一起喝"同坛酒"且第一圈必喝;如不胜酒力,就双手抱拳向右一举,即可不喝了。但路口悬有绿色树枝的村寨和门口悬有绿色树枝的人家,外人不得进入。

(8)缅甸素有"佛塔之国"之称。无论什么人进入佛塔或寺庙,甚至进入某些人家,都必须脱鞋后光脚进入;认为牛是忠诚的朋友,吃牛肉是一种忘恩负义的行为;认为"右为大,左为小""右为贵,左为贱",随时都要遵守"男右女左"的原则;星期天忌讳送东西给人,星期二忌讳做事;睡觉时,头必须朝着代表光明的东方。

(四)阿拉伯国家

阿拉伯人主要生活在沙漠之中,喜欢结成紧密稳定的群体,其性格豪爽粗犷、待人热情,遇到谈得投机的人,很快视其为朋友。阿拉伯人一般好客而不拘泥,最好是能和他们打成一片。

(1)阿拉伯人的时间观念不是很强,他们不像欧洲人那样有精确的时间表,每一分钟都有自己该干的事情。他们做事通常由性情决定,有时热情得令人不知所措,有时又会冷漠得令人无地自容。

(2)在阿拉伯人的眼里,最为重要的是名誉和忠诚。他们认为,一个人名誉的好坏是人生的一件大事,名誉差的人无论走到哪里都会受人鄙视、遭人白眼。并且,一旦名声败坏,要想补救势必要付出巨大的代价。因此,跟阿拉伯人打交道一定不要干有损名誉的事情,要赢得他们的信任,这样等于为谈判开了绿灯。在阿拉伯国家,不可能一次见面或是一次电话就可做成一笔生意。如想向他们推销商品,前两次见面时最好都不要提,第三次才可稍微提一下,再访问一两次后,方可进行商谈。讨价还价是阿拉伯人做生意时的一个重要习惯。他们认为在买东西时与对方讨价还价是对对方的尊重。有意思的是,不讨价还价即将东西买走的人,还不如讨价还价后却什么东西也不买的人受到店主的尊重。

(3)在阿拉伯人的社会里,宗教和等级制度根深蒂固。宗教控制和影响着国家的经济、政治和日常生活,忽视了宗教就不能从事商务活动,不尊重他们的教义和习俗,他们是不可能和你做生意的。阿拉伯国家的大多数人信奉伊斯兰教,接触时,服饰、谈吐等方面都要避免触犯他们的教义,例如忌食猪肉、禁止养猪和忌送带动物形象的礼物等。一般不谈休闲、娱乐,不能邀请其参加舞会或去夜总会玩乐,送礼不能以酒为礼品。谈话忌谈政治矛盾、宗教矛盾、女权运动等。

(4)见面时通常握手问候,正式场合称呼全名,当客人接咖啡或拿任何东西时,一定要用右手,切记不要用左手传递、接收物品,不要鞋底朝向他人。

(5)在阿拉伯国家,一般见不到女主人,谈及或问候女主人都是失礼的。若见到了阿拉伯人的妻子,虽然可打招呼,但切勿与之握手。在中东地区,不要主动向阿拉伯妇女问候或行礼并尽量不要派女性去中东地区谈判,在公共场所,异性之间不可表现得过分亲密。

(6)伊斯兰历9月为阿拉伯人的斋月。在斋月,穆斯林白天禁食,午后不办公。每周星期六到下周星期四为办公日,星期五则为休息和祈祷日。伊斯兰教教义规定,穆斯林每天应做5次祈祷,当祷告时,正在进行的一切工作暂停,甚至正在驾车行驶者也要停车做祷告。当其祷告时,客人只能耐心等待,切不可打断其祷告,或表示出不耐烦。

(7)在伊斯兰国家,穿戴不得体会受到当地人的指责。他们忌穿短裤、无袖衬衫及露膝短裙,即使在游泳池,也绝不准穿"三点式"泳衣。

(8)给阿拉伯人送礼极有讲究,若为初次相见,切勿送礼,否则难脱行贿之嫌;送给阿拉伯人的礼品,价值不能低,不能送带有动物形象的物品,更不能送女人的画片、图像等;不能给阿拉伯人的妻子送礼,但给孩子送礼特别受欢迎;除非为私人朋友之间,送礼最好在有第三者在场时进行,不要私下送礼。

(9)《古兰经》中明确规定,凡猪、死物、动物的血与内脏为禁忌食物;虎、豹、蛇、鹰、马、骡、驴、狗等禽兽肉也为禁忌食物。伊斯兰教国家一般都有禁酒的规定,唯伊拉克有所例外,但在斋月期间必须用白布把酒瓶盖起来。抓饭为其传统进食方式,要注意不能用左手进食,因为他们认为左手是不洁的。

(五)大洋洲国家

1. 澳大利亚

(1)澳大利亚是主要由欧洲移民组成的英联邦成员国之一,有85%左右的居民信仰天主教或基督教。

(2)澳大利亚男士多穿西服、打领带,正式场合打黑色领结;女士一年四季多穿裙子,社交场合则搭配西装上衣。

(3)握手是澳大利亚常见的招呼方式,拥抱亲吻则比较罕见,多发生于女性好友之间。澳大利亚男士秉承了英国传统绅士的作风,讲究"女士优先",谦恭随和,感情不外露。

(4)澳大利亚人的时间观念很强,商务约会必须提前预约并准时赴约;喜欢选择酒店进行商务交谈,且边吃边谈,效率极高。私人拜访则需携带礼物,合适的礼物莫过于一束鲜花、一盒糖或一瓶葡萄酒。

(5)澳大利亚因地广人稀,在商务活动中极讲究效率,从而形成了澳大利亚商务谈判中的两个明显特点:一是澳方派出的商谈代表,一般都对事务具有决策权,从而他们也要求对方派的商谈代表具有决策权,他们厌恶那种不解决实际问题的漫长磋商;二是对采购物品、输入劳务等,一般采用招标方式,以便能够用最低代价和最短时间找到合作伙伴。若和他们漫天要价,以期在商谈中慢慢减价,很可能导致合作机会的失却。

(6)澳大利亚人最喜爱的动物是袋鼠和琴鸟,前者被视为澳洲大陆最早的主人,后者是澳大利亚的国鸟。兔子则被视为不吉利的动物。

(7)受基督教的影响,澳大利亚人对"13"和星期五非常反感。谈论种族、宗教、等级、地位等问题会引起他们的不满。在公共场所大声喧哗,特别是隔门喊人是非常失态和无礼的行为。在社交场合,打哈欠、伸懒腰等小动作也是不雅观、不礼貌的行为。

(8)懂得享受户外生活的澳大利亚人喜欢邀请友人携伴同游,这被认为是密切双边关系的捷径之一,若对此类邀请予以拒绝,会被他们理解成不给面子。

(9)周日是澳大利亚基督徒的礼拜日,所以一定不要在周日与其约会,这是非常不尊重对方的举动。

2.新西兰

新西兰在1907年独立前是英国殖民地,现为英联邦成员国。国民绝大部分是英国移民的后裔,讲英语。新西兰人见面和分手时都握手。新西兰的毛利人会见客人的最高礼节是碰鼻礼。

新西兰的商界气息被认为接近伦敦,保守刻板。在新西兰的商务活动中,宜穿着保守式样的西装。拜访商界或政府办公厅最好事先预约,且客人要先到一会儿,以示礼貌。客商通常喜欢请外来主顾到自己住的饭店或旅馆吃午饭,会谈一般是在当地人的办公室里进行的。如应邀到新西兰人家里吃饭,可以带一盒巧克力或一瓶威士忌作为礼物,礼品不要太多或太贵重。

(六)非洲国家

按地理习惯,非洲可分为北非、东非、西非、中非和南非这5个部分。不同地区、不同国家在种族、历史、文化等方面的差异极大,因而他们的国情、生活、风俗、思想等方面也各具特色。非洲各国内部存在许多部族,各部族之间的对立意识很强,其族员的思想大都倾向于为自己的部族效力,对于国家的感情则显得淡漠。非洲人有许多禁忌需要注意,比如他们崇尚丰盈,鄙视柳腰,因此在非洲妇女面前,不能提"针"这个字;非洲人认为左手是不洁的,因此尽管非洲商人也习惯见面握手,但千万注意别伸出左手来握,即使对方人很多也一样,否则会被视为对对方的大不敬。非洲的多数国家,商品经济不很发达,有些国家甚至还保留有浓厚的原始部落习俗。在这些国家或地区中,各部落的首领(酋长),不仅在政治上,而且在经济上权力都极大,若要与其开展商务交往,通常都要先给当地的酋长送礼,待获得其允许后才能进行交往。因缺乏交往、交流,各个国家和地区在礼俗和禁忌方面的差异极大。因而,在这些地区开展公关、商务活动时应谨慎从事。

(1)埃及人喜欢绿色和白色并习惯于用其表示快乐;讨厌黑色和蓝色,以其表示不幸;喜欢金字塔形莲花图案;"针"为其特有的忌讳物与忌讳语。

(2)利比亚的图阿雷格是世界上独一无二的男子戴面纱的民族,且规定只有自由民才能戴,奴隶无资格戴。这里禁酒的法律极为严厉。

(3)到摩洛哥人家做客必须主动脱鞋;摩洛哥人认为"3""5""7""40"是积极的数字;喜欢绿、

红、黑色,忌白色;忌六角星和猫头鹰图案。

(4)苏丹人特别喜欢牛,除祭祖、祭神外,一般忌讳杀牛。

(5)尼日利亚东部的伊特人忌讳苗条女子,认为只有胖女人才能成为贤惠的妻子。

(6)埃塞俄比亚居民有35%信奉基督教,其最大的特点是时间划分不同于世界上任何一个国家。他们把太阳升起的时间作为一天计时的开始,这样格林尼治时间上午六点就成为他们的零点;而格林尼治时间下午6点则是他们的12点。他们把一年分为13个月,前12个月都是30天,而第13个月则只有5~6天。

(7)中非人信奉拜物教和图腾,每个家庭所崇拜的某种动物为神、力量、勇气的象征,不能捕杀,更不能食用。男女不能围成一桌进食,即使儿子和母亲、女儿与父亲也不例外。若不是同姓的异性,还需分在两个不同的房间进食,即使女婿和岳母、公公和媳妇也是如此。

(8)加纳酋长有着至高的地位,外来人每到一处,都应拜会当地的酋长。加纳人把凳子看作是最神圣的财产加以崇拜,凳子既是他们的日用品又是馈赠品。加纳人对色彩极为讲究,不同的颜色对他们有着不同的含义。

(9)乌干达人忌讳别人问及有关牛、羊的情况,更不允许别人数牛的数量和用手指小羊。

(10)肯尼亚人性情温和,容易交朋友,但部族意识极为强烈。他们还认为任何以"7"结尾的数字均不吉利。

(11)在"铜都"赞比亚,除旅游观光地区外,不能随意拍照,否则,不仅相机和胶卷会被没收,还可能被抓进拘留所和警察局,甚至可能招来自动步枪的射击。

(12)马达加斯加人崇敬狐猴,甚至迷信人死后,其灵魂可以在狐猴身上托生。同时,他们不仅将牛群和土地视为神圣的财产代代相传,而且表现出对牛的特殊崇拜。他们还认为,人的岁数越大,其智慧越多,因而对老人特别敬重。

不同国家和地区的人们在生活习惯、待人接物等方面都有一定的差异,因此,商务往来时不仅要遵从商务交往的普遍礼仪,而且还要了解与尊重对方国家的文化礼俗,做到因国、因人施礼。

项目小结

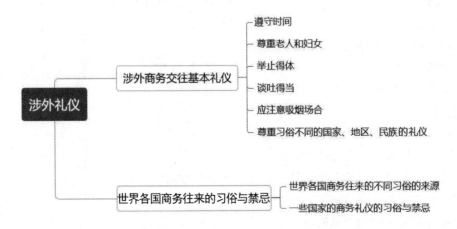

课后巩固

一、单选题

1. 每一个国家都有它自己的文化背景，不同的文化背景形成了不同的（　　），会影响着人们做事情的方式。

　　A. 语言习惯　　　　B. 风俗习惯　　　　C. 人际关系　　　　D. 价值观

2. 在（　　），被邀请做客时送女主人花是违反礼仪的。

　　A. 阿拉伯　　　　B. 德国　　　　C. 法国　　　　D. 中国

3. 在（　　），玫瑰花不宜随便送人。

　　A. 英国　　　　B. 美国　　　　C. 伊朗　　　　D. 法国

4. 兔子在（　　）是不吉利的动物。

　　A. 美国　　　　B. 澳大利亚　　　　C. 日本　　　　D. 意大利

5. 美国人属于外向的民族，他们的喜怒哀乐大多通过他们的言行举止表现出来，这体现了美国商人（　　）的谈判风格。

　　A. 自信心强、自我感觉良好　　　　B. 干脆坦率、直截了当

　　C. 讲究效率、注重经济利益　　　　D. 重合同、法律观念强

二、多选题

1. 以下不属于意大利商人的谈判风格的有（　　）。

　　A. 时间观念差　　　　B. 性格内向、决策快

　　C. 不看重商品价格　　　　D. 不太注重非语言交流

2. 不同国家之间的文化差异主要体现在（　　）方面。

　　A. 语言习惯　　　　B. 风俗习惯

　　C. 思维差异　　　　D. 价值观

3. 日本人的谈判风格是（　　）。

　　A. 一般是个人决策　　　　B. 信任是合作的前提

　　C. 讲究礼仪、要面子　　　　D. 耐心

4. 英国人的谈判风格是（　　）。

　　A. 时间观念强　　　　B. 谨慎、认真

　　C. 讲究礼仪、要面子　　　　D. 有灵活性

三、问答题

1. 简述涉外商务交往的基本礼仪。

2. 简述造成世界文化多元性的原因。

3. 简述不同国家之间的文化差异主要体现在哪些方面。

4. 简述美国人的谈判风格。

5. 简述俄罗斯人的谈判风格。

四、综合实训

生产事务机器工厂的副总裁突然生病，第二天，公司派了一位高级主管到沙特阿拉伯接替

他的职务。高级主管到沙特阿拉伯,还身兼另一个重要任务,就是介绍公司的一项新产品——微电脑与文字处理机,预备在当地制造行销。高级主管赶到利亚德,正赶上当地的斋月,接待她的贝格先生是沙特国际的经理,一位年约50多岁的传统生意人。虽然正值斋月,他还是尽地主之谊,为高级主管安排了洗尘宴。高级主管觉得菜肴十分可口,于是大吃起来,然而她发现主人一口也不吃,就催促主人和她一起享用,主人拒绝了。狼吞虎咽间,她问贝格先生是否可在饭后到他办公室谈公事,她说:"我对你们的设备很好奇,而且正迫不及待地想介绍公司的新产品。"虽然高级主管是个沉得住气的人,然而因为习惯,偶尔会双腿交叠,上下摇晃脚尖。贝格先生一一看在眼里,在她上下摇动脚尖时,他还看到了高级主管黑皮鞋的鞋底。顿时,刚见面时的那股热情竟然消失得无影无踪。

(资料来源:孙立秋,徐美荣,赵洪霞. 商务谈判[M]. 北京:对外经济贸易大学出版社,2015.)

思考题:

高级主管在行为上的失误主要有哪些?

参考文献

[1] 褚亿锋,林小敏.管理沟通中的倾听现象分析[J].当代经济,2004(A06):50-51.
[2] 诸周成.有效倾听的障碍和对策分析[J].商业文化(学术版),2010(12):371.
[3] 姜本红.谈沟通中倾听能力的自我培养[J].边疆经济与文化,2013(11):125-126.
[4] 李晓霞.论商务沟通中的有效倾听[J].现代商贸工业,2013(12):56-57.
[5] 王建军.倾听在有效沟通中的重要性及其运用[J].天津农学院学报,2011,18(01):54-57.
[6] 马文彬.试论副语言在现代汉语语言交际中的作用[J].兰州教育学院学报,2015,31(12):23-24.
[7] 李谦.现代沟通学[M].3版.北京:经济科学出版社,2009.
[8] 刘平青.面试·沟通巧技能[M].北京:电子工业出版社,2018.
[9] 黄杰,汤曼.商务沟通与谈判[M].北京:人民邮电出版社,2019.
[10] 谷静敏,穆崔君.商务沟通与礼仪[M].青岛:中国石油大学出版社,2016.
[11] 石源.让交际与口才成就你[M].北京:西苑出版社,2007.
[12] 刘欣.沟通技巧——中国人的交际智慧[M].辽宁:万卷出版公司,2009.
[13] 蒋红梅,张晶,罗纯.演讲与口才实用教程[M].3版.北京:人民邮电出版社,2018.
[14] 张传杰,黄漫宇.商务沟通方法、案例和技巧[M].北京:人民邮电出版社,2018.
[15] 龙璇.人际关系与沟通技巧[M].北京:人民邮电出版社,2016.
[16] 权丽,陈文静等.商务谈判[M].北京:中国电力出版社,2015.
[17] 石永恒.商务谈判[M].上海:上海财经大学出版社,2013.
[18] 张传军,钟宝.饮食文化[M].长春:东北师范大学出版社,2014.
[19] 彭蝶飞,李蓉.酒店服务礼仪[M].上海:上海交通大学出版社,2011.
[20] 雷明化,陆宇荣.酒店服务礼仪[M].北京:中国人民大学出版社,2015.
[21] 陈梅花.西餐礼仪与文化[M].长春:东北师范大学出版社,2014.
[22] 殷庆林.商务谈判[M].3版.大连:东北财经大学出版社,2016.
[23] 田玉来.商务谈判[M].北京:人民邮电出版社,2011.
[24] 孙立秋,徐美荣,赵洪霞.商务谈判[M].2版.北京:对外经济贸易大学出版社,2015.
[25] 方其.商务谈判——理论、技巧、案例[M].3版.北京:中国人民大学出版社,2011.
[26] 李滨.商务谈判与礼仪实务[M].西安:西安交通大学出版社,2015.
[27] 陈文汉.商务谈判实务[M].2版.北京:机械工业出版社,2019.
[28] 汤海滨.商务谈判[M].北京:清华大学出版社,2015.
[29] 蒋红梅,张晶,罗纯.演讲与口才实用教程[M].4版.北京:人民邮电出版社,2020.